20가지 템플릿으로 배우는 노션 Notion

20가지
템플릿으로 배우는 노션 Notion

Copyright © 2024 by 전시진 All rights reserved.

초판 1쇄 발행 2024년 10월 1일
**   　3쇄 발행** 2025년 5월 10일

지은이 전시진
펴낸이 송찬수
펴낸곳 시프트

출판등록 2024년 1월 26일 제2024-000016호
주소 경기도 파주시 청암로 82
전화 010-5855-5587
팩스 050-4047-5587

기획 송찬수 / **편집** 김찬혁 / **디자인** 다람쥐생활
문의 ask@shiftbook.co.kr
SNS instagram.com/shift.book
ISBN 979-11-986730-0-8 13000

- 책값은 뒤표지에 있습니다.
- 이 책은 저작권법에 따라 보호를 받는 저작물이므로 무단 전재와 무단 복제를 금합니다.
- 이 책의 내용 전부 또는 일부를 이용하려면 반드시 저작권자와 시프트의 동의를 받아야 합니다.
- 잘못된 책은 구입처에서 교환해 드립니다.
- 시프트에서는 여러분의 소중한 원고, 새로운 기획을 기다리고 있습니다.
  https://bityl.co/idea 에서 문항을 채우거나 offer@shiftbook.co.kr 로 아이디어 또는 주제를 보내 주세요.

일정, 성과 관리, 포트폴리오, 아카이빙, 협업 문서까지
만들면서 배우는 노션!

20가지 템플릿으로 배우는 노션 Notion

전시진 지음

시프트

※ **일러두기**

- 이 책의 내용을 기반으로 한 운용 결과에 대해 지은이 및 출판사에서는 일체의 책임을 지지 않으므로 양해 바랍니다.
- 이 책의 집필 시점과 학습 시점에 따른 노션의 버전 차이, 사용하는 디바이스나 운영체제의 차이에 따라 일부 기능은 지원하지 않거나 책의 내용과 다를 수 있습니다.
- 단축키는 윈도우 기준으로 소개했으므로, 맥 사용자는 `Ctrl`을 `command`로, `Alt`를 `option`으로 변경해서 사용하면 됩니다.
- 용어 표기는 실제 프로그램에 사용된 단어를 우선으로 하였습니다.
- 시프트 출판사의 모든 도서 및 관련 자료는 `https://bit.ly/book_shift` 에서 확인할 수 있습니다.
- 책 내용 중 궁금한 점은 지은이(milk@sireal.co) 혹은 출판사(ask@shiftbook.co.kr)로 문의 바랍니다.

차례

이 책의 구성 • 10
템플릿 수익화와 동영상 강의 안내 • 11
템플릿 다운로드 및 활용하기 • 12
들어가며 • 13

CHAPTER 01 노션 페이지 제작을 위한 기초 지식

01 노션 시작하기 16
주요 특징 알고 가기 16
노션 회원으로 가입하기 17
나에게 맞는 요금제 선택하기 20

02 노션의 기본 구조 파악하기 25
노션의 최소 단위, 블록 25
블록이면서, 상위 구조인 페이지 26
페이지들의 구분, 섹션 27
최상위 작업 공간, 워크스페이스 29

03 노션 페이지 활용을 위한 기본기 30
노션의 모든 것을 포함한 사이드바 30
페이지를 구분하는 제목, 아이콘, 커버 사용하기 34
노션의 핵심, 블록 추가 및 변경하기 37
협업을 위한 페이지 공유하기 39
페이지를 웹페이지로 활용할 수 있는 게시 41
게시 페이지의 도메인 변경 및 연결하기 43

CHAPTER 02 기본 블록으로 만들기

01 기본 블록의 종류 알고 가기 46
노션의 대표 기본 블록 46
다른 블록에서 함께 쓸 수 있는 인라인 블록 49
다채로운 페이지 구성을 위한 고급 블록 50

02 기본 블록만으로 완성하는 포트폴리오 53
자기소개 영역 구성하기 55
여러 열로 성과와 역량 영역 구성하기 59
인용, 토글 블록으로 나머지 영역 완성하기 63

03 한 주를 체계적으로 관리할 수 있는 할 일 관리 — 67
열 나누기와 할 일 목록으로 기본 구성하기 — 68
텍스트 색상 변경하여 꾸미기 — 76

04 표로 깔끔하게 정리한 수업 계획 & 노트 — 78
제목1 블록으로 영역 구분하기 — 79
표 블록으로 강의 개요 및 강의 목차 정리하기 — 81
글머리 기호를 활용한 목록 작성하기 — 87
멘션 기능으로 필기 노트 제작하기 — 89
토글 목록으로 FAQ 완성하기 — 93

05 2단 구성으로 캠페인 기획서 작성하기 — 95
열 나누기 및 각 영역 구분하기 — 96
목차와 표 블록으로 1열 완성하기 — 100
주요 내용이 작성되는 2열 완성하기 — 104
동기화 블록으로 연락처 추가로 표시하기 — 109

CHAPTER 03 데이터베이스로 만들기

01 노션 데이터베이스 기초 다지기 — 112
노션 데이터베이스 및 속성의 유형 — 112
데이터베이스 생성 및 속성 편집하기 — 115
다양한 형태로 데이터베이스 보기 — 117
원하는 데이터를 빠르게 찾는 필터와 정렬 — 123

02 데이터와 데이터베이스의 개념 알기 — 126
데이터를 정리하는 이유 — 126
데이터 정리의 4요소 — 127
데이터베이스의 구성 — 129

03 키워드와 카테고리로 구분하여 정리한 맛집 기록 DB — 131
데이터베이스 구조화하기 — 132
데이터 페이지에 이미지 삽입하기 — 136

04 템플릿 기능으로 서식을 유지한 회의록 DB — 138
데이터베이스 기본 구조화하기 — 139
데이터베이스 내부 페이지용 템플릿 만들기 — 141
템플릿 적용해서 새로운 데이터 추가하기 — 146

05 매일 자동으로 추가되는 습관 관리 DB — 148
- 체크박스 유형으로 데이터베이스 구조화하기 — 149
- 일정한 주기로 자동 생성되는 템플릿 만들기 — 152

06 계획 정리 및 정보 취합을 위한 여행 기록 DB — 156
- 3열로 나눠진 기본 블록 영역 구성하기 — 157
- 데이터베이스로 상세 여행 일정 정리하기 — 160

CHAPTER 04 링크된 데이터베이스로 만들기

01 링크된 데이터베이스 알고 가기 — 166
- 링크된 데이터베이스란? — 166
- 링크된 데이터베이스 생성하기 — 167
- 원본과 링크된 데이터베이스 구분하기 — 169
- 링크된 데이터베이스에 여러 보기 생성하기 — 171
- 하나의 링크된 데이터베이스에 여러 데이터베이스 불러오기 — 174

02 링크된 데이터베이스로 할 일 관리 — 177
- 원본 데이터베이스 완성하기 — 178
- 링크된 데이터베이스로 각 영역 구성하기 — 183
- 여러 개의 보기 탭으로 조건별 캘린더 보기 구성하기 — 188
- 리스트 보기로 변경하기 — 192

03 내비게이션 메뉴처럼 구성한 영화 기록 — 193
- 갤러리와 보드 보기로 원본 데이터베이스 완성하기 — 194
- 링크된 데이터베이스로 내비게이션 페이지 구성하기 — 202

04 한 페이지에서 모아 보는 팀별 회의록 — 206
- 전체 페이지 형태로 회의록 DB 완성하기 — 207
- 콜아웃에 캘린더 보기로 주간 회의 일정 표시하기 — 210
- 리스트 보기로 팀 회의록 구성하기 — 214
- 복제 배치하여 각 팀의 회의록 완성하기 — 217

05 수집한 정보를 관리하는 오늘 읽은 콘텐츠 — 221
- 자료 수집을 위한 데이터베이스 구조화하기 — 222
- 이번 주 수집 자료 리스트와 카테고리 섬네일 만들기 — 224
- 4개의 데이터 페이지에서 링크된 데이터베이스 생성하기 — 230
- 카테고리별 이번 주 수집 자료 배치하기 — 233

CHAPTER 05 관계형 & 롤업을 이용해 만들기

01 관계형 & 롤업 기능 파악하기 — 238
- 관계형 데이터베이스 이해하기 — 238
- 롤업 유형 이해하기 — 239
- 관계형과 롤업 유형의 기본 사용 방법 익히기 — 240

02 목표 및 성과 평가를 위한 OKR — 246
- 2개의 데이터베이스 구조화하기 — 247
- 관계형과 롤업으로 데이터베이스 연결하기 — 250
- 다양한 보기 방식 추가하기 — 253

03 진행 상황이 표시되는 프로젝트 & 할 일 관리 — 258
- 원본 데이터베이스 구성하기 — 259
- 관계형과 롤업으로 데이터베이스 연결하기 — 262
- 노션의 버튼 블록으로 자동화하기 — 266
- 링크된 데이터베이스로 배치하기 — 271

04 보기 탭으로 구분해서 관리하는 고객 상담 일지 — 275
- 원본 데이터베이스 구조화하기 — 276
- 관계형으로 데이터베이스 연결하기 — 279
- 메인 페이지 구성 및 링크된 데이터베이스 배치하기 — 281
- 링크된 데이터베이스에 다른 데이터베이스 추가하기 — 285
- 상담 정보가 자동으로 표시되는 데이터용 템플릿 만들기 — 287
- 버튼 블록으로 자동화하기 — 290

05 3개의 데이터베이스가 연결된 성과 평가표 — 292
- 데이터베이스 구성하기 — 293
- 관계형과 롤업으로 데이터베이스로 연결하기 — 296
- 직원별 평가 결과 데이터용 템플릿 만들기 — 301

CHAPTER 06 노션 수식으로 데이터베이스 활용성 높이기

01 노션 수식 간단히 알고 가기 — 308
- 텍스트 관련 수식 사용하기 — 310
- 숫자 관련 수식 사용하기 — 311
- 날짜 관련 수식 사용하기 — 312
- 조건을 지정한 수식 사용하기 — 314
- 목록과 관련된 수식 사용하기 — 315

02 체크하여 달성률을 파악하는 습관 관리　317
　수식을 사용한 습관 관리 데이터베이스 구조화　318
　월별 통계 관리 데이터베이스 구성하기　324
　링크된 데이터베이스로 메인 페이지 완성하기　328

03 수식이 더해진 프로젝트 및 할 일 관리　329
　실습 과정 파악하기　330
　lets 함수의 변수명과 변숫값 작성 과정　331
　lets 함수의 표현식 작성 과정　332

04 독서 정도를 파악할 수 있는 디지털 도서관　337
　원본 데이터베이스 구조화　338
　도서 DB에서 수식 작성하기　343
　카테고리 DB에서 수식 작성하기　348
　링크된 데이터베이스로 메인 페이지 완성하기　351

05 나만의 디지털 가계부 만들기　352
　원본 데이터베이스 구조화 및 연결하기　353
　월별 통계 수식 작성하기　357
　링크된 데이터베이스로 메인 페이지 완성하기　361

찾아보기　•363

APPENDIX 부록
템플릿 수익화 & 최신 기능

01 템플릿 수익화 도전 준비하기
02 Gumroad에서 나만의 템플릿 판매하기
03 템플릿 판매를 위한 마케팅 Tip
04 노션의 최신 기능 소개

TIP 위 부록은 PDF 형태의 전자책으로 제공되며, 다운로드 방법은 11쪽에서 확인할 수 있습니다.

이 책의 구성

이 책을 보는 방법은 간단합니다. 따라 하세요. 기능을 소개하고, 해당 기능을 쉽게 이해할 수 있도록 개념을 설명합니다. 이후, 해당 기능을 제대로 익힐 수 있는 다양한 템플릿을 직접 만들어 봅니다. 여러분만의 템플릿을 완성하게 된다면 부록으로 제공하는 수익화 요령을 참고하여, 여러분의 템플릿으로 소소한 수익을 얻을 수도 있을 것입니다.

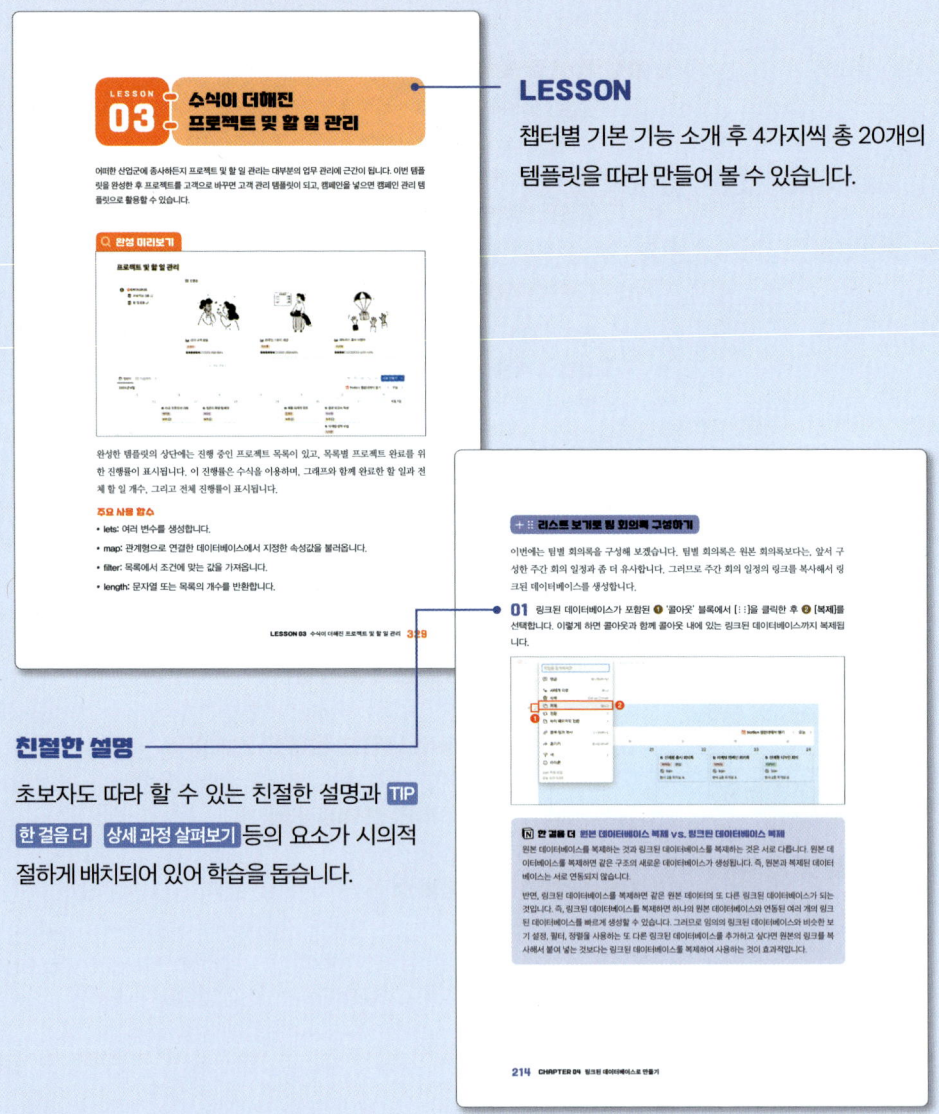

LESSON
챕터별 기본 기능 소개 후 4가지씩 총 20개의 템플릿을 따라 만들어 볼 수 있습니다.

친절한 설명
초보자도 따라 할 수 있는 친절한 설명과 TIP, 한 걸음 더, 상세 과정 살펴보기 등의 요소가 시의적절하게 배치되어 있어 학습을 돕습니다.

템플릿 수익화와 동영상 강의 안내

템플릿 수익화 요령 전자책 제공

나만의 템플릿을 만들어 수익을 얻을 수 있는 요령과 함께 노션 캘린더 등 최신 기능 소개를 PDF 전자책으로 제공합니다.

전자책은 https://bit.ly/book_shift에 접속한 후 해당 도서 상세 페이지에서 다운로드할 수 있습니다.

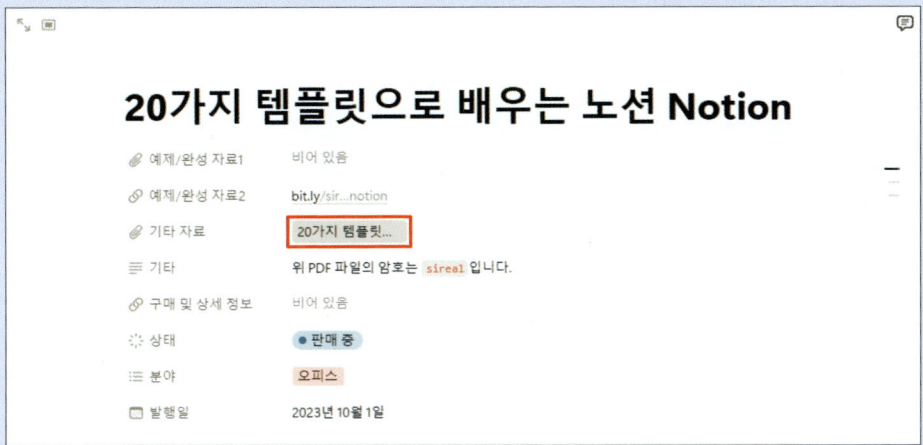

동영상 강의 제공

저자의 유튜브 채널에서 순차적으로 모든 템플릿의 제작 과정을 동영상 강의로 제공합니다.
책만으로 어렵다면 동영상 강의를 활용해 보세요.

https://www.youtube.com/@시리얼

🗎 템플릿 다운로드 및 활용하기

이 책에서 실습해 보는 완성 템플릿 20선을 선물로 제공합니다. 제공하는 템플릿은 책에서 실습한 내용에서 일부 디자인을 변경하여 차이가 있을 수 있습니다. 제공하는 템플릿은 다음과 같은 방법으로 복제해서 사용하면 됩니다.

https://bit.ly/sireal_notion

▲ 독자 제공 템플릿 20선 공유 페이지

위 페이지에 접속한 후 사용할 템플릿의 페이지로 이동하세요. 그런 다음 화면 오른쪽 위에 있는 [복제] 아이콘을 클릭하면 여러분의 노션 워크스페이스로 복제하여 자유롭게 사용할 수 있습니다.

템플릿 사용 중 궁금한 점이 생기면 저자 유튜브 채널에 방문하거나, 이메일로 문의 바랍니다.

- **유튜브:** https://www.youtube.com/@sirealco
- **이메일:** milk@sireal.co

들어가며

노션을 처음 사용하거나 사용 기간이 얼마 되지 않은 사용자들은 '막연함'을 느낀다고 합니다. 지인이나 회사 동료들이 노션을 멋들어지게 사용하는 것을 보고 '나도 노션에서 모든 것을 깔끔하고 멋지게 관리해야지!'라고 마음먹고 노션을 시작하지만, 그저 하얀 페이지를 보면 어디서부터 무엇을 시작해야 할지 막막하고 막연한 느낌에 쉽게 포기해 버리곤 합니다.

이런 문제를 해결하고자 노션에서는 다양한 템플릿을 제공합니다. 처음에는 20개였으나 현재 일반 사용자들이 만든 것까지 모두 10,000개 이상의 템플릿이 공유되어 있습니다. 이렇게 많은 템플릿이 공유되어 있지만, 결국에는 자신에게 꼭 맞는 템플릿이 필요해집니다. 남이 만들어 준 템플릿을 그대로 이용하는 것보다 직접 만들어서 사용해야 노션도, 템플릿도 제대로 활용한다고 할 수 있습니다.

이 책은 직접 노션 페이지(템플릿)를 만들고 싶지만 어디서부터 시작해야 할지 모르는 여러분을 위해 준비했습니다. 컨설팅 100회 이상, 강의 400회 이상, 수강생 10,000명 이상, 햇수로 7년째 노션을 소개하는 중에 수많은 사용자의 질문에 답하면서 저는 딱 한 가지를 느꼈습니다. 많은 사람이 파편화된 지식으로 노션을 사용하고 있다는 것입니다. 노션의 기능을 아는 사람은 많지만, 기능들을 연결해서 구조화하며 사용하는 사람은 드물었습니다.

그래서 저는 지금까지의 경험과 노하우를 토대로 노션 사용자의 이해도, 노션의 기능, 템플릿의 복잡도 등을 모두 연결하여 '노션 페이지 제작 5단계'를 수립했습니다.

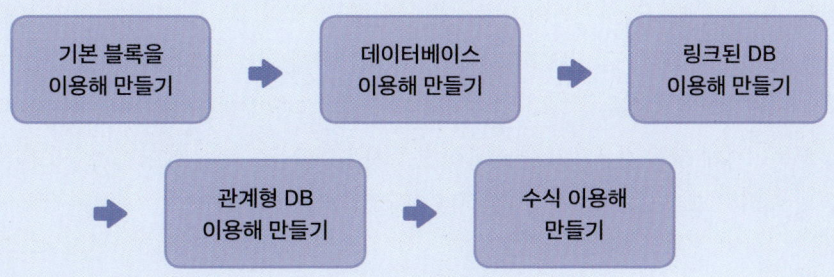

1단계는 노션의 기본 블록들만 활용해 페이지를 구성합니다. 노션의 블록은 크게 기본 블록, 임베드 블록, 인라인 블록, 데이터베이스 블록, 고급 블록, 미디어 블록이 있는데, 이 중에서 기본 블록과 미디어 블록, 임베드 블록 정도만 활용하는 것이죠. 기본 블록만 잘 사용해도 간단한 문서나 할 일 관리, 포트폴리오와 같은 페이지는 너끈히 제작할 수 있습니다.

2단계는 노션에서 가장 중요한 기능이라고 할 수 있는 데이터베이스를 이용합니다. 데이터를 담는 공간인 데이터베이스를 활용하면 데이터 정리는 물론 필터와 정렬, 보기 추가를 이용해 데이터를 분석할 수도 있습니다. 이러한 데이터베이스 블록을 이용하면 여행 기록, 맛집 기록 같은 정보를 기록하고 관리하는 페이지들을 만들 수 있습니다.

3단계는 데이터베이스를 본격적으로 활용할 수 있는 링크된 DB를 이용합니다. 하나의 데이터베이스를 여러 페이지에서 확인할 수 있고, 또 여러 데이터베이스를 하나의 페이지에 모아서 볼 수 있기 때문에 작업 효율이 높아집니다.

4단계는 어려움을 느끼기 시작하는 관계형 데이터베이스를 활용합니다. 서로 다른 데이터베이스의 데이터를 서로 연결하여 필요한 정보를 불러오는 기능입니다. 생소할 수 있지만, 조금만 노력한다면 노션을 활용하여 프로젝트 및 할 일 관리, OKR 같은 복잡한 페이지를 만들어 본격적인 노션 활용이 시작됩니다.

5단계는 가장 유용하지만 가장 어려워하는 수식 활용입니다. 2023년 Notion Formula 2.0의 등장으로 그 기능이 더욱 강력해졌습니다. 대표적으로 활용도가 높은 몇 가지 수식을 익히면 노션 만렙에 도전해 볼 수 있을 것입니다. 이 단계를 기점으로 페이지의 기능과 용도가 폭발적으로 향상되는 것이죠.

책에서는 위 단계별로 각 4개씩의 템플릿을 완성해 볼 것입니다. 그 과정에서 노션의 기본 기능을 익히고, 페이지를 구조화하는 요령도 파악하게 되죠. 이제 굳이 다른 사용자가 만든 노션 템플릿을 사용하지 않고 내가 원하는 대로, 나만의 템플릿을 만들어 사용해 보세요. 부득이하게 다른 사용자가 만든 템플릿을 사용하더라도 전체 페이지의 구조를 파악할 수 있게 되어 템플릿을 좀 더 제대로 사용할 수 있게 될 것입니다.

노션 공식 컨설턴트 **전시진** 드림

노션 페이지 제작을 위한 기초 지식

LESSON 01 노션 시작하기

LESSON 02 노션의 기본 구조 파악하기

LESSON 03 노션 페이지 활용을 위한 기본기

LESSON 01 노션 시작하기

노션은 클라우드를 기반으로 만들어진 소프트웨어로, 간단한 포트폴리오나 홈페이지를 만드는 등 목적에 따라 다양한 용도로 사용할 수 있습니다. 현재 수많은 사용자가 문서, 위키, 프로젝트 관리 등 개인적인 용도부터 기업 프로젝트까지 다양하게 활용하고 있습니다.

주요 특징 알고 가기

노션의 기본 단위는 블록(Block)으로, 다양한 종류의 블록을 용도에 따라 자유롭게 조합하여 사용합니다. 마치 레고 블록처럼 말이죠. 다시 말해, 조합에 사용하는 블록의 종류나 레이아웃 등에 따라 그 쓰임이 무한하다는 말이기도 합니다.

다만 처음부터 무리하게 복잡한 페이지를 구성하는 것보다 우선은 노션의 기본적인 특징들을 파악하고, 간단한 페이지부터 구성해 보면서 노션에 익숙해지는 것이 좋습니다. 그런 다음 책에서 소개하는 20가지 템플릿을 직접 제작해 본다면 노션 마스터의 경지도 그리 어려운 일은 아닐 것입니다. 우선 다음과 같은 노션의 특징부터 확인해 보세요.

접근성 노션은 클라우드 시스템을 활용하는 소프트웨어입니다. 기기도 가리지 않으므로 인터넷만 사용할 수 있다면 언제 어디서나 노션을 사용할 수 있습니다.

자유성 무료 사용자나 매월 수백만 원을 지불하는 기업이나 사용할 수 있는 블록의 종류는 동일합니다. 그러므로 각 블록의 특징을 잘 파악한다면 얼마든지 원하는 페이지(템플릿)를 만들 수 있습니다. 어떤 페이지를 완성할지 아이디어를 떠올리고, 적재적소에 블록을 생성하기만 하면 됩니다.

보편성 현재 국내는 물론 전 세계적으로 노션 사용자는 꾸준히 증가하고 있습니다. 누구나 보편적으로 사용하는 도구가 되고 있으며, 그만큼 다양한 노션 자료(템플릿)나 교육 환경이 갖추어졌다는 말입니다. 노션이 이제 막 출시한 도구라고 생각해 보세요. 아무리 좋고, 다양한 기능을 갖췄더라도 같이 쓰는 사람이 없으니 협업은 둘째 치고 관련 자료를 구하기도 힘들어 결국 사용을 포기하게 될지도 모릅니다.

노션 회원으로 가입하기

노션은 웹브라우저로 접속하거나 애플리케이션(앱)을 설치해서 사용합니다. 어느 방법을 이용하든 우선은 노션 홈페이지(www.notion.so)에 접속하여 회원가입부터 해야 합니다. 다음과 같이 노션 홈페이지에 접속한 후 오른쪽 위에 있는 [로그인] 또는 [무료로 Notion 사용하기] 버튼을 클릭하여 회원가입을 시작합니다.

▲ 노션 홈페이지

TIP 노션 홈페이지의 왼쪽 위에 있는 메뉴에서 [다운로드-Notion(노션)]을 선택하면 애플리케이션 설치 파일을 다운로드할 수 있습니다. 모바일이나 태블릿을 이용 중이라면 스토어에서 '노션'으로 검색하여 설치합니다.

[로그인] 버튼을 클릭한 후 다음과 같은 화면이 열리면 [Google로 계속하기] 또는 [Apple로 계속하기] 버튼을 클릭하여 사용 중인 구글/애플 계정으로 로그인하고, 인증 과정을 거쳐 바로 노션을 사용할 수 있습니다.

 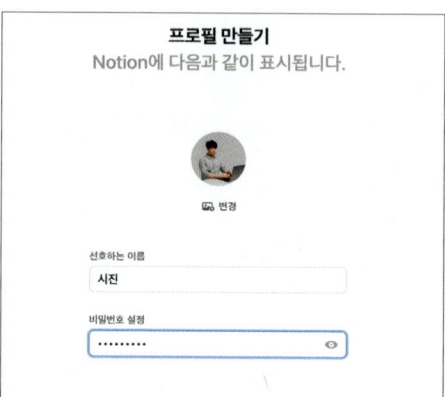

만약, 네이버, 카카오 등 국내에서 서비스 중인 이메일 계정을 사용하고 싶다면 이메일 입력란에 사용할 이메일 주소를 입력하고, 인증 코드(또는 로그인 코드) 입력 과정을 거칩니다. 노션 로그인에 사용한 이메일은 이후 로그인용 이메일 변경, 비밀번호 변경, 비밀번호 찾기 등에도 활용되므로 반드시 실제로 사용하는 이메일을 사용해야 합니다.

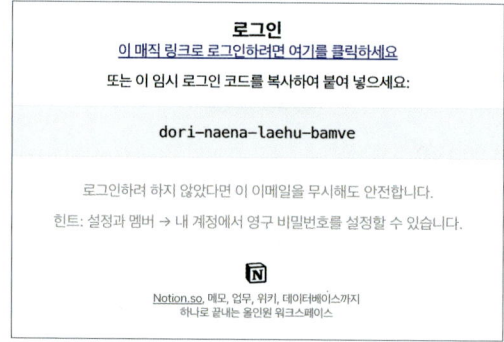

▲ 이메일로 발송된 로그인 코드(인증 코드)

처음 로그인(회원가입)을 진행하면 노션 사용 목적을 묻는 화면이 나타납니다. 여기서 선택한 목적에 따라 노션에서 기본으로 제공하는 초기 템플릿의 종류나 사이드바의 팀스페이스 구성에 차이가 있지만, 이후에 얼마든지 템플릿이나 팀스페이스를 추가할 수 있으므로 자유롭게 선택하면 됩니다. 계속해서 구체적인 용도 선택 화면이 열리면 원하는 항목을 선택하거나 [건너뛰기] 링크를 클릭합니다.

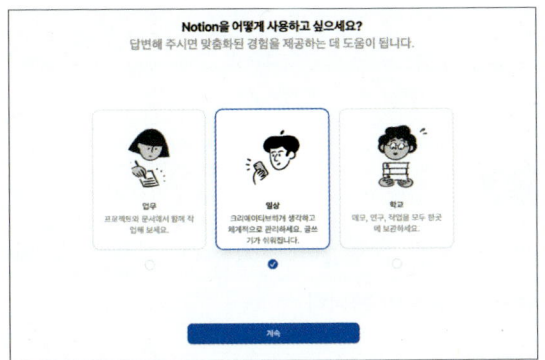

▲ 사용 목적 선택

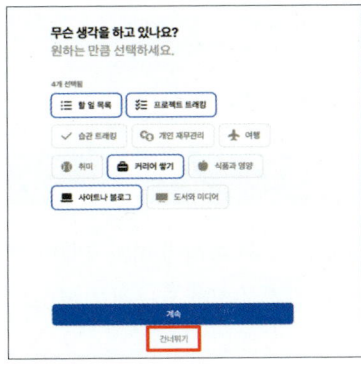

▲ 구체적인 용도 선택

회원가입 과정이 완료되면 노션에 처음 방문한 사용자를 위해 미션을 수행하면서 기능을 익힐 수 있는 내용들이 포함된 시작하기 페이지가 열립니다. 설명을 보고 하나씩 해결해 보면 노션을 좀 더 쉽게 익힐 수 있습니다. 사용 중인 기기나 언어 설정에 따라 '시작하기' 페이지가 아닌 '모바일로 시작하기'와 같은 페이지가 열릴 수도 있습니다.

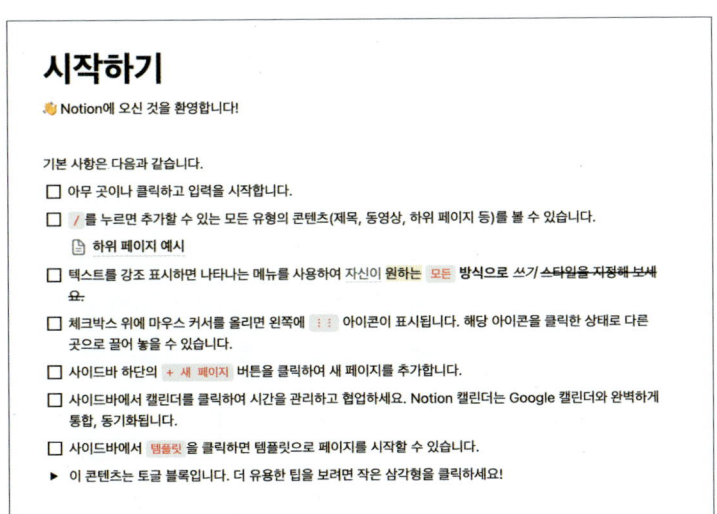

> **📝 한 걸음 더 웹브라우저를 사용할지 앱을 사용할지 고민이라면?**
>
> 노션은 웹브라우저를 이용하든 앱을 이용하든 사용 환경에는 큰 차이가 없습니다. 다만, 여러 개의 웹브라우저 탭을 열고 작업할 일이 많다면 어느 탭이나 창에 노션이 열려 있는지 파악하기 어려울 수 있습니다. 이럴 때는 애플리케이션 사용이 편리하겠죠? 또한, 노션은 크롬 웹브라우저를 기반으로 만들어진 서비스입니다. 자주 사용하는 웹브라우저가 크롬이 아니라면 노션의 특정 페이지가 보이지 않거나, 기능이 제대로 작동하지 않을 수 있습니다. 따라서 주로 사용하는 웹브라우저가 크롬이 아닐 때도 애플리케이션 사용을 추천합니다.

➕ 나에게 맞는 요금제 선택하기

노션은 사용 형태에 따라 4개의 요금제 중 선택할 수 있습니다. 처음에는 무료로 시작해 보고 이후 적절한 요금제로 업그레이드해서 사용하면 됩니다.

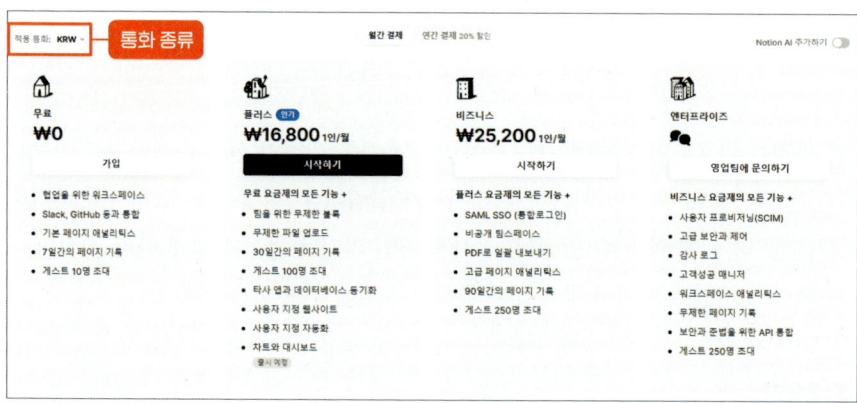

▲ 노션의 요금제

TIP 요금제 업그레이드는 사이드바에서 [요금제 업그레이드]를 클릭하여 이동한 후 변경할 수 있으며, 요금제 목록 왼쪽 위에서 통화 종류를 변경할 수 있습니다.

모두를 위한 무료 요금제 노션은 무료 요금제만으로도 거의 모든 기능을 사용할 수 있습니다. 그러므로 노션을 처음 시작하거나 다른 서비스에서 노션으로 이전을 고민 중이라면 무료 요금제로 충분히 테스트해 보고, 유료 요금제로 업그레이드하면 됩니다. 참고로 무료 요금제에는 다음과 같은 제한이 있습니다.

- **파일 업로드 용량:** 이미지, pdf 등의 파일을 업로드할 때에는 파일 1개당 5MB로 제한이 있습니다. 단, 5MB 미만의 파일이라면 개수에 관계없이 업로드할 수 있습니다.

- **게스트 초대 인원:** 협업을 위한 게스트 초대를 최대 10명까지만 할 수 있습니다.
- **게스트 초대 권한:** 게스트를 초대할 때는 읽기 허용, 댓글 허용, 편집 허용, 전체 허용 중 권한을 선택할 수 있습니다. 하지만 무료 요금제에서는 편집 허용 권한을 사용할 수 없습니다. 참고로, 전체 허용 권한일 때는 페이지를 자유롭게 편집할 수 있으며 다른 사용자를 초대할 수도 있습니다. 하지만, 편집 허용 권한일 때는 해당 페이지를 편집할 수 있으나 다른 사용자를 초대할 수는 없습니다.
- **페이지 기록 기간:** 페이지에서 오른쪽 위에 있는 […] 아이콘을 클릭한 후 [버전 기록]을 선택하면 해당 페이지의 변경 내역을 확인하고 복원할 수 있습니다. 무료 버전에서는 최근 7일까지의 내역만 확인하고 복원할 수 있으며, 더 이전의 내역을 확인하고 복원하려면 유료 요금제로 업그레이드해야 합니다.

가장 기본적인 유료 요금제, 플러스 무료 요금제의 한계(업로드 용량, 게스트 초대 인원 등)를 극복하기 위해 선택하는 가장 기본적인 유료 요금제입니다. 소규모 회사나 단체 등에서 노션을 공식 도구로 도입했을 때도 주로 선택하는 요금제입니다.

조직에서 노션을 사용한다면 구성원 수(멤버)에 따라 요금이 적용됩니다. 즉, 조직 구성원이 10명이라면 매월 요금×10만큼 결제됩니다. 멤버 추가는 사이드바에서 [**설정 > 사람**]으로 이동한 후 [멤버 추가] 버튼을 클릭하고 이메일 계정을 입력하면 됩니다.

- **파일 업로드 용량:** 플러스 요금제부터는 업로드 용량 제한이 없습니다. 각종 문서부터 영상, 음성, 디자인 등 대부분의 파일을 노션에 업로드하여 관리할 수 있습니다.
- **게스트 초대 인원:** 게스트 초대 인원이 10명(무료)에서 100명으로 늘어납니다. 100명을 모두 초대한 상태에서 새로운 게스트를 초대하고 싶다면 기존의 게스트를 내보낸 후 새로운 게스트를 초대할 수 있습니다.
- **게스트 초대 권한:** 무료 요금제에서는 사용할 수 없었던 편집 허용 권한으로도 게스트를 초대할 수 있습니다.
- **페이지 기록 기간:** 페이지의 수정 내역 확인 및 복원 기간이 7일(무료)에서 30일로 늘어납니다.
- **홈페이지:** 페이지를 공유하는 게시 기능을 좀 더 자유롭게 사용할 수 있습니다. 이 기능을 이용해 홈페이지, 포트폴리오, 블로그, 이벤트 페이지 등으로 활용하면 편리합니다.

  `Link` 좀 더 자세한 설명은 `44쪽`을 참고하세요.

> **N 한 걸음 더 멤버와 게스트는 어떻게 다를까?**
>
> 게스트와 멤버의 가장 큰 차이는 워크스페이스의 개인 공간입니다. 게스트는 초대를 받은 특정 페이지에만 접근할 수 있습니다. 반면, 멤버는 초대받은 워크스페이스에서 가족과 같은 정규 멤버이므로, 워크스페이스 내에서 멤버에게 공개된 모든 페이지와 자신만의 개인 페이지 섹션을 사용할 수 있습니다. 또한, 게스트는 초대하더라도 별도의 추가 요금이 발생하지 않지만, 멤버를 초대하면 그 수에 따라 추가로 요금이 발생합니다. 그러므로 멤버로 초대할 때는 신중해야 합니다.

보안이 강화된 비즈니스 요금제 플러스 요금제에서 조금 더 보안이 강화된 것이 비즈니스 요금제입니다. 개인 사용자라면 플러스 요금제로 충분하지만, 조직에서는 다음과 같은 추가 기능 때문에 비즈니스 요금제를 고려해 볼 수 있습니다.

- **게스트 초대 250명:** 플러스 요금제에서 100명이었던 게스트 최대 초대 수가 250명까지 늘어납니다.
- **비공개 팀스페이스:** 부서 간 또는 팀 간 페이지를 비공개로 생성할 수 있습니다. 또한, 비즈니스 요금제부터 팀스페이스를 비공개로 생성할 수도 있습니다. 비공개로 팀스페이스를 생성하면 초대받은 멤버만 접근할 수 있고, 초대받지 않은 멤버는 검색조차 할 수 없습니다. **Link** 팀스페이스는 28쪽에서 자세히 설명합니다.
- **전체 워크스페이스를 PDF로 내보내기:** 사이드바에서 [설정 〉 설정]으로 이동한 후 [워크스페이스의 모든 콘텐츠 내보내기] 버튼을 클릭하면 노션의 모든 자료를 PDF, HTML 등으로 백업할 수 있습니다. 이때 PDF로 백업하는 기능은 비즈니스 요금제 이상에서만 사용할 수 있습니다.
- **SAML SSO 통합:** 비즈니스 요금제부터 강화된 보안 기능으로, 사이드바에서 [설정 〉 신원과 프로비저닝]으로 이동한 후 SAML SSO 기능에 대해 자세히 알아볼 수 있습니다.

TIP 노션의 잦은 업데이트로 [설정] 메뉴의 위치가 다를 수 있습니다. 사이드바의 아래쪽에서 [설정]을 찾을 수 없다면, 사이드바 가장 위에 있는 워크스페이스 이름을 클릭한 후 팝업 창에서 [설정] 버튼을 클릭하면 됩니다.

노션의 최상위 요금제, 엔터프라이즈 가장 강력한 보안 기능을 제공하며, 노션의 모든 기능을 사용할 수 있는 요금제입니다. 노션의 전담 직원이 연결되어 기술 지원이나 고객 지원을 받을 수 있습니다.

- **페이지 기록:** 엔터프라이즈 요금제에서는 페이지 기록의 기간 제한이 없습니다.
- **고급 팀스페이스 권한:** 팀스페이스의 보안 설정에 따라 게스트 초대나 페이지 내보내기 등을 제한할 수 있으며, 고급 팀스페이스 권한을 이용해 특정 사용자나 그룹의 권한을 세부적으로 조정할 수도 있습니다.
- **사용자 프로비저닝(SCIM):** 엔터프라이즈 요금제부터 적용할 수 있는 강력한 보안 기능입니다. 사이드바에서 [설정 > 신원과 프로비저닝]으로 이동한 후 SCIM 기능에 대해 자세히 알아볼 수 있습니다.
- **워크스페이스 애널리틱스:** 모든 요금제에서는 페이지의 오른쪽 위에 있는 […]를 클릭한 후 [애널리틱스 보기]를 선택하여 누가 언제 해당 페이지를 조회했는지 확인할 수 있습니다. 여기에 더해 엔터프라이즈 요금제를 사용한다면 사이드바에서 [설정 > 애널리틱스]로 이동하여 워크스페이스 전체에서 어떤 멤버가 얼마나 많은 조회수와 사용량을 기록했는지, 얼마나 자주 방문했는지 등도 파악할 수 있습니다.

▲ 엔터프라이즈 요금제에서만 활성화되는 [애널리틱스]

> **N 한 걸음 더** 유료를 무료로 사용할 수 있는 노션 지원 프로그램
>
> **교육(학생 및 교사)** 대학생과 교사는 플러스 요금제를 무료로 사용할 수 있습니다. ac.kr이나 .edu로 끝나는 이메일 주소로 회원가입한 다음 사이드바에서 [설정 > 요금제 업그레이드]로 이동하면 아래쪽에 [교육 요금제 사용하기] 버튼이 있습니다. 학생과 교사가 아닌 졸업생이라도 학교 계정을 사용할 수 있다면 교육 요금제를 이용할 수 있으며, 교직원도 학교 계정을 이용할 수 있다면 교육 요금제를 이용할 수 있습니다. 단, 교육 요금제를 사용 중에 다른 사용자를 멤버로 초대하면 교육 요금제를 이용할 수 없게 되므로, 다른 사람을 초대하고 싶다면 게스트로 초대해야 합니다. 교육 요금제에 대한 자세한 설명은 아래 URL에서 확인할 수 있습니다.
>
> https://www.notion.so/ko-kr/help/notion-for-education
>
> > **학생과 교직원**
> > 학생과 교직원은 플러스 요금제 기능(멤버 수 1인 제한 적용)을 무료로 이용할 수 있습니다! 학교 이메일 주소로 가입하거나 '내 계정' 탭에서 기존 이메일을 변경하세요. 자세한 내용은 notion.com/students 페이지를 참고하세요.
> >
> > [교육 요금제 사용하기]
>
> **스타트업** 천만 달러 미만의 투자금을 받은 50인 미만의 스타트업은 노션 AI를 지원받을 수 있으며, 노션의 파트너 투자사에게 투자금을 받았다면 플러스 요금제와 함께 6개월 동안 노션 AI 기능을 사용할 수 있습니다. 노션의 파트너 투자사가 아니더라도 어디선가 투자금을 받았다는 사실을 증명할 수 있다면 3개월 간 플러스 요금제와 노션 AI 기능을 제공받을 수 있습니다. 자세한 설명은 아래 URL에서 확인할 수 있습니다.
>
> https://www.notion.so/ko-kr/startups
>
>
>
> **비영리** 501(c)3 인증을 받은 비영리 단체는 노션 사용료의 50%를 할인받을 수 있습니다. 자세한 설명은 아래 URL에서 확인할 수 있습니다.
>
> https://www.notion.so/ko-kr/nonprofits
>
> **비영리 단체를 위한 Notion**
> 전 세계의 다양한 문제를 해결하는 501(c)3 인증 단체를 지원하기 위해 팀 요금제를 50% 할인해 드려요.
>
>

LESSON 02 노션의 기본 구조 파악하기

노션을 잘 사용하고 싶다면 다른 사용자가 만든 템플릿(페이지)을 꾸준하게 살펴보면서 아이디어를 얻는 것이 좋습니다. 자유도가 높은 만큼 여러 사례를 살펴보면서 창의성을 끌어올리다 보면 남과 다른 나만의 유용한 템플릿을 완성할 수 있기 때문입니다. 우선은 노션이라는 프로그램의 기본 구조부터 확실하게 파악해 두세요.

노션은 크게 [워크스페이스 > 섹션 > 페이지 > 블록]으로 구조를 구분할 수 있습니다. 가장 최소 단위인 블록부터 자세히 설명해 보겠습니다.

노션의 최소 단위, 블록

노션의 핵심은 각 블록이라고 해도 무방하며, 상위 개념이라고 할 수 있는 페이지조차도 블록 중 하나입니다. 이러한 블록은 몇 가지 큰 카테고리로 분류되어 있습니다. 텍스트, 글머리 기호, 제목, 인용 블록 등이 포함된 '기본 블록'이 있고, 이미지, 북마크, 영상 등을 담고 있는 '미디어', 데이터베이스 관련 블록들을 담고 있는 '데이터베이스'. 구글 드라이브, 워크플로위, PDF, Loom 등을 담고 있는 '임베드', 목차, 수학 공식, 버튼 등을 담고 있는 '고급 블록', 이모지, 멘션 등을 담고 있는 '인라인' 등이 있습니다.

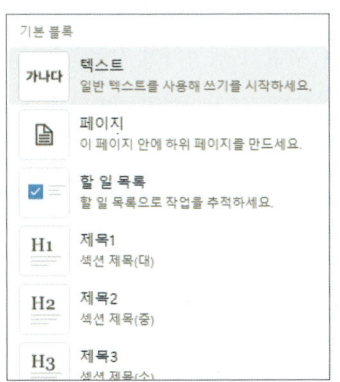 

▲ 대표적으로 자주 사용하는 '기본 블록'과 '데이터베이스' 블록 일부

노션의 특징 중 하나는 블록 속에 블록을 만든다는 점입니다. 폴더 속에 하위 폴더들을 만들어 자료들을 분류하듯 노션에서는 블록이 상위 폴더가 될 수도 있고, 하위 폴더가 될 수도 있습니다. 이것은 잠시 후 소개할 '페이지' 블록이 있어 가능합니다. 하나의 블록이면서, 블록들이 모여서 이룬 상위 개념이라고도 할 수 있는 페이지에 '페이지' 블록을 추가하고, 또 그 안에 하위 '페이지' 블록을 추가하면서 마치 폴더처럼 구조화할 수 있는 것입니다. 이런 개념이 지금은 헷갈릴 수 있지만, 직접 실습해 보면 금세 이해하게 될 것이니 지금은 가볍게 읽고 넘어가도 좋습니다.

블록이면서, 상위 구조인 페이지

페이지는 콘텐츠를 담는 공간입니다. 마치 하나의 커다란 도화지처럼 글자나 이미지, 영상 등 다양한 콘텐츠를 담을 수 있지만, 하나의 블록이기도 합니다. 가장 상위 페이지를 만든 후 그 안에 '페이지' 블록을 만들고, 다시 그 안에 '페이지' 블록을 만드는 과정을 반복하다 보면 무한에 가까운 계층 구조를 만들 수 있습니다. 마치 거울과 거울을 마주 대면 끝없이 거울들이 펼쳐지는 것처럼 말이죠.

아마도 노션에서 가장 헷갈리고 주목해야 할 개념이 페이지일 것입니다. 노션을 주먹구구식으로 배워서 사용하는 사람일수록 페이지의 개념을 제대로 파악하지 못해서 비효율적으로 사용하는 것을 많이 보았습니다. 한글이나 워드 같은 물리적인 파일을 사용하던 방법에 익숙해져서 그럴 것입니다.

예를 들어 페이지 속에 페이지는 무한에 가깝게 확장할 수 있습니다. 이런 구조를 제대로 이해하지 못하고, 새로운 페이지가 필요할 때마다 사이드바에 있는 **[새 페이지 만들기]**나 **[페이지 추가]** 아이콘을 클릭하여 최상위 분류의 페이지를 수없이 생성하여 사용하는 분들이 많습니다. 이렇게 최상단 페이지를 지속적으로 만들다 보면 사이드바가 페이지로 가득차 필요한 페이지를 찾기가 어려워집니다. 또한, 노션의 속도도 느려질 수 있습니다. 그러므로 대시보드로 활용할 최상위 페이지를 하나 만들고, 그 페이지에서 하위 페이지를 추가하는 방식으로 활용하는 것을 추천합니다.

🅝 한 걸음 더 마인드맵으로 페이지 구조화해 보기

막연하게 페이지를 구조화하라고 하거나 상위 페이지를 만들어서 하위 페이지를 관리하라고 하면 선뜻 시작하기 어려울 수 있습니다. 이럴 때 추천하는 방법이 마인드맵입니다. 자신을 중심으로 지금 하고 있는 일, 중요하게 생각하는 대상, 업무 등을 마인드맵으로 구분해서 정리해 보세요. 그런 다음 가장 상위에 있는 일이나 업무를 중심으로 상위 페이지를 만들면 됩니다. 단순하게는 '업무', '개인'과 같은 상위 페이지를 고려해 볼 수도 있을 것입니다. 이때 아날로그 방식으로 종이에 마인드맵을 그려도 되며, 디지털 방식을 선호한다면 miro(https://miro.com/) 서비스를 사용해 봐도 좋습니다. 참고로 miro 서비스는 마인드맵뿐만 아니라 플로우차트, 브레인스토밍, 기획, 자료 조사 등에도 활용할 수 있는 유용한 도구입니다.

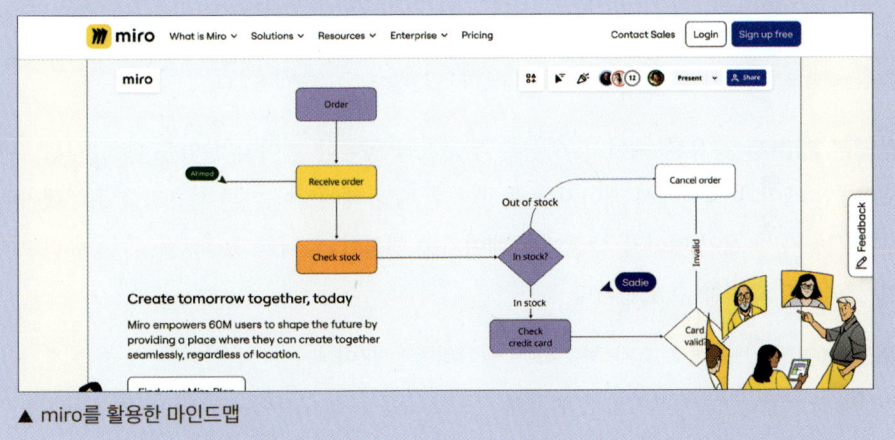

▲ miro를 활용한 마인드맵

➕ 페이지들의 구분, 섹션

섹션은 노션의 사이드바에서 활용하는 개념입니다. 처음 노션의 회원으로 가입할 때 선택한 용도에 따라 기본으로 표시되는 섹션의 종류에 차이가 있을 수 있으나, 대표적인 섹션 구분은 즐겨찾기, 팀스페이스, 공유된 페이지, 개인 페이지입니다.

즐겨찾기 처음 노션을 실행했다면 '즐겨찾기' 섹션은 보이지 않을 것입니다. 노션을 사용하면서 관리하는 페이지가 많아지고, 그 중에서 자주 사용하는 페이지만 빠르게 모아서 관리하고 싶을 때 사용하는 기능이 바로 '즐겨찾기' 섹션입니다. 자주 사용하는 페이지를 열고 오른쪽 위에 있는 별 모양의 [즐겨찾기에 추가] 아이콘을 클릭하여 노란색으로 활성화하면 그제서야 사이드바에 '즐겨찾기' 섹션이 추가됩니다. 이후로 [즐겨찾기에 추가] 아이콘을 활성화한 페이지들이 '즐겨찾기' 섹션에 표시됩니다.

▲ 즐겨찾기 비활성 상태(위)와 즐겨찾기에 추가한 상태(아래)

팀스페이스 조직에서 팀별, 프로젝트별, 부서별 등 특정 단위나 구성원별(멤버)로 구분해서 페이지를 관리하기 위한 섹션입니다. 물론 조직의 모든 구성원이 사용할 수 있는 공용 팀스페이스도 있습니다. 팀스페이스는 사이드바에서 **[설정 > 팀스페이스]**로 이동하여 설정을 변경하거나 생성할 수 있습니다.

TIP 플러스 요금제에서는 모든 멤버가 모든 팀스페이스를 확인하거나 참가할 수 있습니다. 만약 특정 멤버만 확인할 수 있는 비공개 팀스페이스를 만들고 싶다면 비즈니스 이상의 요금제를 사용해야 합니다.

공유된 페이지 '공유된 페이지' 섹션은 누군가와 공유한 페이지가 있을 때 표시됩니다. 즉, '개인 페이지' 섹션에서 페이지를 생성한 후 해당 페이지에 다른 사용자를 초대했거나, 다른 사용자가 '개인 페이지' 섹션에서 페이지를 생성한 후 나를 초대했을 때 '공유된 페이지' 섹션에서 확인할 수 있습니다.

개인 페이지 말 그대로 혼자 사용하는 페이지들을 모아 놓은 섹션입니다. 노션을 혼자 사용한다면 모두 개인 페이지이기 때문에 사이드바에 섹션 구분이 나타나지 않습니다. 이후 특정 페이지를 즐겨찾기로 추가하거나, 다른 사용자와 공유하면 그때 섹션들이 구분되면서 '개인 페이지' 섹션도 나타납니다.

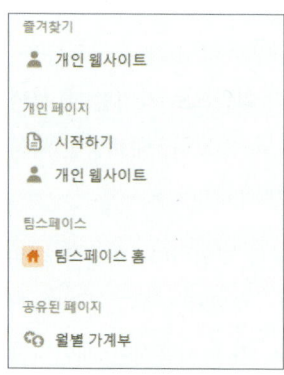

▲ 모든 섹션이 표시된 사이드바, 각 섹션명을 드래그하여 순서를 변경할 수 있습니다.

최상위 작업 공간, 워크스페이스

워크스페이스는 '작업 공간'을 의미하며, 노션의 전체 화면 그 자체입니다. 노션의 블록들을 레고의 블록에 비유하면 워크스페이스는 다양한 레고들이 있는 놀이방에 비유할 수 있을 것입니다. 워크스페이스는 처음 회원가입하면 기본으로 하나가 생성되며, 이후 용도에 따라 추가하거나 삭제할 수도 있습니다. 예를 들어 처음에는 개인 용도로 노션을 만들어 사용 중이었는데, 소모임을 운영하게 되었다면 현재 워크스페이스에 다른 멤버들을 초대해서 사용해도 되지만, 그러지 않고 새로운 워크스페이스를 추가한 후 멤버들을 초대해서 활용할 수도 있습니다. 즉, 하나의 로그인 계정에 여러 개의 워크스페이스를 만들 수 있으며, 그 기준은 따로 없습니다. 사용자 편의에 따라 활용하면 그뿐입니다.

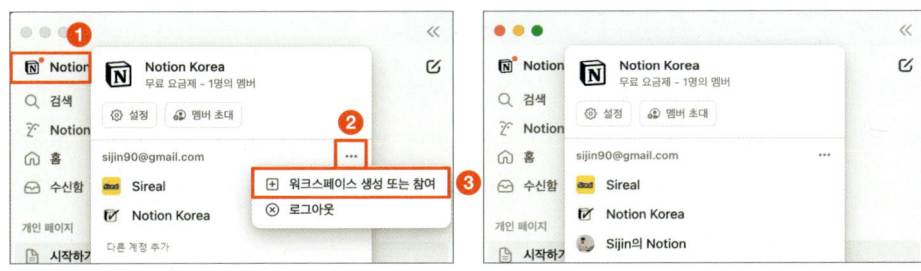

위와 같이 사이드바 맨 위에 있는 워크스페이스 이름을 클릭하여 팝업 창을 열고, […]을 클릭한 후 [워크스페이스 생성 또는 참여]를 선택하면 새로운 워크스페이스를 추가할 수 있습니다. 이렇게 같은 계정에 워크스페이스를 추가하더라도 요금제는 별도로 관리됩니다. 새로운 워크스페이스를 추가한 후에는 이름을 클릭하여 다른 워크스페이스를 선택하거나 단축키 Alt + Shift 와 숫자 1, 2 를 눌러 워크스페이스를 전환할 수 있습니다.

TIP 워크스페이스를 삭제할 때는 사이드바에서 [설정 > 설정]으로 이동한 후 화면 가장 아래쪽에 있는 [워크스페이스 삭제] 버튼을 클릭합니다.

LESSON 03 : 노션 페이지 활용을 위한 기본기

노션의 핵심 기능들의 자세한 실행 방법은 이후 다양한 템플릿(페이지)들을 직접 만들어 보면서 손으로 익히는 것이 빠릅니다. 여기서는 노션의 템플릿들을 제작하는 데 필요한 가장 기본적인 내용, 즉 반드시 알고 있어야 할 기초 지식을 배워 봅니다.

+ :: 노션의 모든 것을 포함한 사이드바

노션 화면의 왼쪽에 위치한 사이드바는 워드나 한글과 같은 프로그램의 메뉴바와 파일 탐색기를 합쳐 놓은 공간이라고 할 수 있습니다. 파일 탐색기 기능은 섹션에 대한 설명에서 충분히 이야기했으므로, 여기서는 나머지 메뉴들에 대해 하나씩 살펴보겠습니다.

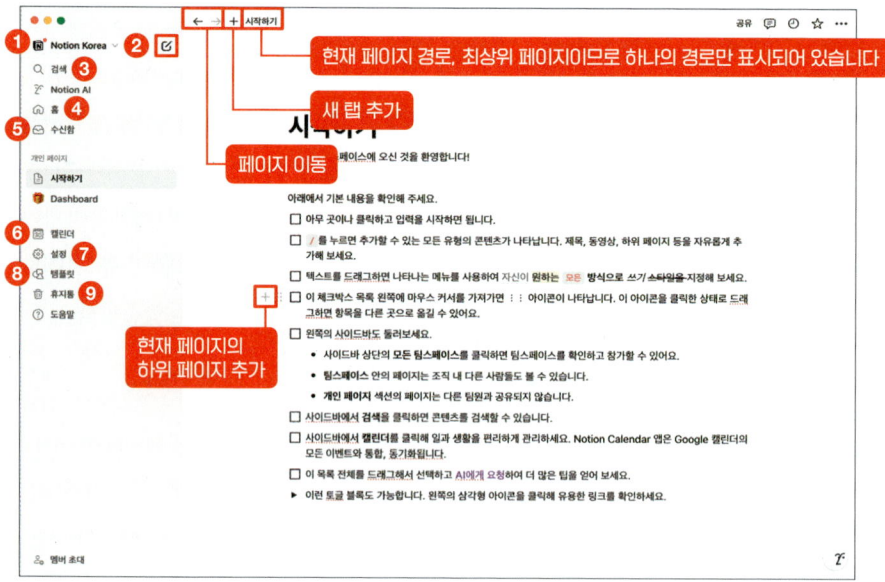

TIP 노션의 인터페이스가 영어로 표시된다면 사이드바에서 [Settings > Language & Region]로 이동한 후 [Language] 옵션을 [한국어]로 변경하면 됩니다. 이미 [한국어]로 설정되어 있음에도 영어로 표시된다면 [English]로 변경한 후 다시 [한국어]로 변경해 보세요. 노션의 잦은 오류 중 하나입니다.

① **워크스페이스 이름:** 사이드바의 가장 위에 표기된 이름(Notion Korea)이 현재 사용 중인 워크스페이스의 이름입니다. 워크스페이스 이름을 클릭한 후 다른 계정을 추가하거나 로그아웃할 수 있으며, 여러 개의 워크스페이스를 만들었다면 다른 워크스페이스를 선택해서 전환할 수도 있습니다.

② **새 페이지 만들기:** '개인 페이지' 섹션에 새로운 페이지를 추가합니다.

③ **검색:** 현재 워크스페이스에 있는 페이지를 검색할 수 있습니다.

④ **홈:** 워크스페이스 전체에 퍼져 있는 정보들 중 최근 방문한 페이지, 향후 3일 동안 예정된 이벤트(캘린더), 데이터베이스 중 나에게 할당된 페이지 등을 일괄 확인할 수 있습니다.

▲ 최근 방문 페이지와 할당된 내역을 일괄 확인할 수 있는 [홈]

⑤ **수신함:** 노션에서 일어나는 업데이트 및 알림들을 일괄 확인할 수 있습니다. 노션을 혼자 사용한다면 사용성이 낮지만, 협업 중일 때는 자신이 호출된 페이지나, 팔로우 중인 페이지의 업데이트 내역을 모아서 볼 수 있어 편리합니다.

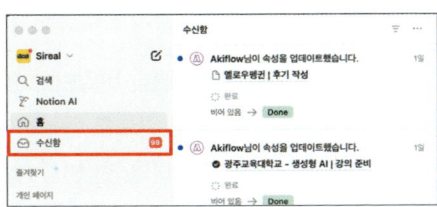

▲ 최근 업데이트와 알림을 확인할 수 있는 [수신함]

⑥ **캘린더:** [Notion 캘린더]에 대한 안내 창이 열리며, 앱을 설치하거나 좀 더 자세한 설명을 확인할 수 있습니다. 이미 사용 중이라면 [Notion 캘린더] 앱이 실행되거나, 웹브라우저에서 [Notion 캘린더]가 열립니다. Link Notion 캘린더 소개는 부록 PDF에서 확인할 수 있습니다.

> **N 한 걸음 더 외부 데이터 가져오기**
>
> 사이드바에서 [설정 > 가져오기]로 이동한 후 앱들의 버튼을 클릭하여 외부에 있는 데이터를 노션으로 가지고 올 수 있습니다. 해외에서 많이 사용하는 협업 도구인 Asana, Trello, Monday.com을 비롯해 Word, HTML, Text & Markdown, CSV 등의 파일을 가져올 수도 있습니다. 이렇게 가져온 데이터는 단순히 내려받는 것이지, 동기화의 개념이 아닙니다.
>
> 버튼을 클릭해서 해당 데이터를 가져오는 방식 이외에도 ZIP, PDF, EPUB, Latex 등의 파일도 끌어서 놓거나 업로드하는 방식으로 가져올 수 있습니다.
>
>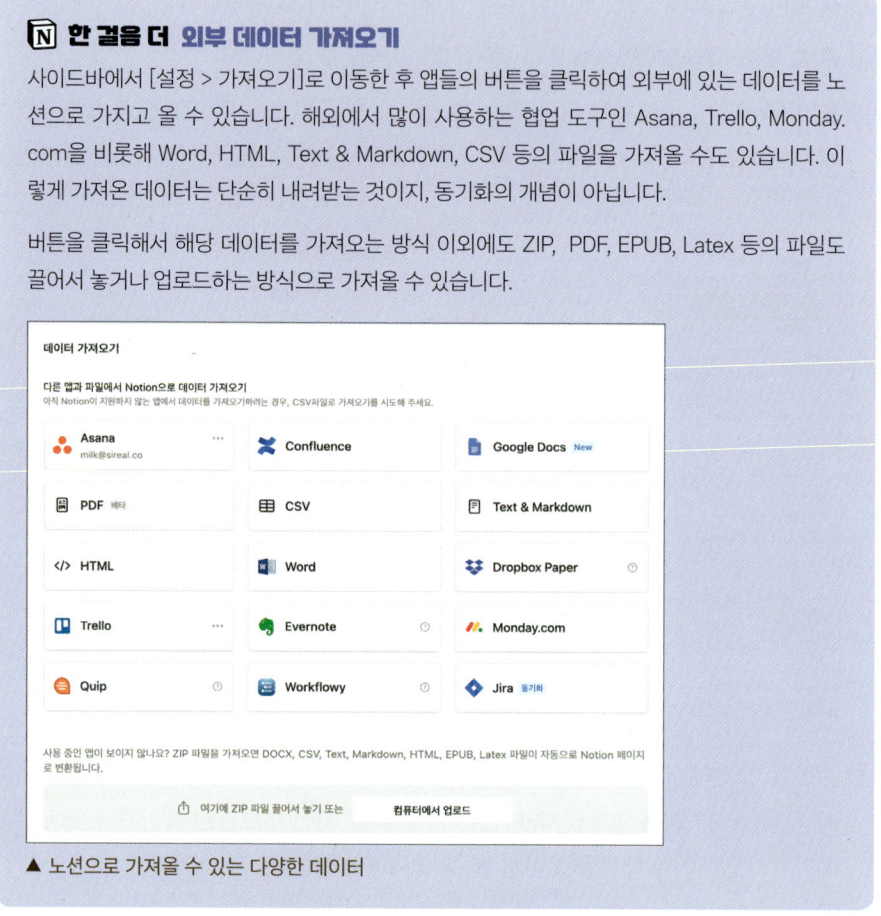
>
> ▲ 노션으로 가져올 수 있는 다양한 데이터

⑦ **설정:** 노션의 각종 설정을 변경할 수 있는 메뉴입니다. 프로필, 이메일, 비밀번호 변경, 알림 설정, 언어 설정, 멤버, 공개된 페이지 검색부터 요금제에 따라 카드를 등록하거나 청구서를 확인하는 등 노션 설정에 관한 대부분의 내용이 들어 있습니다. 한 번쯤 [설정]을 클릭한 후 상세 설정들을 꼼꼼하게 살펴보는 것이 좋습니다.

> **TIP** 노션의 잦은 업데이트로 [설정] 메뉴의 위치가 다를 수 있습니다. 사이드바에서 [설정]을 찾을 수 없다면, 사이드바 가장 위에 있는 워크스페이스 이름을 클릭한 후 팝업 창에서 [설정] 버튼을 클릭하면 됩니다.

⑧ **템플릿:** 템플릿 페이지가 열리면 분류나 검색으로 원하는 템플릿을 찾아 [내 워크스페이스에 추가] 버튼을 클릭합니다. 해당 템플릿을 워크스페이스에 복제하여 자유롭게 편집해서 사용할 수 있습니다. 템플릿 페이지에서는 노션 사용자들이 제작한 수천 개의 템플릿도 확인할 수 있습니다. 다만 사용자들이 제공한 템플릿 중에는 무료뿐만 아니라 유료 템플릿도 포함되어 있으므로 가격을 잘 확인해야 합니다.

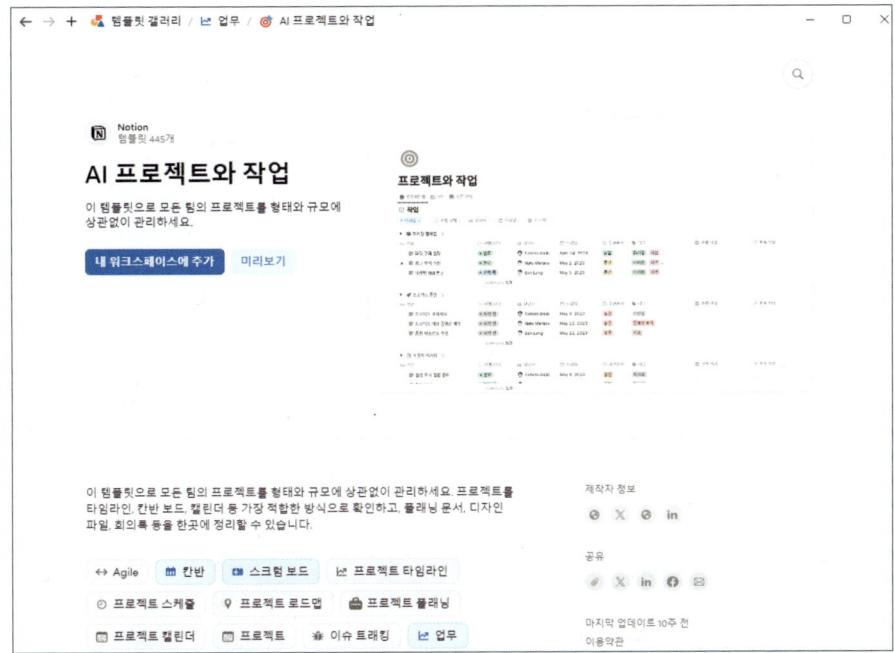

⑨ **휴지통:** 삭제한 페이지 목록이 표시되며, 여기서 다시 복원하거나 완전히 삭제할 수 있습니다. 단, 30일이 지나면 자동으로 완전 삭제됩니다.

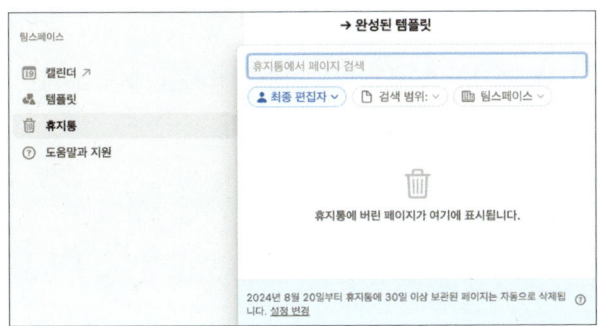

> **한 걸음 더 사이드바 닫기 & 폭 조절하기**
>
> 사용 중인 모니터 크기나 화면에 따라 사이드바가 열려 있으면 오른쪽에 있는 페이지 편집 시 레이아웃이 평소보다 짧게 보이거나, 2열로 나와야 하는 페이지가 1열로 보이는 등 레이아웃에 영향을 미칠 수 있습니다. 이럴 때는 왼쪽 사이드바를 닫아 페이지를 최대한 넓게 활용하는 것이 좋습니다.
>
> 사이드바에서 오른쪽 위로 마우스 커서를 옮기면 다음과 같이 [사이드바 닫기] 아이콘이 표시됩니다. 이 아이콘을 클릭하거나 단축키 Ctrl + \ 를 이용하여 사이드바를 열거나 닫을 수 있습니다. 이때 \ 는 키보드마다 차이가 있을 수 있지만, 대부분 Enter 위에 있습니다.
>
>
>
> 만약 사이드바를 닫는 것이 더 불편하다면 사이드바의 폭을 조절해 보세요. 사이드바와 페이지의 경계를 마우스로 클릭한 채 좌우로 드래그하면 너비를 넓히거나 좁힐 수 있습니다.

페이지를 구분하는 제목, 아이콘, 커버 사용하기

페이지를 추가한 후 구분을 위해 가장 먼저 할 일은 페이지의 제목을 입력하는 것입니다. 그런 다음 보기 좋게 꾸미거나 페이지의 용도를 구분하기 위해 커버나 아이콘을 추가합니다. 사이드바에서 [새 페이지 만들기] 아이콘을 클릭하여 새로운 페이지를 추가한 후 실습해 보세요.

페이지 제목 입력 새로운 페이지를 추가하면 '제목 없음'이라고 표시된 제목 입력란이 있습니다. 여기를 클릭한 후 용도에 맞게 페이지 이름을 입력합니다.

▲ 제목이 입력되지 않은 기본 상태의 제목 입력란

아래는 페이지의 제목으로 '블록 추가'를 입력한 상태입니다. 제목을 입력하기 위해 마우스 커서를 제목 입력란으로 가져가면 [아이콘 추가], [커버 추가], [댓글 추가] 버튼이 표시되는 것을 확인할 수 있습니다. 이 버튼들은 기본 상태에서는 보이지 않다가 마우스 커서를 제목 입력줄로 옮기면 표시됩니다.

▲ 페이지에 제목을 입력하면 검은색으로 표시됩니다.

아이콘 추가 제목 입력란 위에 표시되는 [아이콘 추가] 버튼을 클릭하면 곧바로 임의의 아이콘이 추가되며, 다음과 같이 [이모지], [아이콘], [업로드] 탭으로 구분된 팝업 창이 열립니다. 여기서 원하는 아이콘을 선택해서 임의로 추가된 아이콘을 변경합니다. 팝업 창에서 오른쪽 위에 있는 [제거]를 클릭하여 추가한 아이콘을 지울 수도 있습니다.

TIP 이모지나 아이콘 위로 마우스 커서를 옮기면 이름이 표시됩니다. 자주 사용하는 이모지나 아이콘은 이름을 기억해 두면 검색으로 쉽게 찾아 사용할 수 있습니다. 또한, [이모지] 탭 아래쪽에 있는 카테고리 아이콘을 이용하여 원하는 아이콘을 쉽게 찾을 수 있으며, 카테고리 오른쪽 끝에 있는 [사용자 지정 이미지 추가] 아이콘을 클릭하여 원하는 이미지를 아이콘으로 추가할 수도 있습니다.

- [이모지]나 [아이콘] 탭에서 필터(검색창) 입력란을 이용하여 원하는 모양을 찾아서 선택할 수도 있고, 필터 오른쪽에 있는 [랜덤] 아이콘을 클릭하여 랜덤으로 적용할 수도 있습니다. [랜덤] 아이콘 오른쪽에 있는 아이콘을 이용하여 색상도 변경할 수 있습니다.

- [업로드] 탭에서는 이미지나 사진 등을 업로드하여 페이지 아이콘으로 사용할 수 있습니다. 또한, 온라인에서 찾은 이미지의 URL을 복사한 후 Ctrl+V를 눌러 붙여 넣고 [저장] 버튼을 클릭하여 아이콘으로 사용할 수도 있습니다.

TIP 온라인에서 마음에 드는 이미지를 발견했다면 해당 이미지에서 마우스 오른쪽 버튼을 클릭한 후 [이미지 주소 복사]를 선택하여 URL을 복사할 수 있습니다.

커버 추가 제목 입력란 위에 있는 [**커버 추가**] 버튼을 클릭하면 임의의 커버가 적용됩니다. 추가된 커버에 마우스 커서를 올리면 오른쪽 위에 [**커버 변경**]과 [**위치 변경**] 버튼이 표시되어, 랜덤으로 적용된 커버를 변경하거나 커버의 위치를 조정할 수 있습니다.

▲ 아이콘과 커버를 추가한 페이지

[**커버 변경**] 버튼을 클릭하면 다음과 같은 다양한 방법으로 커버를 변경할 수 있습니다.

① **갤러리:** 노션에서 제공하는 기본 커버 이미지 중에 선택할 수 있습니다.

② **업로드:** 사용자가 보관 중인 이미지나 사진을 업로드하여 커버로 사용할 수 있습니다. 무료 버전에서는 파일 업로드 용량이 5MB 이내로 제한되며, 가로세로 1500px × 600px 이상의 이미지를 사용하는 게 좋습니다.

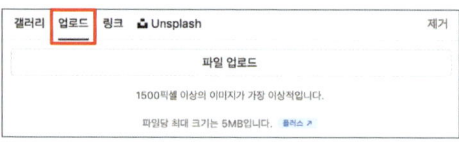

③ **링크:** 아이콘과 마찬가지로 온라인에서 찾은 이미지의 URL을 붙여 넣는 방법으로 커버를 변경할 수 있습니다.

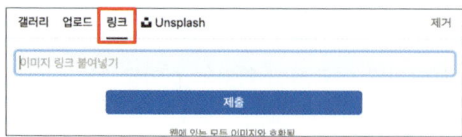

④ **Unsplash:** 해외 무료 이미지 사이트인 https://unsplash.com/와 연동되어, 원하는 이미지를 검색해서 커버로 사용할 수 있습니다.

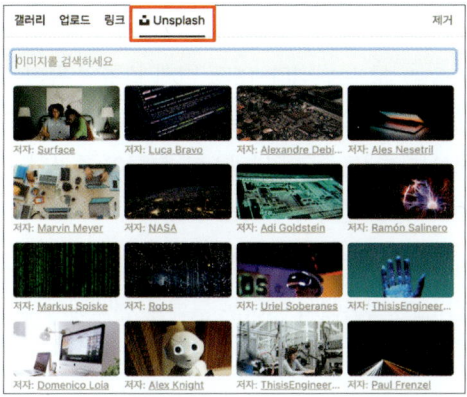

⑤ **제거:** 페이지에 적용된 커버를 제거할 수 있습니다.

➕ 노션의 핵심, 블록 추가 및 변경하기

노션에서 가장 중요한 기능을 선택하라고 하면 단연 '블록'입니다. 노션 사용자라면 숨쉬듯이 자주 사용하는 기능이므로 충분히 연습해 보면서 익히는 것이 좋습니다.

텍스트 블록으로 시작하기 노션의 수많은 블록 중에서도 가장 기본 블록은 '텍스트' 블록으로, 보통의 워드프로세서처럼 텍스트를 입력할 수 있습니다. 새로운 페이지를 만들었다면 '제목 없음'이라고 되어 있는 제목 입력란에 제목을 입력하고, 이어서 Enter 를 누르거나, 아래쪽 빈 공간을 클릭해 보세요. 기본으로 '텍스트' 블록이 추가되어 텍스트를 입력하거나 다른 블록으로 변경할 수 있습니다.

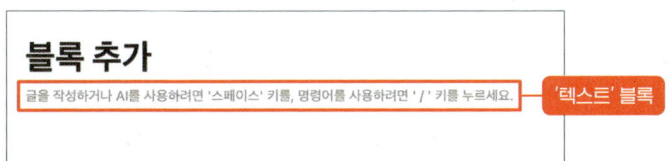

▲ '텍스트' 블록 활성화 상태

블록 추가하기 노션에서 새로운 블록을 추가하는 방법은 다음과 같이 여러 가지입니다.

- 페이지에서 빈 공간을 클릭하면 마지막 블록 다음에 '텍스트' 블록이 추가됩니다.
- 텍스트가 입력되어 있는 블록(텍스트 블록, 글머리 기호 블록, 번호 매기기 블록 등)을 클릭하여 커서를 텍스트 끝으로 옮긴 다음 Enter 를 누릅니다. 이때 현재 블록의 유형에 따라 기본 블록인 '텍스트' 블록이 추가되기도 하고, 현재 블록과 같은 유형의 블록이 추가되기도 합니다. 예를 들어 제목 관련 블록에서 Enter 를 누르면 '텍스트' 블록이 추가되고, 목록 관련 블록에서 Enter 를 누르면 같은 목록 관련 블록이 추가됩니다.
- 특정 블록으로 마우스 커서를 옮기면 [+] 아이콘과 [∷](블록 핸들)이 표시됩니다. 여기서 [+] 아이콘을 클릭하면 블록 목록 창이 열리고, 목록에서 원하는 블록을 선택해서 추가할 수 있습니다.

TIP Alt 를 누른 채 [+] 아이콘을 클릭하면 현재 블록 위쪽으로 새로운 블록을 추가할 수 있으며, [∷]을 클릭한 채 드래그하면 블록의 위치를 변경할 수 있습니다.

- 블록을 추가하기 위해 반드시 기억해야 할 것이 /(슬래시)입니다. 노션을 사용하면서 수없이 입력하게 될 키입니다. '표' 블록과 같은 일부 블록을 제외하고, 대부분의 블록에서 /을 입력하면 곧바로 다음과 같은 블록 목록이 표시되고, 여기서 원하는 블록을 선택합니다. 또는 /표와 같이 /와 블록 이름을 함께 입력하고 Enter 를 눌러 실행하면 해당 블록이 추가됩니다.

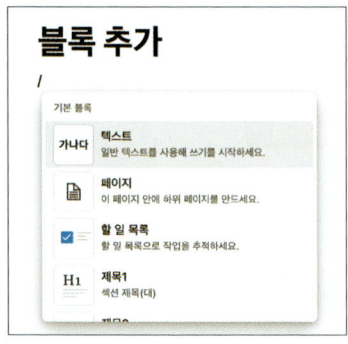

TIP 블록 목록 창에서 마우스의 스크롤을 이용하거나 키보드의 위아래 방향키를 눌러 블록들을 탐색할 수 있습니다.

블록 변경하기 임의의 블록을 다른 종류의 블록으로 변경할 수도 있습니다. 예를 들어 '텍스트' 블록에 내용을 입력한 후 '글머리 기호 목록' 블록이나 '번호 매기기 목록' 블록 등으로 변경할 수 있습니다. 블록으로 마우스 커서를 옮기면 표시되는 [⋮⋮]을 클릭한 후 [전환]을 선택하면 다음과 같이 변경할 수 있는 블록 목록이 나타납니다.

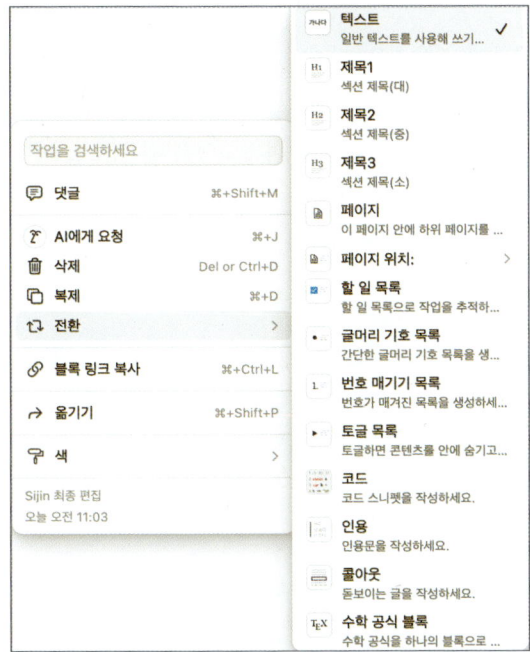

협업을 위한 페이지 공유하기

노션은 기록용으로 혼자 사용할 수도 있지만, 많은 사람이 협업을 위한 업무 도구로 사용하고 있습니다. 이때 필수 기능이 페이지 공유입니다. 노션 페이지에서 오른쪽 위에 있는 [공유] 버튼을 클릭한 후 '게시' 또는 '공유' 기능으로 다른 사용자와 페이지를 공유할 수 있습니다. 두 방법의 가장 큰 차이는 보안이죠. '게시'는 불특정 다수의 사람이 볼 수 있고, 옵션 설정에 따라 구글에서 페이지가 검색될 수도 있습니다. 반면 '공유'는 내가 초대한 사용자만 확인할 수 있으므로 상대적으로 안전합니다.

공유 페이지에서 [공유] 버튼을 클릭합니다. 팝업 창이 열리면 [공유] 탭에서 초대할 사용자의 이메일 주소를 입력한 후 [초대] 버튼을 클릭하여 특정 사용자를 나의 페이지에 초대할 수 있습니다.

▲ 기본 상태의 [공유] 탭

'사용자, 그룹, 이메일 추가' 입력란에 초대할 사용자의 이메일 주소를 입력하고 Enter 를 누르거나 아래 표시된 목록에서 선택하면 다음과 같이 라벨 형태로 변경되며, 이렇게 여러 명의 사용자를 한 번에 초대할 수도 있습니다. 라벨 형태로 변경되었을 때 프로필 이미지와 이름이 표시된다면 해당 사용자가 노션을 사용 중이라는 의미이며, 이메일 주소가 그대로 표시된다면 노션을 사용하지 않고 있다는 의미입니다.

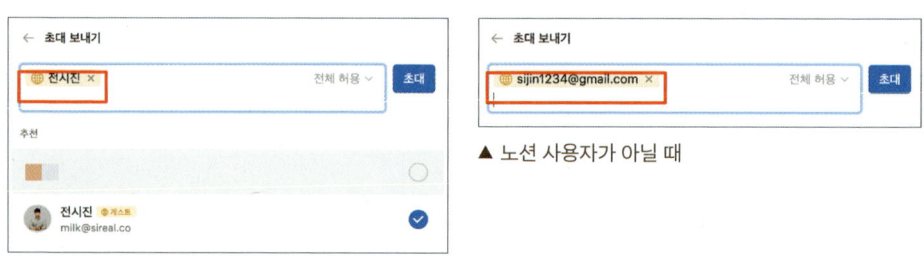

▲ 기존 노션 사용자를 초대할 때

▲ 노션 사용자가 아닐 때

TIP 초대장은 이메일로 발송되며, 현재 노션에 가입하지 않은 사용자라도 초대장 링크를 클릭하여 해당 페이지에 접근할 수 있습니다.

공유 권한 공유 방법으로 페이지에 다른 사용자를 초대할 때는 [초대] 버튼을 클릭하기 전 다음과 같은 공유 권한을 설정할 수 있습니다. 이미 공유한 후라도 [공유] 버튼을 클릭한 후 팝업 창에서 추가된 사용자별로 공유 권한을 변경할 수 있습니다.

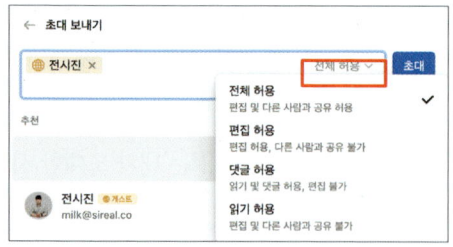

- **읽기 허용:** 페이지 내용을 볼 수만 있습니다.
- **댓글 허용:** 페이지 내용을 보고, 댓글을 남길 수 있습니다.
- **편집 허용:** 페이지 내용을 보고, 댓글을 남기거나 편집할 수 있습니다.

- **전체 허용:** 페이지 편집부터 다른 사용자 초대까지 할 수 있습니다. 또한 추가된 다른 사용자를 삭제할 수도 있으므로, 전체 허용 권한을 줄 때는 주의가 필요합니다.

페이지를 웹페이지로 활용할 수 있는 게시

[공유] 버튼을 클릭한 후 [게시] 탭에서 [게시] 버튼을 클릭하면 해당 페이지가 온라인에 공개됩니다. [게시] 탭에 다음과 같이 파란색 아이콘이 표시된다면 현재 페이지는 이미 게시 중이라는 의미입니다.

 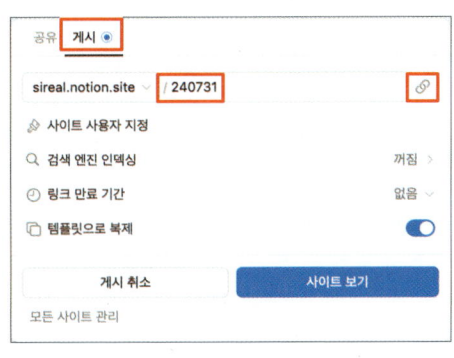

▲ 게시 전 [게시] 탭(좌)과 게시 후 [게시] 탭(우)

페이지 게시가 시작되면 위와 같이 게시용 링크가 생성되고, 링크 오른쪽에 있는 아이콘을 클릭하여 링크를 복사할 수 있습니다. 이후 해당 링크를 SNS 등에 공개하면 누구나 링크를 클릭해서 페이지를 확인할 수 있게 됩니다. 페이지를 게시한 후에는 다음과 같은 권한을 설정할 수 있습니다.

- **사이트 사용자 지정:** 사이트 테마, 파비콘 표시, 제목 표시줄 상세 설정 등을 변경할 수 있습니다. 다만, 사이트 사용자 지정의 모든 기능을 사용하려면 플러스 요금제 이상을 사용해야 합니다. 상세 옵션은 이어서 자세히 설명합니다.
- **검색 엔진 인덱싱:** 해당 페이지가 구글 검색에 등록됩니다.
- **링크 만료:** 페이지 게시 기간을 지정할 수 있습니다. 지정한 기간이 지나면 자동으로 게시가 취소됩니다. 단, 플러스 요금제부터 사용할 수 있습니다.
- **게시 취소:** 이 페이지의 게시를 취소합니다. 링크를 가지고 있는 사람도 더는 해당 페이지에 접근할 수 없게 됩니다.

> **TIP** 플러스 이상의 요금제를 사용하면 notion.site/ 뒤에 표시되는 난수 부분을 클릭하여 원하는 URL로 변경할 수 있습니다.

- **사이트 보기:** 이 페이지가 공개된 모습을 웹브라우저에서 확인할 수 있습니다. 현재 컴퓨터의 기본 웹브라우저가 실행되며, 다른 웹브라우저에서 확인하고 싶다면 게시 링크를 복사해서 붙여 넣는 방법으로 확인하면 됩니다.
- **모든 사이트 관리:** 현재 워크스페이스에서 게시된 모든 페이지 목록을 확인할 수 있으며, 도메인 설정을 변경할 수도 있습니다. 다음과 같은 팝업 창이 열리면 각 목록 오른쪽 끝에 있는 […] 아이콘을 클릭한 후 [설정]을 선택하면 해당 페이지의 게시 여부 및 세부 설정을 변경할 수 있습니다.

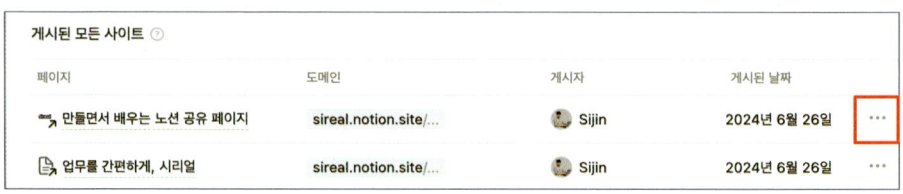

▲ 게시된 전체 페이지 목록 확인

사이트 사용자 지정 페이지를 게시한 후 [게시] 탭에서 [사이트 사용자 지정]을 클릭하면 다음과 같은 상세 설정을 변경할 수 있습니다.

- **미리보기:** 노션 페이지가 게시되었을 때의 모습을 미리 확인할 수 있습니다.
- **테마:** 게시된 페이지의 테마를 선택할 수 있습니다. [시스템]을 선택하면 해당 페이지에 접속한 사용자의 환경에 따라 변경됩니다.
- **파비콘:** 노션 페이지가 브라우저에서 열렸을 때 탭에 표시될 아이콘을 변경합니다.

- **제목:** 노션 페이지의 제목 표시줄에 표시될 세부 옵션들을 변경할 수 있습니다.
- **Google 애널리틱스:** 노션 페이지를 Google의 페이지 분석 도구인 Google 애널리틱스와 연결할 수 있습니다. 해당 버튼을 클릭한 뒤 'G-'로 시작하는 Google 애널리틱스 ID를 넣으면 됩니다.

> **TIP** 페이지를 게시한 후 [공유] 탭을 확인해 보면, [링크가 있는 모든 사용자]에게 [읽기 허용]으로 공유 권한이 설정되어 있습니다. 여기서 [편집 허용]으로 권한을 변경하면 누구나 자신의 노션 계정으로 로그인하여 해당 페이지를 편집할 수 있게 됩니다.

게시 페이지의 도메인 변경 및 연결하기

노션 페이지를 게시하면 임의의 URL이 생성됩니다. 이러한 URL을 사용자화하고 싶다면 도메인 설정을 변경하면 됩니다. 사이드바에서 [**설정 > 사이트**]로 이동해 보면 다음과 같이 임의의 도메인이 설정되어 있습니다.

▲ 설정 > 사이트

여기서 오른쪽 끝에 있는 […] 아이콘을 클릭한 후 [**업데이트**]를 선택하면 임의의 도메인을 사용자화할 수 있습니다. 예를 들어 기존 도메인 업데이트 창에 'booksireal'을 입력했다면 다음과 같은 게시 링크가 변경됩니다.

thirsty-sceptre-f25.notion.site
▲ 변경 전

booksireal.notion.site
▲ 변경 후

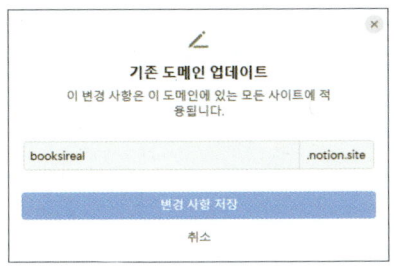

◀ 도메인 업데이트

도메인 추가하기 만약, 플러스 이상의 요금제를 사용하고 있다면 사이트 화면에서 [새 도메인] 버튼을 클릭하여 여러 개의 도메인을 추가해서 사용할 수 있으며, 사용 중인 유료 도메인이 있다면 추가로 월 $10(노션 연간 요금제 사용 시 월 $8)를 추가 결제하여 노션과 연결할 수도 있습니다. 즉, 노션 페이지를 notion.site 형식이 아닌 www.notionkorea.kr처럼 개인 도메인으로 연결할 수도 있습니다.

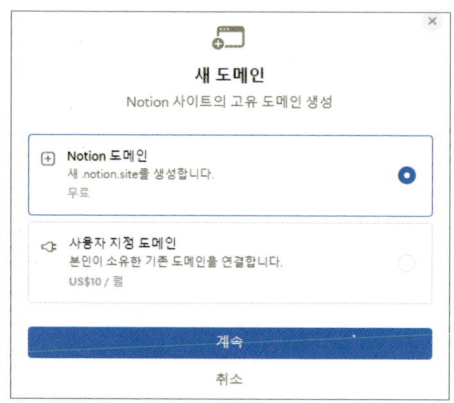

▲ 새 도메인 추가하기

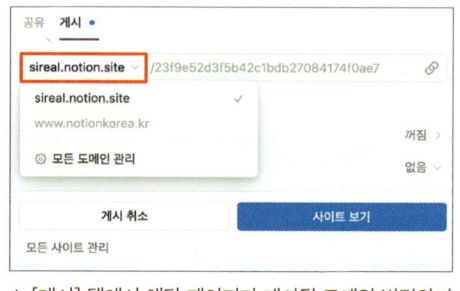

▲ [게시] 탭에서 해당 페이지가 게시될 도메인 변경하기

공개 홈페이지 설정 도메인을 사용자화하여 게시 링크를 조금은 쉽게 변경했더라도, 여전히 복잡한 난수 때문에 직접 입력하여 접속하기는 쉽지 않습니다. 단, 사용 중인 도메인 별로 1개의 페이지는 '사용자화.notion.site'만 입력해서 접속할 수 있습니다. 홈페이지 기능 역시 플러스 요금제부터 이용할 수 있으며, 사이트 팝업 창에서 도메인별 '홈페이지' 옵션을 클릭한 후 현재 게시된 페이지 목록이 나타나면 선택해서 적용합니다. 이렇게 홈페이지로 지정한 페이지는 '사용자화.notion.site'와 같이 난수 없이 입력해서 접속할 수 있습니다.

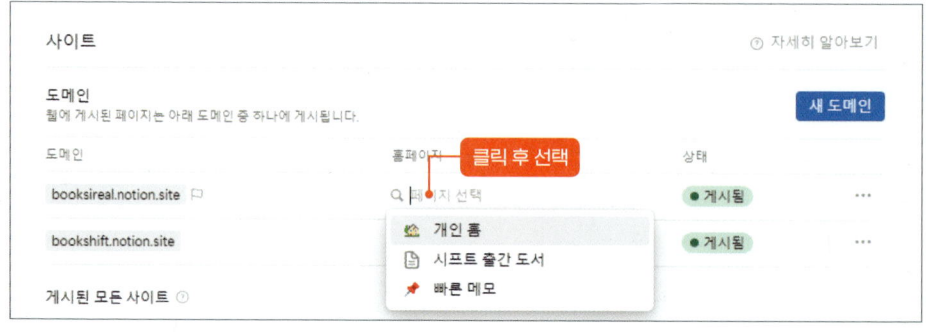

▲ 도메인별 홈페이지 지정하기

CHAPTER 02

기본 블록으로 만들기

LESSON 01 기본 블록 소개

LESSON 02 기본 블록만으로 완성하는 포트폴리오

LESSON 03 한 주를 체계적으로 관리할 수 있는 할 일 관리

LESSON 04 표로 깔끔하게 정리한 수업 계획 및 노트

LESSON 05 2단 구성으로 캠페인 기획서 작성하기

LESSON 01 : 기본 블록의 종류 알고 가기

노션의 기초 사용법을 익혔다면 이제 블록들을 조합하여 용도에 맞게 페이지를 꾸미면 됩니다. 그러기 위해서는 주요 블록의 쓰임에 대해 알아야겠죠? 자주 사용하는 블록은 어떤 것들이 있고, 그 블록의 명칭은 무엇인지 정도만 가볍게 살펴보겠습니다.

노션의 대표 기본 블록

새로운 페이지를 만들고 제목을 입력한 후 Enter 를 누르면 기본으로 생성되는 '텍스트' 블록을 포함하여 노션에서 가장 많이 사용하는 블록 14가지를 기본 블록이라고 합니다.

Link 블록 추가 및 변경 방법은 037쪽 을 참고하세요.

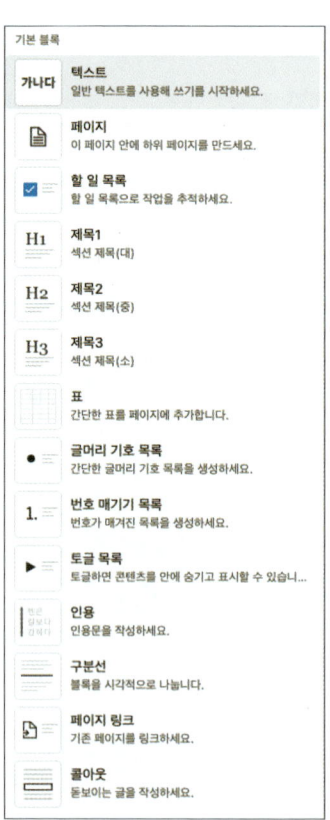

- **텍스트:** 임의의 빈 공간을 클릭하면 추가되는 노션의 가장 대표적인 기본 블록입니다. 아무것도 입력하지 않으면 공백처럼 표시되므로 여러 개의 '텍스트' 블록을 추가하여 여백처럼 활용하기도 합니다.
- **페이지:** 모든 콘텐츠를 담을 수 있는 빈 도화지와 같은 역할을 하며, 페이지 속에 페이지를 만들 수 있습니다. 페이지 왼쪽 위를 보면 현재 페이지의 경로를 확인할 수 있으며, 상위 페이지 이름을 클릭하여 해당 페이지로 빠르게 이동할 수 있습니다.

▲ 현재 페이지(만들면서 배우는 노션)의 경로

- **할 일 목록:** 체크박스를 만들 수 있는 블록입니다. '할 일 목록' 블록을 생성한 후 내용을 입력하고 Enter 를 누르면 자동으로 '할 일 목록' 블록이 추가되고, 내용을 입력하지 않은 상태로 Enter 를 누르면 '텍스트' 블록으로 전환됩니다.

- **제목1, 2, 3:** 순서대로 대, 중, 소제목을 입력할 때 사용합니다. 노션에는 텍스트 크기를 변경하는 서식이 없으므로, 크기로 내용을 구분할 때 '제목1', '제목2', '제목3' 블록을 활용합니다.

    TIP 텍스트의 크기는 조절할 수 없지만 색을 변경하거나 굵게(Ctrl+B), 기울임(Ctrl+I), 밑줄(Ctrl+U) 서식 등은 적용할 수 있습니다.

- **표:** 표를 사용할 수 있습니다. 뒤에서 다룰 데이터베이스 관련 블록과 생김새는 비슷하지만 기능은 전혀 다른 블록입니다.

- **글머리 기호 목록:** 글머리 기호(Bullet Point)를 이용해 텍스트를 정리합니다. 내용을 입력하고 Enter 를 계속해서 '글머리 기호 목록'이 추가됩니다. 첫 번째 '글머리 기호 목록' 블록에서 [∷](블록 핸들)을 클릭한 후 [목록 형식]을 선택하면 글머리 기호의 종류를 변경할 수 있습니다.

- **번호 매기기 목록:** 숫자 목록(Numbered List)으로 텍스트를 정리합니다. 글머리 기호와 유사하며, 기호대신 1, 2, 3…으로 숫자가 부여됩니다. [∷]을 클릭한 후 [목록 형식]을 선택하면 숫자 대신 로마자나 알파벳으로 변경할 수 있습니다.

    TIP 첫 번째 '번호 매기기 목록'을 추가하면 1부터 시작되지만 단축어를 사용하면 다른 숫자부터 시작할 수도 있습니다. 예를 들어 4부터 시작하고 싶다면 4.을 입력한 후 Spacebar 를 누르면 됩니다.

- **토글 목록:** 한 페이지에 작성해야 할 내용이 너무 많아 고민일 때 가장 효과적인 해결책은 '토글 목록'을 사용하는 것입니다. 내용들을 가려 놓고, 필요에 따라 '토글 목록' 블록에 표시되는 삼각형 모양 아이콘을 클릭해서 펼쳐 볼 수 있습니다.

    > **Q&A**
    > ▼ 간단한 자기소개 및 회사(팀) 소개 부탁드립니다.
    >   "안녕하세요, 전시진입니다. 시리얼 컨설팅을 운영하며, 협업툴 컨설턴트로 활동하고 있습니다. 협업툴 컨설턴트는 협업 도구를 기반으로 조직의 업무 방식을 개선하고 궁극적으로 업무 생산성을 향상시키는 일을 합니다. 강의, 컨설팅, 콘텐츠를 제작하고 있습니다. 주로 노션, 구글 워크스페이스, 슬랙, ChatGPT, 퀴튼, 채널톡이라는 도구 등을 이용해 조직의 업무 방식을 파악하고 개선점을 찾아 생산성을 향상시켜드리고 있습니다."
    > ▶ 현재 다방면으로 일하고 계신 것 같은데 구체적으로 어떤 일을 하고 계신가요.
    > ▶ 대표님께서 창업을 하게 되신 계기와 협업툴 (생산성 도구)쪽에 관심을 가지게 되신 결정적인 동기가 궁금합니다.

    ▲ Q&A를 정리하는 용도로 활용 중인 토글 목록

- **인용:** 블록 앞에 세로 막대가 표시되는 형태입니다. '인용' 블록에서 첫줄은 단순 텍스트만 입력할 수 있으며, 바깥에 있는 다른 블록을 드래그하여 '인용' 블록에 넣을 수 있습니다.

LESSON 01 기본 블록의 종류 알고 가기 **47**

- **구분선**: 블록과 블록 사이에 직선을 표시할 때 사용합니다. [-](하이픈)을 3번 누르면 빠르게 구분선을 추가할 수 있습니다.
- **페이지 링크**: 노션에서는 페이지 간에 이동이 간편합니다. '페이지 링크' 블록을 이용하여 현재 페이지와 관련된 페이지를 링크로 추가할 수 있습니다.
- **콜아웃**: 시선을 집중시킬 수 있는 블록으로, 특정 색으로 채워진 사각형에 기본 이모지가 포함되어 있습니다. [ː ː]을 클릭한 후 [색]을 선택하면 사각형의 배색을 변경할 수 있으며, [아이콘]을 선택하여 이모지를 변경할 수도 있습니다. 사각형에 표시된 이모지를 직접 클릭해서 변경할 수도 있습니다.

> **N 한 걸음 더** 기본 블록을 빠르게 변환하는 단축어와 단축키
>
> 노션의 기본 블록 대부분은 단축어와 [Spacebar] 조합으로 빠르게 생성할 수 있습니다.
>
> | 단축어 | 블록 이름 | 단축어 | 블록 이름 |
> | --- | --- | --- | --- |
> | # + [Spacebar] | 제목1 | ## + [Spacebar] | 제목2 |
> | ### + [Spacebar] | 제목3 | - + [Spacebar] | 글머리 기호 목록 |
> | 1. + [Spacebar] | 번호 매기기 목록 | > + [Spacebar] | 토글 목록 |
> | " + [Spacebar] | 인용 | [] + [Spacebar] | 할 일 목록 |
>
> 위의 단축어를 외우기 번거롭다면 아주 유용한 단축키 하나만 외워도 됩니다. 한 개만 외워도 9가지 기능을 이용할 수 있는 단축키죠. 블록 전환 단축키로, '텍스트' 블록을 '글머리 기호 목록'이나 '토글 목록' 등 기본 블록 중 하나로 전환할 수 있습니다. [ː ː](블록 핸들)을 클릭하거나 해당 블록의 입력 상태에서 [Ctrl]+[Shift]와 함께 숫자 키를 1부터 9까지 순서대로 눌러 보세요. 숫자 키에 따라 블록이 전환됩니다. 단, 숫자 키는 키보드 상단에 일렬로 나열된 키를 이용해야 합니다. 오른쪽의 숫자 패드에서는 작동되지 않습니다.

➕⋮ 다른 블록에서 함께 쓸 수 있는 인라인 블록

새로운 블록을 만든 후 /를 입력하면 표시되는 블록 목록에서 인라인 항목을 찾아보면 총 5가지 블록이 있습니다.

- **사용자 멘션하기:** 현재 페이지에 초대된 다른 사용자를 호출합니다. 멘션으로 호출된 사용자는 왼쪽 사이드바의 [수신함]에서 알림을 확인할 수 있습니다.

◀ 사용자 멘션하기

- **페이지 멘션하기:** 특정 페이지 링크를 추가할 수 있습니다. 기본 블록에 있는 '페이지 링크' 블록을 사용하면 해당 블록 전체가 하나의 링크가 되어 추가로 다른 텍스트를 입력할 수 없지만, '페이지 멘션'은 텍스트 블록에서 다른 텍스트와 함께 사용하면서 특정 페이지 링크를 추가할 수 있습니다.

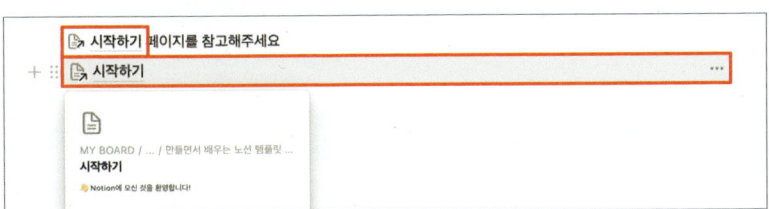

▲ 페이지 멘션하기(위)와 페이지 링크(아래)

- **날짜 또는 리마인더:** /를 입력하여 블록 목록을 열고 [날짜 또는 리마인더]를 선택한 후 팝업 목록에서 [오늘] 또는 [내일]을 선택하여 날짜 링크를 추가할 수 있습니다. 블록에 추가된 날짜를 클릭하면 캘린더 팝업에서 날짜를 변경할 수 있으며, [종료일]을 활성화하여 기간으로 변경할 수 있고, [시간 포함]을 활성화하여 시간까지 추가할 수 있습니다. 또한, [리마인더] 옵션을 이용하여 원하는 시간에 알림을 설정할 수도 있습니다.

> **TIP** '사용자 멘션하기', '페이지 멘션하기', '날짜 또는 리마인더' 블록은 단축어 @를 입력하면 바로 사용할 수 있습니다.

- **이모지:** 블록 목록에서 [이모지]를 선택하거나 /이모지 입력 후 Enter 를 누르면 원하는 모양을 선택해서 추가할 수 있습니다. 만약 이모지의 이름을 알고 있다면 :을 먼저 입력한 후 이모지 이름을 입력하여 빠르게 추가할 수 있습니다.

▲ 불과 관련된 이모지 목록

- **인라인 수학 공식:** 수학 공식을 입력할 때 사용하는 블록입니다. 자세한 내용은 https://bityl.co/PtVO에서 확인할 수 있습니다.

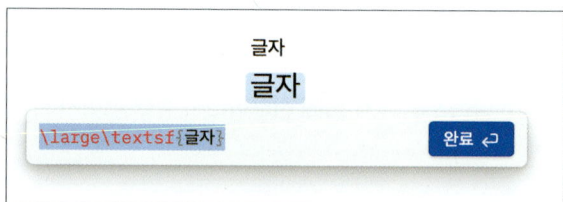

➕ 다채로운 페이지 구성을 위한 고급 블록

이름만 봤을 때 고급 블록은 기본 블록에 비해 어려운 기능처럼 느껴지지만, 실제로는 알아 두면 유용한 블록에 가깝습니다.

- **목차:** '제목1', '제목2', '제목3' 블록을 활용하여 페이지를 구조화해서 작성했다면 '목차' 블록을 추가하여 자동으로 목차를 만들 수 있습니다. 이후 '목차' 블록에 생성된 목차를 클릭하면 해당 제목 위치로 빠르게 이동할 수도 있습니다.

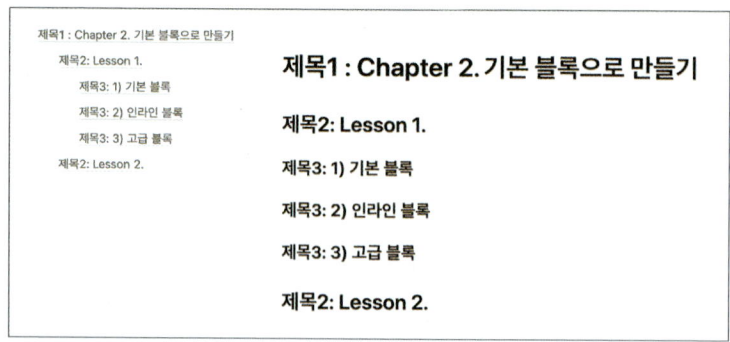

▲ 자동으로 생성된 '목차' 블록(좌)과 제목 블록으로 작성한 텍스트(우)

- **수학 공식 블록:** '인라인 수학 공식' 블록을 블록 전체에서 사용할 수 있습니다.
- **버튼:** 노션 자동화를 위한 블록으로, 클릭하면 지정해 놓은 프로세스가 자동으로 실행됩니다. '버튼' 블록을 생성하면 다음과 같이 자동화할 프로세스를 설정할 수 있습니다. 예를 들어 지정한 데이터베이스에서 페이지를 추가하거나, 추가한 페이지를 바로 열어 편집할 수도 있습니다. Link '버튼' 블록을 이용한 자동화 실습은 258쪽 에서 확인할 수 있습니다.

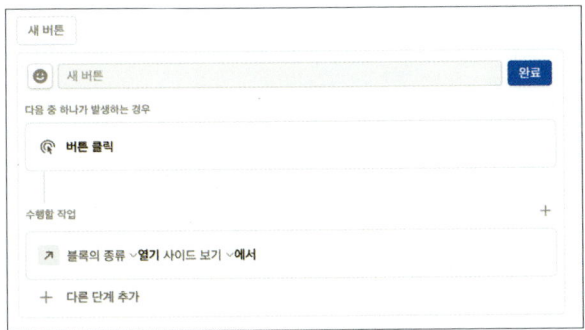

- **이동 경로:** 페이지 속에 페이지를 만들고, 또 그 속에 페이지를 추가하는 식으로 구조화하면 현재 페이지의 정확한 경로를 파악하기 어렵습니다. 이럴 때 '이동 경로' 블록을 생성해 두면 해당 페이지의 위치를 쉽게 파악할 수 있습니다.
- **동기화 블록:** 같은 내용을 여러 페이지에서 사용할 때 '동기화 블록'을 사용하면 편리합니다. '동기화 블록'에 내용을 작성한 후 [복사하고 동기화하기] 버튼을 클릭하고, 다른 위치에서 Ctrl + V 를 눌러 붙여 넣는 방법으로 활용합니다. 이렇게 동기화된 내용들은 한 곳에서 수정하면 일괄 반영됩니다. 다음과 같이 페이지 하단에 푸터(Footer) 등의 용도로 활용하면 좋습니다.

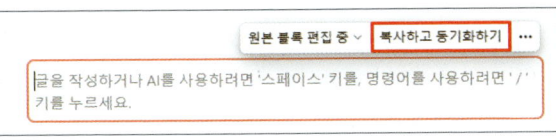

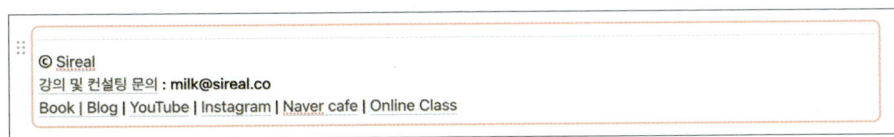

▲ 푸터로 활용 중인 동기화 블록

- **제목 토글1, 2, 3:** 기본 블록 중 하나인 '토글 목록'과 제목 관련 블록이 결합된 형태입니다. 기본 블록의 '토글 목록'의 크기를 키우고 싶다면 제목 토글 블록을 활용해 보세요.

- **2, 3, 4, 5개의 열:** 워드에서 '다단'이라고 표현하는 기능으로, 현재 블록의 위치에서 여러 열로 구분해 줍니다. [⁚]을 클릭한 채 다른 블록의 오른쪽 끝으로 드래그하여 열을 나눌 수 있지만, 열 관련 블록을 이용하면 바로 2~5개의 열을 추가할 수 있으므로 편리합니다. 단, 비어 있는 블록에서 사용하면 열이 시각적으로 구분되지 않습니다. 그러므로 내용을 먼저 입력한 후 해당 블록들을 모두 선택하고 [⁚]을 클릭해서 [전환]-[열]을 선택하는 것이 좋습니다.

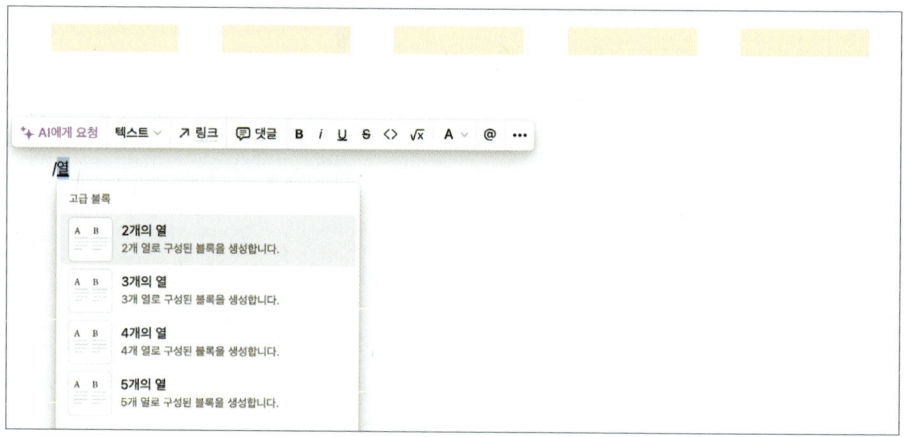

- **코드-Mermaid:** Mermaid라는 문법을 기반으로 플로우 차트를 그릴 수 있는 블록입니다. 미디어 영역에 있는 '코드' 블록과 같습니다.

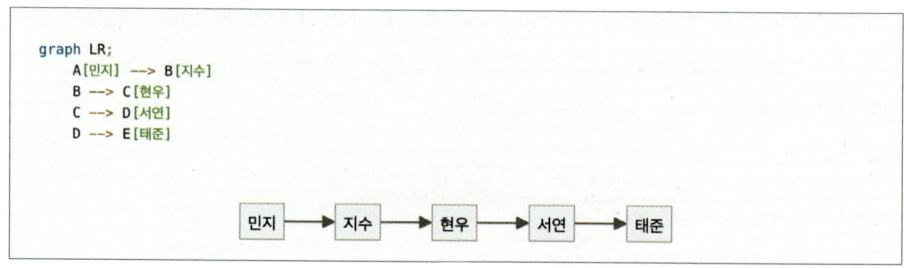

LESSON 02 기본 블록만으로 완성하는 포트폴리오

포트폴리오는 기본 블록으로 만들 수 있는 간단하면서 대표적인 페이지입니다. 진짜 어려운 것은 포트폴리오에 담을 내용과 구성이죠. 기본 구성을 보면 생각보다 단순하지만, 완성된 결과를 보면 만족도가 높아지는 템플릿입니다.

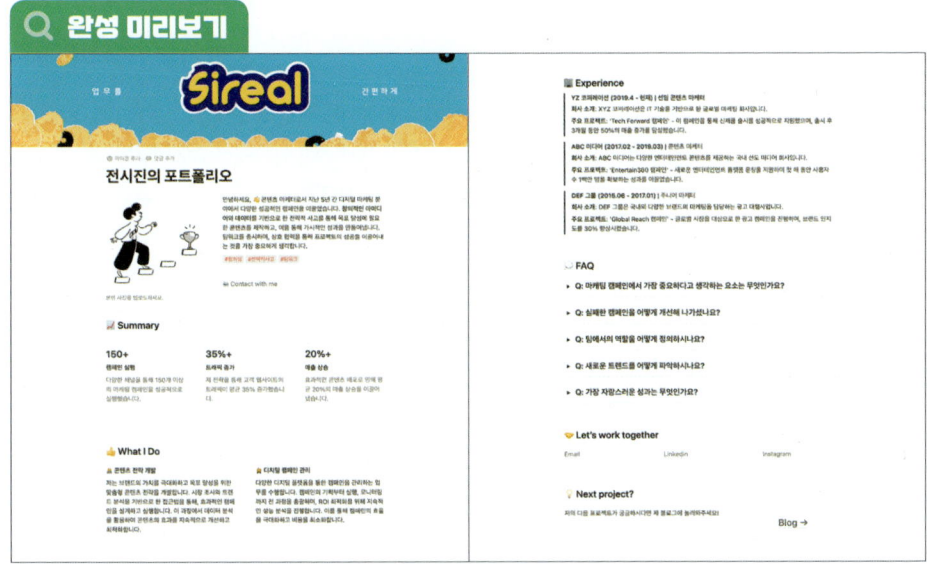

지금까지 노션으로 제작한 수백 개의 템플릿을 살펴봤을 때 가장 많이 사용하는 구성을 기준으로 제작한 포트폴리오입니다.

- **프로필 사진:** 자신을 표현할 수 있는 사진이나 이미지를 배치합니다.
- **자기소개:** 현재 직업, 능력, 성과, 업무 가치관 등을 간단하게 작성합니다.
- **핵심 키워드:** '#마케터'와 같은 형식으로 핵심 키워드를 입력합니다.
- **Summary:** 본인의 성과를 숫자와 함께 표현합니다.
- **What I Do:** 할 수 있는 능력, 역량 등을 적절하게 표현합니다.
- **Experience:** 회사, 기간, 직무, 주요 프로젝트 등 지금의 경험을 정리합니다.

- **FAQ**: 면접 중 혹은 포트폴리오를 보면서 궁금해 할 질문과 답변을 미리 정리합니다.
- **Let's work together**: 연락할 수 있는 이메일, SNS를 연결합니다.
- **Next project**: 운영하고 있는 블로그, 유튜브 등의 채널을 연결합니다.

> **N 한 걸음 더** **단일 페이지 vs. 여러 페이지 포트폴리오**
>
> 노션은 하나의 페이지에서 모든 자료를 모아볼 수 있습니다. 아래로 길게 스크롤하거나 여러 열(단)로 레이아웃을 구성하여 정리할 수도 있습니다. 물론 페이지 속에 페이지를 만들 수 있으므로 메인 페이지를 만들고 그 안에 프로필 페이지, 프로젝트 페이지, 경험 정리 페이지 등 여러 페이지를 추가하여 구성할 수도 있습니다. 그렇다면 단일 페이지와 여러 페이지 구성의 포트폴리오 중 어떤 방식을 사용하는 것이 좋을까요?
>
> - **단일 페이지**: 내가 보여 주고 싶은, 나에 대한 모든 콘텐츠를 한 화면에서 빠르게 보여 줄 수 있다는 게 장점입니다. 반면에 분량의 제약이 있습니다. 원하는 모든 내용을 담는다면 그만큼 스크롤 압박이 심해지기 때문입니다. 스크롤 압박은 방문자가 페이지를 이탈하게 되는 요인 중 하나입니다. 그러므로 단일 페이지 포트폴리오를 사용한다면 중요한 내용만 정리해서 넣어야 합니다.
> - **여러 페이지**: 여러 페이지로 구성한 포트폴리오라면 넣고 싶은 거의 모든 내용을 담을 수 있습니다. 내용에 따라 페이지로 구분하여 깔끔하게 정리할 수 있죠. 반면, 방문자가 관심을 갖고 해당 하위 페이지로 이동해서 보지 않는 이상 내가 보여 주고 싶은 내용을 온전히 보여 줄 수 없을 수도 있습니다.
>
> 이처럼 단일 페이지와 여러 페이지 구성의 포트폴리오는 장단점이 확연하게 대비됩니다. 그러므로 어떤 구성을 취할지는 담을 내용이나 목적에 따라 선택하면 됩니다. 대체로 단일 페이지는 이력서와 비슷한 목적으로 사용하고, 여러 페이지는 홈페이지처럼 브랜딩의 목적으로 사용합니다. 그러므로 어딘가에 지원을 하거나, 간단히 내 역량을 보여 줘야 할 상황이면 단일 페이지를, 꾸준히 내 콘텐츠를 쌓고 자기 PR을 해야 하는 상황이라면 여러 페이지 형태를 추천합니다.

➕ 자기소개 영역 구성하기

프로필 사진 배치부터 핵심 키워드까지 가장 기본적인 소개 영역을 구성해 보겠습니다.

01 ❶ 새로운 페이지를 만든 후 페이지 제목을 입력합니다. ❷ 페이지 커버도 추가해 봅니다. 페이지 이름에 마우스 커서를 올린 후 **[커버 추가]** 버튼을 클릭하면 커버를 추가할 수 있습니다. `Link` 커버 추가 방법은 `36쪽` 을 참고하세요.

02 ❶ 컴퓨터에서 탐색기를 열고, 사진(이미지)이 저장된 경로로 이동합니다. 그런 다음 ❷ 프로필 사진으로 사용할 파일을 페이지 이름 아래쪽으로 드래그하여 배치합니다.

TIP /이미지를 입력하여 '이미지' 블록을 생성한 후 업로드해도 되지만, 탐색기에서 바로 이미지를 드래그해서 추가하는 것이 더 빠릅니다.

03 이미지를 업로드했다면 ❶ 이미지 아래쪽 빈 영역을 클릭하여 '텍스트' 블록을 추가한 후 자기소개를 입력합니다. ❷ 자기소개가 입력된 '텍스트' 블록의 [⋮⋮](블록 핸들)을 클릭한 채 프로필 사진 오른쪽 끝으로 드래그합니다. 다음과 같이 파란색 세로선이 나타나면 손을 뗍니다.

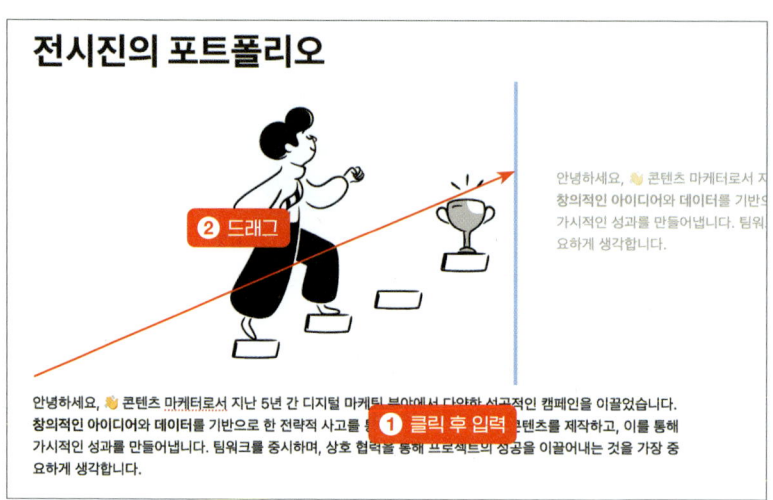

TIP 블록으로 마우스 커서를 옮기면 블록 앞쪽에 [+] 아이콘과 함께 [⋮⋮](블록 핸들)이 표시됩니다.

📑 한 걸음 더 메뉴를 이용한 열 나누기

위 실습에서는 블록을 다른 블록 오른쪽으로 드래그하여 열을 나눴습니다. 다른 방법으로는 열로 구성할 모든 블록을 드래그해서 선택한 후 [⋮⋮]을 클릭하거나 Ctrl + / 를 눌러 팝업 메뉴를 엽니다. 팝업 메뉴에서 [전환]-[열]을 선택하거나 검색 입력란에서 '열'로 검색하여 [열]을 선택하면 선택 중인 블록 개수에 따라 여러 열로 나눠집니다.

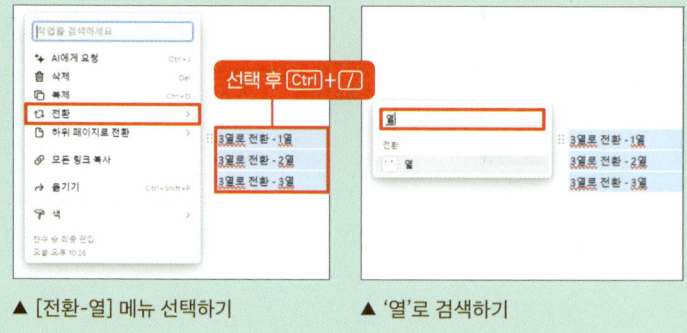

▲ [전환-열] 메뉴 선택하기   ▲ '열'로 검색하기

▲ 3열로 구분된 3개의 '텍스트' 블록

04 프로필 이미지와 자기소개 내용이 2개의 열로 나누어집니다. 이때 이미지가 너무 커서 부담스럽다면 열과 열 사이에 마우스 커서를 옮겨서 회색 세로선이 표시되면 클릭한 채 좌우로 드래그하여 열의 너비를 조정합니다.

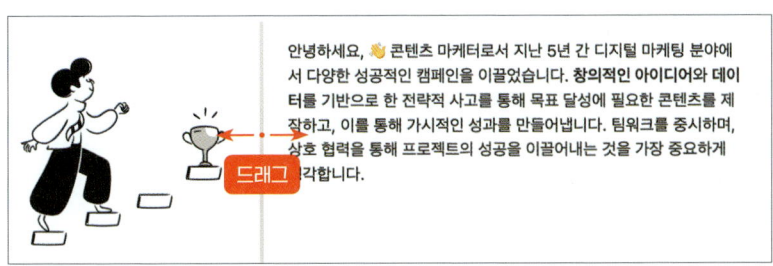

05 계속해서 키워드를 입력하기 위해 자기소개 바로 아래쪽 빈 공간을 클릭하여 '텍스트' 블록을 추가합니다. 그런 다음 한 줄에 자신을 표현하는 키워드를 해시태그 형태로 입력합니다.

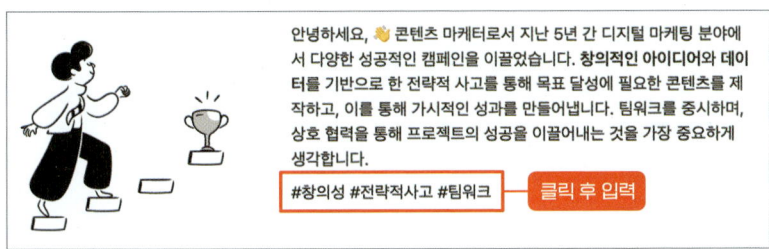

TIP 기존 블록에서 멀리 떨어진 공간을 클릭하면 2열 상태가 아닌, 전체 1열로 된 '텍스트' 블록이 추가됩니다.

06 ❶ 입력한 키워드 중 하나를 드래그해서 선택한 후 ❷ 팝업 도구가 열리면 〈/〉 모양의 [코드로 표시] 아이콘을 클릭합니다. 선택한 텍스트가 회색 바탕의 빨간색 텍스트로 강조됩니다. ❸ 나머지 키워드도 각각 드래그해서 선택한 후 단축키 Ctrl + E 를 눌러 코드로 표시합니다.

07 계속해서 키워드 아래쪽 2열에서 ❶ 빈 공간을 클릭하여 '텍스트' 블록을 추가하고 다음과 같이 이모지와 함께 텍스트를 입력한 후 드래그해서 선택합니다. ❷ 팝업 도구가 열리면 [링크] 버튼을 클릭하고 ❸ 링크 입력 창이 열리면 mailto:milk@sireal.co와 같이 'mailto:메일 주소' 형태로 입력한 후 Enter를 눌러 적용합니다.

상세과정 살펴보기

'텍스트' 블록에 인라인 형식의 이모지를 추가한 상황입니다. 빈 공간을 클릭해서 '텍스트' 블록이 추가되면 :편지를 입력합니다. 다음과 같이 편지 관련 이모지 목록이 표시되면 원하는 이모지를 클릭해서 선택하고, 이어서 텍스트를 입력하면 됩니다.

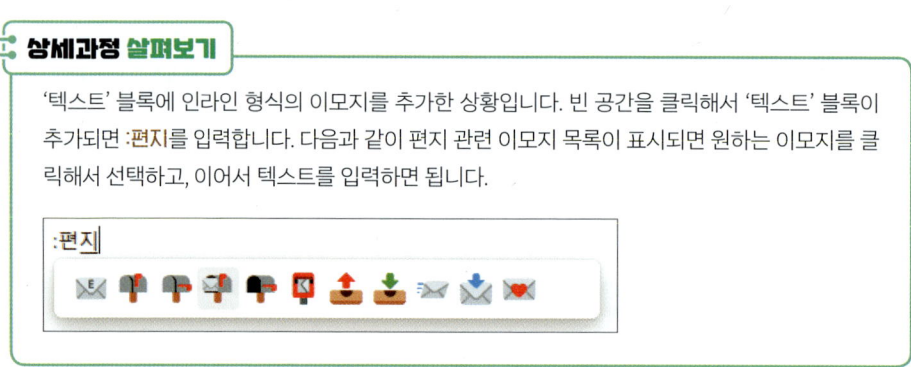

TIP 위와 같이 링크에 메일 주소를 입력하면 이후 링크를 클릭했을 때 컴퓨터에 설정된 기본 메일 앱이 실행되어 빠르게 메일을 발송할 수 있습니다.

➕ 여러 열로 성과와 역량 영역 구성하기

내 성과를 숫자로 표현하고, 이모지를 활용하여 역량을 표현해 보겠습니다. 성과와 역량은 그 개수가 많으므로, 여러 열로 정리하면 깔끔합니다. 또한, 각 영역의 제목은 '제목2' 블록을 사용하여 강조합니다.

01 프로필 이미지 아래쪽 빈 영역을 클릭하여 전체 1열로 된 '텍스트' 블록을 추가한 후 /제목2를 입력하고 Enter 를 누르거나 단축어 ##을 입력한 후 Spacebar 를 눌러 '제목2' 블록을 생성합니다.

TIP 자기소개 영역에서 2열로 구분된 블록의 바로 아래쪽을 클릭하면 2열로 구분된 상태로 '텍스트' 블록이 추가됩니다. 그러므로 한참 아래쪽 빈 영역을 클릭하여 새로운 블록을 추가합니다. 만약 2열로 구분된 블록으로 추가되었다면 [⋮⋮]을 클릭한 채 아래쪽으로 드래그하여 전체 1열로 전환할 수 있습니다. 또한, 새로운 블록을 추가한 후 2~3번 Enter 를 눌러 빈 블록을 추가하는 방법으로 위쪽 영역과 새로운 영역 사이의 여백을 추가해도 좋습니다.

02 '제목2' 블록에서도 인라인 형식의 이모지와 함께 Summary를 입력하여 영역 제목을 표현합니다. 여기서는 :그래프를 입력하여 이모지를 추가했습니다.

03 Summary 영역은 3개의 열로 구성하겠습니다. ❶ 우선 3개의 '텍스트' 블록을 추가하여 성과를 표시할 숫자 3개를 각각 입력합니다. ❷ 그런 다음 3개의 블록을 모두 선택한 후 [∷]을 클릭하거나 Ctrl+/를 누릅니다. ❸ 팝업 메뉴가 열리면 [전환]-[열]을 선택합니다.

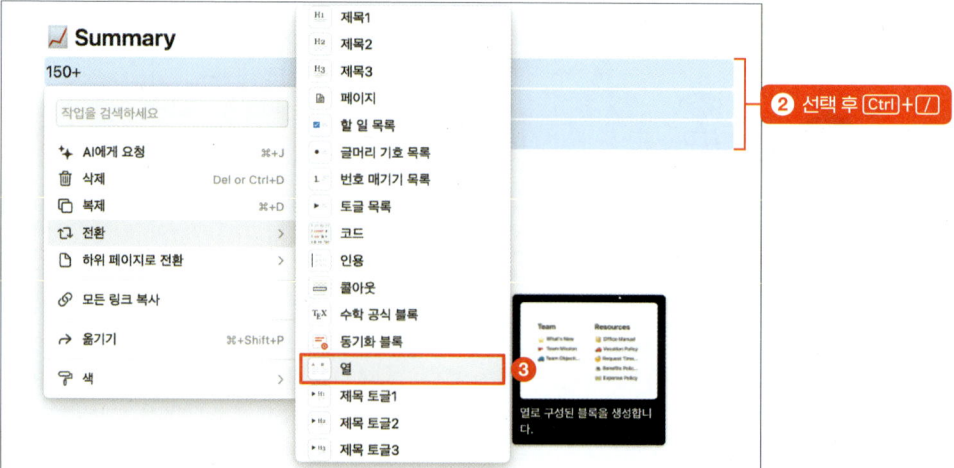

04 3개의 '텍스트' 블록이 다음과 같이 3열로 표현됩니다. 3개의 블록을 모두 선택한 후 Ctrl+/를 눌러 [전환]-[제목2]를 선택하거나 단축키 Ctrl+Shift+2를 눌러 '제목2' 블록으로 변경합니다.

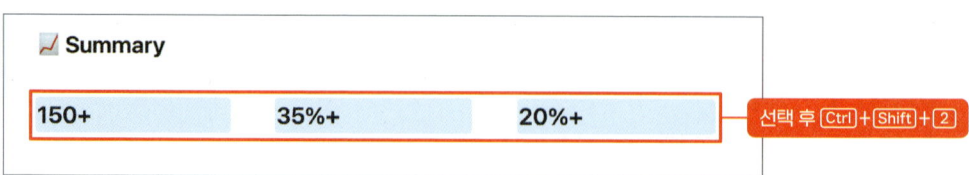

05 ❶ 각 숫자 블록 바로 아래를 클릭하거나 블록에서 '+' 뒤를 클릭하여 커서를 놓고 Enter 를 눌러 열로 구분된 '텍스트' 블록을 추가합니다. 그런 다음 ❷ 각 블록에서 다음과 같이 성과의 명칭을 입력합니다. ❸ 계속해서 그 아래에 새로운 블록을 추가한 후 구체적인 내용을 입력합니다. ❹ 2열와 3열에도 성과 명칭과 내용을 입력합니다.

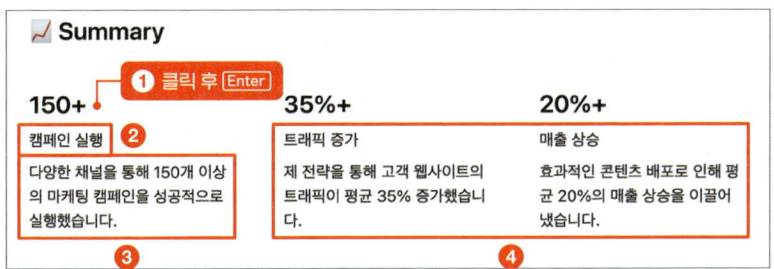

TIP 열로 구분된 블록의 한참 아래쪽을 클릭하여 1열로 된 블록을 추가했다면 [⋮⋮]을 클릭한 채 숫자가 입력된 블록의 바로 아래로 드래그해서 옮깁니다.

06 ❶ 각 성과의 명칭을 모두 선택한 후 Ctrl + B 를 눌러 굵게 표시합니다. ❷ 성과의 상세 내용도 모두 선택한 후 Ctrl + / 를 누르고, ❸ '회색'으로 검색하여 [회색]을 선택합니다. 상세 설명이 모두 회색으로 바뀝니다.

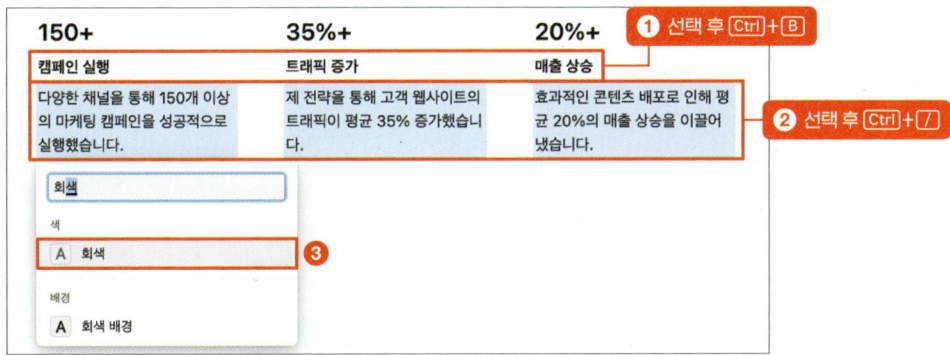

07

❶ Summary 영역 아래쪽에 전체 1열로 된 블록을 추가하여 '제목2' 블록으로 전환한 다음 이모지와 What I Do를 입력하여 영역을 구성합니다. 그런 다음 ❷ 2행 2열로 능력 및 역량을 입력합니다.

👍 **What I Do**

👤 **콘텐츠 전략 개발**
저는 브랜드의 가치를 극대화하고 목표 달성을 위한 맞춤형 콘텐츠 전략을 개발합니다. 시장 조사와 트렌드 분석을 기반으로 한 접근법을 통해, 효과적인 캠페인을 설계하고 실행합니다. 이 과정에서 데이터 분석을 활용하여 콘텐츠의 효과를 지속적으로 개선하고 최적화합니다.

👤 **디지털 캠페인 관리**
다양한 디지털 플랫폼을 통한 캠페인을 관리하는 업무를 수행합니다. 캠페인의 기획부터 실행, 모니터링까지 전 과정을 총괄하며, ROI 최적화를 위해 지속적인 성능 분석을 진행합니다. 이를 통해 캠페인의 효율을 극대화하고 비용을 최소화합니다.

📱 **소셜 미디어 전략**
소셜 미디어 채널을 통해 브랜드 인지도와 고객 참여를 증진시키는 전략을 개발하고 실행합니다. 최신 소셜 미디어 트렌드에 맞춰 창의적이고 매력적인 콘텐츠를 제작하여, 타깃 오디언스와의 상호작용을 활성화합니다.

📊 **데이터 기반 의사결정**
마케팅 전략과 콘텐츠의 효과를 평가하기 위해 데이터 분석을 광범위하게 사용합니다. 데이터를 통해 고객의 행동 패턴을 이해하고, 이를 바탕으로 마케팅 전략을 조정하여, 캠페인의 성공 가능성을 높이는 결정을 내립니다.

💡 상세과정 살펴보기

❶ 영역 제목은 '텍스트' 블록을 추가한 다음 /제목2를 입력한 후 Enter 를 누르거나 단축어 ##을 입력한 후 Spacebar 를 눌러 '제목2' 블록으로 전환했습니다. 여기서 사용한 이모지는 :엄지를 입력한 후 선택했습니다.

❷ 4개의 역량은 우선 2열로 콘텐츠 전략 개발과 디지털 캠페인 관리 역량을 표현한 후 아래쪽에 전체 1열 블록을 추가해서 여백을 만들었습니다. 그런 다음 다시 새롭게 2열을 만들어 소셜 미디어 전략과 데이터 기반 의사결정 역량을 표현했습니다.

▲ 2행 2열로 구성한 역량 블록을 선택해 보면 블록과 블록 사이에 흰색 공간이 표현되어 총 몇 개의 블록으로 작성되어 있는지 파악할 수 있습니다.

❸ 역량 제목을 선택한 후 Ctrl+B를 눌러 굵게 표현하고, 2열로 나눌 때는 Ctrl+/을 누른 후 [전환-열]을 선택합니다.

❹ 제목 바로 아래쪽을 클릭해서 상세 내용을 입력합니다.

2행 2열로 구성하지 않고, 2열로만 구성해서 4개의 역량을 입력할 수도 있습니다. 다만, 다음과 같이 위쪽 역량의 내용에 따라 아래쪽에 배치된 역량의 시작 위치가 변경될 수 있습니다.

👤 **콘텐츠 전략 개발**
저는 브랜드의 가치를 극대화하고 목표 달성을 위한 맞춤형 콘텐츠 전략을 개발합니다.

📘 **소셜 미디어 전략**
소셜 미디어 채널을 통해 브랜드 인지도와 고객 참여를 증진시키는 전략을 개발하고 실행합니다. 최신 소셜 미디어 트렌드에 맞춰 창의적이고 매력적인 콘텐츠를 제작하여, 타깃 오디언스와의 상호작용을 활성화합니다.

🎯 **디지털 캠페인 관리**
다양한 디지털 플랫폼을 통한 캠페인을 관리하는 업무를 수행합니다. 캠페인의 기획부터 실행, 모니터링까지 전 과정을 총괄하며, ROI 최적화를 위해 지속적인 성능 분석을 진행합니다. 이를 통해 캠페인의 효율을 극대화하고 비용을 최소화합니다.

📊 **데이터 기반 의사결정**
마케팅 전략과 콘텐츠의 효과를 평가하기 위해 데이터 분석을 광범위하게 사용합니다. 데이터를 통해 고객의 행동 패턴을 이해하고, 이를 바탕으로 마케팅 전략을 조정하여, 캠페인의 성공 가능성을 높이는 결정을 내립니다.

▲ 2열로 4개의 역량을 입력하면 레이아웃이 틀어질 수 있습니다.

➕ 인용, 토글 블록으로 나머지 영역 완성하기

이제 나머지 영역인 Experience, FAQ 등을 완성해 보겠습니다. 앞서의 과정을 무리 없이 진행했다면 큰 어려움 없이 완성할 수 있을 것입니다.

01 1열로 된 새로운 블록을 추가한 후 /제목2를 입력하고 Enter를 누르거나 단축어 ##을 입력하고 Spacebar를 눌러 '제목2' 블록을 생성합니다. :빌딩을 입력하여 이모지를 추가한 후 Experience를 입력해서 영역의 제목을 완성합니다.

02 ❶ 영역의 제목 아래쪽을 클릭하여 새로운 블록을 추가한 후 **/인용**을 입력하고 Enter를 누르거나 "(큰따옴표)를 입력하고 Spacebar를 눌러 '인용' 블록을 생성합니다. ❷ '인용' 블록에서 경력을 입력합니다. 이때 Shift+Enter를 눌러 줄바꿈할 수 있고, ❸ 강조할 내용은 드래그한 후 Ctrl+B를 눌러 굵게 표현합니다.

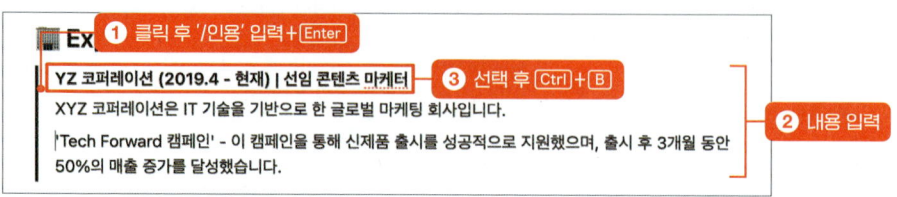

TIP '인용' 블록에서 첫줄을 입력한 후 Enter를 누르면 '인용' 블록 내에서 새로운 줄이 추가되는 것이 아니라 새로운 '텍스트' 블록이 추가됩니다. '인용' 블록 밖에 있는 블록에서 [::]을 클릭한 채 '인용' 블록 안으로 드래그해서 포함시킬 수도 있습니다.

03 다른 경험들도 '인용' 블록으로 추가합니다. 이때 처음부터 새로운 블록을 추가한 후 '인용' 블록으로 전환하는 과정을 거치는 것보다 기존 블록을 복제하면 더욱 편리합니다. 위의 '인용' 블록에서 ❶ [::]을 클릭한 후 ❷ [복제]를 선택하거나 단축키 Ctrl+D (Duplicate)를 누릅니다. ❸ 복제된 블록에서 내용을 변경합니다.

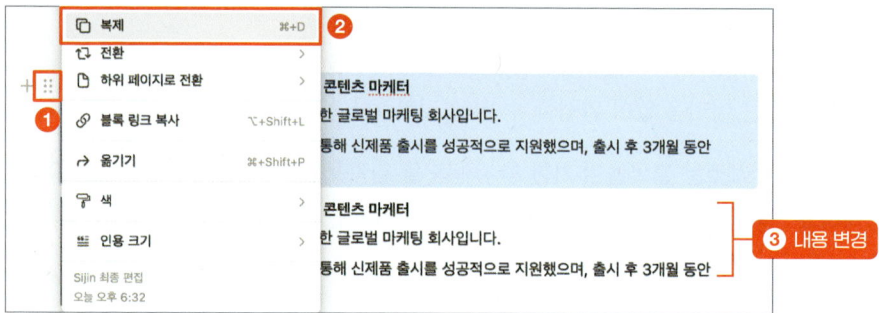

04 ❶ 지금까지와 같은 방법으로 FAQ 영역 이름을 입력합니다. ❷ 제목 아래를 클릭하여 총 5개의 '텍스트' 블록을 추가하고, 각각 질문을 작성한 후 모두 선택합니다. ❸ Ctrl + / 를 눌러 ❹ [전환]-[제목 토글3]을 선택합니다.

TIP FAQ 영역은 '제목 토글3' 블록을 활용합니다. 토글 첫줄에 '제목3' 블록 크기로 질문을 입력하고, 토글 블록 내에 답변을 입력하는 형태입니다.

05 ❶ 입력한 텍스트들이 제목3 크기의 토글 제목으로 표시되면 토글을 펼친 후 ❷ 각 토글의 안쪽을 클릭하여 답변을 채웁니다. ❸ 그런 다음 각 질문 사이를 구분하기 위해 구분선을 추가합니다.

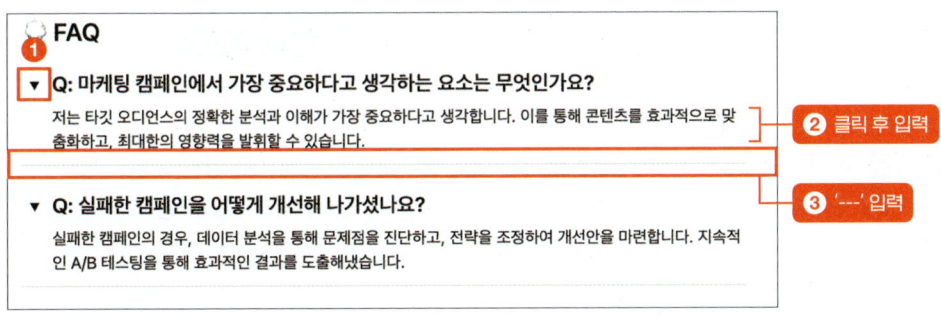

상세과정 살펴보기

첫 번째 '제목 토글3' 블록으로 마우스 커서를 옮긴 후 [+] 아이콘이 표시되면 클릭하여 아래쪽에 새로운 블록을 추가합니다. 그런 다음 [+] 왼쪽에 있는 [-]를 3번 누르면 구분선이 추가됩니다. 같은 방법으로 각 토글 사이에 구분선을 추가해 주세요.

06 이번에는 Let's work together 영역입니다. ❶ 앞서와 마찬가지로 '제목2' 블록으로 영역 제목을 완성합니다. ❷ 이어서 '텍스트' 블록을 추가하여 연결할 SNS의 명칭들을 입력합니다. ❸ 입력한 SNS 명칭을 드래그하여 선택한 후 ❹ 팝업 도구에서 [링크] 아이콘을 클릭하여 해당 SNS의 URL을 입력합니다.

TIP SNS 명칭을 드래그하여 선택한 후 Ctrl + K 를 누르면 빠르게 링크를 입력할 수 있습니다.

07 연결할 SNS 링크를 모두 완성했다면, ❶ 모두 선택한 후 Ctrl + / 을 누르고, ❷ [전환]-[열]을 선택하여 여러 개의 열로 구분합니다.

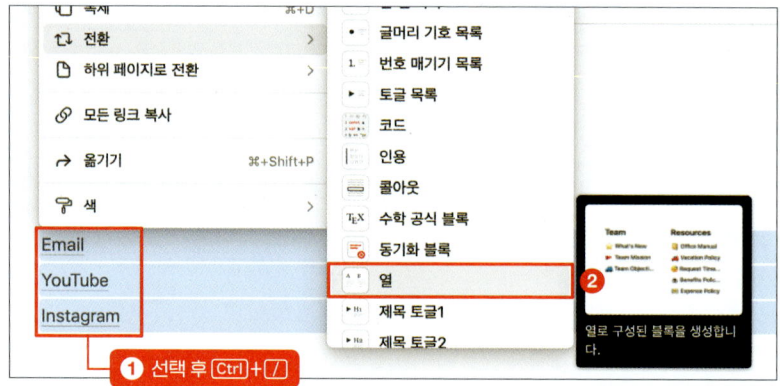

08 마지막으로 Next project? 영역입니다. ❶ '제목2' 블록으로 영역 이름을 입력합니다. ❷ 새로운 '텍스트' 블록을 추가하여 한 줄 설명을 입력하고, ❸ '제목2' 블록을 생성하여 Blog→를 입력한 다음 2개의 블록을 2열로 전환했습니다. 끝으로 'Blog→'에 링크를 연결하면 완성입니다.

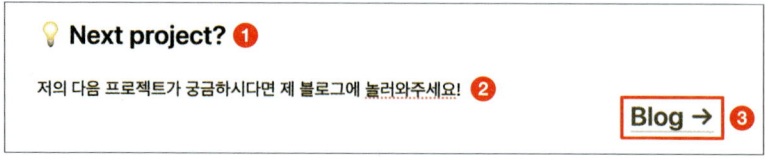

LESSON 03 한 주를 체계적으로 관리할 수 있는 할 일 관리

할 일 관리 템플릿을 이용하면 한곳에서 모든 업무를 모아 볼 수 있습니다. 매주 마지막 날 저녁 또는 아침에 이번 주 할 일들을 정리하고, 일정과 함께 계획을 세울 수 있는 주간 할 일 관리 템플릿을 만들어 보겠습니다.

완성 미리보기

한 주의 모든 일정과 함께 할 일을 한눈에 볼 수 있는 주간 계획표 템플릿을 완성해 봅니다.

- **WEEKLY GOAL:** 이번 주에 달성하고 싶은 목표를 '할 일 목록' 블록으로 구성했습니다.
- **DAILY ROUTINE:** 운동, 이메일 체크 등 매일 반복되는 할 일을 DAILY ROUTINE 영역에 별도로 정리했습니다.
- **여유 공간 활용:** 빈 공간을 유튜브 영상, 자주 가는 페이지 목록 등을 추가하여 활용합니다.
- **WEEKDAY:** 한 주간의 일정과 할 일을 작성하는 영역입니다. 코드 형식으로 시간을 입력하여 일정 입력 영역을 구분하였으며, 할 일을 입력하는 영역은 '할 일 목록' 블록을 사용하였습니다.

- **PROJECT:** 자주 사용하는 프로젝트의 데이터베이스 배치 영역을 구분해 두었습니다. 데이터베이스에 대해 배우지 않았기 때문에 비워 두었고, 추후 데이터베이스를 배운 후 배치해서 활용해 보세요.

열 나누기와 할 일 목록으로 기본 구성하기

포트폴리오 템플릿에서 사용해 본 열 전환 기능과 함께 '할 일 목록' 블록 위주로 간단하게 완성할 수 있습니다.

01 ❶ 새로운 페이지를 만든 페이지 제목을 입력합니다. 여기서는 몇 번째 주인지 파악할 수 있도록 Week 19라고 입력했습니다. ❷ 페이지를 넓게 사용하기 위해 페이지 오른쪽 위에 있는 […] 아이콘을 클릭한 후 ❸ **[전체 너비]**를 활성화합니다.

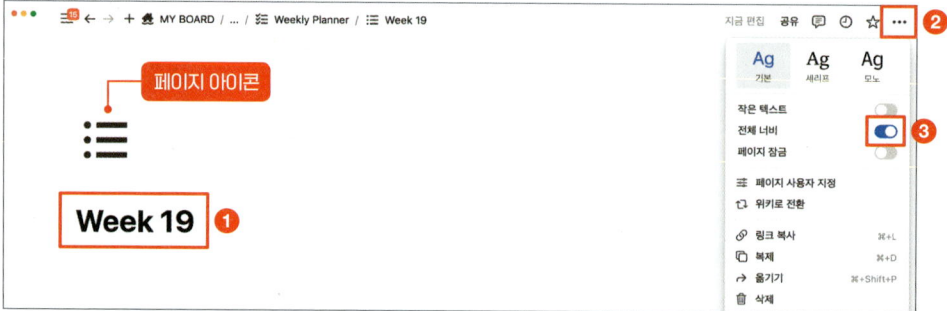

TIP 사용자의 기호에 따라 페이지 아이콘이나 커버 등을 추가해서 사용해도 좋습니다. 여기서는 아이콘만 추가했습니다.

02 이번 템플릿은 5열을 기본 레이아웃으로 구성합니다. 5개의 열을 만들기 위해 다음과 같이 5개의 '텍스트' 블록에 숫자를 입력한 후 블록을 모두 선택합니다.

> **상세과정 살펴보기**
>
> 페이지 제목 아래 빈 공간을 클릭하여 첫 번째 '텍스트' 블록을 추가합니다. 그런 다음 숫자를 입력하고 Enter 를 눌러서 다음 블록을 추가하는 과정을 반복하면 됩니다.
>
> 블록을 모두 선택할 때는 마지막 블록이나 첫 번째 블록에서 ESC 를 누릅니다. 해당 블록이 선택 상태가 되면 Shift 를 누른 채 선택할 방향에 해당하는 방향키를 반복해서 누르면 블록을 다중 선택할 수 있습니다. 간단하게는 마우스로 범위를 드래그해서 선택할 수도 있습니다.

03 ❶ 선택 중인 임의의 블록으로 마우스 커서를 옮기면 앞쪽에 표시되는 [::](블록 핸들)을 클릭하거나 단축키 Ctrl + / 를 누른 후 ❷ [전환]-[열]을 선택합니다. 5개의 블록을 선택 중이므로, 5개의 열로 구분됩니다.

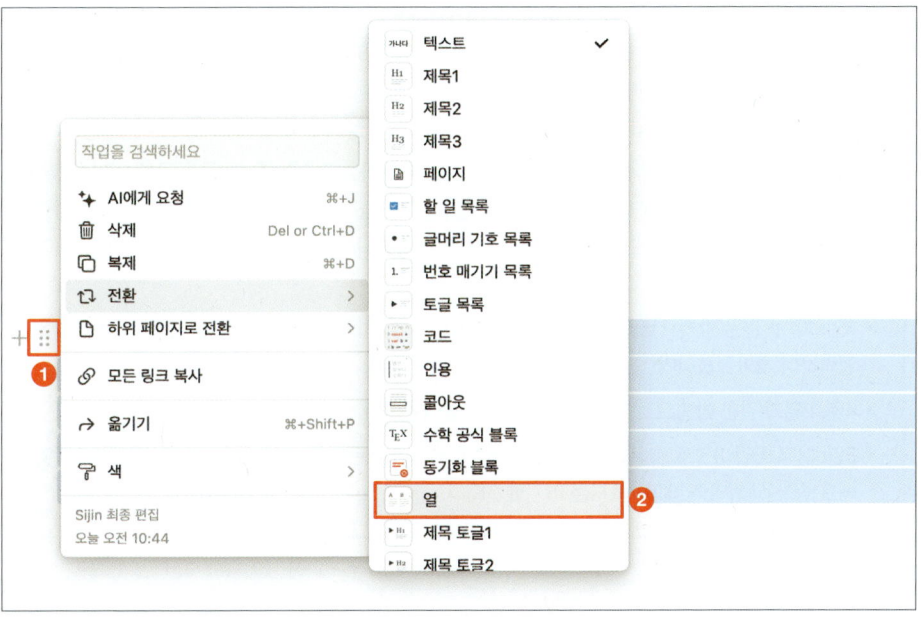

04 5개의 열에 입력되어 있는 임의의 숫자를 지우고, 다음과 같이 '제목3' 블록과 '할 일 목록' 블록을 이용하여 WEEKLY GOAL 영역과 DAILY ROUTINE 영역을 완성합니다.

> **상세과정 살펴보기**
>
> - **1열**: /제목3을 입력한 후 Enter 를 눌러 실행하면 '제목3' 블록이 생성됩니다. 영역 이름으로 WEEKLY GOAL을 입력합니다. 영역 이름을 먼저 입력한 후 단축키 Ctrl + Shift + 3 을 눌러서 '제 목3' 블록으로 전환해도 됩니다. 제목 끝에서 :반짝이는 별을 입력하여 이모지도 추가했습니다.
> - **2열**: /할일목록을 입력한 후 Enter 를 누르거나, 단축어 [ ]을 입력한 후 Spacebar 를 눌러 '할 일 목록' 블록을 생성하고 복제 단축키인 Ctrl + D 를 2번 눌러 총 3개의 '할 일 목록' 블록을 생성 합니다. 이때 /할 일 목록으로 띄어 쓰면 노션 AI가 실행되므로 /할일목록처럼 붙여서 입력해야 합니다.
> - **3열**: 1열과 같은 방법으로 영역 제목인 DAILY ROUTINE을 입력합니다. 이모지는 :전곡 반복 재생을 입력하여 추가했습니다.
> - **4열**: 2열과 같은 방법으로 '할 일 목록' 블록을 생성합니다.
> - **5열**: 여유 공간이므로 자유롭게 활용하면 됩니다. 여기서는 유튜브 영상의 URL을 붙여 넣고 [임 베드]를 선택하여 '임베드' 블록을 배치했습니다.

05 계속해서 WEEKDAY 영역을 만들기 전에 영역과 영역을 구분해 줄 구분선을 추가하겠습니다. 다음과 같이 ❶ 아래쪽 빈 공간을 클릭하여 전체 1열로 된 블록을 추가하고 ❷ /구분선을 입력한 후 Enter 를 눌러 실행하거나 - - -(- 3번)을 입력하여 구분선을 추가합니다.

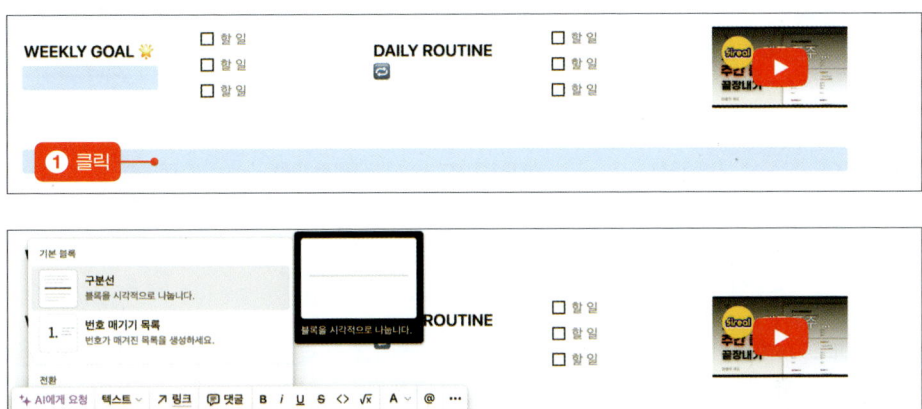

TIP 임의의 블록에서 ESC 를 누르면 파란색으로 현재 블록이 선택됩니다. 이렇게 현재 블록을 선택해 보면 현재 블록이 열로 구분된 블록인지 전체 1열로 된 블록인지 쉽게 파악할 수 있습니다.

06 WEEKDAY 영역도 5개의 열로 구분된 레이아웃입니다. 앞서 02번 과정과 같은 방법으로 ❶ 5개의 블록을 추가해서 선택한 후 Ctrl + / 를 눌러 팝업 메뉴를 열고 ❷ [열]을 검색하여 선택합니다.

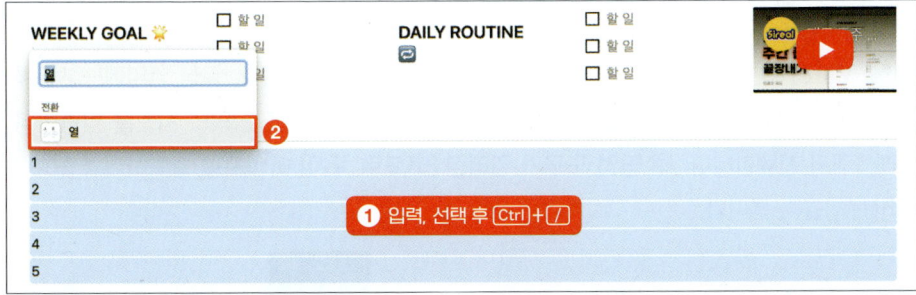

TIP 블록을 선택한 후 [⋮⋮] 아이콘을 클릭하거나 Ctrl + / 를 눌러 팝업 메뉴를 열고 [전환]-[열]을 선택하거나 위와 같이 검색창에서 '열'을 검색하여 선택할 수 있습니다.

07 5개의 열에서 임의로 입력한 숫자를 지우고 '제목3' 블록을 생성한 후 요일을 입력합니다. /제목3 입력 후 [Enter]를 누르거나 단축키 [Ctrl]+[Shift]+[3]을 눌러 '제목3' 블록을 생성할 수 있습니다.

08 이후 1열의 제목(요일명) 텍스트 끝에서 [Enter]를 누르거나 바로 아래의 빈 공간을 클릭하여 ❶ 새로운 블록을 추가한 후 - - - 을 입력하여 구분선을 추가합니다. ❷ 구분선을 추가하면 자동으로 아래쪽에 새로운 블록이 추가됩니다.

TIP 열로 구분된 블록의 아래쪽을 클릭하는 방법으로 새로운 블록을 추가할 때 바로 아래를 클릭하면 해당 열에 포함된 블록이 추가되고, 약간의 거리를 두고 아래쪽을 클릭하면 전체 1열로 된 블록이 추가됩니다.

09 WEEKDAY 영역은 일정 영역과 할 일 영역으로 구분됩니다. 일정 영역에는 시간이 표시되며, 24시간제로 입력하겠습니다. ❶ 구분선 아래쪽 블록에 임의의 시간을 입력한 후 드래그해서 선택합니다. ❷ 팝업 도구가 열리면 [코드로 표시] 아이콘을 클릭하거나 단축키 [Ctrl]+[E]를 누릅니다.

TIP 12시간제로 시간을 표시한다면 시간 뒤에 am/pm 등을 추가로 입력해서 오전인지 오후인지 구분해 주는 것이 좋습니다.

10 코드 스타일이 적용되었으면 ❶ Ctrl + D (복제)를 2번 눌러 총 3개의 코드 스타일 '텍스트' 블록을 추가합니다. ❷ 코드 스타일 바로 아래를 클릭하여 새로운 블록을 추가한 후 - - - 을 입력하여 구분선을 추가합니다. ❸ 구분선 아래 블록이 추가되면 /할일목록을 입력 후 Enter 를 눌러 '할 일 목록' 블록을 생성하고, 복제(Ctrl + D)하여 '할 일 목록' 블록을 총 3개 생성하면 기본 구성이 완성됩니다.

> **N 한 걸음 더** **코드로 표시 기능의 유용성**
>
> 코드 스타일은 주로 개발자들이 코드를 짤 때 사용하는 스타일로 알파벳을 명확하게 파악할 수 있고, 텍스트의 폭이 동일하다는 특징이 있습니다. 노션에서 코드 스타일을 적용(Ctrl + E)하면 회색 음영에 빨간색 텍스트로 표시되어 강조하는 용도로 활용할 수 있으며, 다음과 같은 용도로도 활용할 수 있습니다.
>
> • **헷갈리기 쉬운 알파벳 표기:** 아래에서 왼쪽에 입력된 알파벳은 모두 동일한 것으로 보이지만, 이를 코드 스타일로 변경해 보면 대문자 I(아이)와 소문자 l(엘)이 섞여 있는 걸 확인할 수 있습니다. 필자의 이메일 역시 저자의 기본 서체에서는 헷갈릴 수 있으나, 코드 스타일로 표기했더니 명확하게 파악할 수 있습니다.
>
> IIIIlllllll → `IIIIlllIIlllI`
> mIlk@slreal.co → `mIlk@sIreal.co`
>
> • **동일한 레이아웃 유지:** 노션의 기본 서체로 입력하면 아래에서 왼쪽 시간처럼 분명 같은 개수의 숫자를 입력했음에도 숫자의 폭에 따라 레이아웃이 틀어져서 보기에 좋지 않습니다. 같은 내용을 입력한 후 코드 스타일로 변경했더니 숫자의 폭이 모두 동일하게 정리되어 깔끔한 레이아웃이 유지되는 것을 확인할 수 있습니다.
>
> 11:00-11:11   `11:00-11:11`
> 23:00-23:24   `23:00-23:24`

11 이제 나머지 요일에도 기본 구성을 채워 넣으면 됩니다. ❶ 월요일에 완성한 일정과 구분선, 할 일 목록을 모두 선택한 후 Ctrl+C를 눌러 복사합니다. ❷ 이어서 2열에서 열 제목(요일명) 바로 아래를 클릭해서 새로운 블록을 추가한 후 Ctrl+V를 눌러 붙여 넣습니다. 나머지 요일에서도 블록을 추가한 후 Ctrl+V를 눌러 붙여넣기로 완성합니다.

12 다음은 토요일과 일요일 열을 만들 차례입니다. 위쪽에서 나눈 열을 그대로 이용하지 않고 새롭게 5열로 구분된 영역을 만들겠습니다. 우선 요일별 영역에서 거리를 두고 아래쪽을 클릭하여 전체 1열로 된 블록을 추가하고 Esc를 눌러 전체 1열로 된 블록이 맞는지 확인합니다.

TIP 기존에 구분된 열에서 새로운 블록을 추가한 후 이어서 토요일과 일요일 영역을 만들 수도 있습니다. 하지만 그렇게 될 경우 위쪽에 있는 월요일이나 화요일 영역에서 일정이나 할 일이 추가될 때 아래쪽의 레이아웃이 틀어질 수 있습니다.

13 전체 1열로 된 블록을 추가했으면 02번 과정을 참고하여 다음과 같이 새롭게 5열로 구분된 영역을 만듭니다. 5개의 블록을 추가하고 선택한 후 Ctrl+/를 눌러서 **[전환]**-**[열]**을 선택하면 됩니다.

1	2	3	4	5

TIP 토요일과 일요일 영역만 만들어도 되지만, 템플릿의 전체 레이아웃을 고려하여 5개의 열로 나눈 후 나머지 열은 다른 영역으로 활용할 예정입니다.

14 새로 만든 5개의 열에서 ❶ 1열과 2열에 다음과 같이 '제목3' 블록을 생성하여 요일을 입력합니다. ❷ 3, 4, 5열은 임의로 입력한 숫자를 지워서 공백으로 남겨 둡니다. ❸ 월~금요일 영역에서 사용한 구분선 및 일정, 할 일 목록을 복사해서 ❹ 토요일과 일요일에 붙여 넣습니다.

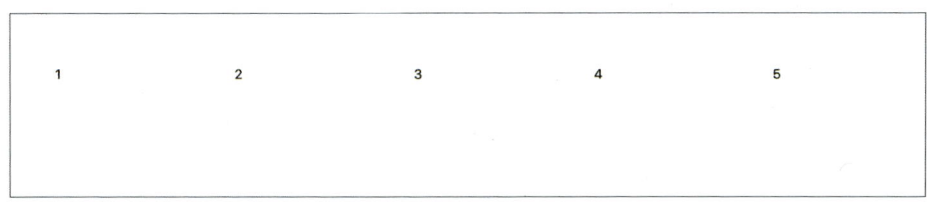

LESSON 03 한 주를 체계적으로 관리할 수 있는 할 일 관리

텍스트 색상 변경하여 꾸미기

지금까지의 과정만으로 충분히 그럴 듯한 주간 일정 관리 템플릿이 완성되었습니다. 여기에 심미성을 고려하여 텍스트 색상 변경 및 이모지 등을 활용하여 템플릿을 보기 좋게 꾸며 보겠습니다.

01 WEEKDAY 영역에서 요일명에 있는 'DAY'라는 텍스트가 반복되므로 회색으로 변경합니다. ❶ 'DAY'만 드래그해서 선택한 후 ❷ 팝업 도구에서 색이 표시된 [**텍스트 색**] 아이콘을 클릭하고, ❸ [**회색**]을 선택합니다. 나머지 요일에서도 동일한 작업을 반복합니다.

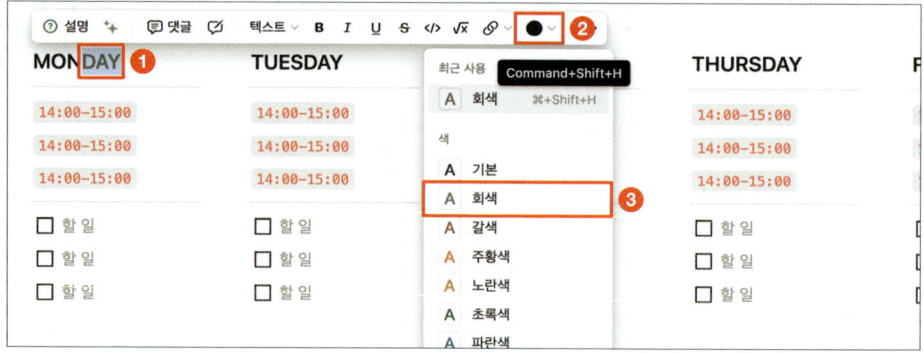

TIP 텍스트 색을 한 번 변경했다면 다른 텍스트를 드래그해서 선택하고 단축키 Ctrl + Shift + H 를 눌러 보세요. 앞서 변경한 색과 같은 색으로 변경됩니다.

02 'DAY' 이외의 나머지 텍스트도 같은 방법으로 요일별 느낌을 살려 서로 다른 색으로 변경해 봅니다. 추가로 달 이모지를 이용해 요일의 변화를 표현해 봤습니다.

MONDAY ●	TUESDAY ◐	WEDNESDAY ◐	THURSDAY ◐	FRIDAY ◯
14:00-15:00	14:00-15:00	14:00-15:00	14:00-15:00	14:00-15:00
14:00-15:00	14:00-15:00	14:00-15:00	14:00-15:00	14:00-15:00
14:00-15:00	14:00-15:00	14:00-15:00	14:00-15:00	14:00-15:00
☐ 할 일	☐ 할 일	☐ 할 일	☐ 할 일	☐ 할 일
☐ 할 일	☐ 할 일	☐ 할 일	☐ 할 일	☐ 할 일
☐ 할 일	☐ 할 일	☐ 할 일	☐ 할 일	☐ 할 일

SATURDAY ◐	SUNDAY ◐
14:00-15:00	14:00-15:00
14:00-15:00	14:00-15:00
14:00-15:00	14:00-15:00
☐ 할 일	☐ 할 일
☐ 할 일	☐ 할 일
☐ 할 일	☐ 할 일

상세과정 살펴보기

위 실습에서 사용한 요일별 이모지 단축어는 다음과 같습니다. :을 입력한 후 각 단축어를 입력해 보세요.

- MONDAY 삭
- WEDNESDAY 오른쪽 반달
- FRIDAY 보름달
- SUNDAY 왼쪽 반달
- TUESDAY 초승달 상현
- THURSDAY 상현달
- SATURDAY 하현달

TIP 끝으로 전체 레이아웃을 살펴보면서 보강할 부분을 확인하고, 더 꾸미고 싶은 곳이 있으면 자유롭게 꾸며서 페이지를 완성합니다. 이후 새로운 주차가 되었을 때에는 해당 페이지를 복제하여 사용하면 됩니다. 페이지 복제는 페이지 오른쪽 위에 있는 [⋯] 아이콘을 클릭한 후 [복제]를 선택하면 됩니다.

LESSON 04 : 표로 깔끔하게 정리한 수업 계획 & 노트

교육계에서도 노션 활용이 부쩍 늘었습니다. 특히 강의계획서, 프로젝트 관리, 과제 제출 등으로 활용한다고 합니다. 그중에서 가장 대표적으로 활용할 수 있는 수업 계획 & 노트를 만들어 보겠습니다. 노트 영역이 있어서 학생들도 활용할 수 있는 템플릿입니다.

완성 미리보기

한글이나 워드 같은 문서 형태로 페이지를 구성했습니다. 대표적으로 표를 많이 사용합니다.

- **강의 개요:** 기본 개요를 표로 정리합니다.
- **강의 소개:** 강의의 목적과 중요성을 설명합니다.
- **강의 목표:** 강의에서 얻을 수 있는 목록을 명시합니다.
- **교재 및 참고 자료:** 원활한 학습을 위해 필요한 교재와 참고 자료를 소개합니다.
- **강의 목차 및 수업 자료:** 강의에서 다룰 내용을 나열하고, 필요한 수업 자료를 제공합니다.
- **필기 노트:** 학생들이 강의를 들으며 필요한 내용을 입력할 수 있는 영역입니다.

- **강의 평가 기준:** 중간, 기말, 과제 등의 평가 기준을 제시하여 객관적인 학습 성과를 측정합니다.
- **과제:** 학습 내용을 심화하고 응용할 수 있는 과제에 대한 안내 사항을 작성합니다.
- **FAQ:** 자주 묻는 질문과 답변을 제공하여 궁금증을 해소합니다.

➕ 제목1 블록으로 영역 구분하기

이번 템플릿은 총 9개 영역으로 구분되어 있습니다. 우선 '제목1' 블록을 이용하여 각 영역의 이름부터 완성해 보겠습니다.

01 새로운 페이지를 만든 후 페이지 제목을 입력합니다. 여기서는 페이지 제목을 수업 계획 및 노트 테이킹으로 입력했습니다. 필요에 따라 페이지 아이콘이나 커버 등을 추가해도 좋습니다.

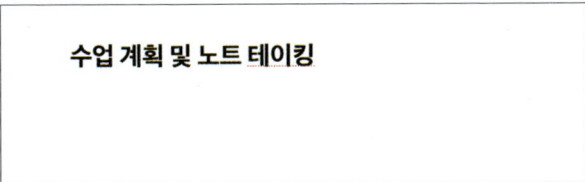

02 영역 이름으로 사용할 ❶ 9개의 '텍스트' 블록을 추가한 후 모두 선택합니다. ❷ 단축키 Ctrl+/를 눌러 팝업 메뉴를 열고 ❸ [전환]–[제목1]을 선택합니다.

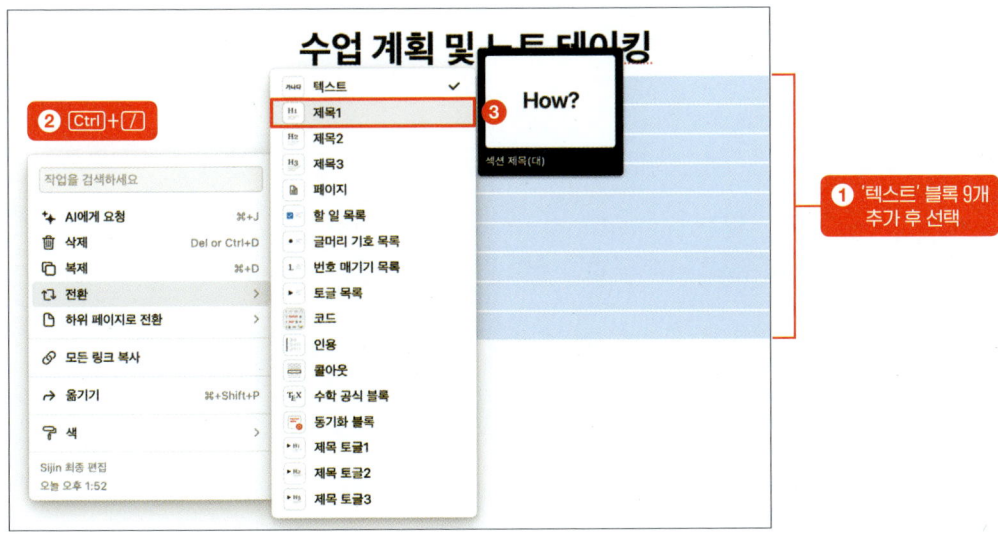

> **상세과정 살펴보기**
>
> ❶ 페이지 제목 아래에서 빈 공간을 클릭하여 첫 번째 '텍스트' 블록을 추가하고, 계속해서 Enter 를 눌러 총 9개의 '텍스트' 블록을 추가합니다.
>
> ❷ 마지막 블록에서 ESC 를 눌러 해당 블록을 선택하고, Shift 를 누른 채 위쪽 방향키를 반복해서 누르면 순서대로 블록을 다중 선택할 수 있습니다. 간편하게는 마우스로 드래그하여 선택해도 됩니다.
>
> ❸ 모든 블록을 선택한 상태에서 팝업 메뉴를 이용하거나 단축키 Ctrl + Shift + 1 을 눌러서 빠르게 '제목1' 블록으로 전환할 수 있습니다.

03 9개의 '제목1' 블록이 생성되었으면 각 블록에 다음과 같이 숫자와 함께 영역 이름을 입력합니다.

1. 강의 개요
2. 강의 소개
3. 강의 목표
4. 교재 및 참고 자료
5. 강의 목차 및 수업 자료
6. 필기 노트
7. 강의 평가 기준
8. 과제
9. FAQ

표 블록으로 강의 개요 및 강의 목차 정리하기

첫 번째 영역인 강의 개요 영역과 다섯 번째 영역인 강의 목차 및 수업 자료 영역은 '표' 블록을 이용합니다. 실제 템플릿을 제작할 때는 영역 순서대로 제작해도 되지만, 여기서는 학습의 편의성을 위해 '표' 블록으로 완성하는 첫 번째 영역과 함께 다섯 번째 영역을 먼저 작성했습니다.

01 ❶ '1.강의 개요' 맨 뒤를 클릭해서 커서를 배치한 후 [Enter]를 눌러 아래쪽에 새로운 블록을 추가합니다. ❷ 새로운 블록에서 /구분선 입력 후 [Enter]를 누르거나 - - -를 입력하여 구분선을 추가합니다.

TIP 블록으로 마우스 커서를 옮긴 후 맨 앞에 표시되는 [+] 아이콘을 클릭해도 현재 블록 아래쪽에 새로운 블록을 추가할 수 있습니다.

02 구분선을 생성하면 아래쪽에 자동으로 새로운 블록이 추가됩니다. 여기서 /표 입력 후 [Enter]를 눌러 실행하거나, ❶ /입력 후 목록에서 ❷ [표]를 선택하여 '표' 블록을 생성합니다.

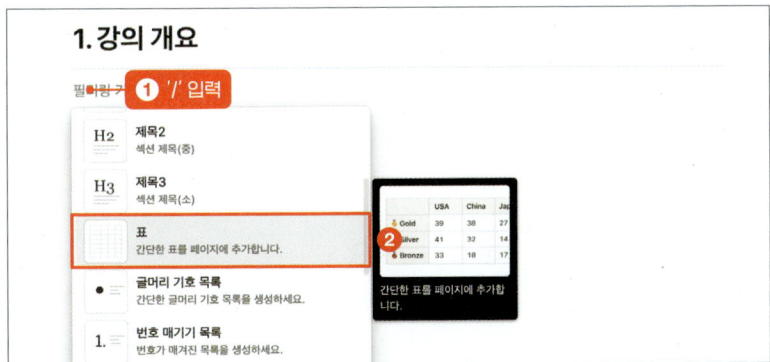

03 '표' 블록을 생성하면 기본으로 2열 3행(2x3)의 표가 추가됩니다. 표의 아래쪽 끝으로 마우스 커서를 옮기면 다음과 같이 행을 추가할 수 있는 [+] 버튼이 나타납니다. [+] 버튼을 클릭한 채 아래쪽으로 드래그하여 2열 6행(2x6)으로 만듭니다.

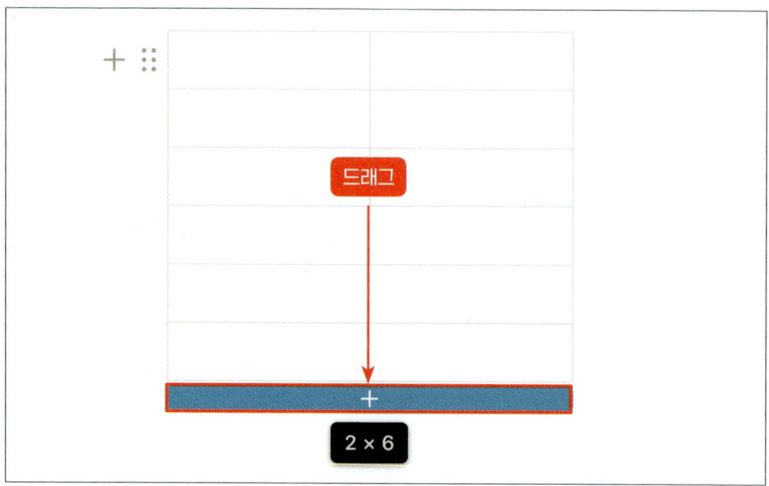

TIP 표의 오른쪽 끝에 표시되는 [+] 버튼을 이용하면 열을 추가할 수 있고, 오른쪽 아래 모서리에 표시되는 [+] 버튼을 이용하면 행과 열을 한 번에 추가할 수 있습니다. [+] 버튼을 클릭하면 1개씩 추가할 수 있고, 위와 같이 드래그하여 원하는 만큼 추가할 수 있습니다.

04 표의 각 셀에 강의 개요를 입력하고, 적절하게 열의 너비를 조정합니다. 표에서 세로선으로 마우스 커서를 옮기면 다음과 같이 파란색으로 표시됩니다. 이 파란색 세로선을 좌우로 드래그하거나, 더블 클릭하여 너비를 조정할 수 있습니다.

05 표를 작성하고 있으면 오른쪽 위에 팝업 도구가 표시됩니다. ❶ [옵션] 버튼을 클릭한 후 ❷ [제목 열]을 활성화하여 1열을 강조합니다. ❸ 1열을 조금 더 강조하기 위해 마우스로 드래그하여 모두 선택한 후 Ctrl + B 를 눌러 텍스트를 굵게 처리합니다.

TIP 마우스 커서를 표 위로 가져가면 열의 맨위와 행의 맨 앞에 [: :]이 표시됩니다. [: :]을 클릭하면 해당 행 또는 해당 열이 모두 선택됩니다.

06 다섯 번째 영역도 완성해 보겠습니다. 여기서는 구분선 없이 바로 표를 배치합니다.
❶ 영역 제목이 입력된 블록의 맨 뒤를 클릭한 후 Enter 를 눌러 새로운 블록을 추가합니다.
❷ 새로운 블록에서 /표 입력 후 Enter 를 눌러 '표' 블록을 생성합니다.

07 기본 2x3 표가 추가되면 다음과 같이 6x17(6열 17행) 표를 만듭니다. 모서리에 있는 [+] 버튼을 드래그하거나, 행과 열 끝에 표시된 [+] 버튼을 각각 드래그하면 됩니다.

08 완성 화면을 참고하면서 각 셀에 내용을 입력합니다. ❶ 1열에는 회차, 2열에는 강의일시, 3열에는 요일, 4열에는 강의 주제, 5열에는 참고자료 링크, 6열에는 비고 내용을 정리했습니다. 각 셀에 내용을 채웠으면 ❷ 각 열 사이의 세로선을 더블 클릭하거나 드래그하여 너비를 적절하게 조절합니다.

TIP 링크는 텍스트를 입력한 후 드래그해서 선택하고 Ctrl + K 를 눌러 적용할 수 있습니다.

09 계속해서 오른쪽 위에 표시되는 ① 팝업 도구에서 [옵션] 버튼을 클릭한 후 ② [제목 행]과 ③ [제목 열]을 각각 활성화하여 제목 행(1행)과 제목 열(1열)을 회색으로 채웁니다.

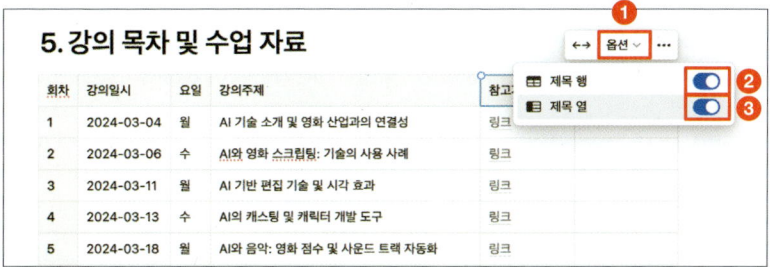

10 전체 강의 일정 중 중요한 일정인 '중간고사', '기말고사' 행만 색으로 강조해 보겠습니다. 우선 ① '중간고사' 행에서 맨 앞에 표시되는 [⋮⋮]을 클릭하여 해당 행을 전체 선택한 후 ② 팝업 메뉴에서 [색]-[주황색 배경]을 선택합니다. 같은 방법으로 '기말고사' 행도 색을 변경합니다.

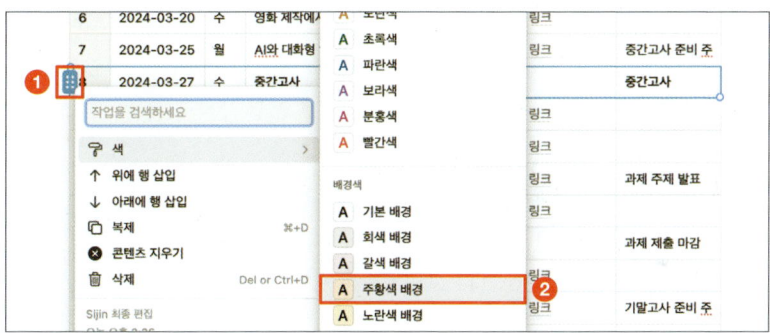

TIP 표의 왼쪽 위에 표시되는 [⋮⋮]을 클릭하면 표 전체를 선택한 후 표 전체에 대한 설정을 변경할 수 있으나, 각 행/열에 표시되는 [⋮⋮]을 클릭하면 해당 행/열에 대한 설정만 변경할 수 있으므로 구분해서 사용해야 합니다.

🇳 한 걸음 더 셀 내용 편하게 입력하기

노션의 표나 데이터베이스는 엑셀의 자동 채우기와 같은 기능이 완벽하게 구현되지 않습니다. 그러므로 연속된 숫자나 요일 등을 입력할 때, 혹은 수많은 데이터를 입력해야 하는 상황이라면 엑셀이나 구글 스프레드시트 등에 입력한 후 복사해서 붙여넣기 방법을 이용하는 것이 좋습니다.

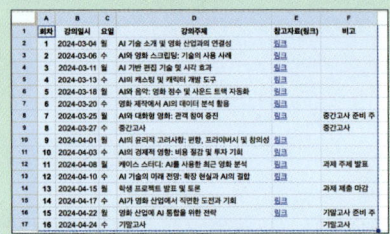 

▲ 구글 스프레드시트에 입력한 내용을 복사해서 붙여 넣었을 때

구글이나 엑셀의 내용을 복사해서 노션에 붙여 넣으면 별도로 '표' 블록을 생성하지 않더라도 기본으로 '표' 블록이 생성되어 내용이 붙여넣기됩니다. 만약, '표' 블록이 아닌 데이터베이스로 활용하고 싶다면 붙여넣기된 표에서 [⋮⋮](블록 핸들)을 클릭한 후 [데이터베이스로 전환]을 선택합니다.

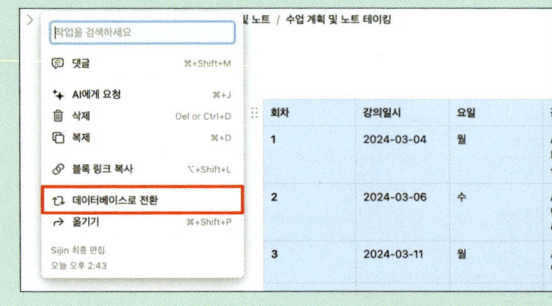

글머리 기호를 활용한 목록 작성하기

2. 강의 소개 영역과 4. 교재 및 참고 자료 영역은 '글머리 기호 목록' 블록을 이용합니다. 임의의 블록에서 단축키 Ctrl + Shift + 5 를 누르면 '글머리 기호 목록' 블록을 빠르게 생성할 수 있습니다.

01 ❶ '2. 강의 소개' 영역의 제목 뒤를 클릭한 후 Enter 를 눌러 새로운 블록을 추가하고 ❷ /구분선 입력 후 Enter 를 눌러 구분선을 추가합니다.

02 구분선 아래에 새로운 블록이 자동으로 추가되면 ❶ - 을 입력한 후 Spacebar 를 눌러 '글머리 기호 목록' 블록을 생성합니다. ❷ 첫 번째 내용을 입력한 후 첫 번째 목록 끝에서 Enter 를 누르면 계속해서 '글머리 기호 목록' 블록이 추가됩니다. ❸ 나머지 목록도 순서대로 작성합니다.

TIP 5개의 '텍스트' 블록에 내용을 작성하고 선택한 다음 단축키 Ctrl + Shift + 5 를 눌러 일괄 '글머리 기호 목록' 블록으로 전환해도 됩니다.

03 강의 소개 영역과 같은 방법으로 강의 목표 영역까지 완성합니다.

3. 강의 목표
- AI 기술의 기본 원리와 영화 제작에의 적용 방법을 이해합니다.
- 영화 산업 내 AI의 현재와 미래 역할을 분석합니다.
- AI가 영화 산업에 미치는 윤리적, 경제적 영향을 평가합니다.
- 영화 제작 과정에서 AI를 활용한 사례를 식별하고 설명할 수 있습니다.
- AI 기술을 활용하여 영화 산업을 혁신할 수 있는 전략을 제시합니다.

04 다음으로 교재 및 참고 자료 영역을 완성해 보겠습니다. ❶ 영역 이름 아래에 구분선을 추가한 후 ❷ 4개의 '글머리 기호 목록' 블록을 이용해 다음과 같이 각 항목을 작성하고, 콜론(:) 왼쪽의 텍스트들만 드래그해서 선택한 다음 Ctrl + B 를 눌러 굵게 처리합니다.

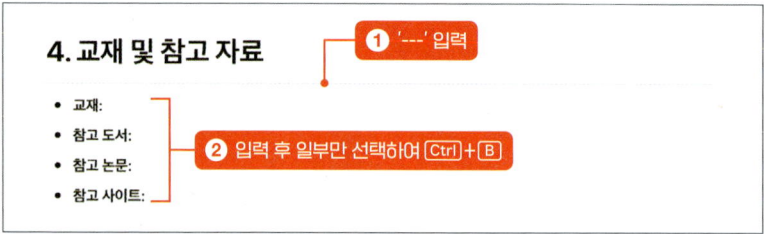

05 우선 첫 번째 목록인 '교재:'에 이어서 ❶ 다음과 같이 내용을 입력합니다. 여기서는 "AI and the Future of Film" (구매 링크)를 입력했습니다. ❷ 그런 다음 '구매 링크'만 드래그해서 선택한 후 ❸ 팝업 도구에서 [링크] 버튼을 클릭하고, 해당 교재를 구매할 수 있는 URL을 입력하여 링크로 만듭니다.

TIP 웹브라우저에서 접속한 후 해당 URL을 선택해서 복사하고(Ctrl + C), 다시 노션에서 텍스트(구매 링크)를 드래그해서 선택한 후 Ctrl + V 를 누르는 방법으로 링크를 적용할 수도 있습니다.

06 앞의 과정을 참고하여 ❶ '참고 도서', '참고 논문'까지 완성합니다. ❷ 계속해서 '참고 사이트:' 뒤를 클릭한 후 Enter 를 누릅니다. ❸ '글머리 기호 목록' 블록이 추가되면 Tab 을 눌러 한 단계 아래의 글머리 기호 목록으로 변경합니다. ❹ 내용을 입력한 후 링크를 적용하면 완성입니다.

TIP '글머리 기호 목록'이나 '번호 매기기 목록'에서 Tab 을 누르면 한 단계 아래의 목록으로 변경할 수 있고, Shift + Tab 을 누르면 한 단계 위의 목록으로 변경할 수 있습니다.

➕ 멘션 기능으로 필기 노트 제작하기

필기 노트는 페이지 속 페이지를 만들고, 해당 페이지를 템플릿처럼 계속 복제해서 사용할 수 있도록 구성하였습니다.

01 ❶ '6.필기 노트' 영역 이름 아래쪽에 구분선을 생성합니다. ❷ 구분선 아래쪽으로 새로운 블록이 추가되면 /페이지 입력 후 Enter 를 눌러 실행합니다.

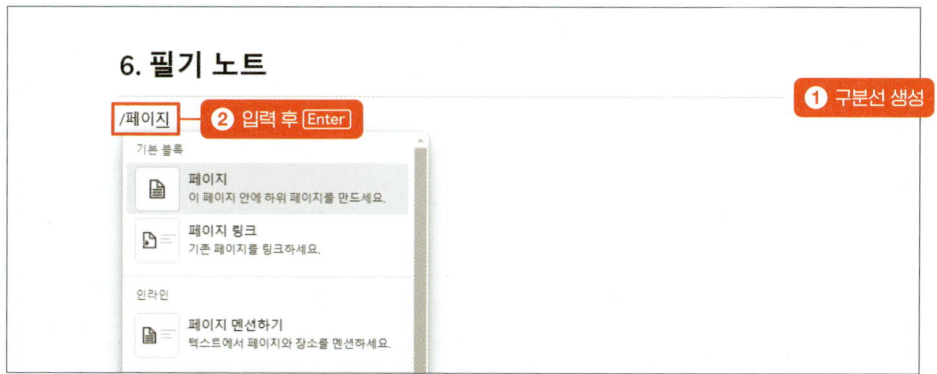

02 새로운 페이지가 열리면 ❶ 제목 입력란에 **@오늘**을 입력한 후 Enter 를 눌러 날짜를 멘션합니다. ❷ 계속해서 **필기 노트 템플릿**을 입력합니다. ❸ '@오늘' 부분을 클릭해 보면 다음과 같이 캘린더 팝업 메뉴가 열리는 것을 확인할 수 있습니다.

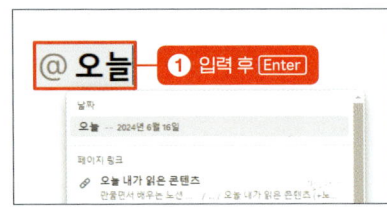

TIP @오늘로 날짜를 멘션한 경우 해당 일에는 '@오늘'로 표시되지만, 오늘이 지나면 '@어제', '@2024년 6월 16일' 등과 같이 변경됩니다.

📝 한 걸음 더 @를 이용한 멘션 기능

노션에서 @를 입력하면 팝업 메뉴가 열리며 날짜(리마인더), 사람, 페이지를 선택하거나 직접 입력해서 멘션할 수 있습니다. 앞의 실습에서 **@오늘**을 입력한 것은 페이지를 만들고 있는 오늘 날짜를 멘션한 것입니다.

- **날짜:** @오늘을 입력하면 해당 날짜를 멘션할 수 있으며, 클릭한 후 팝업 메뉴에서 다른 날짜를 선택해서 변경하거나 [리마인더] 옵션을 이용해 알림 기능을 설정할 수 있습니다. 또한, [종료일], [시간 포함] 등의 옵션도 변경할 수 있습니다.

- **사람:** @를 입력한 후 해당 페이지에 초대 중인 사용자를 선택하거나 입력하여 멘션할 수 있습니다. 사용자를 멘션하면 해당 사용자에게 알림이 보내지며, 알림을 받은 사용자는 왼쪽 사이드바의 [수신함]에서 멘션된 내용을 확인할 수 있습니다.

- **페이지:** @를 입력한 후 특정 페이지 제목을 입력하거나 선택하면 해당 페이지로 빠르게 이동할 수 있는 바로가기 링크가 생성됩니다. 회의록을 작성할 때 관련 페이지 등을 멘션으로 링크해 두면 편리합니다.

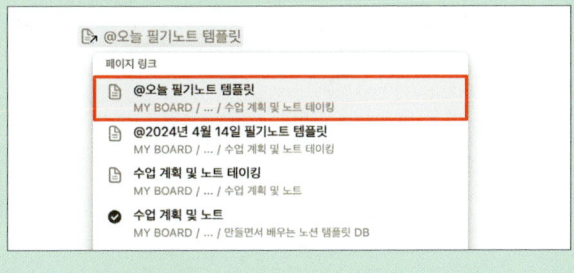

03 페이지 제목을 입력했으면 아래쪽 빈 공간을 클릭하여 블록을 추가하고 다음과 같이 '제목2' 블록으로 4개의 영역 이름을 입력합니다. '텍스트' 블록에 각 영역 이름을 입력한 후 모두 선택하고 단축키 Ctrl+Shift+2를 눌러 '제목2' 블록으로 전환하면 됩니다.

TIP 필기 노트는 코넬 노트의 구성을 참고했습니다.

04 이제 각 영역의 이름으로 기본 레이아웃을 정리한 후 '글머리 기호 목록' 블록을 이용하여 세부 내용 입력란을 만들면 노트 페이지가 완성됩니다. 완성 후 페이지 왼쪽 위에 있는 경로나 사이드바에서 상위 페이지를 클릭하여 이동합니다.

상세과정 살펴보기

지난 실습인 '할 일 관리'와 이번 실습 과정을 모두 진행했다면 위의 노트 구성은 손쉽게 완성할 수 있을 것입니다.

❶ 우선 'KEYWORD'와 '주제'가 입력된 블록을 선택하고 Ctrl + / 를 누른 후 [전환]-[열]을 선택하여 2열로 구분합니다.

❷ 2개의 열이 동일한 너비로 나누어지므로, 열 사이에서 세로선을 클릭한 채 왼쪽으로 드래그하여 KEYWORD 영역의 너비를 줄입니다.

❸ 영역 이름 아래쪽에 새로운 블록을 추가한 후 --- 을 입력하여 구분선을 추가하고, 구분선 아래에서 - 를 입력한 후 Spacebar 를 눌러 '글머리 기호 목록' 블록을 생성합니다.

❹ Ctrl + D 를 눌러 '글머리 기호 목록' 블록을 복제합니다.

❺ 필기 영역과 요약 영역은 전체 1열 레이아웃이므로, 그대로 영역 이름 아래에 구분선을 추가한 후 '글머리 기호 목록' 블록을 생성하면 완성입니다.

토글 목록으로 FAQ 완성하기

FAQ 영역은 '토글 목록' 블록으로 질문을 입력하고, 토글 안쪽에서 '글머리 기호 목록' 블록을 이용해 답변을 작성합니다.

01 강의 평가 기준 영역은 간단합니다. ❶ 영역 이름 아래쪽에 구분선을 추가하고, ❷ 구분선 아래에서 /표를 입력한 후 Enter를 눌러 '표' 블록을 생성합니다. ❸ 그런 다음 열 끝에 표시되는 [+] 버튼을 클릭하거나 클릭한 채 드래그하여 5x2 표를 만듭니다.

02 ❶ 각 열에 중간고사, 기말고사, 출석, 개인과제, 총점의 내용을 입력합니다. ❷ [옵션] 버튼을 클릭한 후 ❸ [제목 행]을 활성화하고, 제목 행을 좀 더 강조하기 위해 제목 행을 선택한 후 Ctrl+B를 눌러 텍스트를 굵게 표시합니다.

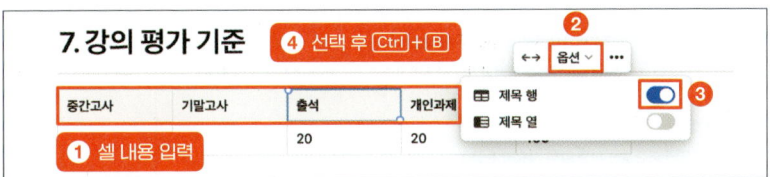

03 ❶ 과제 영역도 제목 아래쪽에 구분선을 추가합니다. ❷ 구분선 아래에 새로운 블록이 추가되면 Ctrl+Shift+5를 눌러 '글머리 기호 목록' 블록으로 전환하여 목록을 작성합니다. ❸ 콜론(:) 왼쪽 텍스트들만 드래그해서 선택한 후 Ctrl+B를 눌러 굵게 표시합니다.

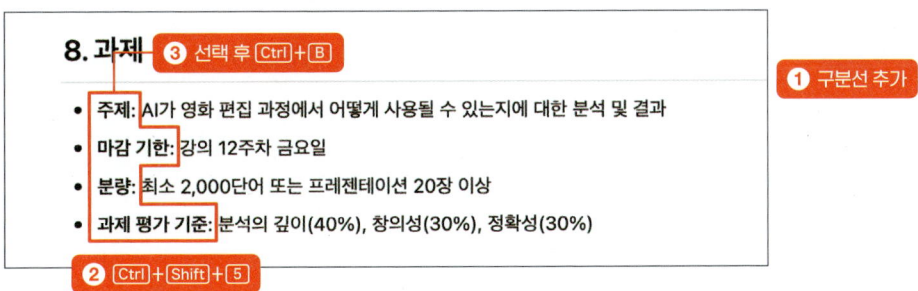

04 마지막으로 FAQ 영역은 '토글 목록' 블록을 이용합니다. ❶ 영역 이름 아래에 구분선을 추가합니다. ❷ 구분선 아래에 새로운 블록이 추가되면 >을 입력한 후 Spacebar 를 누르거나 Ctrl + Shift + 7 을 눌러 '토글 목록' 블록을 생성합니다. ❸ 이어서 Ctrl + D 를 4번 눌러서 총 5개의 토글 목록을 만듭니다.

05 ❶ 삼각형 모양 아이콘을 클릭하여 토글을 펼친 후 ❷ 토글의 제목에 질문을 입력합니다. ❸ 토글 안쪽을 클릭하여 답변을 입력한 후 Ctrl + Shift + 5 를 눌러 '글머리 기호 목록' 블록으로 전환합니다.

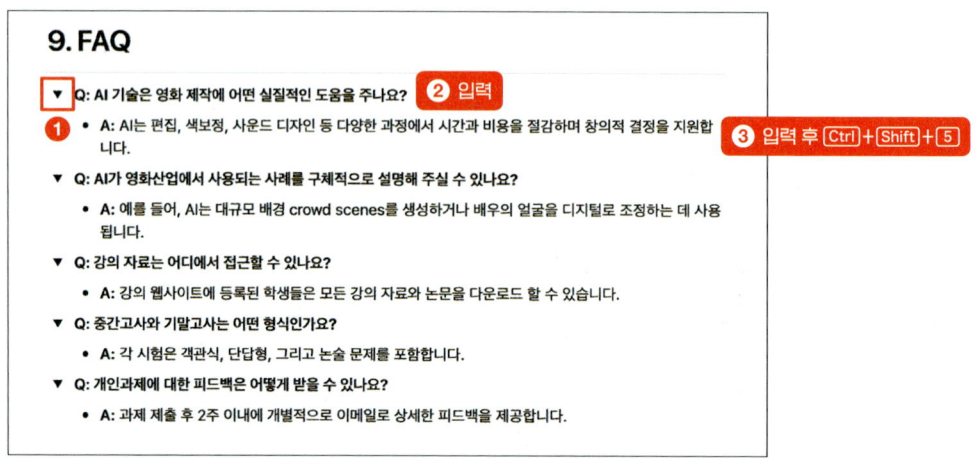

TIP 단축키 Ctrl + Alt + T 를 누르면 해당 페이지에 있는 모든 토글 목록을 일괄 펼치거나 접을 수 있습니다.

LESSON 05 : 2단 구성으로 캠페인 기획서 작성하기

이번 템플릿은 캠페인 기획서입니다. 진행 담당자, 클라이언트, 신규 프로젝트 참여자, 프로젝트 관리자 등 관련된 구성원이 협업하면서 커뮤니케이션하는 데 오해가 발생하지 않도록 모든 정보를 한 곳에 일목요연하게 정리해 두었습니다.

완성 미리보기

캠페인 기획서는 진행 기간이나 용도에 따라 그 내용이 방대해질 수 있으므로 처음부터 일목요연하게 내용을 파악할 수 있는 개요를 배치했습니다.

- **1열:** 기획서의 목차부터 담당자, 미팅 노트 등 기획서를 빠르게 파악하는 데 도움이 되는 정보들을 정리해 둡니다.
- **캠페인 개요:** 캠페인의 목적, 목표, 계획 등을 간략하게 정리합니다.
- **캠페인 미션/목표:** 의사 결정에 참고할 수 있도록 캠페인의 미션과 목표를 정의합니다.
- **주요 전략:** 캠페인을 성공적으로 이끌기 위한 주요 전략을 나열합니다.
- **콘셉트 / KEY 메시지:** 캠페인을 구성하는 핵심 아이디어를 강조하고, 타깃에게 전달할 주요 메시지를 정의합니다.
- **채널별 세부 예시:** 다양한 마케팅 채널을 활용하여 캠페인을 실행하는 방법에 대한 세부적인 예시를 작성합니다.
- **FAQ:** 캠페인에 대한 주요 질문과 답변을 미리 작성해 궁금증을 해결합니다.

열 나누기 및 각 영역 구분하기

이번 템플릿의 레이아웃은 2단 구성이며, 주요 내용은 2열에 작성합니다. 우선 열 나누기를 이용하여 2단으로 구성하고, 2열에서 사용할 각 영역의 이름까지 완성해 보겠습니다.

01 ❶ 새로운 페이지를 만든 후 페이지 제목을 입력합니다. 여기서는 에티오피안 블루문 캠페인 기획서라고 입력했습니다. ❷ 페이지를 넓게 사용하기 위해 페이지 오른쪽 위에 있는 […] 아이콘을 클릭한 후 ❸ [전체 너비]를 활성화합니다.

TIP 최근 업데이트로 […] 아이콘을 클릭하면 나타나는 팝업 메뉴에 [편집 제안]과 [목차] 옵션이 추가되었습니다. [편집 제안]을 활성화하면 협업 중 현재 페이지의 내용 수정을 제안할 수 있고, [목차] 옵션을 활성화하면 현재 페이지 오른쪽 측면에 바 형태로 목차가 표시됩니다.

02 2열에서 사용할 영역 이름을 미리 입력합니다. 다음과 같이 6개의 '제목2' 블록으로 영역 이름을 입력했습니다.

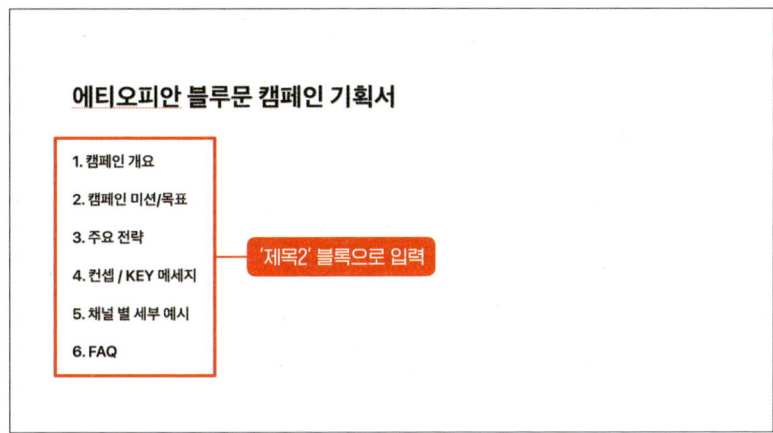

> 🔖 **상세과정 살펴보기**
>
> 페이지 제목 아래를 클릭해서 '텍스트' 블록을 추가하고 다음 방법 중 편한 방법을 선택하세요.
>
> - 방법1. '텍스트' 블록에서 계속해서 Enter 를 눌러 총 6개의 '텍스트' 블록을 추가합니다. 각 '텍스트' 블록에 영역 이름을 입력한 후 모두 선택하고 단축키 Ctrl + Shift + 2 를 눌러 일괄 '제목2' 블록으로 전환합니다.
>
> - 방법2. '텍스트' 블록을 '제목2' 블록으로 전환한 후 Ctrl + D 를 눌러 '제목2' 블록을 여러 개 복제하고 각 블록에 영역 이름을 입력합니다.
>
> 참고로 '텍스트' 블록을 '제목2' 블록으로 전환할 때는 ##을 입력한 후 Spacebar 를 누르거나 단축키 Ctrl + Shift + 2 를 누르는 것이 빠르지만, Ctrl + / 를 누르거나 블록 앞에 표시되는 [⋮⋮](블록 핸들)을 클릭한 후 [전환]-[제목2]를 선택해도 됩니다.

03 왼쪽 1열에서는 '인용' 블록으로 영역 이름을 입력하겠습니다. ❶ 페이지 제목 끝을 클릭한 후 Enter 를 눌러서 제목 바로 아래에 '텍스트' 블록을 추가합니다. ❷ 추가된 블록에서 /인용을 입력한 후 Enter 를 누르거나 " 입력 후 Spacebar 를 눌러 '인용' 블록을 생성합니다.

04 '인용' 블록 앞에 표시되는 ❶ [: :]을 클릭한 후 ❷ 팝업 메뉴에서 [인용 크기]-[크게]를 선택합니다. '인용' 블록의 크기가 아주 살짝 커집니다.

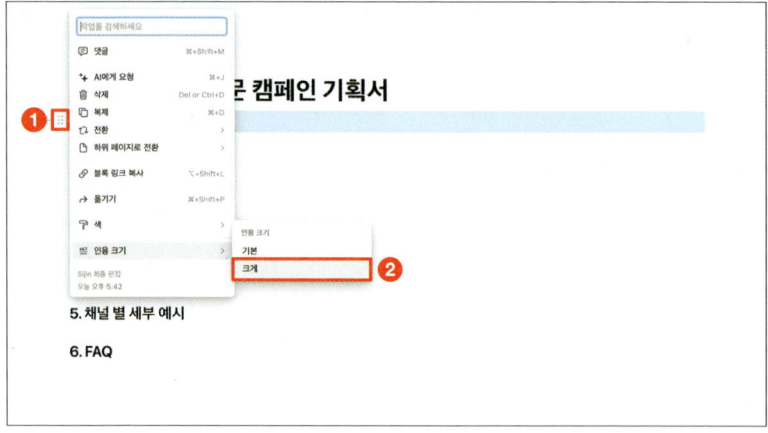

05 ❶ '인용' 블록에 **목차**라고 입력하고, '목차'를 드래그해서 선택한 후 Ctrl+B를 눌러 굵게 표시합니다. ❷ 열을 나누기 위해 6개의 '제목2' 블록을 모두 선택한 후 '목차'가 입력된 '인용' 블록의 오른쪽 끝으로 드래그하여 파란색 세로선이 표시되면 손을 뗍니다.

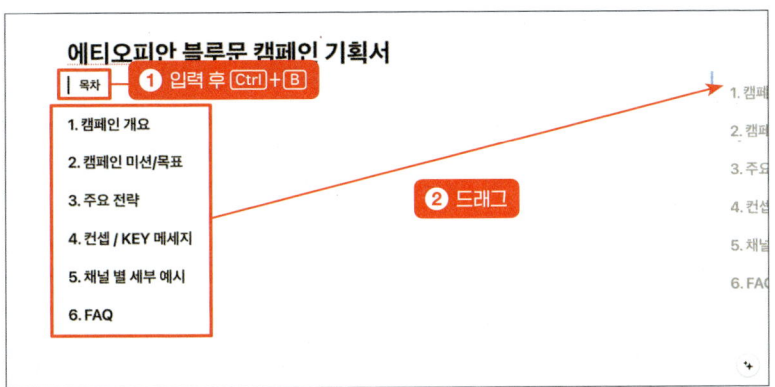

06 페이지가 2열로 나눠지면 주요 내용이 작성되는 2열을 넓게 사용하기 위해 열 너비를 조정합니다. 열 사이로 마우스 커서를 옮기면 표시되는 회색 세로선을 클릭한 채 왼쪽으로 드래그하면 됩니다.

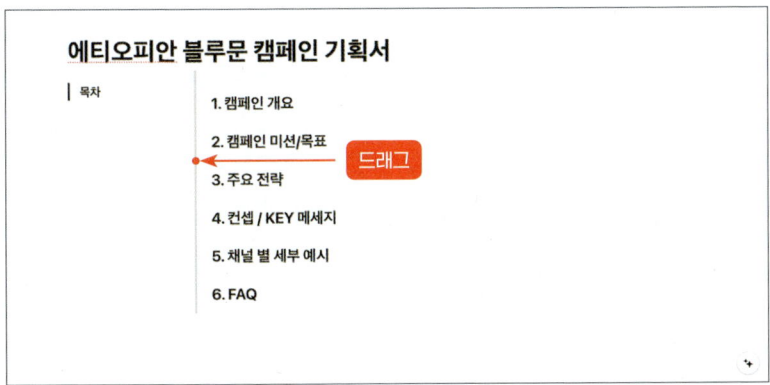

목차와 표 블록으로 1열 완성하기

1열은 페이지에 작성된 전체 내용의 목차부터 담당자 연락처 등 자주 확인하는 내용들이 표시됩니다. '목차' 블록과 '표' 블록 등을 이용하여 깔끔하게 정리합니다.

01 1열에서 '인용' 블록으로 입력한 목차 영역 아래쪽 빈 공간을 클릭하여 새로운 블록을 추가합니다. 새로운 블록에서 **/목차**를 입력한 후 Enter 를 눌러 실행하여 '목차' 블록을 생성합니다.

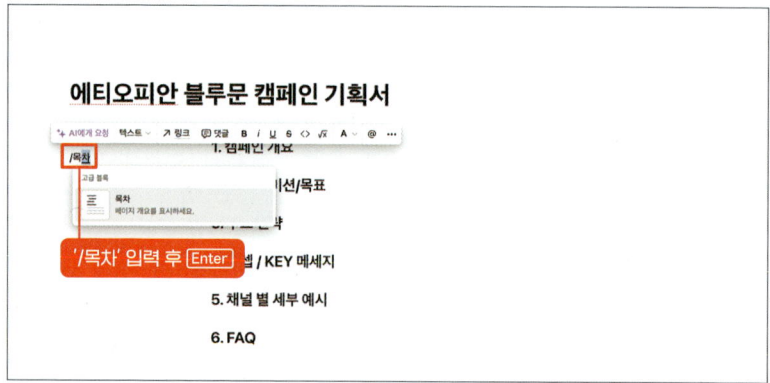

02 ❶ '목차' 블록을 생성하면 현재 페이지의 '제목1, 2, 3' 블록 내용이 자동으로 목차로 정리됩니다. 여기서는 6개의 '제목2' 블록이 목차로 생성되었습니다. ❷ '목차' 블록 아래쪽 빈 공간을 클릭한 후 **- - -** 을 입력하여 구분선을 추가하고, 자동으로 새로운 블록이 추가되면 '인용' 블록을 생성하여 **캠페인 담당자**를 입력한 후 굵게 표시합니다.

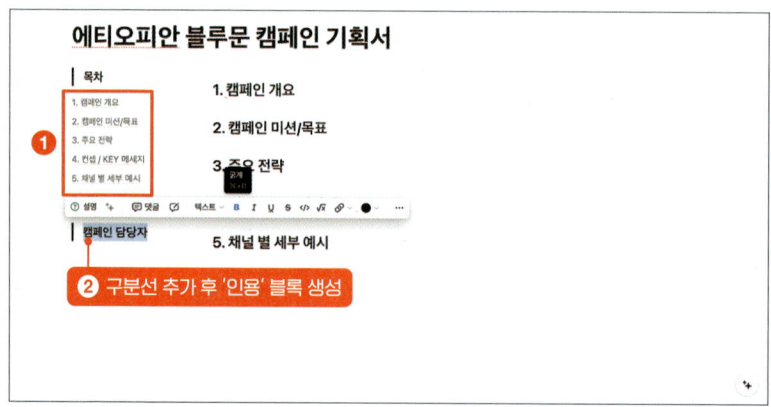

상세과정 살펴보기

① 구분선을 추가하면 자동으로 새로운 블록이 추가됩니다. 새로운 블록에서 /인용을 입력한 후 Enter 를 누르거나 "을 입력한 후 Spacebar 를 누르면 '인용' 블록을 생성할 수 있습니다.

② '인용' 블록에 텍스트를 입력하고, 입력한 텍스트만 드래그해서 선택한 후 팝업 메뉴에서 [굵게] 아이콘을 클릭하거나 Ctrl + B 를 눌러 굵게 표시합니다.

③ 인용 블록의 [:::]을 클릭한 후 [인용 크기]-[크게]를 선택합니다.

좀 더 간단한 방법으로 '목차'가 입력된 첫 번째 인용 블록에서 Ctrl + D 를 눌러 복제하고, [:::]을 클릭한 채 아래로 드래그해서 옮긴 후 텍스트를 변경하면 됩니다.

03 캠페인 담당자 영역 아래에 '표' 블록을 생성한 후 4x3 표를 만들어 내용을 입력하고, 다음과 같이 첫 번째 행을 제목 행으로 표시합니다.

캠페인 담당자

담당자	직급	연락처	이메일
홍길동	디렉터	010-1234-1234	hong@bluemooncoffee.com
이순신	매니저	010-5678-5678	lee@bluemooncoffee.com

TIP 전체 페이지에서 1열의 폭이 좁으므로 표를 추가하면 표의 열이 모두 보이지 않습니다. 이럴 때는 Shift 를 누른 채 마우스를 스크롤하면 횡 방향까지 스크롤됩니다.

상세과정 살펴보기

① 영역 이름 아래쪽을 클릭하여 새로운 블록을 추가했다면 /표 입력 후 Enter 를 눌러 '표' 블록을 생성합니다.

② 표의 마지막 열이나 행으로 마우스 커서를 옮기면 표시되는 [+] 버튼을 클릭하거나 드래그하여 행과 열의 개수를 변경합니다.

③ 표의 오른쪽 위에 표시되는 팝업 도구에서 [옵션] 버튼을 클릭한 후 [제목 행]을 활성화하여 첫 번째 행을 강조하고, 첫 번째 행을 모두 선택한 후 Ctrl + B 를 눌러 굵게 표시합니다.

04 지금까지와 같은 방법으로 ① '인용' 블록을 이용하여 미팅 노트 영역 이름을 입력합니다. ② 영역 이름 아래를 클릭하여 새로운 블록을 추가하고 /페이지 입력 후 Enter 를 눌러 '페이지' 블록을 생성하여 회의록 페이지를 완성합니다.

캠페인 담당자

담당자	직급	연락처	이메일
홍길동	디렉터	010-1234-1234	hong@blue...
이순신	매니저	010-5678-5678	lee@bluem...

미팅 노트 ①

📄 @오늘 회의록 템플릿   ② '/페이지' 입력 후 Enter

상세과정 살펴보기

회의록으로 사용할 페이지는 다음과 같이 구성하였습니다.

① 페이지 제목 입력란에 **@오늘**을 입력한 후 Enter 를 눌러 날짜를 멘션하고, 이어서 **회의록 템플릿**을 입력합니다.

② '제목2' 블록을 이용하여 영역을 구분하고, '글머리 기호 목록' 블록을 이용하여 각 영역의 내용을 작성합니다.

③ 페이지 속 페이지를 완성했으면 왼쪽 위에 있는 경로나 사이드바를 이용해서 작성 중이던 상위 페이지로 이동합니다. **Link** 템플릿 페이지 구성은 89쪽 의 필기 노트 제작에서 좀 더 자세한 내용을 확인할 수 있습니다.

@오늘 회의록 템플릿

[회의 개요]
- 일시: 2024.04.05 금요일 15:00-16:00
- 장소: Zoom
- 참석자:
- 주요 안건:
  - 리스트
  - 리스트
  - 리스트

[회의 내용]

1. 와디즈 펀딩 전략
   - 리스트
   - 리스트
   - 리스트

05 캠페인 페이지로 돌아왔다면 회의록 템플릿 페이지 아래에 ❶ '인용' 블록을 이용하여 **채널 목록**을 입력합니다. ❷ 영역 제목 아래쪽에는 '표' 블록을 생성한 후 2x6 표로 만들고 다음과 같이 SNS 채널 및 URL을 입력합니다.

채널 ❶	
채널	URL
YOUTUBE	youtube.com/bluemoon
NAVER BLOG	blog.naver.com/bluemoo
INSTAGRAM	instagram.com/bluemoo
FACEBOOK	facebook.com/bluemoo
TICTOC	tictoc.com/bluemoonco

❷ '표' 블록 생성 후 입력

상세과정 살펴보기

❶ 2x6 표를 만들고 내용을 모두 입력했다면 표의 오른쪽 위에 표시되는 팝업 메뉴에서 [옵션] 버튼을 클릭한 후 [제목 행]을 활성화하여 첫 번째 행을 강조합니다.

❷ 첫 번째 행과 첫 번째 열을 각각 모두 선택한 후 Ctrl + B 를 눌러 굵게 표시합니다.

❸ '채널'이 입력된 1열 1행의 셀만 선택한 후 Ctrl + U 를 눌러 밑줄을 표시합니다.

➕ 주요 내용이 작성되는 2열 완성하기

2열은 기획서의 주요 내용들이 입력되는 공간입니다. 앞서 각 영역을 구분했으므로, 영역별 내용을 채우면 됩니다. 여기서는 '콜아웃' 블록과 '글머리 기호 목록' 블록을 주로 사용했습니다.

01 2열에서 첫 번째 영역인 캠페인 개요 영역부터 완성해 보겠습니다. ❶ '캠페인 개요' 오른쪽 끝을 클릭한 후 Enter를 눌러 새로운 블록을 추가한 후 ❷ ---을 입력하여 구분선을 추가합니다. ❸ 구분선 아래로 새로운 블록이 자동으로 추가되면 개요 내용을 입력합니다.

1. 캠페인 개요 ← ❶ 클릭 후 Enter

❷ 구분선 추가

이 캠페인은 에티오피아의 고품질 원두인 '에티오피안 블루문'을 알리고 대중화하기 위해 마련되었습니다. 목표는 제품의 우수성을 널리 알려 매출을 증대시키는 것입니다. 우리는 디지털 미디어를 활용하여 타겟 고객층에게 직접적으로 다가갈 예정입니다. 특히, 인스타그램, 유튜브, 틱톡을 통한 시각적 콘텐츠에 집중하며, 커뮤니티 기반 마케팅을 통해 브랜드 인지도를 높일 계획입니다.

❸ 개요글 입력

TIP 여기서는 하나의 '텍스트' 블록에 모든 개요 내용을 입력했습니다. 하나의 '텍스트' 블록에서 Ctrl + Enter 를 눌러 강제 줄 바꿈을 해서 여러 줄로 입력하거나, '글머리 기호 목록' 블록 등을 이용하여 여러 줄로 입력해도 무방합니다.

02 캠페인 미션/목표 영역은 2열로 나눈 후 '콜아웃' 블록에 내용을 입력합니다. 우선 영역 이름 아래에 새로운 블록을 추가하고 /콜아웃 입력 후 Enter를 눌러 '콜아웃' 블록을 생성합니다.

2. 캠페인 미션/목표

💡 내용을 입력하세요

'/콜아웃' 입력 후 Enter

03 '콜아웃' 블록의 색상을 변경하기 위해 [: :](블록 핸들)을 클릭하거나 단축키 Ctrl + / 를 누른 후 [색]-[기본]을 선택합니다. 회색 배경색이 흰색으로 바뀝니다.

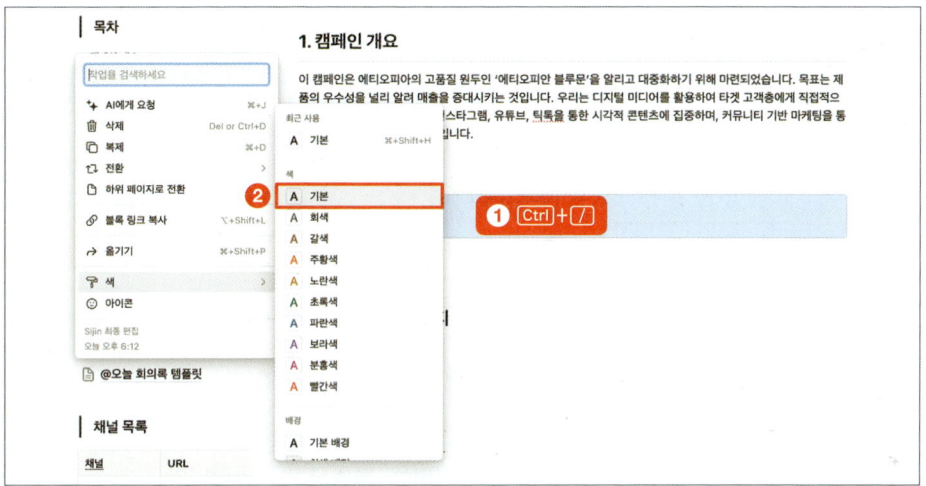

04 계속해서 ① 전구 모양의 기본 이모지를 클릭하여 원하는 모양으로 변경합니다. ② 콜아웃 제목을 입력하고, 드래그해서 선택한 후 Ctrl + B 를 눌러 굵게 표시합니다. ③ '콜아웃' 블록에서 Ctrl + D 를 눌러 복제한 후 ④ 콜아웃 제목을 변경합니다.

TIP 기본 이모지를 클릭한 후 팝업 창에서 [아이콘] 탭을 클릭한 다음 'chart area'로 검색하면 위와 같은 아이콘을 찾을 수 있습니다.

05 ❶ 2개의 '콜아웃' 블록을 모두 선택한 후 [Ctrl]+[/]를 누릅니다. ❷ 팝업 메뉴가 열리면 검색으로 [열]을 찾아 선택하여 2개의 열로 전환합니다.

06 ❶ 'MISSION' 뒤를 클릭한 후 [Enter]를 눌러 첫 번째 '콜아웃' 블록 바로 아래에 새로운 '텍스트' 블록을 추가합니다. ❷ 추가된 '텍스트' 블록에서 [Ctrl]+[Shift]를 누른 채 위쪽 방향키를 누르면 ❸ 다음과 같이 위쪽에 있던 '콜아웃' 블록으로 이동합니다.

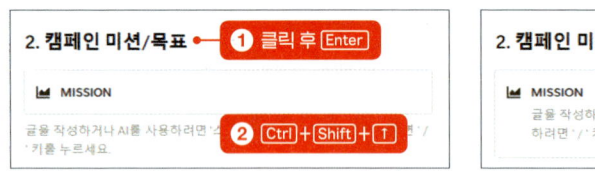 

07 ❶ '콜아웃' 블록 안으로 이동한 '텍스트' 블록에서 [Ctrl]+[Shift]+[5]를 눌러 '글머리 기호 목록' 블록으로 전환한 후 미션 내용을 입력합니다. ❷ 두 번째 '콜아웃' 블록에도 같은 방법으로 '텍스트' 블록과 '글머리 기호 목록' 블록을 추가하여 내용을 입력합니다.

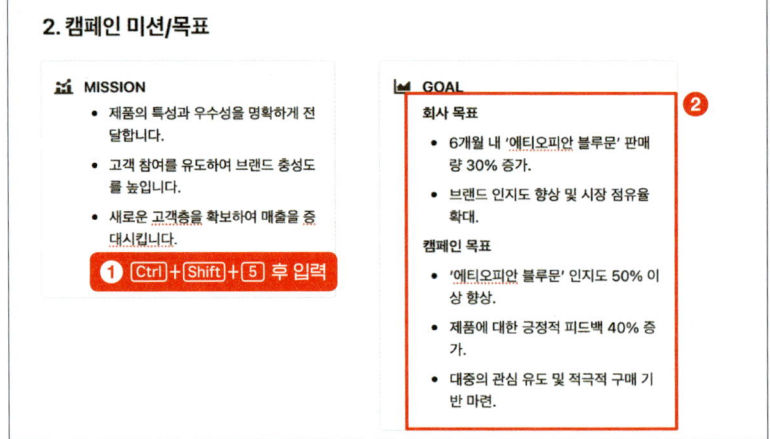

08 주요 전략 영역 아래에도 '콜아웃' 블록을 생성하여 내용을 작성하고, '콜아웃' 블록 아래에 '글머리 기호 목록' 블록을 이용하여 상세 내용을 작성합니다.

> **3. 주요 전략**
>
> 📈 타겟 시장 내 인지도와 참여도를 높이는 멀티 채널 디지털 마케팅 전략을 실행합니다.
> - 인스타그램 카드뉴스를 통해 '에티오피안 블루문'의 고유 특성과 사용자 리뷰를 효과적으로 전달합니다.
> - 커피 애호가들이 많은 온라인 커뮤니티와 포럼에서 프로모션을 진행하여 타겟 고객층의 참여를 유도합니다.
> - 유튜브 숏폼 영상을 통해 제품의 매력을 감각적으로 표현하고, 쉽게 공유할 수 있도록 합니다.

TIP '콜아웃' 블록을 생성하면 해당 페이지에서 마지막으로 변경한 색과 이모지(아이콘)가 동일하게 적용됩니다.

> **상세과정 살펴보기**
>
> ❶ '주요 전략' 오른쪽 끝을 클릭한 후 [Enter]를 눌러 새로운 블록을 추가합니다.
> ❷ /콜아웃 입력 후 [Enter]를 눌러 '콜아웃' 블록을 생성한 후 내용을 입력합니다.
> ❸ '콜아웃' 블록 끝에서 [Enter]를 눌러 새로운 블록을 추가하고 3개의 '텍스트' 블록으로 내용을 입력한 후 모두 선택합니다.
> ❹ [Ctrl]+[Shift]+[5]를 눌러 일괄 '글머리 기호 목록' 블록으로 전환합니다.

09 다음으로 콘셉트 / KEY 메시지 영역을 완성합니다. 전체 1열 구성이라는 점만 다를 뿐 앞서 완성한 MISSION과 GOAL '콜아웃' 블록을 참고하면 손쉽게 완성할 수 있습니다.

> **4. 콘셉트 / KEY 메시지**
>
> ★ **콘셉트**
> 이 캠페인은 "감각적 경험을 통한 커피의 발견"을 주제로 합니다. 매력적인 시각적 요소와 실제 사용자의 경험을 결합하여 '에티오피안 블루문'의 우수성을 강조합니다. 각 콘텐츠는 제품이 제공하는 독특한 맛과 풍미의 경험을 전면에 내세웁니다.
>
> 🛪 **KEY 메시지**
> 핵심 KEY 메시지: "매일의 커피, 에티오피안 블루문과 함께"
> - 이 메시지는 '에티오피안 블루문'의 우수한 품질과 독특한 맛을 강조합니다.
> - 소비자가 매일 마시는 커피에서 특별함을 발견할 수 있도록 유도합니다.
> - 에티오피아산 고급 원두의 풍부한 산미와 고소함을 강조하여, 일상에 새로운 맛의 경험을 제안합니다.
>
> KEY 메시지 활용 예시:
> - "당신의 아침을 에티오피안 블루문으로 특별하게 시작하세요."
> - "매일의 루틴에 에티오피안 블루문의 새로운 맛을 추가하세요."
> - "고급 에티오피아 원두로 당신의 커피 경험을 업그레이드하세요."

TIP 기본 이모지를 클릭한 후 [아이콘] 탭에서 각각 'star'와 'paper airplan'을 검색하면 위와 같은 모양을 찾을 수 있습니다.

10 채널별 세부 예시 영역은 페이지 속 '페이지' 블록을 활용합니다. ❶ '채널 별 세부 예시' 오른쪽 끝을 클릭한 후 Enter 를 눌러 새로운 블록을 추가하고 ❷ - - - 을 입력하여 구분선을 추가합니다. ❸ 구분선 아래로 새로운 블록이 추가되면 '텍스트' 블록에 각 채널의 종류를 입력한 후 선택한 다음 Ctrl + Shift + 9 를 눌러 일괄 '페이지' 블록으로 전환합니다.

TIP 여기서는 채널별로 페이지만 생성해 둡니다. 실제 캠페인에서는 각 채널의 페이지에 상세 내용을 작성하면서 사용하면 됩니다.

11 페이지 내부로 이동하지 않더라도 '페이지' 블록 상태에서 아이콘을 변경할 수 있습니다. ❶ 범위를 드래그하여 '페이지' 블록을 모두 선택하고 Ctrl + / 를 누릅니다. ❷ 팝업 메뉴에서 [아이콘]을 선택하여 다음과 같은 팝업 창이 열리면 적절한 이모지나 아이콘을 선택합니다.

12 계속해서 FAQ 영역을 완성합니다. > 입력 후 Spacebar 를 눌러 '토글 목록' 블록을 생성하여 질문을 입력하고, 토글 안쪽에 답변을 입력하면 됩니다. 각 토글과 토글 사이에는 구분선을 추가하였습니다. Link '토글 목록' 블록을 이용한 FAQ 영역은 수업 계획 노트 실습에서 자세히 다뤘습니다. 93쪽 을 참고하세요.

동기화 블록으로 연락처 추가로 표시하기

마지막으로 캠페인 담당자의 연락처를 추가하여 템플릿을 완성합니다. 캠페인 담당자 연락처는 앞서 1열에 한 번 입력했습니다. 그러므로 다시 입력하는 것보다, '동기화 블록'을 이용하면 효과적입니다.

01 ❶ 1열에서 캠페인 담당자 영역에 있는 표의 [∷]을 클릭합니다. ❷ 팝업 메뉴가 열리면 검색창에 '동기화'로 검색하여 [동기화 블록]을 선택하면 '표' 블록이 '동기화 블록'으로 전환됩니다.

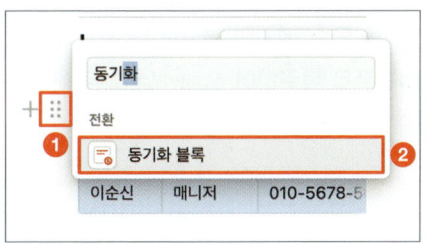

02 '동기화 블록'으로 전환된 표를 클릭하여 오른쪽 위에 팝업 도구가 표시되면 [복사하고 동기화하기] 버튼을 클릭합니다.

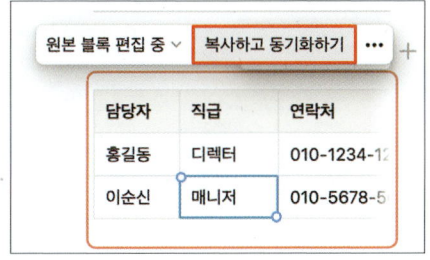

> **N 한 걸음 더** 동기화 블록 알고 가기
>
> '동기화 블록'은 특정 내용을 반복해서 사용할 때 효과적인 기능으로, 원본 '동기화 블록'을 복사한 후 여기저기 붙여 넣을 수 있습니다. 이후 연결된 임의의 '동기화 블록'에서 내용을 변경하면 연결된 모든 '동기화 블록'에서도 내용이 변경됩니다. 그러므로 페이지의 Footer나 중요한 공지사항 등을 여러 위치에서 반복적으로 표시하고 싶을 때 활용하면 효과적입니다.
>
> '동기화 블록'은 빨간색 테두리가 표시되어 쉽게 구분할 수 있으며, 임의의 '동기화 블록'에서 [⋮⋮]을 클릭한 후 [동기화 해제]를 선택하면 해당 '동기화 블록'에서만 동기화가 해제됩니다. 또한, 원본 '동기화 블록'을 삭제하면 붙여 넣은 모든 '동기화 블록'의 동기화가 해제되어 별도의 블록이 됩니다.
>
>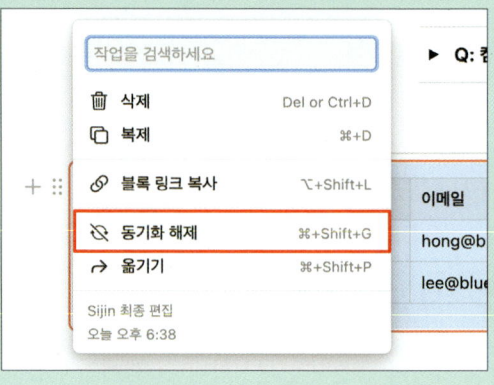

03 추가로 배치할 담당자 연락처는 페이지의 Footer처럼 사용할 것이므로, 전체 1열 레이아웃으로 배치하겠습니다. 그러므로 앞서 완성한 FAQ 영역에서 어느 정도 거리를 두고 아래쪽을 클릭하여 전체 1열로 된 새로운 블록을 추가한 후 Ctrl + V 를 눌러 '동기화 블록'을 붙여 넣습니다.

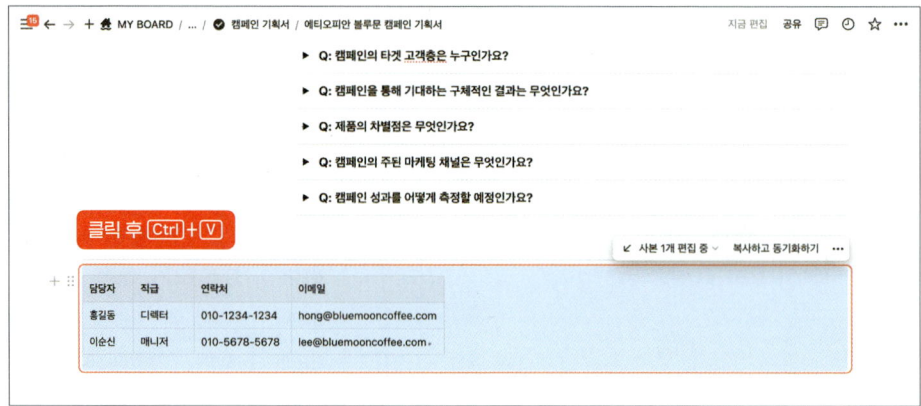

CHAPTER 03

데이터베이스로 만들기

LESSON 01 노션 데이터베이스 기초 다지기
LESSON 02 데이터와 데이터베이스의 개념 알기
LESSON 03 키워드와 카테고리로 구분하여 정리한 맛집 기록 DB
LESSON 04 템플릿 기능으로 서식을 유지한 회의록 DB
LESSON 05 매일 자동으로 추가되는 습관 관리 DB
LESSON 06 계획 정리 및 정보 취합을 위한 여행 기록 DB

LESSON 01 노션 데이터베이스 기초 다지기

노션의 데이터베이스 관련 블록은 다소 어렵게 느껴질 수 있습니다. 그만큼 다양한 기능을 포함하고 있기 때문이죠. 하지만 기초부터 차근차근 쌓고, LESSON 03 부터 템플릿을 제작해 본다면 능숙하게 사용할 수 있을 겁니다.

노션 데이터베이스 및 속성의 유형

노션 데이터베이스는 표와 유사하게 행과 열로 이루어져 있고 각 열에는 하나의 목적, 각 행에는 하나의 데이터(페이지)를 입력하도록 만들어져 있죠. 데이터베이스의 맨 윗줄은 '속성 헤드'가 있으며, 여기에 속성 이름을 입력하거나, 드래그해서 각 속성의 위치를 변경할 수 있습니다. 아래와 같은 노션 데이터베이스에서 '영화 제목', '시청 날짜' 등이 속성에 해당하며, 그 아래에 있는 각 행이 하나의 데이터입니다.

▲ 노션 '데이터베이스' 블록의 표 보기

노션 데이터베이스에서 데이터에 해당하는 각 행은 하나의 페이지이기도 합니다. 즉, 데이터베이스에서 새로운 데이터를 추가한다는 것은 데이터베이스에 새로운 페이지를 추가하는 것과 같습니다. 또한, 데이터(페이지) 속에 추가로 페이지를 생성할 수도 있습니다. 보통의 페이지처럼 페이지 속의 페이지 개념이 데이터베이스에서도 동일하게 적용되는 것이죠.

데이터베이스에서 각 데이터의 페이지로 이동할 때는 Aa라고 표시된 [제목] 유형의 속성에서 이동할 데이터로 마우스 커서를 옮깁니다. [열기] 버튼이 표시되며, 클릭해서 페이지를 열고, 내용을 작성할 수 있습니다. 각 데이터의 페이지 활용은 이후 노션 데이터베이스 내의 템플릿을 생성하는 기능에서 좀 더 자세히 확인해 볼 수 있습니다.

Aa 내 [제목] 유형	사이드 보기에서 열기 날짜
🧗 나리타 -> 신주쿠	🎬 열기 2024/05/06 10:00
🍱 숙소 - 아사쿠사거리	2024/05/06 12:00
🏮 아사쿠사 거리	2024/05/06 13:00
🍻 아사히 크래프트맨쉽	2024/05/06 14:00
🎞 멘치카츠	2024/05/06 14:30
✏ 센소지	2024/05/06 15:00

데이터베이스 유형 노션 데이터베이스를 구성할 때 속성마다 사용할 유형을 선택해야 합니다. 즉, 다음과 같은 유형 중 하나를 선택하여 입력된 값을 모두 동일한 유형으로 정리하는 것입니다. `Link` 유형 설명 중에 나오는 보기 방식은 이어서 `117쪽`부터 설명합니다.

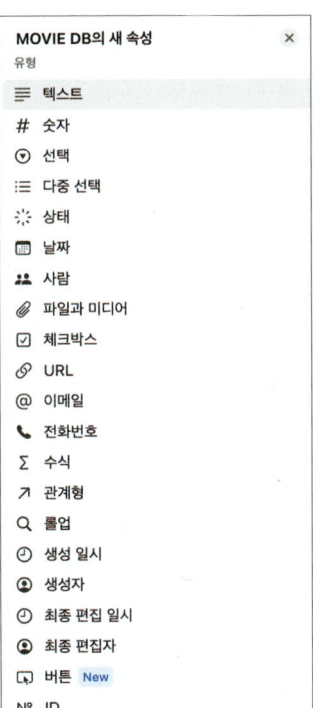

- **제목:** 데이터베이스에서 가장 중요한 유형이라고 할 수 있으며, 다른 유형과 달리 삭제하거나 변경, 숨김 처리할 수 없습니다. CHAPTER 5에서 소개하는 관계형 데이터에서 다른 데이터베이스와 연결하는 기준이 되기도 합니다.

- **텍스트:** 텍스트를 입력할 수 있습니다. 숫자, 링크, 날짜 등을 모두 입력할 수 있으나, 일반 텍스트로 인식되기 때문에 특정 유형만의 기능을 이용할 수 없습니다.

- **숫자:** 숫자만 입력할 수 있습니다. 회계점, %와 같은 기호는 물론, 화폐 단위를 입력할 수 있으며, 값을 계산할 수도 있습니다.

- **선택:** 데이터를 라벨로 분류한다고 이해하면 됩니다. 하나의 데이터에 하나의 라벨만 선택할 수 있으며, [선택] 유형을 사용하면 '보드' 보기에서 그룹화 기준으로 사용할 수 있습니다.

- **다중 선택:** [선택] 유형과 동일한 라벨 기능이지만, 여러 개의 라벨을 선택할 수 있습니다.
- **상태:** 진행 상황을 관리할 때 사용하는 유형입니다. [상태] 유형을 추가하면 '시작 전', '진행 중', '완료'와 같은 라벨이 생성되며, 데이터의 진행 상황에 따라 라벨을 변경할 수 있습니다. 진행 과정에 맞게 라벨을 수정, 추가, 삭제할 수도 있습니다. '보드' 보기에서 그룹화 기준이 정해져 있지 않다면 [상태] 유형의 속성이 자동으로 지정됩니다.
- **날짜:** 날짜를 입력할 수 있습니다. [날짜] 유형을 이용하면 '캘린더' 보기와 '타임라인' 보기에서 날짜별로 데이터를 확인할 수 있습니다.
- **사람:** 현재 페이지에 초대된 사용자를 데이터별로 호출할 수 있습니다.
- **파일과 미디어:** 첨부 파일을 추가할 수 있습니다. *.exe와 같은 실행 파일을 제외하면 대부분의 파일을 첨부할 수 있으며, 이미지를 추가할 수도 있습니다. [파일과 미디어] 유형에 이미지를 삽입하면 '갤러리' 보기에서 미리보기로 사용할 수 있습니다.
- **체크박스:** 체크박스를 삽입할 수 있습니다. 체크 비율을 계산할 수 있으며, 수식에도 활용할 수 있습니다.
- **URL:** URL을 입력하여 링크로 사용할 수 있습니다.
- **이메일:** 이메일 주소를 입력하고, 클릭하면 기본 메일 앱으로 연결되어 빠르게 이메일을 보낼 수 있습니다.
- **전화번호:** 전화번호를 입력한 후 클릭하면 기본 전화 앱으로 전화를 걸 수 있습니다. 전화 기능이 있는 디바이스에서 좀 더 유용합니다.
- **수식:** 엑셀의 함수와 같은 기능을 사용할 수 있습니다. 사칙연산부터 함수를 사용한 수식을 이용하여 데이터베이스의 활용도를 높일 수 있습니다.
- **관계형:** 서로 다른 두 데이터베이스를 연결하여 사용할 수 있습니다. 연결하고 싶은 데이터베이스를 선택하여 관계를 맺고, 데이터별로 연결할 데이터를 선택합니다.
- **롤업:** [관계형] 유형에서 연결된 데이터베이스의 특정 데이터를 선택했다면 [롤업] 유형에서는 연결된 데이터 중 특정 속성을 확인할 수 있습니다. 불러온 속성 정보를 바탕으로 계산된 결과를 불러올 수도 있습니다.
- **생성 일시:** 각 데이터가 생성된 일시를 자동으로 표시합니다.
- **생성자:** 각 데이터를 생선한 사용자가 자동으로 표시됩니다.
- **최종 편집 일시:** 각 데이터를 최종 편집한 일시가 자동으로 표시됩니다.
- **최종 편집자:** 각 데이터를 마지막으로 편집한 사용자가 자동으로 표시됩니다.

- **버튼:** 사용자가 설정한 액션을 자동으로 수행하는 버튼이 표시됩니다. [버튼] 유형의 속성 헤드를 클릭한 후 [속성 편집]을 선택하면 버튼의 자동화 설정을 변경할 수 있습니다. Link 버튼 자동화 방법은 258쪽 실습을 참고하세요.
- **ID:** 데이터의 고유 값인 ID를 자동으로 생성합니다.

데이터베이스 생성 및 속성 편집하기

노션의 데이터베이스 역시 하나의 블록으로, **/인라인**을 입력하고 Enter 를 누르면 인라인 방식의 데이터베이스 블록이, **/전체**를 입력하고 Enter 를 누르면 전체 페이지 방식의 데이터베이스 블록이 생성됩니다.

데이터베이스를 생성하면 기본으로 '이름'(제목), '태그'(다중 선택) 속성을 포함하고 있습니다. 속성 이름이 입력된 속성 헤드를 클릭한 후 [속성 편집]을 선택하면 속성의 이름이나 유형 등을 변경할 수 있으며, 속성 헤드 오른쪽 끝에 있는 [+]를 클릭하면 유형부터 선택한 후 새로운 속성을 추가할 수 있습니다. [속성 편집]은 템플릿 제작 중에 가장 빈번하게 사용하는 기능들이므로 한 번쯤 클릭해서 옵션들을 확인해 보고 넘어가세요.

① **속성 이름:** 속성 헤드를 클릭한 후 원하는 이름을 입력합니다.
② **속성 편집:** 속성 편집 창이 열리며, 속성의 이름 및 유형 등 속성과 관련된 각종 설정을 변경할 수 있습니다.
③ **보기에서 숨기기:** 해당 속성을 숨깁니다. 속성이 삭제되는 것은 아닙니다.

④ **속성 삭제:** 해당 속성을 삭제합니다.

⑤ **속성 추가:** 새 속성 창이 열리며, 유형을 선택하여 새로운 속성을 추가할 수 있습니다.

⑥ **속성 표시:** 속성 창이 열리며, 전체 속성 목록에서 눈 아이콘을 클릭하여 숨기거나 다시 표시 여부를 선택할 수 있습니다.

⑦ **순서 변경:** 속성 헤드를 클릭한 채 좌우로 드래그하여 속성의 순서를 변경할 수 있습니다.

▲ 속성의 거의 모든 설정을 변경할 수 있는 속성 편집 창

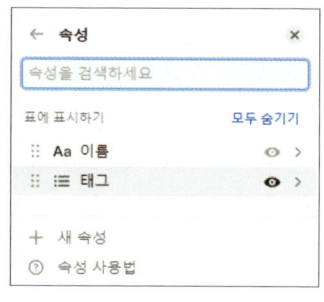

▲ 현재 보기 상태에서 특정 속성의 표시 여부를 결정하는 속성 창

> **N 한 걸음 더 인라인과 전체 페이지 데이터베이스**
>
> /데이터베이스를 입력하면 인라인과 전체 페이지 중에서 선택할 수 있습니다. 물론, 인라인을 전체 페이지로, 전체 페이지를 인라인으로 전환할 수도 있습니다.
>
> '데이터베이스-인라인' 블록과 '데이터베이스-전체 페이지' 블록은 사실 같은 데이터베이스입니다. 하나의 데이터베이스를 페이지 내에서 다른 블록들과 같이 사용하느냐(인라인), 하나의 페이지에서 단독으로 보느냐(전체)의 차이입니다. 또한, 어느 방식으로 만들었던지 필요에 따라 인라인을 전체로, 전체를 인라인으로 전환할 수도 있습니다.
>
> - **인라인에서 전체 페이지로 전환하기:** 여러 열로 나눈 블록에서 데이터베이스를 좁게 사용하면 데이터를 추가하기 어렵습니다. 이럴 때 데이터베이스 오른쪽 위에 있는 [전체 페이지로 열기] 아이콘을 클릭한 후 전체 페이지에서 데이터베이스를 편집할 수 있습니다. 이후 페이지 왼쪽 위에 있는 페이지 경로를 이용해 이전 페이지로 되돌릴 수 있습니다.
>   만약 계속해서 전체 페이지로 사용하고 싶다면 [:::](블록 핸들)을 클릭한 후 [페이지로 전환]을 선택하면 됩니다.

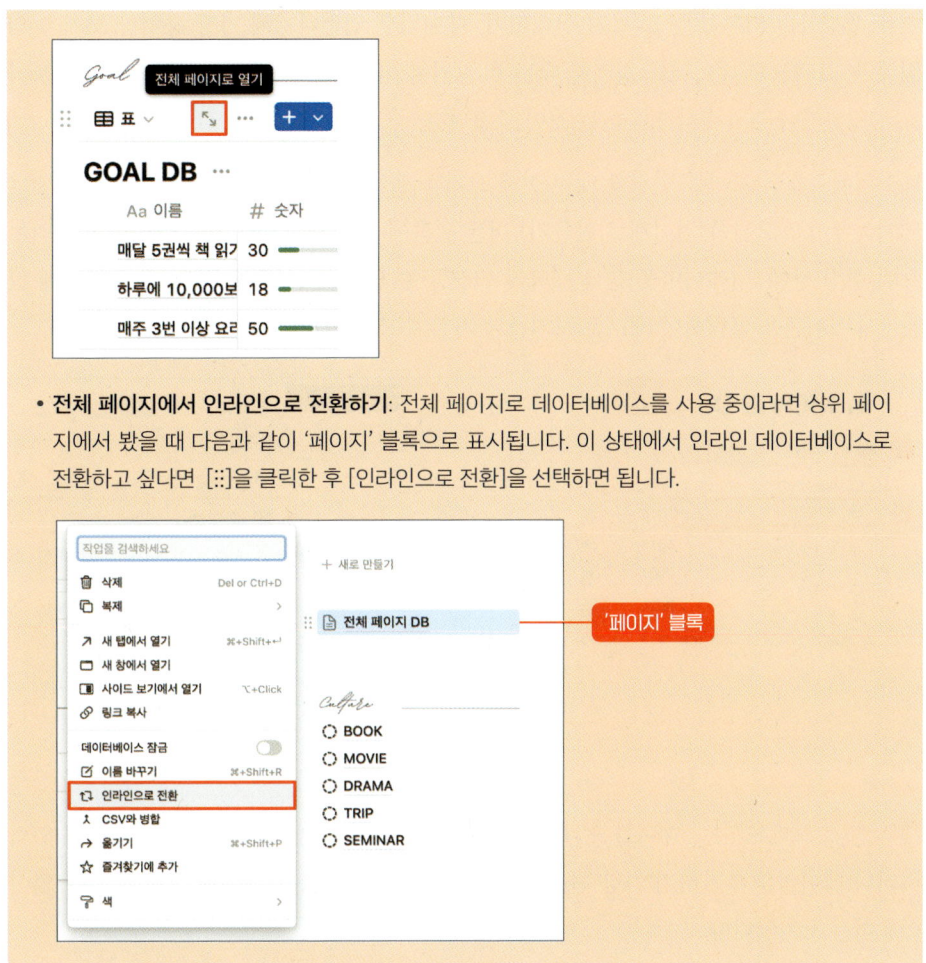

- **전체 페이지에서 인라인으로 전환하기**: 전체 페이지로 데이터베이스를 사용 중이라면 상위 페이지에서 봤을 때 다음과 같이 '페이지' 블록으로 표시됩니다. 이 상태에서 인라인 데이터베이스로 전환하고 싶다면 [⋮⋮]을 클릭한 후 [인라인으로 전환]을 선택하면 됩니다.

다양한 형태로 데이터베이스 보기

노션에서 하나의 데이터베이스를 만들면 표, 보드, 리스트 등의 보기 방식으로 변경하거나 여러 개의 보기를 추가해서 사용할 수 있습니다. 예를 들어 영화 목록이 정리된 데이터베이스에서 2개의 표 보기를 만들고, 하나의 표 보기에서는 한국 영화만 필터링하고, 또 다른 표 보기에서는 해외 영화만 필터링해서 표시할 수도 있습니다.

하나의 데이터베이스에서 여러 개의 보기를 추가했더라도 같은 데이터베이스이므로 하나의 보기에서 데이터를 수정하면 다른 보기에도 일괄 반영됩니다. '데이터베이스' 블록을 처음 생성하면 기본값은 표 보기 상태이며, 데이터를 입력하기에 가장 용이한 보기 방식입니다. 그러므로 데이터를 정리할 때는 표 보기를 이용하고, 이후 필요에 따라 다른 보기로 변경하거나 추가해서 활용하는 것이 좋습니다.

데이터베이스의 보기를 변경할 때는 현재 보기 탭을 클릭한 후 [보기 편집]을 선택하거나 데이터베이스 오른쪽 위, [새로 만들기] 버튼 왼쪽에 있는 […] 아이콘을 클릭하면 열리는 보기 설정 창에서 [레이아웃]을 선택하여 변경할 수 있습니다. 또한, 보기 탭 오른쪽에 있는 [+] 아이콘을 클릭하여 새로운 보기를 추가할 수도 있습니다.

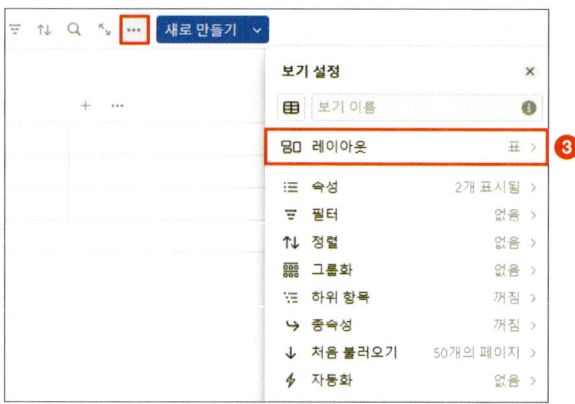

표 보기 스프레드시트, 테이블 형태의 방식으로 가장 익숙한 표 보기입니다. 내용을 입력하거나 데이터를 추가하기 가장 편리한 형태로 데이터베이스를 처음 생성할 때 가장 많이 이용하는 보기입니다.

보드 보기 특정 기준으로 데이터를 분류할 때 많이 이용합니다. 보기 설정 창에서 [그룹화]를 선택하여 그룹화 기준을 변경할 수 있으며, 각 데이터(페이지)를 드래그하여 분류를 변경할 수 있습니다. 그룹화의 기준은 [선택], [다중 선택], [상태], [날짜] 등의 유형으로 된 속성 중에서 선택할 수 있습니다.

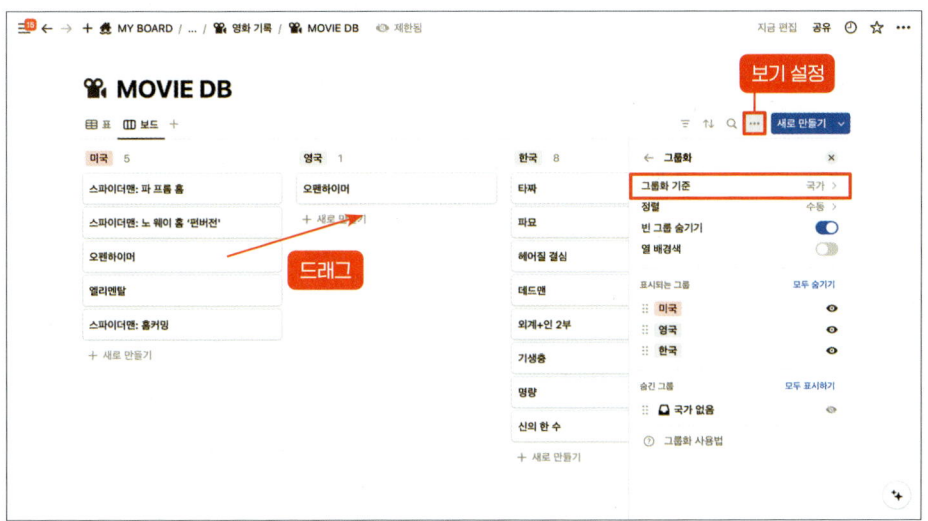

리스트 보기 [제목] 유형이 부각되어 표시되는 보기 방식입니다. [제목] 유형 속성에 입력된 값이 길 때 사용하면 표 보기에 비해 제목을 파악하기 수월하며, 전체 목록 파악용으로 용이합니다. 보기 설정 창에서 [속성]을 선택하면 제목 이외에 추가로 표시할 속성을 선택할 수 있습니다.

캘린더 보기 날짜에 집중한 방식으로, [날짜] 유형의 속성이 있어야 제대로 활용할 수 있습니다. [날짜] 유형의 속성이 없을 때 캘린더 보기를 사용하면 자동으로 [날짜] 유형의 속성이 추가됩니다. [날짜] 유형의 속성값에 해당하는 날짜에 해당 데이터의 제목이 표시되며, 보기 설정 창에서 [속성]을 선택하면 추가로 표시될 속성을 선택할 수 있습니다. 또한, 보기 설정 창에서 [레이아웃]을 선택하여 다음과 같은 설정을 변경할 수도 있습니다.

- **캘린더 표시 기준 보기:** 여러 개의 [날짜] 유형 속성이 있을 때 표시될 속성을 변경
- **캘린더 표시 기준:** 주 단위, 월 단위 표시 방식 변경
- **주말 표시:** 주말(토, 일) 제외 여부
- **페이지 보기 선택:** 달력 내 페이지를 클릭했을 때 페이지가 열리는 방식(중앙에서 보기, 사이드 보기, 전체 보기) 선택
- **페이지 아이콘 표시:** 페이지 가장 앞에 있는 아이콘 표시 여부 결정

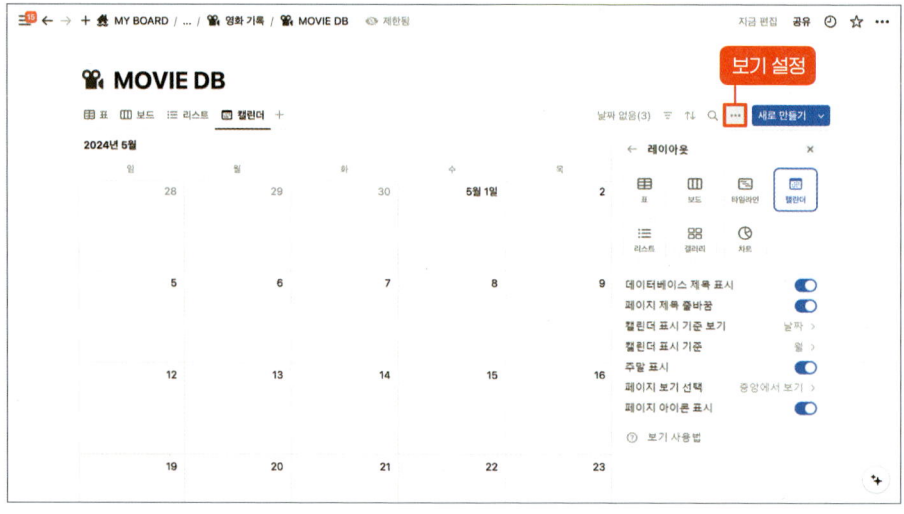

갤러리 보기 페이지 콘텐츠, 페이지 커버, [파일과 미디어] 유형 속성에 삽입한 이미지가 있다면 갤러리 보기에서 바로 확인할 수 있습니다. 이미지를 보고 싶지 않다면 보기 설정 창에서 [레이아웃]을 선택한 후 [카드 미리보기] 옵션을 [카드 사용 안함]으로 설정하면 됩니다.

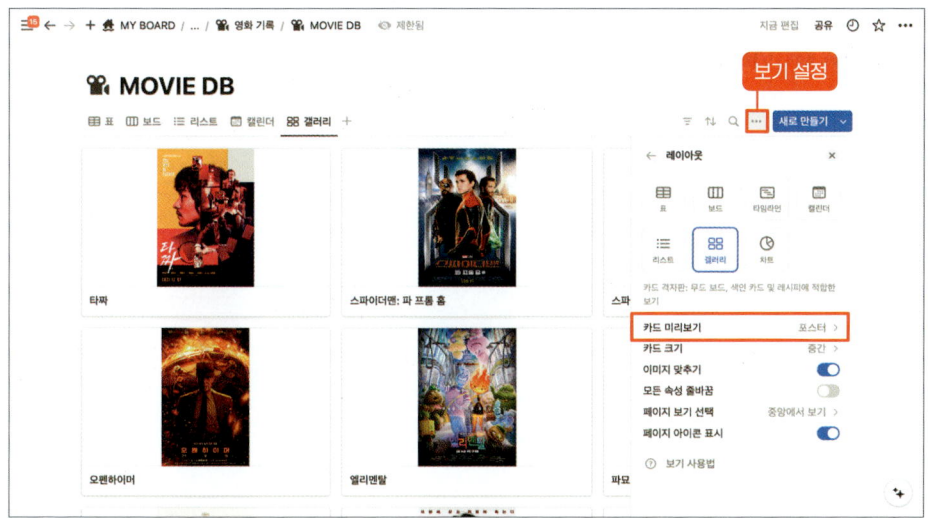

TIP 처음에 갤러리 보기로 변경하면 미리보기가 보이지 않을 수 있습니다. [카드 미리보기] 옵션이 [페이지 콘텐츠]로 설정되어 있기 때문입니다. 페이지 내에 아무런 이미지가 없다면 아무것도 보이지 않겠죠? 그러므로 미리보기로 표시할 이미지가 있는 위치에 따라 옵션값을 [페이지 콘텐츠], [페이지 커버] 또는 [파일과 미디어] 유형의 속성 중 선택하면 됩니다.

타임라인 보기 간트(Gantt) 차트 형태로 시간, 일, 주, 2주, 월, 분기, 년 단위로 데이터를 확인할 수 있습니다. [날짜] 유형 속성이 있어야 사용할 수 있습니다.

데이터베이스 오른쪽 위에 있는 […] 아이콘을 클릭하고 [레이아웃]을 선택한 다음 [표 보기] 옵션을 활성화하면 다음과 같이 표와 타임라인을 동시에 볼 수 있습니다. 또한, [표 보기] 옵션이 활성화되면 추가되는 [표 속성] 옵션에서 추가로 표시될 속성을 선택할 수 있습니다.

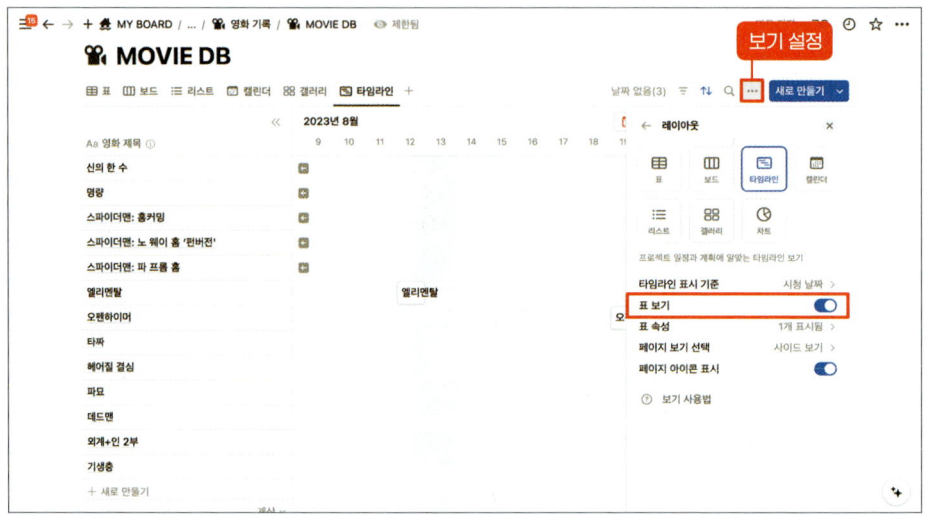

차트 보기 2024년 8월 새롭게 선보인 보기 방식으로 레이아웃 창에서 [차트]를 선택한 후 [차트 편집]을 클릭하여 X축과 Y축을 설정한 다음 정렬 기준을 지정합니다. 차트 유형은 가로 막대, 세로 막대, 라인, 도넛 형식 중에서 선택할 수 있습니다.

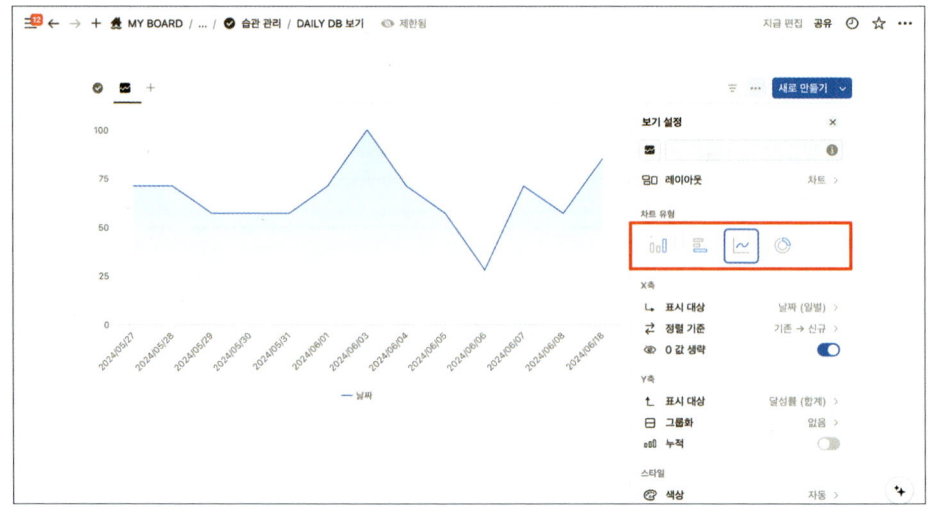

➕ 원하는 데이터를 빠르게 찾는 필터와 정렬

수집(입력)한 데이터를 정리하거나 찾을 때 필터, 정렬 기능을 사용하면 편리합니다.

필터 필터는 말 그대로 거르는 기능입니다. 원하는 데이터만 표시하기, 원하지 않는 데이터 가리기, 특정 라벨의 데이터만 표시하기, 특정 기간의 데이터만 표시하기 등으로 설정할 수 있습니다.

필터를 사용하려면 데이터베이스에서 오른쪽 위에 있는 [**필터**] 아이콘을 클릭하거나, 필터링할 속성 헤드를 클릭한 후 [**필터**]를 선택하면 됩니다.

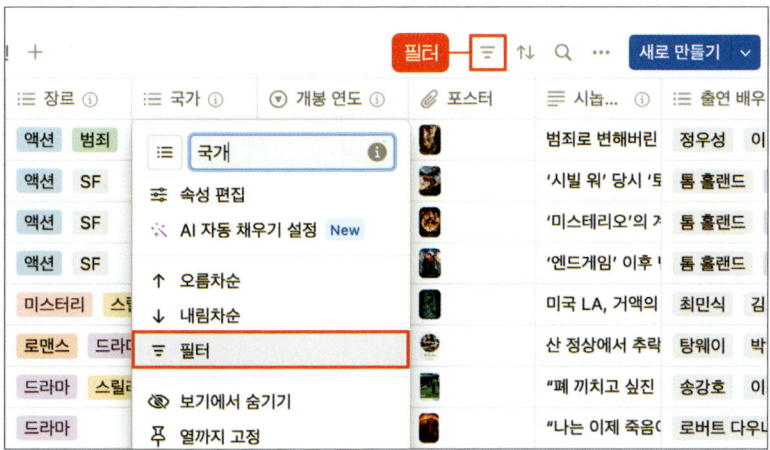

필터 기능을 실행하면 데이터베이스 제목 아래쪽으로 필터 설정 창이 열립니다. 유형에 따라 필터 설정 창의 기본 옵션이 다르나, 대부분 [**값을 포함하는 데이터**]가 선택되어 있으므로, 입력란에 원하는 값을 입력하거나 선택하여 데이터를 필터링합니다. [**값을 포함하는 데이터**]를 클릭하여 [**값을 포함하지 않는 데이터**], [**비어 있음**] 등으로 변경할 수 있습니다.

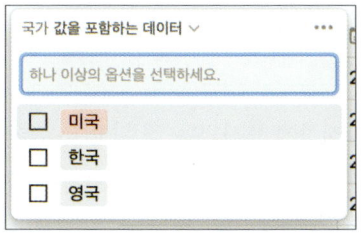 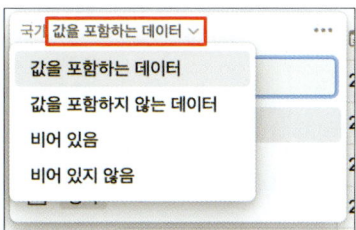

또한, 필터를 적용한 다음 데이터베이스 이름 아래에 추가된 필터 버튼을 클릭한 후 […]
아이콘을 클릭하고 [**고급 필터에 추가**]를 선택하면 and(및) 조건이나 or(또는) 조건으로
다중 필터를 적용할 수도 있습니다.

▲ 다중 필터 적용하기

정렬 데이터의 순서를 바꾸는 기능으로, [오름차순]과 [내림차순] 중에서 선택할 수 있습니다. 필터 기능과 마찬가지로 데이터베이스 오른쪽 위에 있는 [정렬] 아이콘을 클릭한 후 정렬할 속성을 선택하거나, 정렬할 속성 헤드를 클릭한 다음 [오름차순] 또는 [내림차순]을 선택합니다.

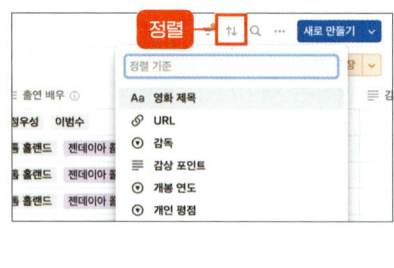 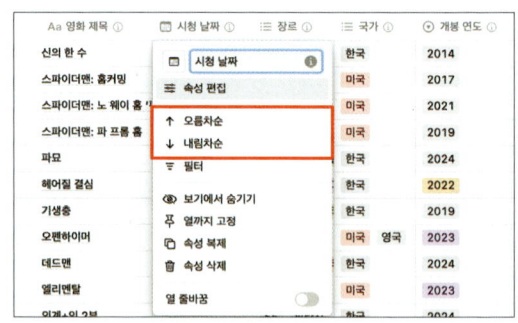

원하는 속성으로 정렬을 실행하고 데이터베이스 이름 아래쪽에 표시되는 '정렬' 버튼을 클릭한 후 [**정렬 추가**]를 선택하면 다른 속성을 추가하여 복합 정렬할 수도 있습니다. 예를 들어, 다음과 같이 설정하면 우선 '국가' 속성으로 오름차순 정렬되며, 이어서 '영화 제목' 속성으로 오름차순 정렬됩니다.

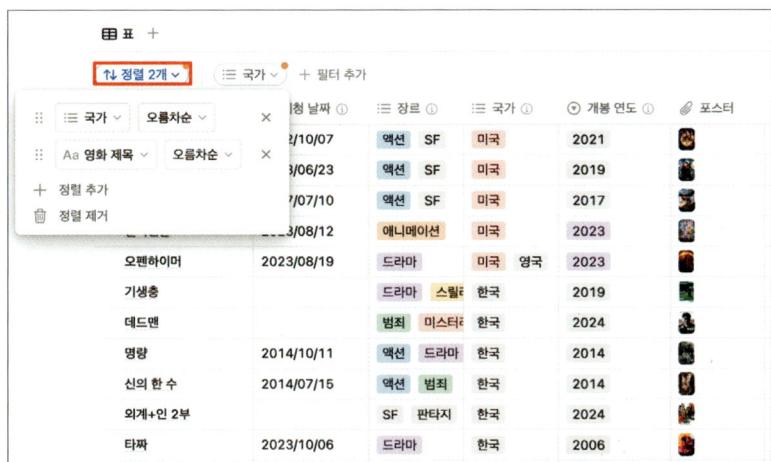

한 걸음 더 — 협업 중인 페이지에서 필터, 정렬 설정 저장하기

현재 페이지가 개인 페이지가 아닌 공용으로 사용하는 페이지라면 필터와 정렬 설정 내용을 변경했을 때 데이터베이스 오른쪽 위에 다음과 같이 [초기화 | 모두에게 저장] 버튼이 표시됩니다.

- **모두에게 저장**: 필터, 정렬 설정을 변경했을 때 다른 사용자에게도 동일하게 적용하려면 [모두에게 저장]을 클릭해야 합니다. [모두에게 저장] 오른쪽에 있는 펼침 아이콘을 클릭한 후 [새 보기로 저장]을 선택하면 새로운 보기가 추가되면서 현재 적용한 필터나 정렬이 적용됩니다.

- **초기화**: 직전에 변경한 필터나 정렬 설정을 초기화하는 버튼입니다. 데이터베이스에 담긴 데이터가 초기화되는 것은 아니니 안심하고 사용해도 됩니다.

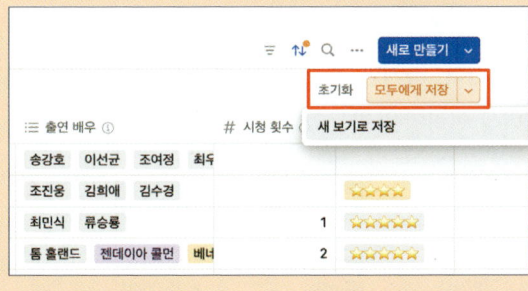

LESSON 02 : 데이터와 데이터베이스의 개념 알기

데이터베이스를 관리할 때는 책장에 책을 정리하듯 규칙에 맞게 차곡차곡 데이터를 쌓아야 합니다. 그래야 필요한 순간 원하는 데이터를 빠르게 찾을 수 있기 때문이죠. 노션의 데이터베이스를 더욱 잘 다루기 위해 데이터를 왜, 어떻게, 정리하고 구성하는지부터 알아보겠습니다.

+ :: 데이터를 정리하는 이유

업무를 하다 보면 고객 정보, 제품 정보, 판매 내역, 할 일 등 다양한 데이터들이 쌓이게 됩니다. 이런 데이터를 방치하면 필요한 순간 빠르게 찾기가 어려워질 겁니다. 그러므로, 손을 쓸 수 없는 순간이 찾아오기 전에 미리미리 데이터를 정리해서 관리해야 합니다. 그렇게 데이터를 잘 정리해서 관리하면 그것이 바로 데이터베이스(Database)가 됩니다.

평소 엑셀 사용에 익숙한 사용자가 노션의 데이터베이스 관련 블록들을 사용하면 비슷해 보이면서도 다른 개념에 당황하곤 합니다. 특히 엑셀을 보통의 문서 작성 도구처럼 사용했다면 더욱 어려움을 느낄 것입니다.

예를 들어 인사 정보를 정리하라고 했더니 엑셀에서 다음과 같이 정리했다면 어떨까요? 얼핏 보기에 나쁘지 않다고 느낄 수 있습니다. 하지만, 데이터가 정리된 데이터베이스라고는 볼 수 없고, 책상에 붙여 놓을 만한 비상 연락망을 만들었다는 느낌입니다.

사원번호	1001	이름	김민준	생년월일	1985/04/20
연락처	010-1234-5678	담당업무	마케팅	입사일	2017/03/15
주소지	서울시 강남구 역삼동				
사원번호	1002	이름	이서연	생년월일	1990/08/05
연락처		담당업무	인사	입사일	2019/06/01
주소지	서울시 서초구 반포동				
사원번호	1003	이름	박지호	생년월일	1992/11/22
연락처		담당업무	개발	입사일	2021/01/20
주소지	부산시 해운대구 좌동				
사원번호	1004	이름	최하늘	생년월일	1988/02/14
연락처		담당업무	고객 서비스	입사일	2018/04/10
주소지	인천시 연수구 송도동				
사원번호	1005	이름	윤도윤	생년월일	1993/05/30
연락처		담당업무	프로젝트 관리	입사일	2020/08/25
주소지	대구시 중구 남산동				

▲ 엑셀로 정리한 인사 정보

만약 구성원이 수십, 수백 명이라면 어떨까요? 앞서의 형태로는 필터나 정렬 기능을 전혀 사용할 수 없으므로, 원하는 사람의 정보를 찾으려면 많은 시간이 소모될 것입니다. 데이터를 규칙에 맞게 정리해야 하는 이유는 명확합니다. 데이터는 구성원들이 함께 사용하기도 하며 필터, 정렬 등의 기능을 활용하여 원하는 데이터를 쉽게 찾을 수 있어야 하기 때문입니다.

좀 더 쉽게 아래의 사진을 비교해 보세요. 왼쪽과 같이 정리된 상황과 오른쪽과 같이 어지러진 공간이 있다면 어느 환경이 더 쾌적할까요? 자신만의 규칙으로 정리된 오른쪽 환경을 선택할 수도 있을 겁니다. 하지만 앞서 이야기했듯이 혼자 사용하는 것이 아니라는 점을 떠올려 보면 왜 데이터를 정리해야 하는지 조금은 쉽게 납득할 수 있을 것입니다.

➕ 데이터 정리의 4요소

데이터를 정리할 때는 구조화, 유형, 형식, MECE, 이 4가지를 기억하면 어디에 내놔도 부끄럽지 않은 데이터베이스가 될 수 있습니다. 하나씩 살펴보죠.

구조화 앞서 보았던 인사 정보처럼 사원번호와 이름, 연락처, 업무 등의 제목이 행/열 구분 없이 정리되어 있는 형태가 아닌, 행과 열의 목적이 명확히 구분된 형태로 정리해야 합니다. 잘 정리된 데이터베이스라면 한 줄의 행이 1개의 데이터가 됩니다. 또한, 각 열은 모두 동일한 종류와 형식의 값을 입력해야 합니다. 이렇게 정리된 구조로 데이터를 정리했다면 처음 보는 사람이라도 필터나 정렬 기능을 이용해 원하는 정보를 빠르게 찾을 수 있고, 새로운 데이터가 생기더라도 별다른 어려움 없이 규칙에 맞춰 추가할 수 있을 것입니다.

사원번호	이름	연락처	생년월일	입사일	담당업무	주소지
1001	김민준	010-1234-5678	1985/04/20	2017/03/15	마케팅	서울시 강남구 역삼동
1002	이서연	010-2345-6789	1990/08/05	2019/06/01	인사	서울시 서초구 반포동
1003	박지호	010-3456-7890	1992/11/22	2021/01/20	개발	부산시 해운대구 좌동
1004	최하늘	010-4567-8901	1988/02/14	2018/04/10	고객 서비스	인천시 연수구 송도동
1005	윤도윤	010-5678-9012	1993/05/30	2020/08/25	프로젝트 관리	대구시 중구 남산동

▲ 잘 정리된 데이터베이스

유형 유형은 값의 종류를 의미합니다. 텍스트, 숫자, 선택, 날짜 등 다양한 유형이 있으며, 데이터를 정리할 때는 반드시 유형을 맞춰야 이후 손쉽게 필터링할 수 있습니다.

숫자	텍스트	숫자	날짜	날짜	선택	텍스트
사원번호	이름	연락처	생년월일	입사일	담당업무	주소지
1001	김민준	010-1234-5678	1985/04/20	2017/03/15	마케팅	서울시 강남구 역삼동
1002	이서연	010-2345-6789	1990/08/05	2019/06/01	인사	서울시 서초구 반포동
1003	박지호	010-3456-7890	1992/11/22	2021/01/20	개발	부산시 해운대구 좌동
1004	최하늘	010-4567-8901	1988/02/14	2018/04/10	고객 서비스	인천시 연수구 송도동

형식 같은 숫자 데이터라도 날짜를 입력할 때 그 형식이 다양할 수 있습니다. 예를 들어 전화번호는 대부분 '010-xxxx-xxxx' 형식으로 작성합니다. 하지만, 사용자에 따라 다음과 같이 다양한 형식으로 작성할 수도 있죠. 이렇게 제각각 다른 형식으로 작성된 데이터라면 추후 데이터를 분석하거나 특정한 값을 추출할 때 어려움을 겪을 수 있습니다. 그러므로 데이터를 입력할 때는 항상 같은 형식을 유지해야 합니다.

```
010-1234-1234
010 1234 1234
010.1234.1234
010,1234,1234
010*1234*1234
01012341234
```

▲ 서로 다른 형식으로 작성된 전화번호

MECE MECE(Mutually Exclusive Collectively Exhaustive)는 기획을 배울 때 자주 등장하는 개념입니다. 상호배제와 전체포괄이라는 어려운 용어를 사용해서 설명하지만, 필자는 쉽게 '중복X 누락X'라고 표현합니다. 데이터를 정리할 때 같은 데이터가 없어야 하며, 빠진 데이터도 없어야 합니다. 다음의 정리된 데이터를 보면 '사원번호 1002'와 '사원번호 1006'의 정보가 중복으로 작성되어 있습니다. 총 6명의 사원 데이터를 정리한 데이터베이스라고 가정했을 때 이서연 님의 데이터가 중복되었고, 실제 사원번호 1006인 누군가의 데이터가 누락된 데이터베이스라고 할 수 있습니다.

사원번호	이름	연락처	생년월일	입사일	담당업무	주소지
1001	김민준	010-1234-5678	1985/04/20	2017/03/15	마케팅	서울시 강남구 역삼동
1002	이서연	010-2345-6789	1990/08/05	2019/06/01	인사	서울시 서초구 반포동
1003	박지호	010-3456-7890	1992/11/22	2021/01/20	개발	부산시 해운대구 좌동
1004	최하늘	010-4567-8901	1988/02/14	2018/04/10	고객 서비스	인천시 연수구 송도동
1005	윤도윤	010-5678-9012	1993/05/30	2020/08/25	프로젝트 관리	대구시 중구 남산동
1006	이서연	010-2345-6789	1990/08/05	2019/06/01	인사	서울시 서초구 반포동

> **TIP** 의외로 많은 사람들이 빈 데이터에 대해 신경을 쓰지 않는 것 같습니다. 데이터베이스에 데이터를 정리하다 보면 행은 생성되어 있으나, 값이 입력되지 않은 상황이 발생하곤 합니다. 생성된 행의 수는 10개인데, 실제 데이터는 9개만 들어 있는 셈이죠. 흔히 허수 데이터라고 부릅니다. 이런 데이터는 데이터 분석 등에서 잘못된 결과를 초래할 수 있으므로, 허수 데이터가 발생하지 않도록 관리해야 합니다.

데이터베이스의 구성

데이터 정리의 4요소를 기억하면 데이터베이스를 구성하는 것이 어렵지 않습니다. 이때 가장 중요한 것은 구조화이며, 구조화를 하기 전에 목적을 정의해야 합니다. 이 데이터베이스는 어떤 목적으로 구성하는지 정의한다면 어떤 항목을 담을지도 명확하게 정의할 수 있기 때문이죠. 그 다음에는 항목의 배치 순서를 정하고, 항목의 유형과 형식을 결정하죠. 이제 데이터를 하나씩 정리하면 됩니다. 정리가 끝나면 최종으로 중복되거나 누락된 데이터는 없는지, 빈칸은 없는지 확인하는 과정을 거칩니다.

예를 들어 고객 정보를 관리하기 위해 고객 DB, 판매할 제품 정보를 관리할 제품 DB, 직원들의 인사 정보를 관리할 인사 DB를 만든다면 각각 필요한 항목들을 수집해야겠죠. 아래는 데이터베이스 구성에 필요한 항목들을 무작위로 나열했습니다. 이 중에서 고객 DB를 구성할 때 필요한 항목들을 선별해 보세요.

고객 ID	고객명	생년월일	사이즈 범위	이메일 주소	성별	주소
제품 ID	제품명	소재	선호 카테고리	가격 (원)	카테고리	가입 날짜
사원번호	전화 번호	생년월일	직원명	입사일	담당업무	연락처

고객 DB에서는 인구통계학적 정보와 어떤 제품을 선호하는지에 대한 정보가 담겨 있어야겠죠? 그러므로 '고객 ID, 고객명, 성별, 생년월일, 이메일 주소, 전화번호, 주소, 가입 날짜, 선호 카테고리' 정도의 항목이 필요할 것 같습니다.

> **TIP** ID란 Identifier를 뜻하는 단어로 '어떤 대상을 유일하게 식별 및 구별할 수 있는 이름'을 말합니다. 간단하게 말해서 절대 중복이 없는 데이터를 만들 수 있는 거죠. 각 행에 ID를 부여하는 것은 MECE를 위한 기본적인 방법이라고 할 수 있습니다. 고유 값(ID)으로 이름을 떠올릴 수 있으나, 얼마든지 동명이인이 있을 수 있으므로 적절하지 않습니다. 흔히 웹사이트에서 사용하는 사용자 계정도 고유 값에 해당하며, 데이터베이스에서 고유한 ID를 부여할 때는 규칙에 따라 단순하거나, 복잡하게 부여할 수 있습니다.

항목을 선별했으니 이제 각 항목에 맞게 데이터를 입력하면 다음과 같은 형태가 됩니다. 데이터 정리의 4요소에 맞는지 점검해 보세요. 예를 들어 성별 입력 규칙을 '남, 여'와 같이 한 글자로 정했는데, '남자', '男', 'Gentle'과 같은 형식으로 입력되지는 않았는지, 전화번호나 날짜의 형식도 동일한 형식의 숫자 유형인지, 중복과 누락 데이터는 없는지 점검하면 데이터베이스의 구성이 끝납니다.

고객ID	이름	성별	생년월일	이메일 주소	전화 번호	주소	가입 날짜	선호 카테고리
1	김지수	여	1994/03/15	jisoo.kim@example.com	010-1234-5678	서울시 강남구 역삼동	2022-01-15	니트
2	박준혁	남	1987/04/22	junhyuk.park@example.com	010-2345-6789	서울시 서초구 반포동	2021-05-23	아우터
3	최예원	여	2001/01/06	yewon.choi@example.com	010-3456-7890	부산시 해운대구 좌동	2023-02-11	바지
4	이태민	남	1993/05/29	taemin.lee@example.com	010-4567-8901	대구시 중구 남산동	2022-07-19	치마
5	정소윤	여	1997/08/12	sooyun.jung@example.com	010-5678-9012	인천시 연수구 송도동	2021-08-05	액세서리
6	한지호	남	1981/02/14	jiho.han@example.com	010-6789-0123	광주시 서구 치평동	2020-12-30	니트
7	유서연	여	1998/03/07	seoyeon.yoo@example.com	010-7890-1234	대전시 동구 가양동	2023-03-22	아우터
8	오민석	남	1986/07/19	minseok.oh@example.com	010-8901-2345	울산시 남구 신정동	2021-09-13	바지
9	신혜정	여	1995/04/03	hyejung.shin@example.com	010-9012-3456	세종시 도담동	2022-06-18	치마
10	김현우	남	1991/06/21	hyunwoo.kim@example.com	010-0123-4567	경기도 수원시 영통구	2022-04-21	액세서리

TIP 데이터의 다양한 활용을 위해 데이터베이스의 항목을 세부적으로 쪼갤 수 있습니다. 예를 들어 전화번호 항목은 앞자리, 중간, 끝자리로 구분할 수 있고, 주소도 광역시/도, 시/군/자치구, 읍/면/동, 상세주소와 같이 구분하여 어떤 지역에서 우리 제품을 더 많이 구매했는지 분석해 볼 수 있습니다.

LESSON 03 키워드와 카테고리로 구분하여 정리한 맛집 기록 DB

내가 가진 데이터를 노션 페이지에 저장해 두면 클릭 한 번으로 필요한 내용만 뽑아서 볼 수 있습니다. 맛집 데이터를 가지고 데이터베이스를 구성해 보겠습니다.

완성 미리보기

식당명, 카테고리, 주요 메뉴, 위치 URL, 후기 URL로 꼭 필요한 정보만으로 구조화한 맛집 기록 및 관리용 데이터베이스입니다.

➕ 데이터베이스 구조화하기

가장 기본적인 형태의 데이터베이스입니다. 맛집 목록을 관리하기 위해 필요한 속성들로 데이터베이스를 구조화하고, 데이터를 채워 보겠습니다.

01 ❶ 새로운 페이지를 만든 후 페이지 제목을 입력합니다. 여기서는 **선릉역 주변 점심 밥집**이라고 입력했습니다. ❷ 빈 공간을 클릭하여 첫 번째 블록을 추가하고, **/인라인** 입력 후 Enter 를 눌러 '데이터베이스-인라인' 블록을 생성합니다.

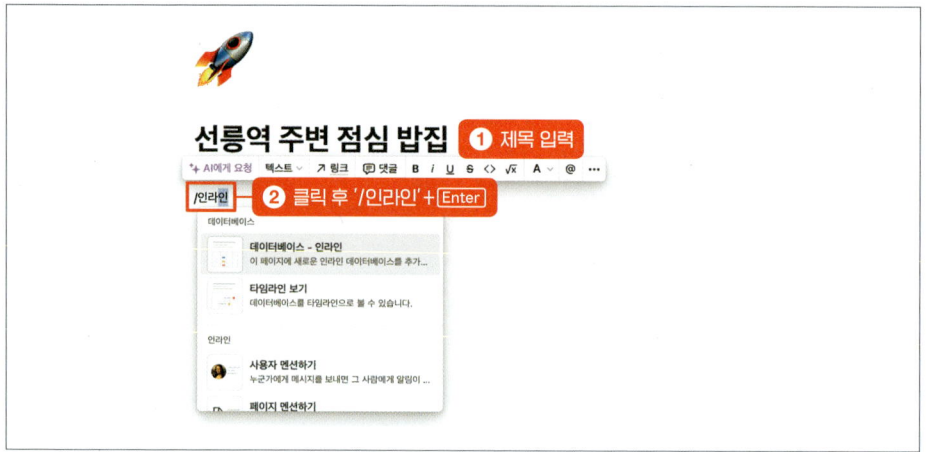

02 ❶ 데이터베이스 제목은 **선릉역 주변 점심 밥집 DB**라고 입력하고, ❷ [⋯] 아이콘을 클릭한 후 ❸ [데이터베이스 제목 숨기기]를 선택하여 데이터베이스 제목을 숨김 처리합니다.

한 걸음 더 데이터베이스 제목 입력하기

'데이터베이스-인라인' 블록에서 데이터베이스 제목을 입력하면 단지, 데이터베이스 자체의 제목이 되지만, '데이터베이스-전체 페이지' 블록이라면 데이터베이스의 제목이면서 동시에 해당 페이지의 제목이 됩니다.

인라인 방식이든, 전체 페이지 방식이든 데이터베이스의 제목을 입력할 때는 데이터베이스임을 알 수 있도록 작성하는 것이 좋습니다. 노션의 데이터베이스에서는 제목을 숨기고, 전체 너비로 표시할 수도 있고, 전체 페이지 방식에서 페이지 제목과 동일하게 사용되기도 하며, 페이지 제목과 데이터베이스 제목을 동일하게 입력할 수도 있기 때문입니다.

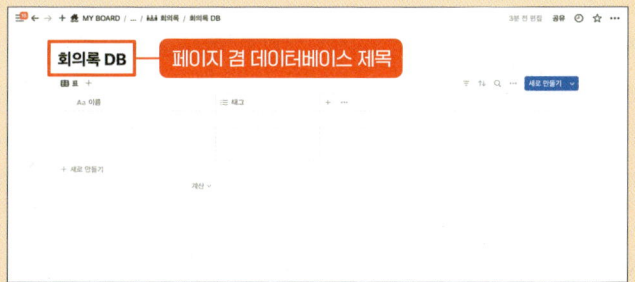

▲ 데이터베이스 제목을 숨기고 전체 너비에서 사용 중인 인라인 방식의 데이터베이스(위)와 전체 페이지 방식의 데이터베이스(아래)

데이터베이스라는 걸 제목에서 표시해 주는 방법은 다음과 같습니다.

- **DB 포함시키기**: 데이터베이스(Database)를 줄인 단어인 DB를 제목 끝에 포함시키는 방법으로, '회의록' 페이지에 '회의록 DB' 데이터베이스를 생성했을 때 어느 것이 페이지고, 어느 것이 데이터베이스인지 명확하게 파악할 수 있습니다. '[DB]'와 같이 대괄호로 구분해서 이름 앞에 넣거나, 이름 끝에 'DB'만 넣어도 됩니다.

- **아이콘 사용하기**: 전체 페이지 형식으로 데이터베이스를 사용한다면 자신만의 데이터베이스 아이콘을 지정하고, 데이터베이스를 생성할 때마다 해당 아이콘을 적용해도 좋습니다. 대신 데이터베이스를 다른 제외한 다른 페이지에서는 해당 아이콘을 사용하지 않아야 합니다.

03 맛집 데이터 관리에 필요한 속성들을 고민해 보세요. 우선 ❶ '이름' 속성 헤드를 클릭한 후 이름을 **식당명**으로 변경하고, ❷ '태그' 속성 헤드를 클릭하여 이름을 **주요 메뉴**로 변경합니다. ❸ 계속해서 [+] 아이콘을 클릭하여 속성을 추가하고 순서를 변경하여 다음과 같이 구조화합니다.

상세과정 살펴보기

각 속성과 유형은 다음과 같습니다. 속성을 추가할 때는 속성 헤드 오른쪽 끝에 있는 [+] 아이콘을 클릭한 후 새 속성 창에서 유형을 선택하고, 속성 편집 창이 열리면 해당 속성의 이름을 입력하면 됩니다.

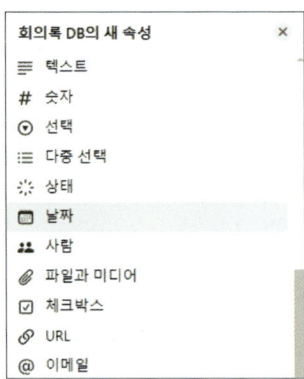 

- **식당명(제목)**: 식당의 이름을 입력합니다.
- **카테고리(선택)**: 해당 식당의 카테고리를 선택합니다. [선택] 유형이므로 한 가지만 선택할 수 있습니다. 속성을 추가한 후 속성 헤드를 드래그하여 두 번째로 순서를 옮겼습니다.
- **주요 메뉴(다중 선택)**: 해당 식당의 추천 메뉴를 입력합니다. 다중 속성이므로, 여러 가지 메뉴를 추가할 수 있습니다.
- **KAKAO MAP(URL)**: 주소를 입력해도 결국 지도 앱에서 검색해 볼 것입니다. 그러므로 원하는 앱에서 해당 위치의 URL을 찾아 입력합니다.
- **후기(URL)**: 맛집 관련 포스팅을 찾아 URL을 입력합니다.

이번 템플릿에서는 관련 이미지를 데이터 페이지에 직접 입력합니다. 하지만, [파일과 미디어] 유형의 속성을 추가해서 이미지를 삽입할 수도 있습니다.

04 구조화가 끝나면 ❶ [새로 만들기] 버튼을 클릭하면서 임의의 데이터를 몇 개 추가하고, ❷ 속성 헤드 왼쪽 끝으로 마우스 커서를 옮긴 후 체크박스에 체크합니다. ❸ 모든 데이터가 선택되고, 팝업 도구가 열리면 [⋯] 아이콘을 클릭한 후 ❹ [아이콘 편집]을 선택합니다. 팝업 창이 열리면 임의의 아이콘을 선택해서 [제목] 유형에 일괄 아이콘을 추가하고, 각 아이콘을 클릭하여 적절하게 변경합니다.

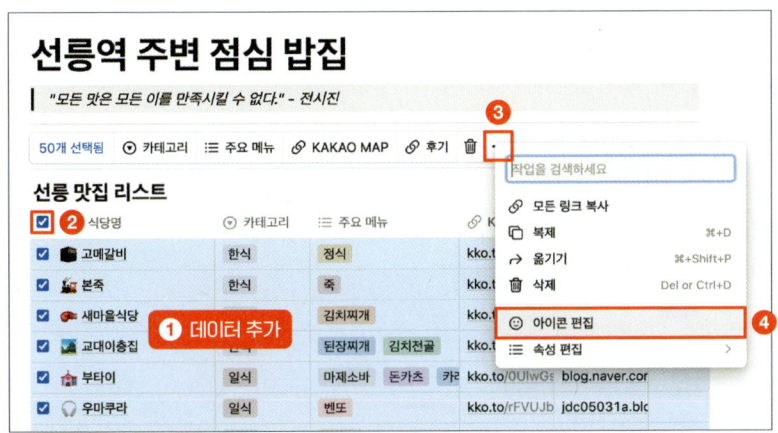

> **N 한 걸음 더** 줄바꿈 없이 한 줄만 표시하기
>
> 속성값으로 입력된 내용이 너비보다 길면 속성의 너비에 맞춰 줄 바꿈된 상태로 표시됩니다. 흐트러진 레이아웃이 보기에 좋지 않으므로 속성의 너비만큼만 표시되고, 나머지는 생략되도록 설정할 수 있습니다. 데이터베이스 오른쪽 위에 있는 [⋯] 아이콘을 클릭한 후 [레이아웃]을 선택하면 다음과 같이 레이아웃 창이 열리고 여기서 [모든 열 줄바꿈] 옵션을 회색으로 비활성화해 보세요. 각 속성의 내용이 모두 한 줄로 표시됩니다.
>
>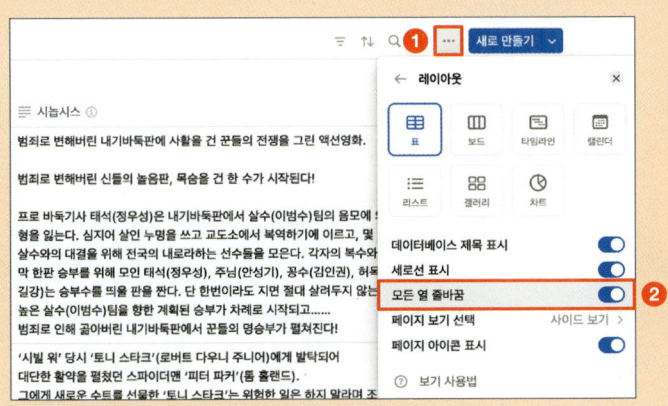
>
> 만약 특정 속성에서만 줄바꿈을 비활성화하고 싶다면 해당 속성 헤드를 클릭한 후 [열 줄바꿈]을 비활성화하면 됩니다.

🟧 데이터 페이지에 이미지 삽입하기

마지막으로 이미지 첨부 요령을 소개합니다. [파일과 미디어] 유형의 속성으로 이미지를 첨부할 수 있지만, 좀 더 쉽게 큰 이미지를 확인할 수 있도록, 데이터 페이지 자체에 이미지를 삽입해 보겠습니다.

01 입력된 각 데이터 중 이미지를 추가할 데이터(행)의 [제목] 유형 속성으로 마우스 커서를 옮기면 [열기] 버튼이 표시됩니다. '식당명' 속성에서 [열기] 버튼을 클릭하여 다음과 같이 해당 데이터의 페이지를 엽니다.

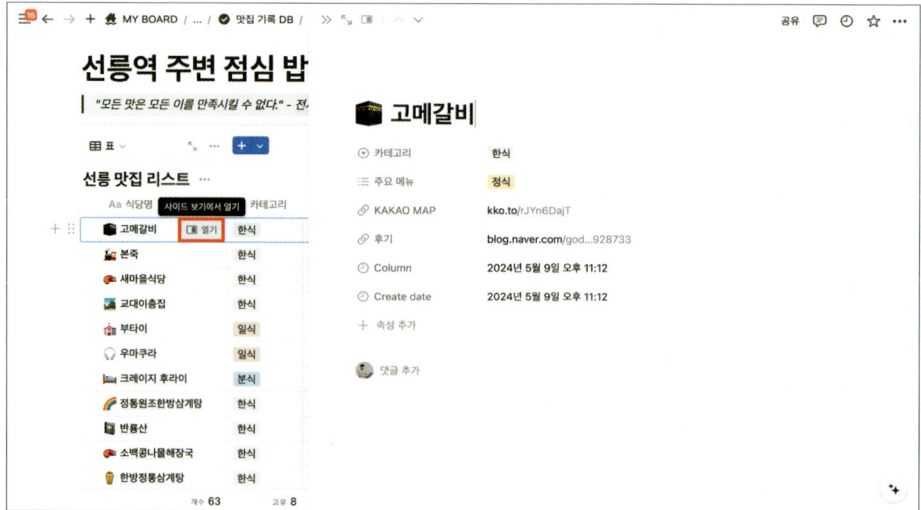

📔 한 걸음 더 　데이터에 이미지를 삽입하는 3가지 방법

데이터에 이미지를 삽입해 놓으면 이후 갤러리 보기로 변경해서 사진 이미지만 빠르게 확인할 수 있습니다. 갤러리 보기에서 표시되도록 사진을 삽입하려면 페이지 콘텐츠, 페이지 커버, [파일과 미디어] 유형의 속성 중에서 원하는 방법을 이용하면 됩니다.

- **페이지 콘텐츠**: 위 실습에서 사용한 방법으로, 갤러리 보기로 했을 때 카드 미리보기의 기본값이 페이지 콘텐츠입니다. 다만, 페이지에서 첫 번째 블록으로 이미지를 삽입해야만 갤러리 보기에서 제대로 표시됩니다.
- **페이지 커버**: 페이지에서 [커버 추가]를 클릭하여 이미지를 삽입할 수 있습니다.
- **파일과 미디어**: 가장 일반적인 이미지 관리 방법으로 입력과 관리가 모두 편리합니다.

02 이제 삽입할 이미지를 찾아 해당 페이지로 드래그하여 삽입하면 됩니다. **/이미지**를 입력한 후 Enter 를 눌러 '이미지' 블록을 생성한 후 삽입하는 방법도 있지만 번거롭기 때문에 드래그하는 방법을 주로 이용합니다.

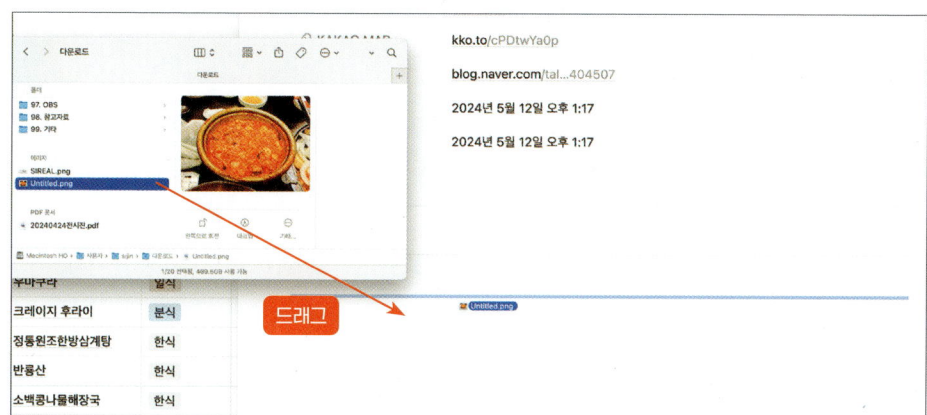

TIP 웹에 있는 이미지에서 마우스 오른쪽 버튼을 클릭하고 [이미지 복사]를 선택한 후 페이지에서 Ctrl + V 를 눌러 붙여 넣으면 이미지를 다운로드하지 않고, 노션 페이지에 삽입할 수 있습니다.

LESSON 04 템플릿 기능으로 서식을 유지한 회의록 DB

노션으로 회의록을 작성하는 사례는 많습니다. 단순히 페이지에 작성하는 것이 아니라 '데이터베이스' 블록을 회의록으로 사용한다면 일정, 참가자, 주최자, 참조자, 키워드, 팀, 장소 등 다양한 값으로 필터링해서 회의 내용을 쉽게 찾아볼 수 있습니다.

완성 미리보기

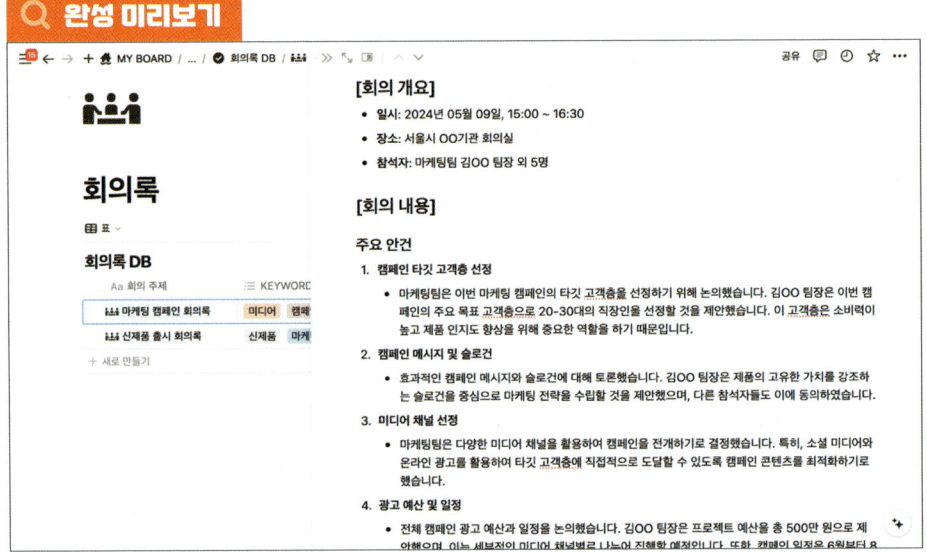

데이터베이스 기능으로 회의록을 만들어서 관리합니다. 이때 누가 사용해도 같은 양식으로 회의록을 작성할 수 있도록 데이터베이스의 템플릿 기능으로 미리 서식을 지정해 두겠습니다.

- **회의록 DB:** 회의 주제부터, 장소, 일시, 주최자, 참석자, 참조자, KEYWORD, 참고자료가 속성으로 구성된 데이터베이스를 만듭니다.
- **회의록 템플릿:** 회의 개요, 회의 내용, 향후 과업 영역으로 구분하고, '제목1, 2' 블록, '번호 매기기 목록', '글머리 기호 목록' 블록을 사용합니다.

➕ 데이터베이스 기본 구조화하기

인라인 방식의 데이터베이스 블록을 생성한 후 필요한 속성을 추가하여 기본적인 구조를 완성해 보겠습니다.

01 ❶ 새로운 페이지를 만든 후 페이지 제목을 입력합니다. 여기서는 회의록이라고 입력했습니다. ❷ 빈 공간을 클릭하여 첫 번째 블록을 추가하고, /인라인 입력 후 Enter를 누릅니다.

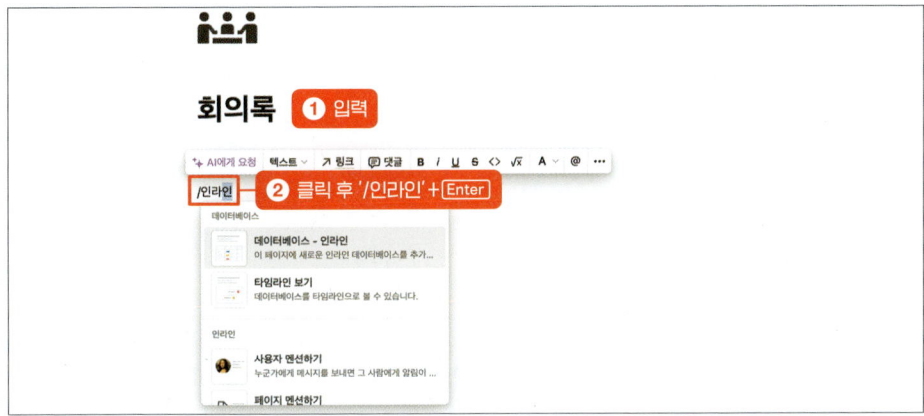

02 '데이터베이스-인라인' 블록이 생성되면 '제목 없음' 부분을 클릭하여 데이터베이스의 제목을 입력합니다. 여기서는 회의록 DB로 입력하겠습니다.

03 회의록에 필요한 속성들을 추가하겠습니다. ❶ 우선은 기본으로 생성된 '이름' 속성 헤드를 클릭한 후 이름을 회의 주제로 변경하고, ❷ '태그' 속성 헤드를 클릭하여 이름을 KEYWORD로 변경합니다. ❸ 계속해서 속성 헤드 오른쪽 끝에 있는 [+] 아이콘을 클릭하여 다음과 같이 완성합니다.

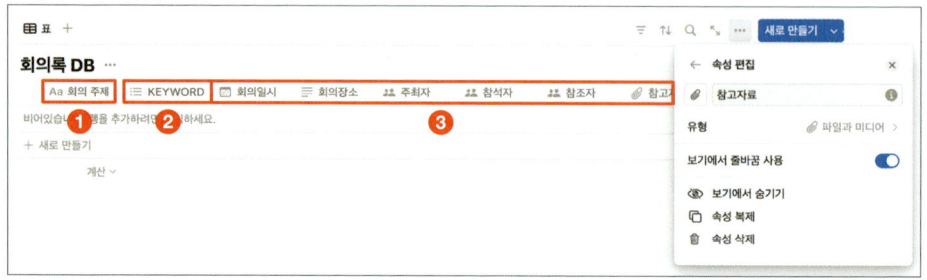

TIP 속성을 추가하다가 이름을 잘못 입력했거나 유형을 잘못 선택했다면 언제든 해당 속성 헤드를 클릭한 후 [속성 편집]을 선택해서 변경할 수 있습니다.

상세과정 살펴보기

회의록을 관리하기 위해 필요한 속성은 무엇인지 고민해 보고, 직접 속성이나 유형을 결정해도 됩니다. 여기서는 다음과 같은 유형으로 속성을 추가했습니다. [+] 아이콘을 클릭한 후 새 속성 창에서 유형을 선택하고, 속성 편집 창이 열리면 해당 속성의 이름을 입력하면 됩니다.

- **회의 주제(제목)**: 회의 주제를 입력합니다. 하나의 주제로 여러 번의 회의가 진행된다면 @ 태그를 활용해 날짜를 함께 입력하는 방법으로 사용할 수 있습니다.
- **KEYWORD(다중 선택)**: 회의록을 검색하기 위한 주요 키워드를 3~5개 작성합니다.
- **회의일시(날짜)**: 회의를 진행한 일시를 기록합니다.
- **회의장소(텍스트)**: 회의를 진행한 장소를 기록합니다. 회의장소의 선택지가 항상 고정되어 있다면 [선택] 유형을 사용해도 좋습니다.
- **주최자(사람)**: 회의 주최자를 입력합니다. [사람] 유형을 사용하려면 해당 페이지의 게스트나 멤버로 참여하고 있어야 합니다.
- **참석자(사람)**: 회의 참석자를 모두 태그합니다.
- **참조자(사람)**: 회의에 참석하지는 않았지만, 관련 사용자를 태그합니다.
- **참고자료(파일과 미디어)**: 회의에 참석하기 전 참고할 자료 등을 첨부합니다. 단순 메모라면 각 회의의 내부 페이지에 댓글이나, 내용으로 작성합니다.

➕ 데이터베이스 내부 페이지용 템플릿 만들기

데이터베이스를 회의록으로 사용할 수 있는 이유는 데이터베이스에 입력한 데이터별로 자유롭게 내용을 입력할 수 있는 별도의 페이지가 제공되기 때문입니다. 각 데이터에서 [제목] 유형의 속성에 마우스 커서를 옮기면 [열기] 버튼이 나타나고, 클릭하면 해당 데이터의 페이지가 열립니다. 페이지에서 사용할 기본 서식(데이터베이스 템플릿)을 만들어 보겠습니다.

01 데이터베이스에서 새로운 데이터를 추가하려면 오른쪽 위 또는 왼쪽 아래에 있는 [새로 만들기] 버튼을 클릭하면 됩니다. 여기서는 서식 통일을 위한 데이터베이스용 템플릿을 작성하기 위해 ❶ 오른쪽 위에 있는 [새로 만들기] 버튼의 펼침 아이콘을 클릭한 후 ❷ [새 템플릿]을 선택합니다.

> **N 한 걸음 더 새로 만들기 버튼과 데이터베이스용 페이지 보기**
>
> 데이터베이스에서 오른쪽 위에 있는 파란색 [새로 만들기] 버튼과 왼쪽 아래에 있는 [새로 만들기] 버튼은 데이터베이스에 새로운 데이터가 추가된다는 것은 같으나 다음과 같은 차이가 있습니다.
>
> - **오른쪽 위의 버튼**: 새로운 데이터가 추가되며, 동시에 해당 데이터의 페이지가 열립니다. 즉, 데이터의 페이지 내용까지 바로 편집할 때 사용하면 편리합니다.
> - **왼쪽 아래의 버튼**: 새로운 데이터가 추가됩니다. 데이터의 페이지를 편집하지 않고, 바로 속성값만 입력할 때 효과적입니다. 이후 해당 데이터의 어느 속성에서든 Ctrl + Enter 를 누르거나 [제목] 유형의 속성에서 [열기] 버튼을 클릭하여 페이지를 열 수 있습니다.

오른쪽 위에 있는 [새로 만들기] 버튼을 클릭하면 기본 설정인 사이드 보기 방식으로 페이지가 열리며, Esc 를 누르면 페이지가 닫힙니다.

- **보기 방식 변경**: 기본 페이지 보기 방식을 변경하고 싶다면 데이터베이스 오른쪽 위에 있는 [⋯] 아이콘을 클릭하여 보기 설정 창을 열고 [레이아웃]-[페이지 보기 선택] 옵션을 변경합니다.

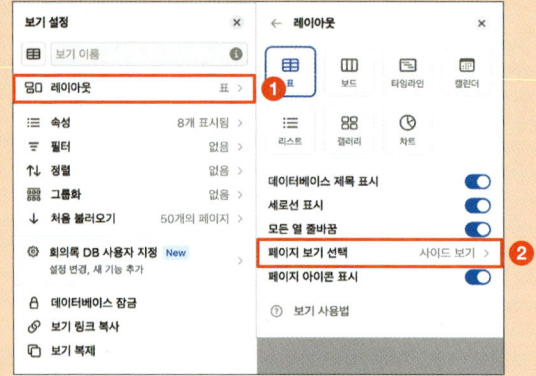

데이터베이스의 페이지가 열려 있다면 페이지의 왼쪽 위에 있는 [보기 옵션 변경] 아이콘을 클릭하여 변경할 수도 있습니다. 단, 페이지에 있는 [보기 옵션 변경] 아이콘을 이용한 보기 방식 변경은 일회성입니다.

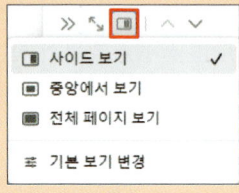

▲ 페이지 왼쪽 위에 있는 [보기 옵션 변경] 아이콘

02 중앙으로 보기 방식으로 템플릿 편집 페이지가 열리며, 상단에 '회의록 DB에 있는 템플릿을 편집하고 있습니다.'라는 문구가 표시됩니다. 템플릿에서 [**아이콘 추가**]와 [**커버 추가**] 버튼을 클릭하여 추가하면 모든 데이터에서 동일한 아이콘과 커버를 사용할 수도 있습니다.

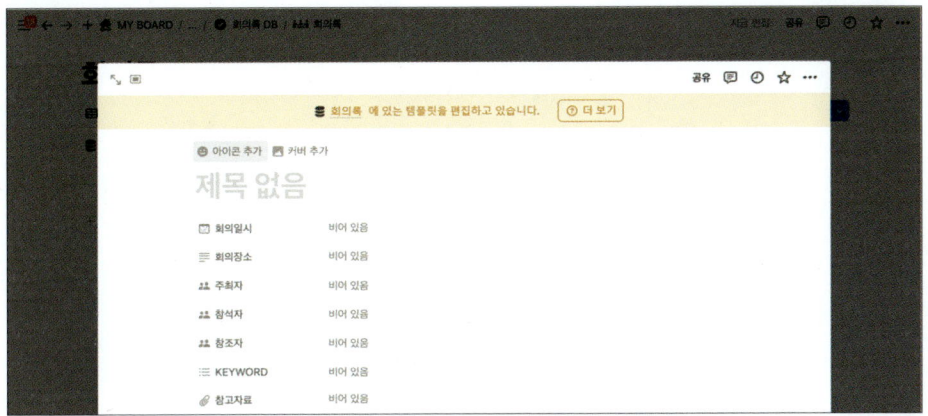

TIP [새로 만들기] 버튼을 클릭한 후 바로 페이지에 회의록을 작성해도 됩니다. 하지만, 빈 페이지에 내용을 입력하면 회의록 서식이 일정하지 않으므로, 템플릿을 미리 만들어 놓고 사용하는 방법으로 회의록을 작성하는 것을 추천합니다.

03 먼저 템플릿에 사용할 제목을 입력합니다. 이 제목은 [**제목**] 유형 속성에 표시됩니다. 즉, 회의록 DB에서 '회의 주제' 속성에 표시됩니다. 자동으로 템플릿을 추가한 날짜와 사용자가 제목으로 표시되도록 **@오늘 / @나**를 입력합니다. 이때 **@오늘**과 **@나**를 입력한 후 각각 Enter 를 누르거나 목록에서 선택해야 @ 태그가 제대로 적용됩니다.

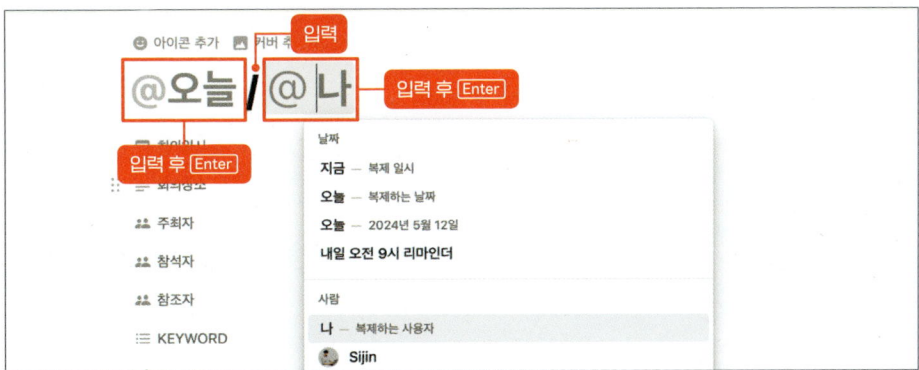

04 제목 아래쪽을 보면 보통의 페이지와 다르게, 데이터베이스 구조화 때 만든 각 속성이 표시됩니다. ❶ **[날짜]** 유형의 '회의일시' 속성에도 자동으로 페이지를 생성한 일시와 날짜가 표시되도록 속성값 입력란을 클릭한 후 ❷ **[지금]**을 선택합니다.

TIP 페이지 내에서도 속성을 추가하거나 속성의 유형을 변경할 수 있으며, 여기서 변경한 내용은 해당 데이터베이스의 구조에 그대로 반영됩니다.

05 계속해서 ❶ **[사람]** 유형의 '주최자' 속성에서도 템플릿을 적용한 사용자가 자동으로 표시되도록 속성값 입력란을 클릭한 후 ❷ **[페이지를 복제한 사용자]**를 선택합니다. 회의록 작성 시 직접 추가할 속성은 그대로 비워 놓으면 됩니다.

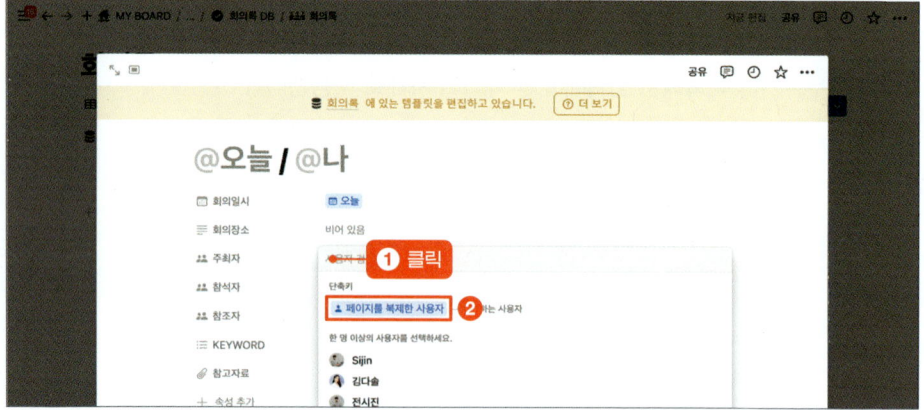

06 이어서 템플릿 페이지의 빈 공간을 클릭하여 기본 서식을 완성합니다. 아래 이미지와 102쪽의 실습을 참고하면 쉽게 완성할 수 있습니다. '제목2'와 '제목3' 블록, '번호 매기기 목록'과 '글머리 기호 목록' 블록을 사용했습니다.

07 템플릿 작성이 끝났으면 페이지 위에 있는 데이터베이스 제목을 클릭하거나 페이지 바깥쪽 검은색 영역을 클릭하여 템플릿 작성용 페이지를 닫습니다.

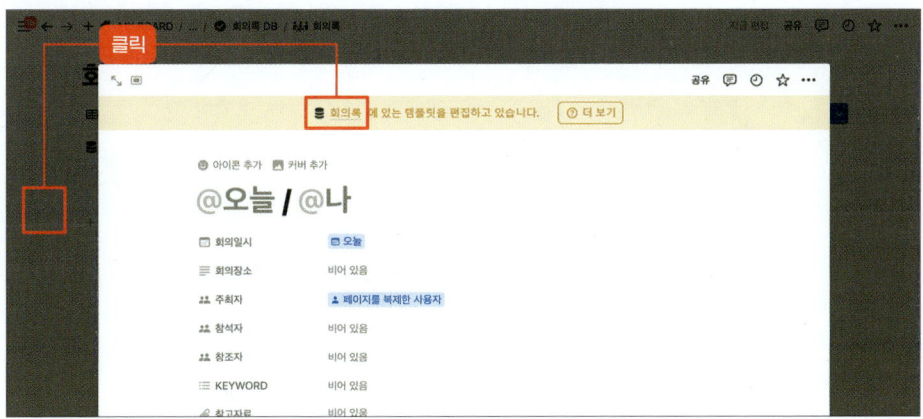

➕ 템플릿 적용해서 새로운 데이터 추가하기

템플릿을 완성했으니 사용할 줄도 알아야겠죠? 완성한 템플릿이 적용된 데이터를 추가해 보겠습니다.

01 데이터베이스에서 오른쪽 위에 있는 [새로 만들기] 버튼을 클릭하면 새로운 데이터가 추가되고 동시에 해당 페이지가 열립니다. 다음과 같이 빈 페이지가 열리면 앞서 만들어 놓은 템플릿과 [비어 있음]이 표시됩니다. 여기서 템플릿의 제목을 클릭합니다.

TIP 템플릿 제목 오른쪽 끝에 있는 […] 아이콘을 클릭하면 템플릿을 삭제하거나, 편집할 수 있습니다. 위 목록에서 [비어 있음]을 클릭하면 빈 페이지를 사용합니다.

02 다음과 같이 앞서 작성했던 ❶ 회의록 기본 서식이 페이지에 채워지고, ❷ 데이터베이스의 '회의 주제' 속성에는 오늘 날짜와 새로운 페이지를 추가한 사용자명이 표시됩니다.

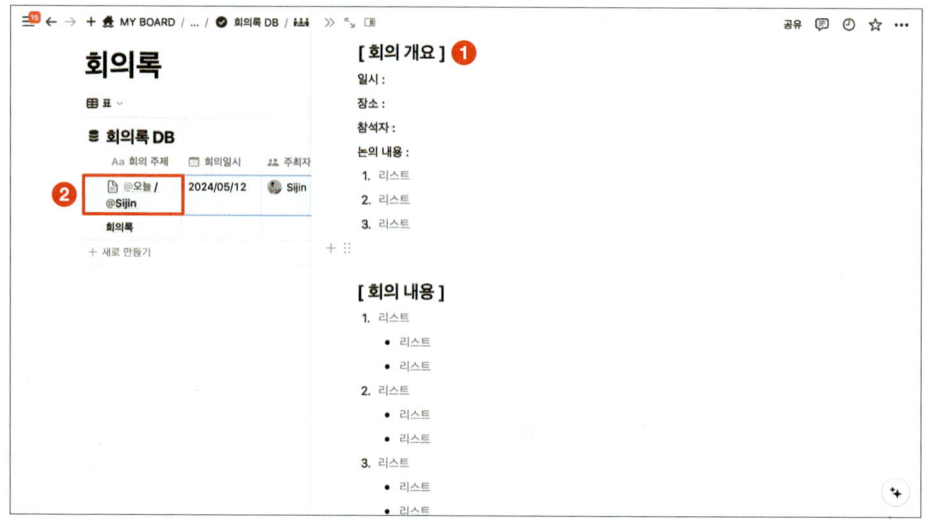

📝 한 걸음 더 템플릿 내용 변경 및 삭제하기

데이터베이스 오른쪽 위에 있는 [새로 만들기] 버튼의 펼침 아이콘을 클릭하면 앞서 만든 템플릿이 목록으로 표시됩니다. 여기서 템플릿을 선택하면 곧바로 템플릿이 적용된 데이터를 추가할 수 있습니다.

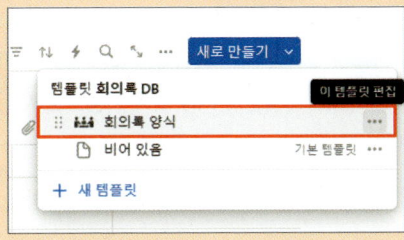

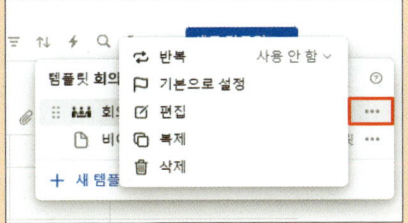

또한 템플릿 목록에서 오른쪽 끝에 표시된 […] 아이콘을 클릭한 후 [편집]을 선택하면 템플릿 내용을 변경할 수 있으며, [삭제]를 선택하여 더는 사용하지 않는 템플릿을 제거할 수도 있습니다.

LESSON 05 : 매일 자동으로 추가되는 습관 관리 DB

날짜를 입력하고 습관을 관리할 수 있는 데이터베이스를 만들어 보겠습니다. 회의록과 달리 습관 관리는 일정한 주기로 새로운 데이터를 추가하면서 사용합니다. 그러므로 일정한 주기에 맞게 자동으로 지정한 템플릿이 적용된 데이터가 추가되도록 설정해 보겠습니다.

완성 미리보기

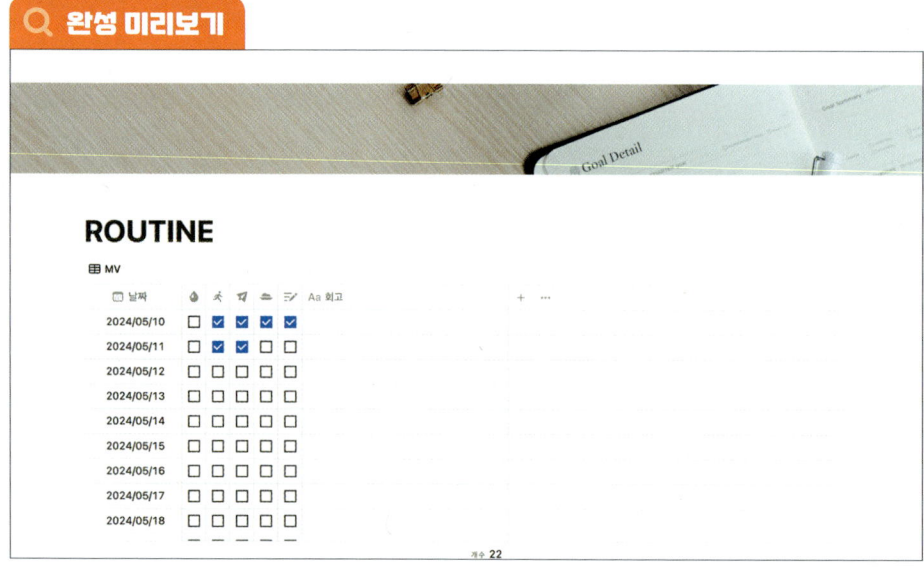

[체크박스] 유형으로 습관을 관리할 수 있는 데이터베이스입니다. 체크박스에 체크하는 방식으로 목표를 얼마나 달성했는지 직관적으로 확인할 수 있습니다. 이번 실습은 반복 생성 기능을 사용하기 위해 단순하게 구성했으나 이후 관계형 데이터나 수식을 배우면 더욱 강력한 습관 관리 데이터베이스를 완성할 수 있습니다.

- **날짜:** 습관을 기록할 날짜를 입력합니다.
- **습관:** 습관별 실행 여부에 따라 체크하여 관리합니다.
- **회고:** 당일 습관 달성 여부에 대해 느낀점을 기록합니다.

> **TIP** 이번 데이터베이스에서 [제목] 유형에 어울리는 값은 날짜입니다. 하지만, 노션 데이터베이스의 [제목] 유형은 텍스트 입력에 최적화되어 있으며, 기본으로 적용되어 있는 [제목] 유형은 삭제하거나 다른 유형으로 변경할 수도 없습니다. 그러므로 여기서는 '회고' 속성으로 활용했습니다.

체크박스 유형으로 데이터베이스 구조화하기

습관 관리 데이터베이스는 [체크박스] 유형의 속성이 주입니다. 사용자가 실행 여부에 따라 체크박스에 체크하면 데이터베이스에서 자동으로 습관별 실행 비율이 표시되도록 데이터베이스를 구조화해 보겠습니다.

01 ❶ 새로운 페이지를 만든 후 페이지 제목을 입력합니다. 여기서는 ROUTINE이라고 입력했습니다. ❷ 빈 공간을 클릭하여 첫 번째 블록을 추가하고 /인라인 입력 후 Enter 를 눌러 '데이터베이스-인라인' 블록을 생성합니다.

02 ❶ 데이터베이스 제목은 ROUTINE DB로 입력했습니다. ❷ 데이터베이스 제목을 숨기기 위해 오른쪽에 있는 […] 아이콘을 클릭한 후 ❸ [데이터베이스 제목 숨기기]를 선택합니다.

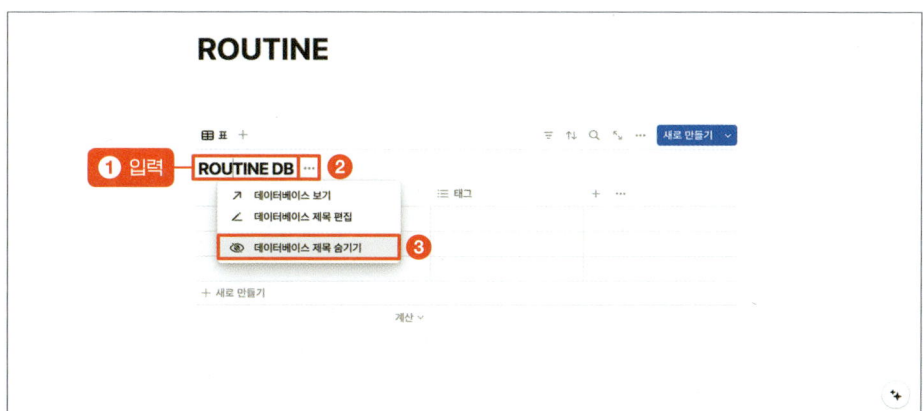

03 기본 데이터베이스에서 ❶ '이름' 속성 헤드를 클릭한 후 이름을 회고로 변경하고, ❷ '태그' 속성 헤드를 클릭하여 이름을 날짜, 유형을 [날짜]로 변경합니다. ❸ 계속해서 [+] 아이콘을 클릭하면서 [체크박스] 유형으로 다음과 같이 습관 목록별 속성을 추가합니다.

상세과정 살펴보기

습관 관리 DB의 속성과 유형은 다음과 같습니다.

- **회고(제목):** 달성한 습관들에 대해 느낀점을 작성합니다.
- **날짜(날짜):** 진행한 날짜를 입력합니다. 추후 템플릿을 사용하여 자동으로 날짜가 입력되도록 설정할 예정입니다.
- **물 2L 마시기, 운동하기, 뉴스레터, 식단 조절, 글쓰기(체크박스):** 총 5개의 [체크박스] 유형 속성을 추가합니다.

[체크박스] 유형을 사용할 때는 체크박스만 보일 정도로 속성의 너비를 좁게 사용할 때가 많으므로, 속성 이름이 제대로 표시되지 않을 수 있습니다. 그러므로 속성 이름에 어울리는 아이콘을 활용한다면 효과적입니다.

속성 헤드에 표시되는 아이콘은 기본적으로 유형에 따라 표시됩니다. 이 아이콘을 변경하고 싶다면 해당 속성 헤드를 클릭한 후 속성 이름 입력란 왼쪽에 있는 아이콘을 클릭하면 됩니다. 위 실습에서는 다음과 같은 키워드로 검색하여 아이콘을 찾았습니다.

- **물 2L 마시기:** water
- **운동하기:** person running
- **뉴스레터:** paper airplane
- **식단 조절:** plate food
- **글쓰기:** pencil list

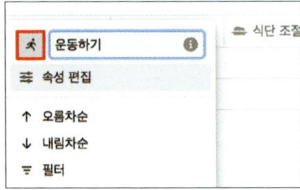

04 [체크박스] 유형의 속성은 체크박스만 제대로 표시되면 됩니다. 그러므로 해당 속성 헤드의 오른쪽 경계를 더블 클릭하여 최적의 너비로 조절하거나 클릭한 채 드래그하여 조절합니다.

05 이제 습관별 실행한 비율을 표시해 보겠습니다. 임의의 [체크박스] 유형의 속성에서 가장 아래쪽으로 마우스 커서를 옮기면 계산 행이 표시됩니다. ❶ [계산]을 클릭한 후 ❷ [비율(%)]-[체크 표시된 비율(%)]을 선택합니다.

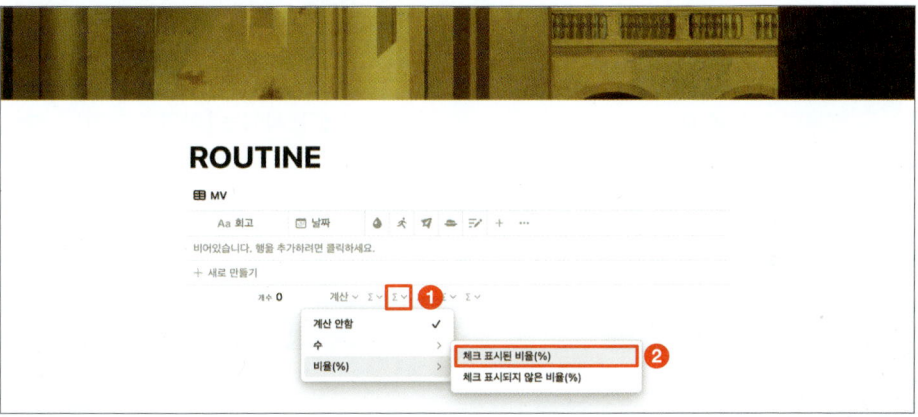

TIP 데이터베이스에서 가장 아래쪽으로 마우스 커서를 옮기면 계산 행이 표시됩니다. 속성별로 계산할 수 있는 기능으로, 기본값은 [계산 안함]으로 설정되어 있습니다. 또한, 유형에 따라 계산 유형이 다릅니다.

🟧 일정한 주기로 자동 생성되는 템플릿 만들기

데이터베이스 구조화가 끝났습니다. 이제 아이콘과 날짜가 자동으로 입력되고, 원하는 주기에 맞춰 자동으로 추가되는 템플릿을 생성해 보겠습니다.

01 데이터베이스 오른쪽 위에 있는 ❶ [새로 만들기] 버튼의 펼침 아이콘을 클릭한 후 ❷ [새 템플릿]을 선택합니다.

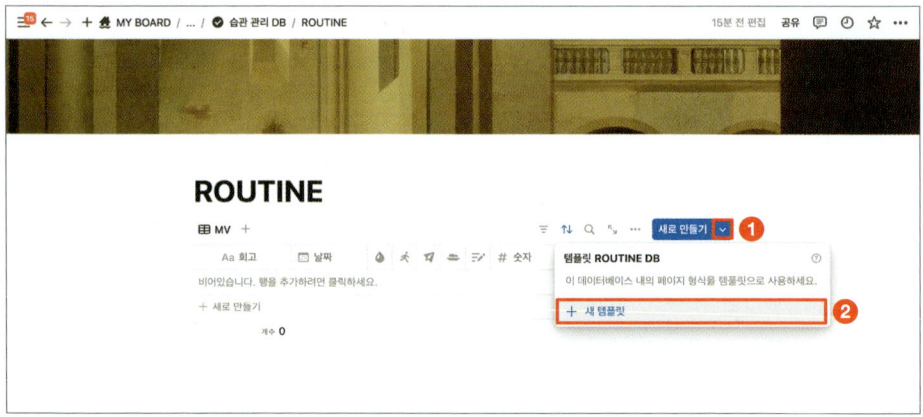

02 템플릿 제작용 페이지가 열리면 ❶ 제목 입력란 위에 표시되는 [아이콘 추가]를 클릭하여 아이콘(plag checkered)을 추가합니다. ❷ '날짜' 속성에는 당일 날짜가 자동으로 표시되도록 속성값 입력란을 클릭한 후 ❸ [오늘]을 선택합니다. ❹ 템플릿 페이지 바깥쪽이나 데이터베이스 제목을 클릭하여 템플릿 구성을 완료합니다.

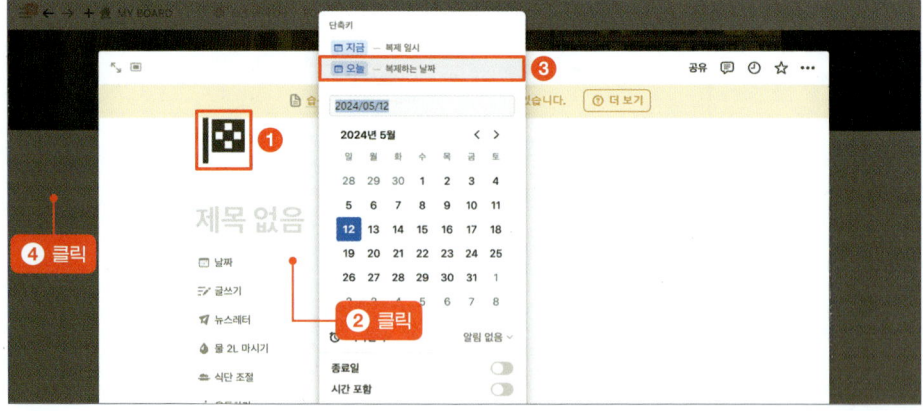

TIP 데이터 페이지의 제목은 [주제] 유형인 '회고' 속성에 표시될 내용입니다. 이번 템플릿에서 '회고' 속성은 중요도가 낮고, 필요에 의해 입력하는 항목이므로, 템플릿에서도 비워 놓습니다.

03 이제 해당 템플릿이 일정한 주기로 생성되도록 반복 설정을 적용하면 됩니다. ❶ [새로 만들기] 버튼 오른쪽에 있는 펼침 아이콘을 클릭합니다. ❷ 목록에서 반복해서 추가할 템플릿의 […] 아이콘을 클릭한 후 ❸ [반복] 옵션을 클릭합니다.

04 매일, 매주, 매월, 매년 중 반복 주기를 선택할 수 있습니다. 습관 관리는 매일 해야 하므로 여기서는 [매일]을 선택했습니다.

> **TIP** 반복 자동 생성을 멈추고 싶다면 위 팝업 창에서 [끄기]를 선택하면 됩니다.

05 이어서 선택한 반복 주기에 따라 세부 간격이나 시간 등을 설정할 수 있는 팝업 창이 열립니다. 여기서는 ① 1일 간격으로 ② 아침 9시에 생성되도록 설정했습니다. 설정 내용을 반영하기 위해 ③ [저장]을 클릭합니다.

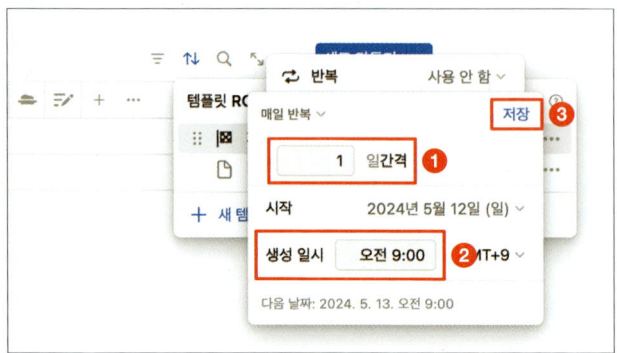

📝 한 걸음 더 주말 제외하고 매일 반복 생성하기

템플릿이 토요일과 일요일을 제외하고 매일 반복으로 생성되거나, 매주 특정 요일에만 생성되도록 설정할 수 있습니다. 반복 주기를 [매주]로 선택한 후 상세 설정에서 원하는 요일만 선택하거나, 제외하면 됩니다.

- **매주 1회 생성:** [매주] 반복을 선택하고 원하는 요일과 시간을 선택합니다.
- **주말 제외 생성:** [매주] 반복을 선택하고 토요일과 일요일을 선택에서 제외합니다.

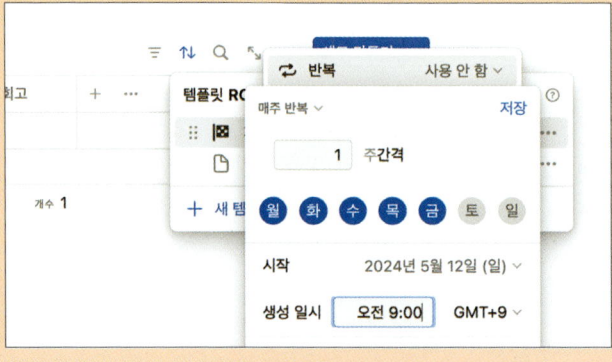

06 끝으로 '회고' 속성 헤드를 클릭한 채 오른쪽 끝으로 옮기면 완성입니다. 이제 매일 아침 9시에 새로운 데이터가 추가되면 사용자는 습관별 실행 여부에 따라 체크하면서 관리하면 됩니다.

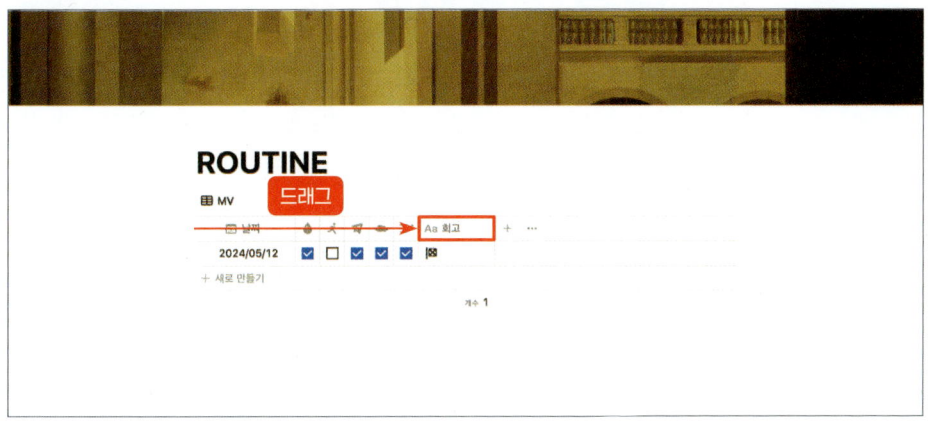

LESSON 06 : 계획 정리 및 정보 취합을 위한 여행 기록 DB

여러 명과 여행 계획을 세울 때면 예약 정보부터 동선 등 준비할 것도 많고, 서로 모은 정보를 취합하는 것도 쉽지 않습니다. 여행이나 프로젝트 등을 준비할 때 유용한 템플릿을 제작해 보겠습니다.

완성 미리보기

여행 계획, 할 일, 예약 정보, 타임테이블, 준비물, 참고 자료까지 한 페이지에서 볼 수 있게 구성했습니다. 여행을 준비 중인 일행과 공유해서 함께 계획을 세우면 편리합니다.

- **PLANNING:** 계획 순서에 따라 체크 리스트를 만듭니다.
- **TO-DO:** 여행 계획 중 할 일을 정리합니다.
- **RESERVATION:** 토글 기능으로 예약 정보를 입력합니다. 필요할 때마다 펼쳐서 항공, 호텔, 식당, 관광지까지 예약 정보를 쉽게 확인할 수 있습니다.
- **DATABASE:** 여행 시간표를 입력합니다. 언제 어디서 무엇을 하는지, 어디로 가는지와 함께 자세한 이동 방법을 URL로 정리해 두면 편리합니다.
- **TRAVEL SUPPLIES:** 준비물 목록을 입력합니다.
- **REFERENCE:** 여행 준비에 참고했던 자료들을 정리합니다.

3열로 나뉜 기본 블록 영역 구성하기

우선은 '제목3', '할 일 목록', '토글 목록'과 같은 기본 블록들로 3개의 영역을 완성해 보겠습니다. 이 3개의 영역은 3열로 나눠서 구성합니다. 기본 블록 활용에 대한 요령은 [CHAPTER 02]에서 충분히 실습해 보기 바랍니다.

01 ❶ 새로운 페이지를 만든 후 페이지 제목을 입력합니다. 여기서는 **도쿄 여행 계획**이라고 입력했습니다. ❷ 페이지를 넓게 사용하기 위해 오른쪽 위의 [⋯] 아이콘을 클릭한 후 ❸ [전체 너비] 옵션을 활성화합니다.

02 ❶ 페이지에서 빈 공간을 클릭하여 첫 번째 블록을 추가한 후 **PLANNING**을 입력하고 [Enter]를 누릅니다. ❷ 두 번째 블록이 추가되면 **TO-DO**를 입력하고 [Enter]를 누르고, ❸ 세 번째 블록이 추가되면 **RESERVATION**을 입력합니다. ❹ 추가한 3개의 블록을 모두 선택합니다.

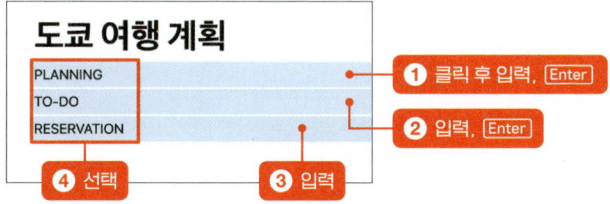

TIP 마우스로 3개의 블록이 포함되도록 범위를 드래그하거나, 세 번째 블록에서 [Esc]를 눌러 해당 블록을 선택한 후 [Shift]를 누른 채 위쪽 방향키를 누르면 다중 선택할 수 있습니다.

03 ❶ 단축키 Ctrl + / 를 누르거나 블록에 마우스 커서를 옮기면 표시되는 [⋮⋮] 아이콘을 클릭한 후 ❷ [전환]-[열]을 선택하여, 3개의 블록을 3개의 열로 전환합니다.

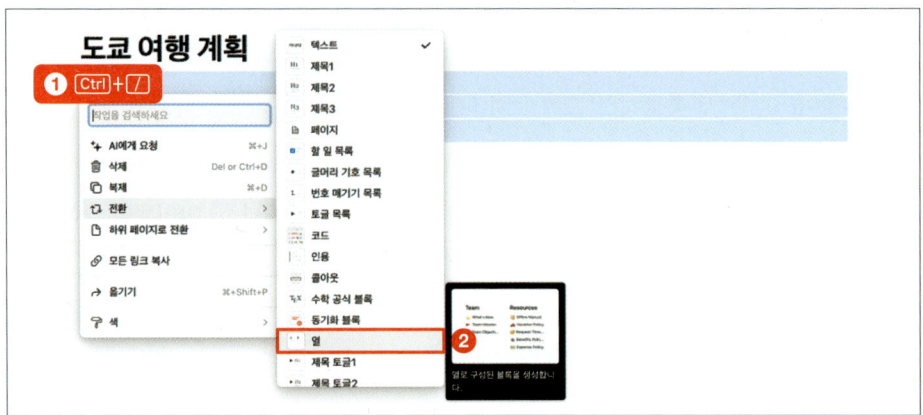

04 3열로 전환된 3개의 블록을 다시 선택한 후 단축키 Ctrl + Shift + 3 을 누르거나 Ctrl + / 를 누른 후 [전환]-[제목3]을 선택하여 '제목3' 블록으로 전환합니다.

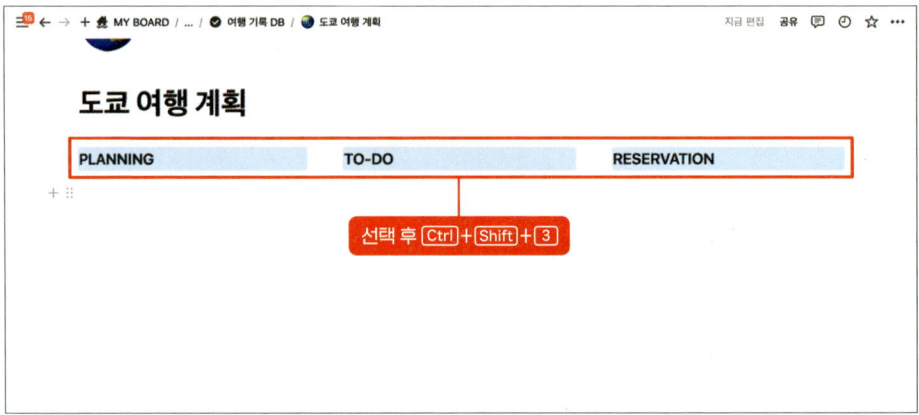

05 ❶ 'PLANNING' 오른쪽 끝을 클릭하여 커서를 놓고 Enter 를 눌러 바로 아래에 3열로 구분된 텍스트 블록을 추가합니다. ❷ 추가된 블록에서 /구분선 입력 후 Enter 를 눌러 구분선을 만듭니다. 같은 방법으로 'TO-DO'와 'RESERVATION' 바로 아래에도 구분선을 만듭니다.

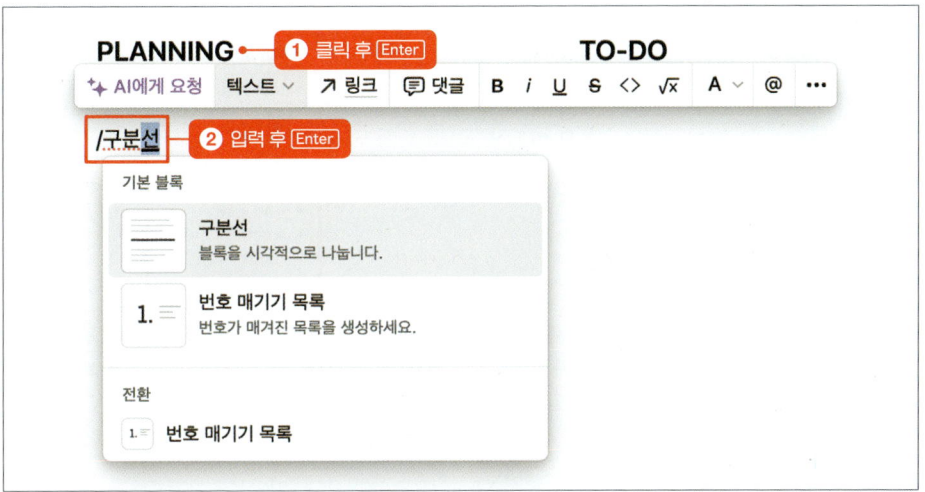

TIP 각 영역 제목의 바로 아래를 클릭해도 3열로 구분된 텍스트 블록을 추가할 수 있습니다. 단, 어느 정도 간격을 두고 아래쪽을 클릭하면 1열로 된 텍스트 블록이 추가되므로 주의가 필요합니다.

06 PLANNING 영역의 구분선 아래에 자동으로 추가된 블록에서 ❶ [ ] 입력 후 Spacebar 를 누르거나 /할일 입력 후 Enter 를 눌러 '할 일 목록' 블록을 생성하고, ❷ 복제 단축키인 Ctrl + D 를 2번 누릅니다. ❸ 같은 방법으로 TO-DO 영역도 3개의 '할 일 목록' 블록을 생성합니다.

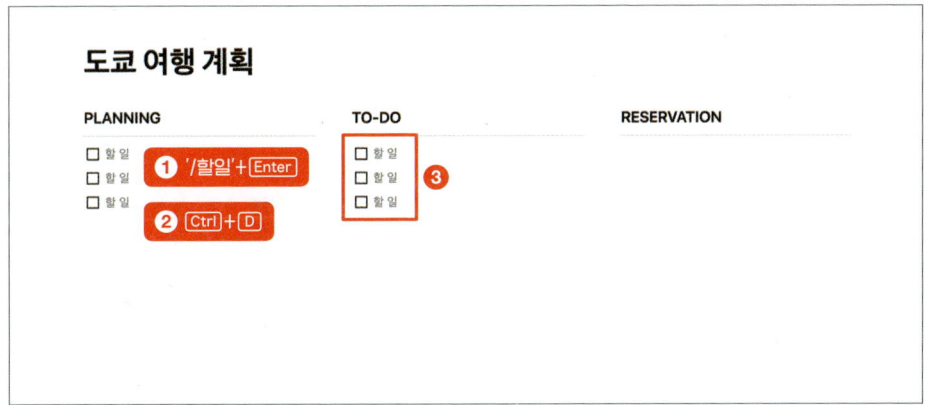

07 RESERVATION 영역에서는 > 입력 후 [Spacebar]를 누르거나 /토글 입력 후 [Enter]를 눌러 '토글 목록' 블록을 생성합니다. [Ctrl]+[D]를 3번 눌러 총 4개의 '토글 목록' 블록을 생성합니다. 각 토글에 제목을 입력한 후 토글 내부에 필요한 내용을 입력합니다.

TIP 토글이 펼쳐진 상태에서 제목을 입력한 후 [Enter]를 누르면 토글 내부에 '텍스트' 블록이 생성되며, 토글이 접힌 상태에서 제목을 입력한 후 [Enter]를 누르면 새로운 '토글 목록' 블록이 생성됩니다. 페이지에 있는 모든 토글 목록을 일괄 펼치거나 접는 단축키는 [Ctrl]+[Alt]+[T]입니다.

데이터베이스로 상세 여행 일정 정리하기

기본 블록으로 만든 3개의 영역 아래쪽에 2개의 열로 2개의 영역을 구성해 보겠습니다. 2개의 블록을 선택한 후 [Ctrl]+[/]를 눌러 [전환]-[열]을 선택하거나, 하나의 블록을 다른 블록의 오른쪽 끝으로 드래그하여 열을 나눌 수 있습니다.

01 기존 3열로 된 영역에서 거리를 두고 아래쪽에 2열로 된 영역을 구성하기 위해 3개의 영역에서 거리를 두고 아래쪽 빈 공간을 클릭하여 전체 1열로 된 블록을 추가합니다.

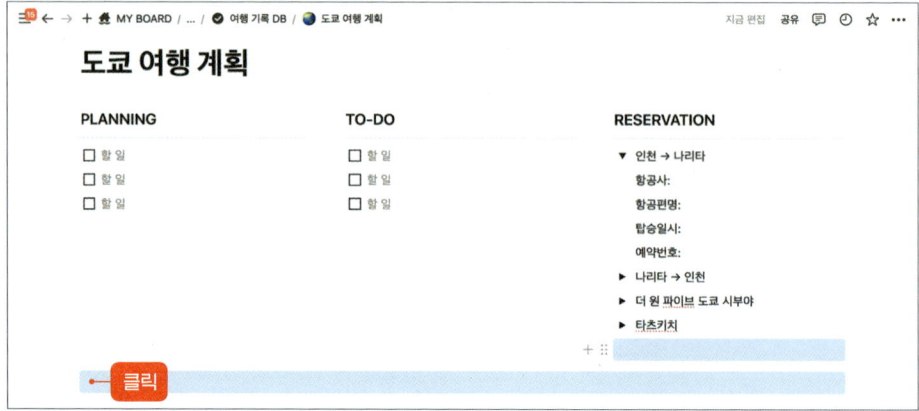

TIP 블록에서 [ESC]를 눌러 해당 블록을 선택했을 때 페이지 너비만큼 파란색 음영이 표시되는지 확인해 보세요.

02 다음과 같이 2개의 '제목3' 블록을 2열로 구성하여 영역 이름을 입력합니다. 각각 DATABASE, TRAVEL SUPPLIES를 입력했습니다.

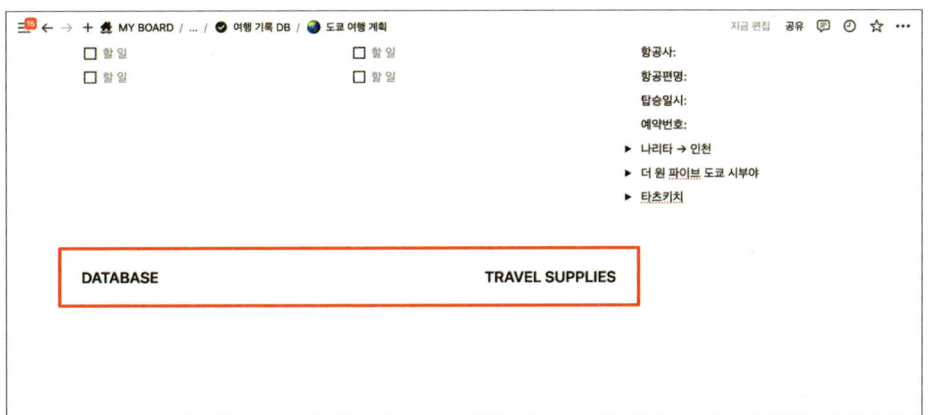

> **상세과정 살펴보기**
>
> 입력한 영역 이름을 '제목3' 블록으로 전환한 후 열로 나눠도 되고, 아래의 순서와 반대로 열로 나눈 다음 '제목3' 블록으로 전환해도 됩니다.
>
> ❶ 2개의 '텍스트' 블록에 각각 영역 이름을 입력하고, 2개의 블록을 모두 선택한 후 Ctrl + Shift + 3 을 눌러 '제목3' 블록으로 전환합니다.
>
> ❷ 2개의 블록을 선택한 후 Ctrl + / 를 눌러 [전환]-[열]을 선택합니다.

03 DATABASE 영역 바로 아래를 클릭하여 2개의 열로 나눠진 블록을 추가하고, /인라인 입력 후 Enter 를 눌러 '데이터베이스-인라인' 블록을 생성합니다.

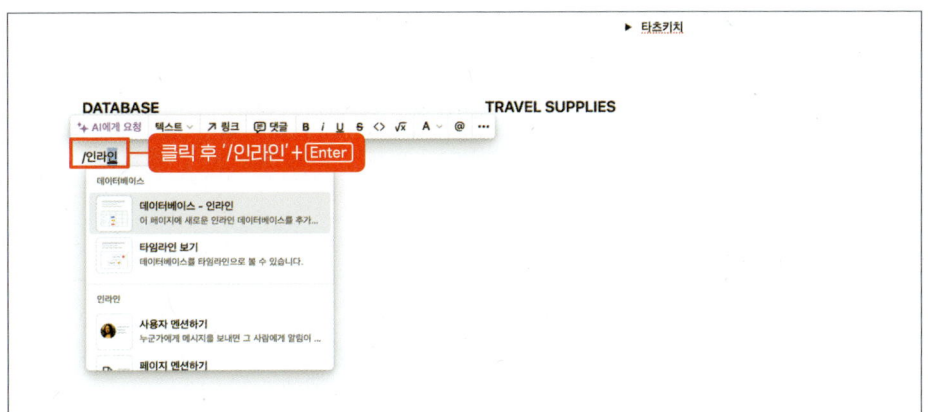

LESSON 06 계획 정리 및 정보 취합을 위한 여행 기록 DB **161**

04 데이터베이스가 배치된 DATABASE 영역을 좀 더 넓게 쓰기 위해 두 영역 사이로 마우스 커서를 옮긴 후 세로선이 표시되면 클릭한 채 오른쪽으로 드래그하여 영역의 너비를 조절합니다.

05 ① 데이터베이스 제목으로 **도쿄 여행 계획 DB**를 입력합니다. ② 제목 오른쪽의 [⋯] 아이콘을 클릭한 후 ③ **[데이터베이스 제목 숨기기]**를 선택하여 데이터베이스 제목을 숨깁니다.

06 기본으로 생성되어 있는 ❶ '이름' 속성 헤드를 클릭한 후 이름을 **내용**으로 변경하고, ❷ '태그' 속성 헤드를 클릭한 후 **카테고리**로 변경한 다음 서로 위치를 변경합니다. ❸ 속성 헤드 오른쪽 끝에 있는 [+] 아이콘을 클릭하여 속성을 추가하면서 다음과 같이 구조화합니다.

상세과정 살펴보기

새로운 속성을 추가할 때는 유형을 먼저 선택한 후 속성 이름을 입력합니다. 속성을 추가한 후에는 속성 헤드를 클릭한 후 [속성 편집]-[유형]을 선택하여 속성의 유형을 변경할 수 있으며, 속성 헤드를 클릭한 채 드래그하여 순서를 변경할 수 있습니다. 또한, 속성 헤드의 경계를 클릭한 채 드래그하여 너비를 조절할 수 있습니다.

- **카테고리(다중 선택)**: 여행 계획의 종류를 선택합니다. 편의상 [다중 선택] 유형을 사용했지만, 한 가지만 선택할 때는 [선택] 유형을 사용하는 것이 좋습니다.
- **내용(제목)**: 목적지나 이동 경로 등 여행 계획의 제목이 될 내용을 입력합니다.
- **날짜(날짜)**: 여행 계획이 실행될 일시를 입력합니다.
- **예상 지출(숫자)**: 예상 지출 금액을 입력합니다.
- **URL(URL)**: 여행에 관련된 URL을 입력합니다. 도착지의 구글 지도 링크나 관련 정보가 있는 블로그 주소를 입력하면 좋습니다.
- **비고(텍스트)**: 관련 정보나 후기 등 필요에 따라 추가로 입력합니다.
- **image(파일과 미디어)**: 해당 여행지에 참고할 이미지를 첨부합니다.

구조화가 끝나면 보기 탭을 클릭한 후 [이름 바꾸기]를 선택하여 이름을 'Show all'과 같이 적절하게 변경합니다.

07 ❶ TRAVEL SUPPLIES 영역에서는 위쪽에 만든 3열 구성에서와 같은 방법으로 구분선을 추가하고, ❷ [ ] 입력 후 Spacebar를 눌러 '할 일 목록' 블록으로 여행 준비물을 입력합니다. ❸ 계속해서 새로운 블록을 추가한 후 '제목3' 블록(Ctrl + Shift + 3)을 생성합니다. ❹ 구분선을 넣고, ❺ '글머리 기호 목록' 블록(Ctrl + Shift + 5)으로 참고 자료를 정리합니다.

08 템플릿이 완성되었습니다. 이제 각 영역을 채우고, 데이터베이스에서 [새로 만들기] 버튼을 클릭하면서 여행 계획 데이터를 하나씩 추가하면 됩니다.

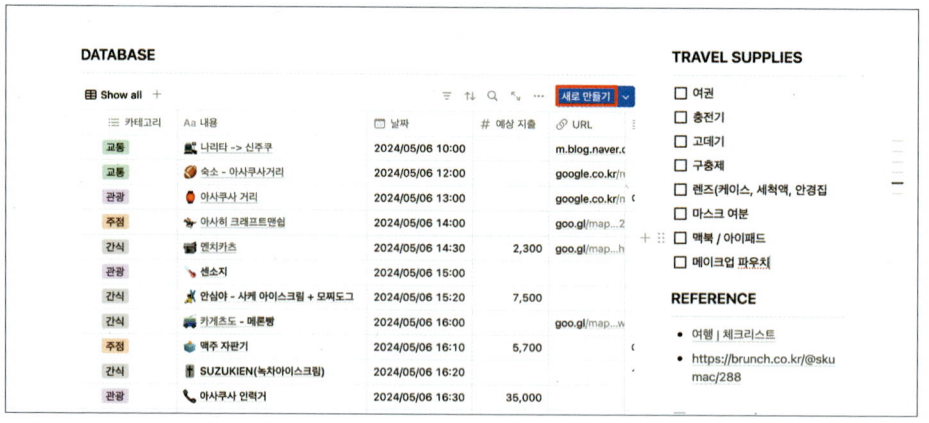

TIP 해외 여행 계획이므로 예상 지출 금액을 여행지의 단위로 변경할 수 있습니다. [숫자] 유형의 속성 헤드를 클릭한 후 [속성 편집]을 선택하면 속성 편집 창이 열립니다. 여기서 [숫자 형식] 옵션을 클릭하면 [엔], [미국 달러], [캐나다 달러] 등 해외 화폐 단위를 선택할 수 있습니다.

CHAPTER 04

링크된 데이터베이스로 만들기

LESSON 01 링크된 데이터베이스 알고 가기
LESSON 02 링크된 데이터베이스로 할 일 관리
LESSON 03 내비게이션 메뉴처럼 구성한 영화 기록
LESSON 04 한 페이지에서 모아 보는 팀별 회의록
LESSON 05 웹에서 수집한 정보를 분류해서 관리하는 오늘 읽은 콘텐츠

LESSON 01 링크된 데이터베이스 알고 가기

노션의 데이터베이스 기능을 제대로 활용하려면 링크된 데이터베이스(Linked Database)를 활용할 줄 알아야 합니다. 링크된 데이터베이스를 활용한 템플릿을 제작하기 전에 기본적인 개념과 간단한 사용 방법 등을 배워 보겠습니다.

링크된 데이터베이스란?

링크된 데이터베이스는 이미 만들어 놓은 데이터베이스를 다른 페이지 혹은 같은 페이지에서 동일한 데이터를 다양한 형태로 확인하고 사용할 수 있는 기능입니다. 컴퓨터에 있는 실행 아이콘과 바로 가기 아이콘의 관계와 유사하다고 이해하면 됩니다. 원본 데이터베이스를 복제해서 별도의 데이터베이스로 관리하는 것이 아니라 ==양방향으로 동기화되므로, 원본이든 링크된 데이터베이스든 어느 쪽에서 수정하면 연결된 모든 데이터베이스에 반영==됩니다.

원본 데이터베이스와 링크된 데이터베이스는 포함되어 있는 데이터만 동기화되며, ==데이터베이스의 보기 방식 및 필터, 정렬은 모두 다르게 설정해서 사용==할 수 있습니다. 예를 들어, 원본 데이터베이스에서는 표 보기 방식에서 A라는 조건으로 필터를 사용 중일 때 링크된 데이터베이스에서는 B라는 조건으로 필터를 적용하고 캘린더 보기나 타임라인 보기 등으로 사용할 수 있습니다.

조직의 관리자라면 여러 프로젝트를 관리하면서 한 번에 모든 프로젝트를 파악하고 싶어 할 것입니다. 하지만 각 프로젝트 담당자들은 굳이 다른 프로젝트의 상황을 파악할 필요가 없죠. 이때 링크된 데이터베이스 기능을 이용하면 관리자와 담당자 모두를 만족시킬 수 있습니다. 즉, 각 프로젝트 담당자들은 각자의 페이지에서 원본 데이터베이스에 프로젝트 내역을 입력해서 관리하고, 관리자는 한 페이지에서 링크된 데이터베이스로 각 프로젝트의 데이터베이스를 불러와서 일괄 확인하는 식으로 활용하면 됩니다.

➕⋮⋮ 링크된 데이터베이스 생성하기

링크된 데이터베이스를 생성하는 방법은 크게 4가지가 있습니다. 하나씩 살펴본 후 상황에 따라 편리한 방법을 이용하면 됩니다.

원본 데이터베이스의 링크로 생성 가장 자주 사용하는 방법으로, 원본 데이터베이스의 링크를 복사한 후 다른 페이지 혹은 같은 페이지에 붙여 넣으면 링크된 데이터베이스를 생성할 수 있습니다.

다음과 같이 완성한 데이터베이스에서 [⋮⋮](블록 핸들)을 클릭하거나 Ctrl+/를 누른 후 [링크 복사]를 선택하여 원본 데이터베이스의 링크를 복사합니다. 그런 다음 링크된 데이터베이스를 생성하고 싶은 위치를 클릭하고, Ctrl+V를 누른 후 [연결된 데이터베이스 보기]를 선택하면 됩니다.

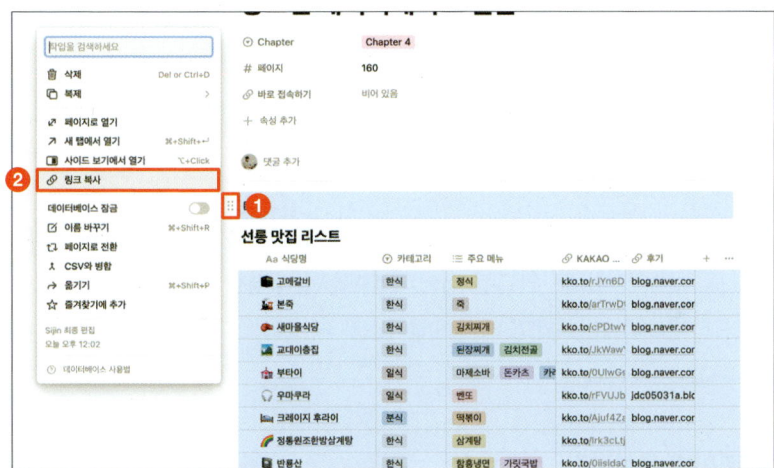

TIP 링크를 붙여 넣은 후 팝업 메뉴에서 [멘션]을 선택하면 원본 데이터베이스로 바로 이동할 수 있는 바로가기 링크가 생성되며, [URL]을 선택하면 URL 형태가 그대로 유지됩니다.

링크된 데이터베이스 블록으로 생성 사용 빈도가 극히 낮은 방법으로 빈 텍스트 블록에서 /링크된데이터베이스보기를 입력한 후 Enter를 눌러 실행합니다. 새로운 데이터베이스가 생성되면서 새 보기 창에 연결할 수 있는 원본 데이터베이스 목록이 나타납니다. 목록에서 원하는 원본 데이터베이스를 선택하면 링크된 데이터베이스가 생성됩니다.

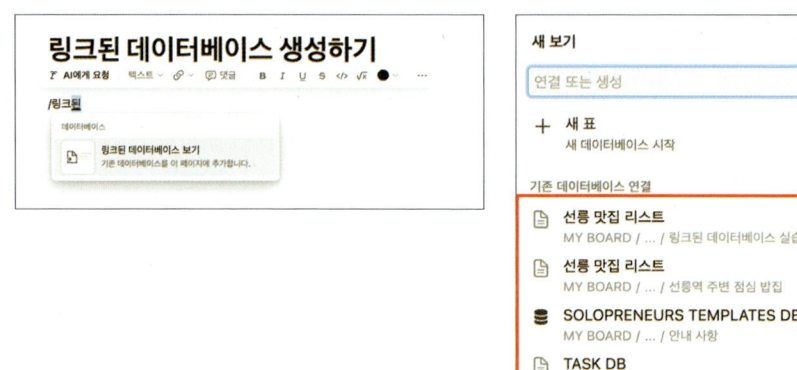

TIP 새 보기 창에서 [새 표]를 선택하면 링크된 데이터베이스가 아닌, 새로운 데이터베이스를 시작할 수 있습니다.

보기 방식 블록을 추가하여 생성 두 번째 방법과 유사한 형태로, '보드 보기', '표 보기', '갤러리 보기' 등 원하는 보기 방식 블록을 생성한 후 원본 데이터베이스를 연결하는 형태입니다. 예를 들어 표 보기 방식으로 연결된 데이터베이스를 생성한다면 /표보기를 입력한 후 Enter를 눌러 실행하여 표 보기의 데이터베이스를 생성하고, 새 보기 창에서 연결할 원본 데이터베이스를 선택합니다.

보기 링크로 생성 앞의 2가지는 원본 데이터베이스를 이용해 단순히 링크된 데이터베이스를 생성하는 방법입니다. 하지만, 이번 방법은 원본에 적용된 보기 방식, 필터, 정렬, 속성 설정 등까지 동일하게 적용된 링크된 데이터베이스를 생성할 수 있습니다. 원본의 설정에서 한두 가지 조건만 변경해서 사용할 때 효과적인 방법입니다.

원본 데이터베이스의 링크를 복사하는 방법과 유사한 방식으로, 데이터베이스 오른쪽 위에 있는 보기 탭을 클릭한 후 **[보기 링크 복사]**를 선택합니다. 이어서 원하는 위치를 클릭한 후 Ctrl+V를 눌러 붙여 넣고 **[연결된 데이터베이스 보기]**를 선택합니다.

원본과 동일한 보기 방식과 설정의 링크된 데이터베이스가 생성됩니다.

➕ 원본과 링크된 데이터베이스 구분하기

링크된 데이터베이스에서 특정 데이터(행)나 속성값을 지우면 원본에서도 똑같이 지워집니다. 만약, 링크된 데이터베이스 블록 자체를 지우면 어떻게 될까요? 원본 데이터베이스는 아무런 변화 없이 그대로 유지됩니다. 반대로 원본 데이터베이스 블록을 지우면 링크된 데이터베이스는 편집할 수 없는 단순 뷰어 역할의 데이터베이스가 됩니다. 그러므로 원본 데이터베이스를 주의해서 관리해야 합니다. 그렇다면 원본 데이터베이스와 링크된 데이터베이스는 어떻게 구분할 수 있을까요?

가장 큰 차이점은 링크된 데이터베이스 제목 앞에만 표시되는 [↗]입니다. 또 다른 차이는 데이터베이스 제목을 클릭했을 때의 반응입니다. 원본에서 데이터베이스 제목을 클릭하면 제목을 변경할 수 있습니다. 하지만, 화살표가 있는 링크된 데이터베이스 제목을 클릭하면 원본 데이터베이스가 전체 페이지 보기로 열립니다.

▲ 원본 데이터베이스(좌)와 링크된 데이터베이스(우)

만약 데이터베이스 제목을 숨긴 상태라면 보기 탭을 클릭한 후 [데이터베이스 제목 표시]를 선택해서 확인하거나, 보기 탭 오른쪽에 있는 [+](새 보기) 아이콘을 클릭한 후 원하는 레이아웃을 선택해 봅니다.

원본 데이터베이스는 곧바로 새로운 보기가 추가되지만, 링크된 데이터베이스에서는 연결할 데이터베이스를 선택하는 [데이터베이스 연결] 버튼이 나타납니다.

▲ 보기 추가 시 원본(좌)과 링크된 데이터베이스(우)

TIP 보기 탭을 클릭한 후 [빈 보기]를 선택하면 원본에서는 레이아웃을 선택할 수 있는 팝업 창이 열리고, 링크된 데이터베이스에서는 연결할 데이터베이스를 선택하는 팝업 창이 열립니다.

➕ 링크된 데이터베이스에 여러 보기 생성하기

링크된 데이터베이스를 생성한 후 보기를 추가하면 보기 방식이나 필터, 정렬 등을 여러 가지로 설정하여 확인할 수 있습니다. 맛집 리스트의 링크된 데이터베이스에서 한식만 필터링하고, 이어서 새로운 보기를 추가하여 일식만 필터링한 후 갤러리 보기로 변경해 보겠습니다. 보기 추가는 원본 데이터베이스에서도 활용할 수 있습니다.

01 다음과 같이 임의로 링크된 데이터베이스를 하나 생성해 봅니다. 우선 ❶ '카테고리' 속성 헤드를 클릭한 후 [필터]를 선택하고 ❷ [한식]을 선택해서 한식 분류의 맛집만 필터링합니다.

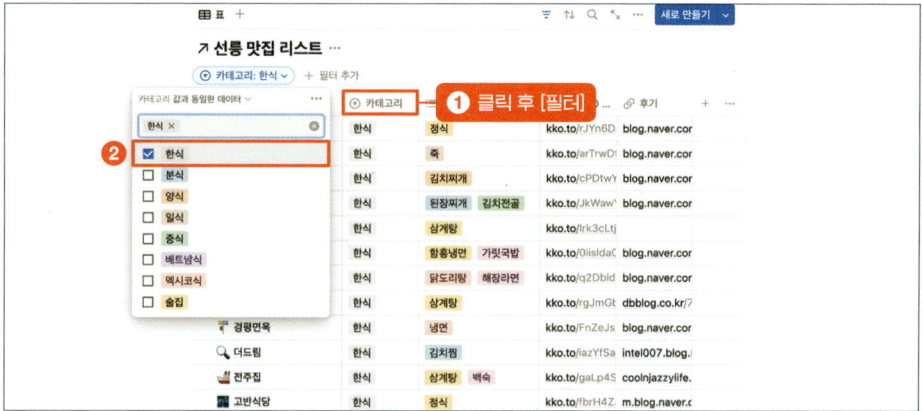

02 새로 추가할 보기 탭과 구분하기 위해 보기 탭의 이름을 변경합니다. ❶ 보기 탭을 클릭한 후 [이름 바꾸기]를 선택하면 다음과 같이 보기 설정 창이 열립니다. ❷ 보기 이름 입력란에 한식이라고 입력했습니다.

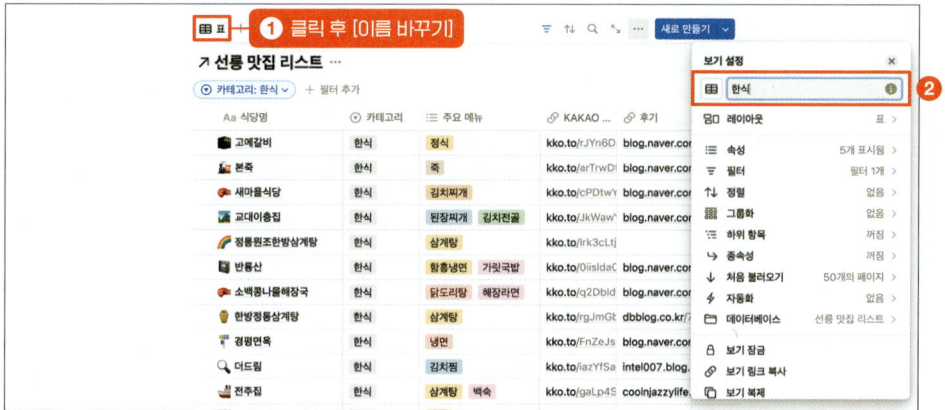

03 일식으로 필터링할 보기를 추가하기 위해 ❶ [한식] 보기 탭을 클릭한 후 ❷ [복제]를 선택합니다. 보기 탭을 복제하면 현재 보기의 데이터베이스는 물론 보기 방식, 필터, 정렬, 속성까지 동일하게 복제됩니다.

TIP 보기 탭에 있는 [+] 아이콘을 클릭한 후 [빈 보기]를 선택하고 원본 데이터베이스를 선택하여 추가하는 방법도 있습니다. 하지만, 원본 데이터베이스를 선택하고, 각종 설정을 다시 변경하는 번거로운 과정을 거쳐야 하므로, 동일한 데이터베이스로 보기를 추가할 때는 위와 같이 복제하는 방법이 효과적입니다.

04 [한식] 보기 탭을 복제했더니 보기 설정 창이 열리고 이름이 '한식 (1)'로 표시됩니다. ❶ 보기 설정 창에서 일식으로 변경합니다. ❷ 이어서 [필터]를 클릭하거나, [필터] 아이콘을 클릭합니다.

05 복제한 보기에서 ❶ [필터]를 클릭하면 다음과 같이 복제한 보기에 적용되어 있던 필터 버튼이 표시됩니다. 필터 버튼을 클릭한 후 ❷ [한식]에서 [일식]으로 변경합니다.

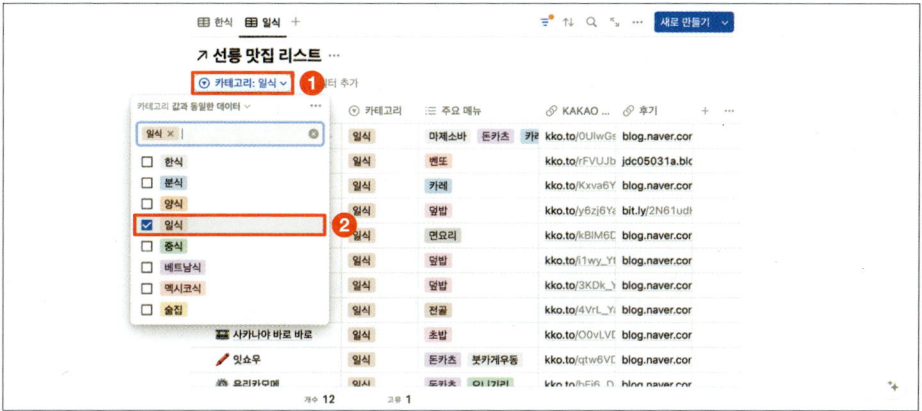

06 일식으로 필터링한 데이터를 갤러리 보기로 변경하기 위해 ❶ [일식] 보기 탭을 클릭한 후 ❷ [보기 편집]을 선택합니다.

LESSON 01 링크된 데이터베이스 알고 가기 **173**

07 보기 설정 창이 열리면 [레이아웃]을 클릭한 후 [갤러리]를 선택하여 다음과 같이 갤러리 보기로 변경합니다. 이처럼 하나의 링크된 데이터베이스 블록에서 같은 데이터베이스를 이용해 서로 다른 보기 방식이나 필터링으로 여러 개의 보기를 추가할 수 있습니다.

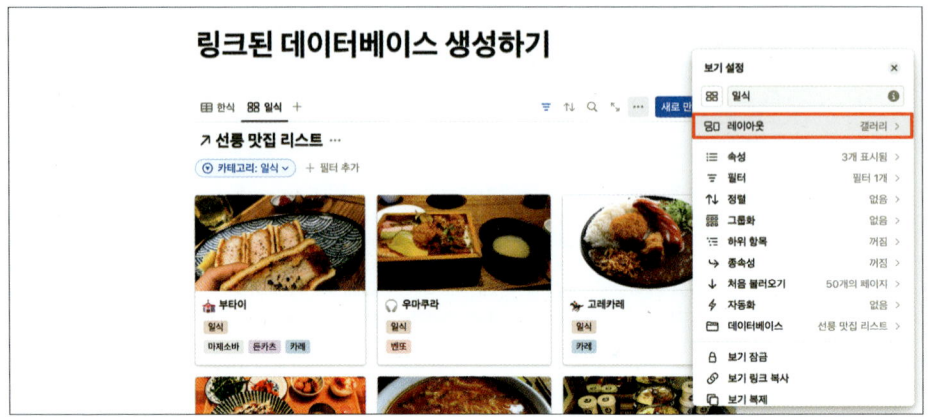

하나의 링크된 데이터베이스에 여러 데이터베이스 불러오기

하나의 링크된 데이터베이스 블록을 생성했다면 여기에 서로 다른 데이터베이스를 탭 형태로 모아서 볼 수 있습니다. 여러 데이터베이스의 데이터를 하나의 데이터베이스로 통합하는 것이 아니라, 탭으로 구분해서 여기저기 흩어져 있는 데이터베이스를 한 곳에서 빠르게 확인할 수 있는 기능입니다. 간단한 실습으로 확인해 보겠습니다.

01 다음과 같이 링크된 데이터베이스를 하나 생성해 봅니다. 그런 다음 보기 탭의 오른쪽에 있는 [+] 아이콘을 클릭한 후 [빈 보기]를 선택합니다.

02 다음과 같이 빈 상태의 보기가 추가되며, 새 보기 창이 열리면 연결할 또 다른 원본 데이터베이스를 선택합니다.

TIP 처음 생성한 링크된 데이터베이스의 원본은 '선릉 맛집 리스트'였으나, 새 보기에서는 원본 데이터베이스로 [회의록 DB]를 선택했습니다.

03 선택한 데이터베이스가 새로운 탭으로 추가되었습니다. 보기 탭을 각각 클릭한 후 [이름 바꾸기]를 선택해서 어떤 데이터베이스인지 알 수 있도록 이름을 변경합니다. 같은 방법으로 계속해서 다른 원본 데이터베이스를 보기로 추가할 수 있습니다.

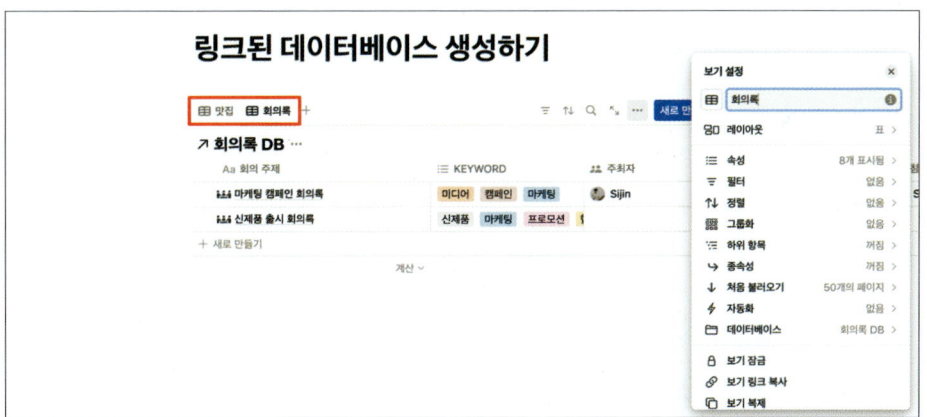

LESSON 01 링크된 데이터베이스 알고 가기 **175**

> **🅽 한 걸음 더** **링크된 데이터베이스 공유 시 보안 문제**
>
> 링크된 데이터베이스가 있는 페이지를 다른 사용자에게 공유하더라도 공유받은 사용자는 해당 데이터베이스 내용을 확인할 수 없습니다. 원본 데이터베이스가 있는 페이지를 공유하지 않았기 때문입니다. 즉, 원본 데이터베이스를 사용할 수 있는 권한에 따라 링크된 데이터베이스도 보거나 편집할 수 있습니다.
>
> 예를 들어 원본 데이터베이스에서 [읽기 허용] 권한만 있고, 링크된 데이터베이스가 있는 페이지에서 [전체 허용] 권한이라면 링크된 데이터베이스에서 필터나 정렬 등의 설정을 변경해서 데이터를 볼 수는 있으나, 데이터를 추가하거나 삭제, 편집할 수는 없습니다. 그러므로 링크된 데이터베이스가 포함된 페이지에서 다른 사용자와 협업하고 싶다면 원본 데이터베이스가 있는 페이지에서도 적절한 권한으로 공유해야 합니다. 이때 보안 문제도 충분히 고려해야 합니다.
>
> `Link` 페이지 공유 권한은 `39쪽` 에서 자세히 설명합니다.
>
> 원본 데이터베이스를 공유한다는 것은 해당 데이터베이스에 있는 모든 데이터의 정보를 공유한다는 의미입니다. 원본에 필터가 걸려 있더라도, [읽기 허용] 이상의 권한이라면 필터를 변경할 수 있으므로 보안 문제를 해결할 수는 없습니다.

LESSON 02 링크된 데이터베이스로 할 일 관리

데이터베이스로 할 일을 관리하면 프로젝트나 키워드별로 할 일을 모아서 볼 수 있고, 날짜를 기준으로 분류해서 볼 수도 있습니다. 또한 필요에 따라 다양한 보기 방식으로 분류해서 관리할 수 있다는 장점이 있습니다.

완성 미리보기

데이터베이스를 이용해 전체 할 일을 정리한 다음 링크된 데이터베이스를 여러 개 생성하여 오늘 할 일, 이번 주 할 일, 일정이 정해지지 않은 할 일, 캘린더 보기 등으로 나눠서 일괄 확인할 수 있는 템플릿입니다.

- **TODAY:** 원본 데이터베이스로, 오늘 해야 할 일을 리스트 보기로 확인합니다.
- **WEEK:** 이번 주에 해야 할 일을 리스트 보기로 확인합니다.
- **INBOX:** 일정이 정해지지 않은 할 일을 리스트 보기로 확인합니다.
- **캘린더:** 캘린더 보기로 할 일을 정리합니다. 보기 탭을 추가하여 완료되지 않은 할 일, 완료된 할 일, 모든 할 일을 필터링해서 구분하고, 타임라인 보기를 추가하여 간트 차트 형태로도 확인할 수 있습니다.

➕ 원본 데이터베이스 완성하기

링크된 데이터베이스를 생성하려면 원본 데이터베이스가 있어야겠죠? 원본 데이터베이스를 구조화한 후 필터링까지 적용해서 TODAY 영역에 배치해 보겠습니다.

01 ❶ 새로운 페이지를 만든 후 페이지 제목을 입력합니다. 여기서는 **나만의 할 일 관리**라고 입력했습니다. ❷ 빈 공간을 클릭하여 첫 번째 블록을 추가한 후 **/인라인** 입력 후 Enter 를 눌러 '데이터베이스-인라인' 블록을 생성합니다.

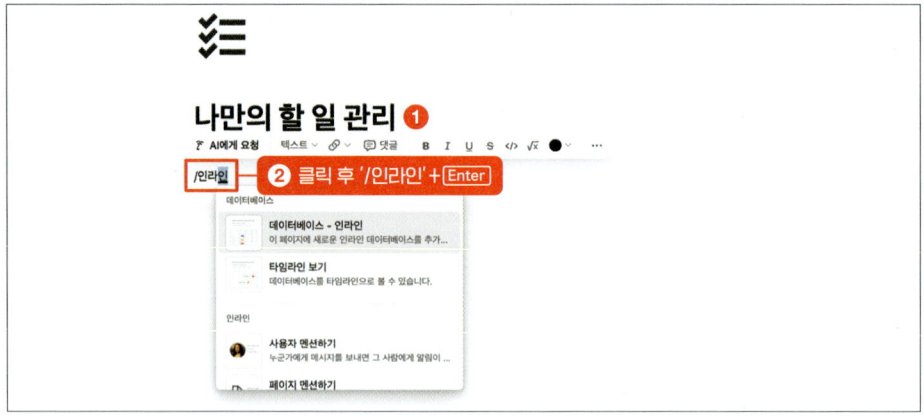

02 페이지를 넓게 사용하기 위해 오른쪽 위의 [⋯] 아이콘을 클릭한 후 [전체 너비]를 활성화합니다.

03 데이터베이스 제목으로 **할 일 관리 DB**를 입력하고, 다음과 같이 할 일 관리 데이터베이스를 완성합니다.

상세과정 살펴보기

기본으로 표시되는 [제목] 유형은 속성 헤드를 클릭한 후 이름을 '내용'으로 변경합니다. [다중 선택] 유형의 '태그' 속성은 속성 헤드를 클릭한 후 [속성 편집]을 선택하여 유형 및 이름을 변경하거나 [속성 삭제]를 선택해서 삭제합니다.

- **내용(제목):** 진행할 할 일의 내용을 입력합니다.
- **마감일(날짜):** 할 일의 마감 날짜를 선택합니다.
- **상태(상태):** 할 일의 완료 여부를 파악하기 위해 '상태' 속성을 구성했습니다. [체크박스] 유형을 사용해도 됩니다. 하지만, 관계형 데이터에서 [상태] 유형을 사용해 할 일 완료 여부를 입력하면 데이터 관리가 조금 더 용이하므로 [상태] 유형을 사용했습니다. `Link` 관계형 데이터는 `238쪽`에서 자세히 설명합니다.

04 [상태] 유형은 표시 방법을 체크박스로 변경할 수 있습니다. ❶ '상태' 속성 헤드를 클릭한 후 [속성 편집]을 선택하여 ❷ 속성 편집 창이 열리면 [표시 옵션]을 클릭하여 [체크박스]를 선택합니다. ❸ [상태] 유형의 속성값에 체크박스가 표시됩니다.

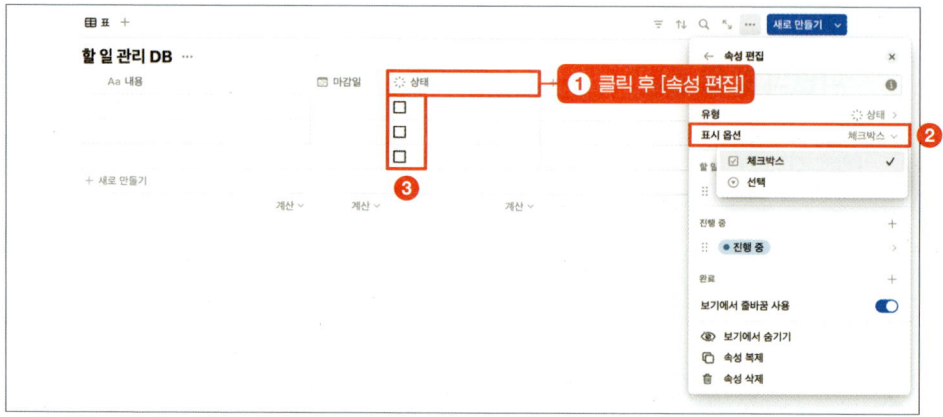

05 '상태' 속성 헤드의 오른쪽 경계선을 더블 클릭하여 너비를 최적화하고, 속성 헤드를 클릭한 채 왼쪽 끝으로 드래그하여 '속성-내용-마감일' 순서로 변경합니다.

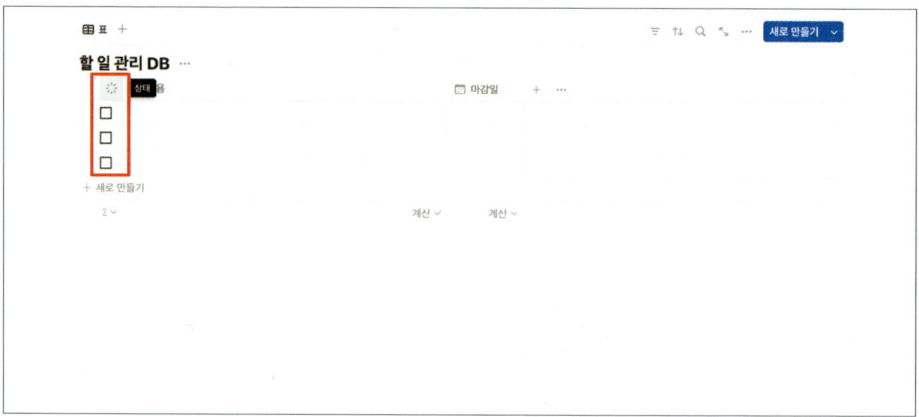

06 데이터베이스 구조화가 끝났습니다. 이제 예시로 몇 가지 할 일 데이터를 입력해 봅니다. 이어서 데이터베이스 제목을 숨기기 위해 ❶ 제목 오른쪽에 있는 […] 아이콘을 클릭한 후 ❷ [데이터베이스 제목 숨기기]를 선택합니다.

07 마감일이 오늘인 할 일만 보이도록 필터링하기 위해 ❶ '마감일' 속성 헤드를 클릭한 후 ❷ [필터]를 선택합니다.

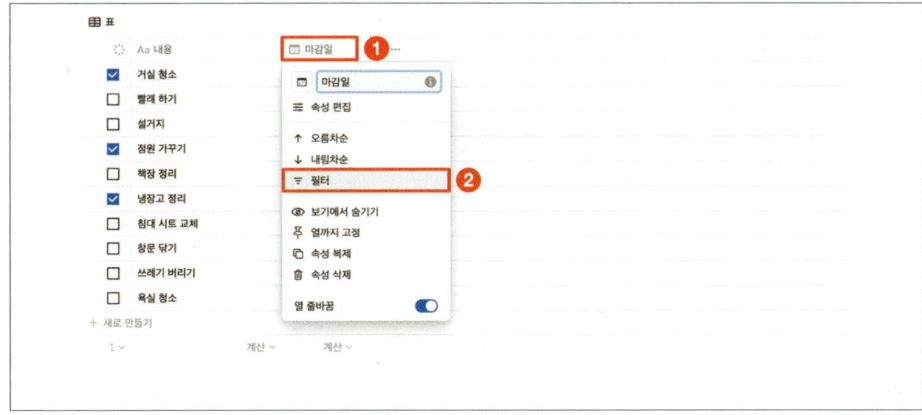

08 날짜 필터 창이 열리면 날짜 필터 조건을 [시작일], [오늘 기준], [이번], [일]로 설정합니다. 마감일이 오늘에 해당하는 데이터만 표시됩니다.

TIP 날짜 필터의 기본 조건은 [시작일, 오늘 기준, 이번, 주]이므로, [주]만 [일]로 변경하면 됩니다.

09 TODAY와 WEEK 영역을 2열로 배치하기 위해 열을 나눠야 합니다. ❶ 페이지 제목 오른쪽 끝을 클릭한 후 Enter를 2번 눌러 2개의 새로운 블록을 추가합니다. ❷ 2개의 블록에 임의로 숫자 1, 2를 입력한 후 모두 선택하고 Ctrl+/를 누릅니다. ❸ [열]을 검색해서 선택합니다.

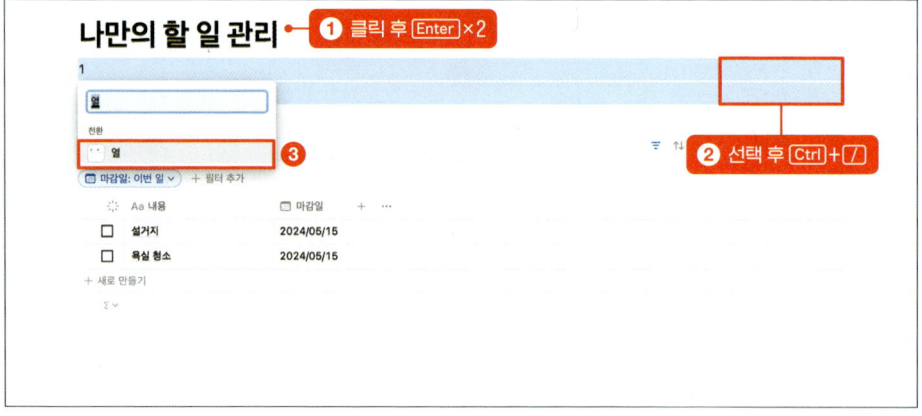

TIP 데이터베이스 블록으로는 열 전환을 실행할 수 없습니다. 그러므로 임의의 '텍스트' 블록을 추가한 후 2개의 열로 나눴습니다.

10 2개의 열이 나눠졌으면 원본 데이터베이스로 마우스 커서를 옮긴 후 앞쪽에 표시되는 [⋮⋮](블록 핸들)을 클릭한 채 숫자 1 아래로 드래그해서 옮깁니다. 다음과 같이 짧은 가로선이 표시될 때 손을 떼면 됩니다.

➕⋮ 링크된 데이터베이스로 각 영역 구성하기

이제 '할 일 관리 DB'의 링크된 데이터베이스를 생성한 후 용도에 맞게 필터링 조건을 변경하고 각 영역에 배치해 보겠습니다.

01 원본 데이터베이스의 ❶ 보기 탭을 클릭한 후 ❷ [이름 바꾸기]를 선택하여 이름을 TODAY로 입력합니다. ❸ 다시 보기 탭을 클릭한 후 ❹ [보기 링크 복사]를 선택합니다.

02 2열에 있는 ❶ 숫자 2 바로 아래를 클릭해서 새로운 블록을 추가한 후 Ctrl+V를 눌러 복사한 원본 데이터베이스 링크를 붙여 넣고, ❷ **[연결된 데이터베이스 보기]**를 선택합니다.

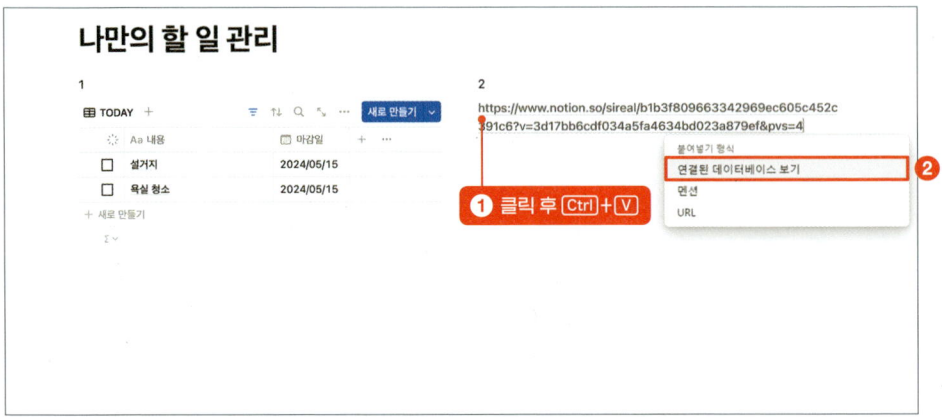

03 다음과 같은 보기 설정 창이 열리고 복사했던 보기 탭의 이름(TODAY)과 설정 그대로 링크된 데이터베이스가 생성됩니다.

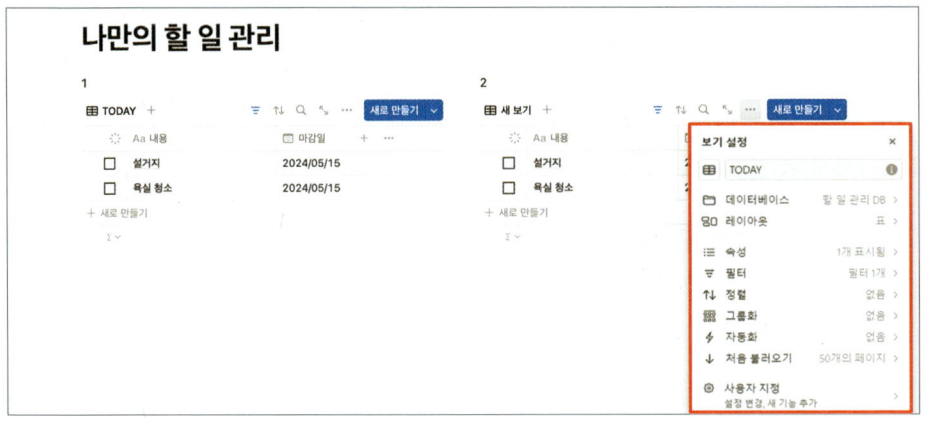

TIP 보기 설정 창이 아닌 새 보기 창이 열리면 복사했던 보기 탭의 이름을 선택하면 됩니다.

04 첫 번째 링크된 데이터베이스는 WEEK 영역에 사용할 것이므로 필터 조건을 변경해야 합니다. 데이터베이스의 오른쪽 위에 있는 ① 필터 아이콘을 클릭합니다. ② 복사한 보기에서 설정했던 '마감일' 필터 버튼이 표시되면 클릭한 후 ③ [일]을 [주]로 변경합니다.

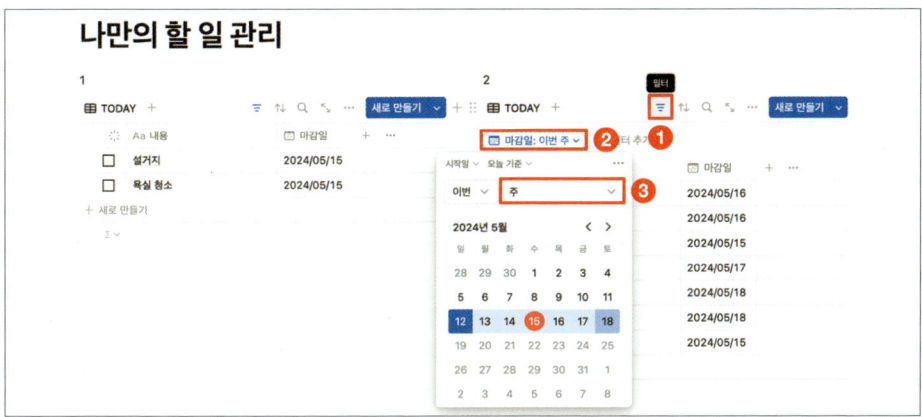

TIP 위와 같이 [시작일, 오늘 기준, 이번, 주]로 날짜 필터를 설정하면 마감일이 오늘을 기준으로 이번 주에 해당하는 날짜인 데이터만 표시됩니다.

05 ① 보기 이름 탭을 클릭한 후 [이름 바꾸기]를 선택하여 보기 설정 창이 열리면 ② 보기 이름을 WEEK로 변경합니다.

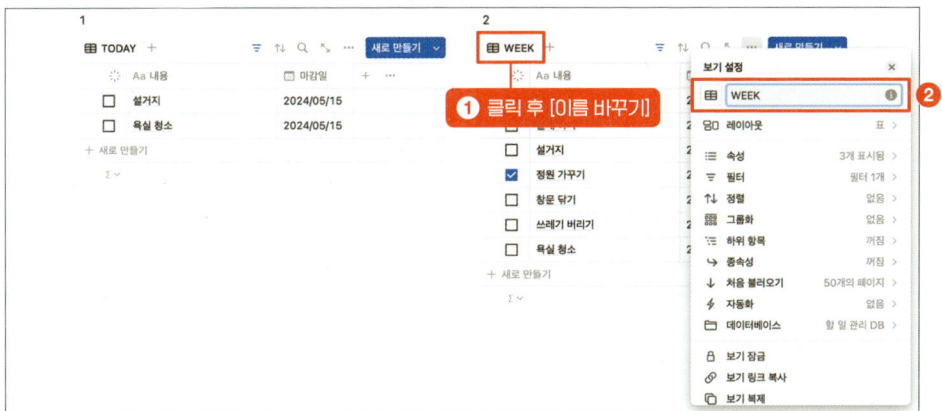

LESSON 02 링크된 데이터베이스로 할 일 관리 **185**

06 숫자 1, 2는 열 전환을 위해 임의로 추가한 블록입니다. TODAY, WEEK 영역을 완성했으므로, 재활용하기 위해 ❶ 마우스로 범위를 드래그하여 1, 2를 선택합니다. ❷ 선택한 블록에서 [::]을 클릭한 채 데이터베이스 아래쪽으로 드래그하여 페이지 전체 너비의 긴 가로선이 표시되면 손을 뗍니다.

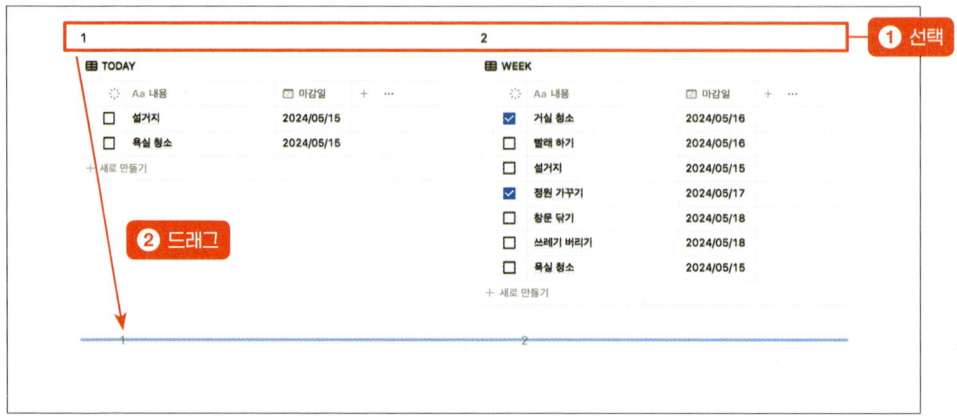

07 숫자 1, 2가 각각 전체 1열로 전환됩니다. ❶ 블록 2개가 선택된 상태에서 Ctrl + / 를 누른 후 ❷ 검색하여 [열]을 선택하면 다시 2열로 나눠집니다.

08 ❶ 이번에도 숫자 1 바로 아래를 클릭하여 새로운 블록이 추가되면 Ctrl+V를 눌러 보기 링크를 붙여 넣고 ❷ [연결된 데이터베이스 보기]를 선택합니다.

TIP [TODAY] 탭에서 복사해 놓은 보기 링크는 다른 것을 복사하기 전까지는 그대로 클립보드에 유지됩니다. 그러므로 계속해서 Ctrl+V를 눌러 여러 개의 링크된 데이터베이스를 생성할 수 있습니다.

09 이번에는 마감일이 설정되어 있지 않은 데이터만 필터링할 것입니다. ❶ [필터] 아이콘을 클릭하여 ❷ '마감일' 필터 버튼이 표시되면 클릭합니다. ❸ 날짜 필터 조건에서 [오늘 기준]을 클릭한 후 ❹ [비어 있음]을 선택합니다.

TIP 위와 같이 날짜 필터의 조건을 [비어 있음]으로 설정하면 말 그대로 해당 속성값이 비어 있는 데이터, 즉 마감일이 설정되지 않은 데이터만 필터링됩니다.

➕ 여러 개의 보기 탭으로 조건별 캘린더 보기 구성하기

이번에는 캘린더 영역으로 하나의 링크된 데이터베이스에 여러 개의 보기 탭을 추가하고, 각 보기 탭에서 필터링을 다르게 설정합니다. 캘린더 보기로 날짜별 할 일을 파악할 수 있습니다.

01 숫자 2 바로 아래를 클릭하여 새로운 블록이 추가되면 Ctrl+V를 눌러 보기 링크를 붙여 넣고 [연결된 데이터베이스 보기]를 선택합니다.

02 링크된 데이터베이스가 생성되고, 보기 설정 창이 열리면 ❶ 이름을 할일로 변경하고 필터 설정을 변경하기 위해 ❷ [필터]를 선택합니다.

TIP 보기 설정 창에서 레이아웃을 [캘린더]로 선택해도 됩니다. 여기서는 필터 설정 후 보기를 변경하는 방식으로 진행하겠습니다.

03 필터 창이 열리면, 처음 복사한 보기에 적용되어 있던 필터 버튼이 표시됩니다. 이번 보기에서는 '상태' 속성으로 필터를 적용하기 위해 ❶ [**필터 추가**]를 선택합니다. ❷ 필터 추가 창이 열리면 [**상태**]를 선택합니다.

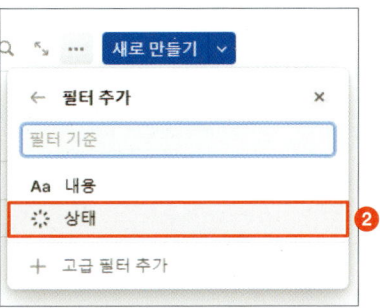

04 상태 필터 버튼이 추가되면서 필터 창이 열리면 ❶ [**값과 동일한 데이터**], [**할 일**]로 필터 조건을 설정합니다. 이어서 복사한 보기에 적용되어 있던 마감일 필터는 제거해야 합니다. ❷ 마감일 필터 버튼을 클릭하고 ❸ 필터 창이 열리면 오른쪽 위의 [···] 아이콘을 클릭한 후 ❹ [**필터 제거**]를 선택합니다.를 선택합니다.

05 필터 설정이 끝났으니 이제 캘린더 보기로 변경하겠습니다. [새로 만들기] 버튼 왼쪽에 있는 ❷ […] 아이콘을 클릭하여 보기 설정 창에서 [레이아웃]을 선택하면 다음과 같은 레이아웃 창이 열리고, ❷ [캘린더]를 선택하면 곧바로 캘린더 보기로 변경됩니다.

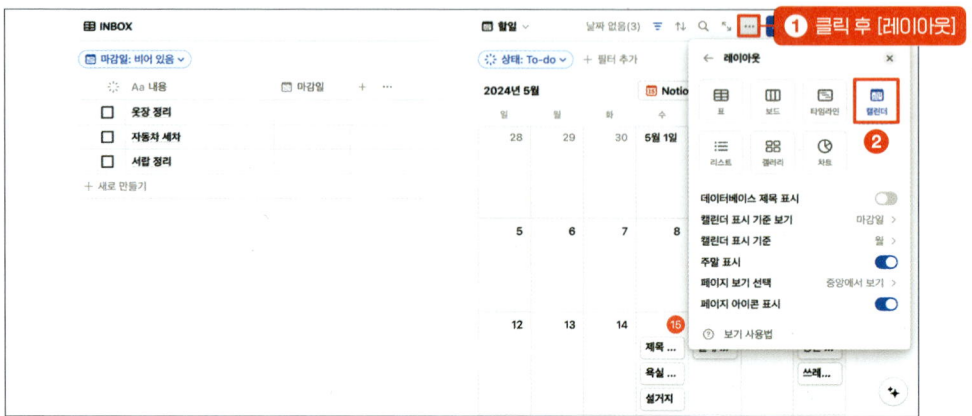

TIP 보기 탭을 클릭한 후 [보기 편집]을 선택하고 이어서 [레이아웃]을 선택해도 위와 같은 레이아웃 창이 열립니다.

06 '상태' 속성값이 [할 일]로 선택된 데이터만 필터링되어 캘린더 보기에 표시됩니다. ❶ 1열과 2열 사이로 마우스 커서를 옮긴 후 회색 세로선이 표시되면 클릭한 채 왼쪽으로 드래그하여 캘린더 영역의 너비를 넓게 조절하고, ❷ 숫자 1, 2 블록을 선택한 후 Delete 를 눌러 삭제합니다.

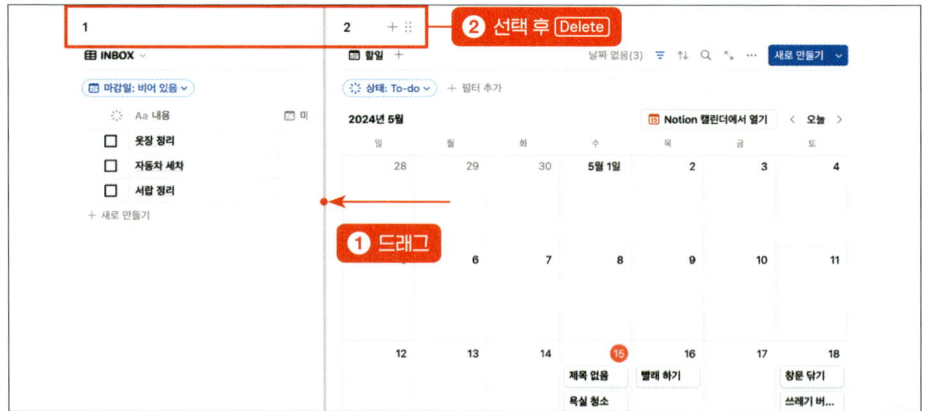

07

❶ [할일] 보기 탭을 클릭한 후 [복제]를 선택하여 총 3개의 보기 탭을 만들고, 각 보기 이름을 변경한 후 보기에 따라 필터를 변경합니다. ❷ [⋯] 아이콘을 클릭한 후 [속성]을 선택하여 속성 창이 열리면 ❸ '상태' 속성의 눈 아이콘을 클릭하여 활성화하고, ❹ '상태' 속성명을 클릭합니다. ❺ 속성 편집 창이 열리면 [표시 옵션]을 클릭한 후 [체크박스]를 선택합니다. 이제 캘린더에서 체크박스 형태로 '상태' 속성을 확인할 수 있습니다.

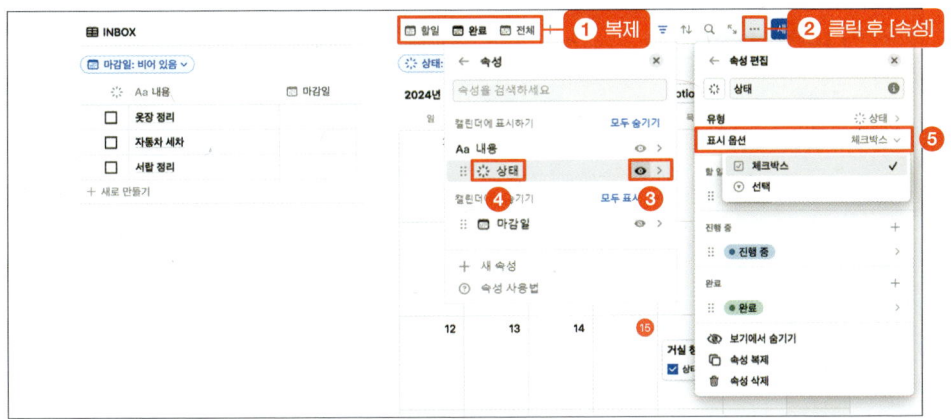

상세과정 살펴보기

복제된 보기 탭을 클릭한 후 [이름 바꾸기]를 선택하여 이름을 변경할 수 있습니다. 여기서는 순서대로 [할일], [완료], [전체] 탭으로 구성했습니다.

필터 설정은 각 탭에서 필터 버튼을 클릭하여 변경합니다. 우선 [완료] 보기 탭에서는 [완료]에만 체크하고, [전체] 보기 탭에서는 필터 창에서 [⋯] 아이콘을 클릭한 후 [필터 제거]를 선택하여 필터를 제거함으로써 모든 할 일 목록을 표시합니다.

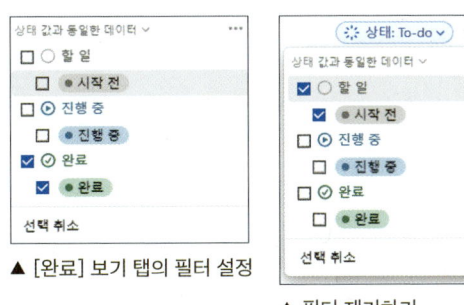

▲ [완료] 보기 탭의 필터 설정

▲ 필터 제거하기

TIP 지금까지의 과정을 참고하여 새로운 보기 탭을 추가한 후 타임라인 보기로 간트 차트까지 추가하면 캘린더 영역이 완성됩니다.

+ ⋮ 리스트 보기로 변경하기

마지막으로 TODAY와 WEEK 영역에서 각각 리스트 보기로 변경한 후 다음과 같이 '내용' 속성과 체크박스 형태의 '상태' 속성만 표시하여 깔끔하게 완성합니다.

상세과정 살펴보기

TODAY와 WEEK 영역에서 각각 다음 과정들을 실행합니다.

❶ [새로 만들기] 버튼 왼쪽에 있는 […] 아이콘을 클릭한 후 [레이아웃]을 선택하여 [리스트]를 선택합니다.

❷ 다시 한번 […] 아이콘을 클릭한 후 [속성]을 선택하여 속성 창이 열리면 [마감일]의 눈 아이콘은 비활성화하고, [상태]의 눈 아이콘은 활성화합니다.

❸ 계속해서 속성 창에서 '상태' 속성명을 클릭하여 속성 편집 창을 열고 [표시 옵션]을 [체크박스]로 변경합니다.

LESSON 03 : 내비게이션 메뉴처럼 구성한 영화 기록

영화 기록은 꼭 영화가 아니더라도 기록들을 쌓아 두고 관리하기 좋은 템플릿입니다. 이 템플릿을 응용하여 독서, 음악, 뮤지컬 드라마 기록 등으로 활용할 수도 있습니다. 그리고 이렇게 정리한 자료를 활용하면 나만의 취향을 분석할 수도 있을 것입니다.

완성 미리보기

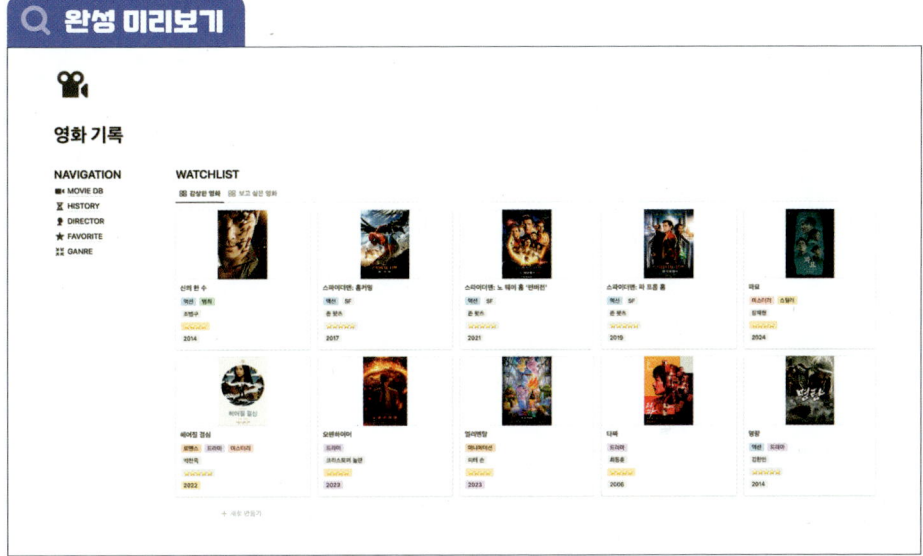

전체 2열 구성으로, 1열에는 자주 살펴보는 페이지들을 내비게이션 메뉴처럼 구성하고, 2열에는 전체 영화 데이터를 배치하여 관리합니다.

- **NAVIGATION:** 각 페이지에 링크된 데이터베이스를 생성한 후 페이지 제목에 어울리는 데이터만 확인할 수 있도록 필터링합니다.
- **WATCHLIST:** 원본 데이터베이스를 생성한 후 갤러리 보기로 영화 데이터를 정리합니다.

갤러리와 보드 보기로 원본 데이터베이스 완성하기

갤러리 보기로 표시될 데이터베이스의 구조화부터 진행합니다. 데이터베이스 구조화 및 데이터 입력은 표 보기가 편리하므로, 표 보기로 데이터베이스를 생성한 후 모든 정리가 완료되면 보기 형태를 변경합니다.

01 ❶ 새로운 페이지를 만든 후 페이지 제목을 입력합니다. 여기서는 **영화 기록**이라고 입력했습니다. ❷ 페이지를 넓게 사용하기 위해 오른쪽 위의 […] 아이콘을 클릭한 후 ❸ [전체 너비] 옵션을 활성화합니다.

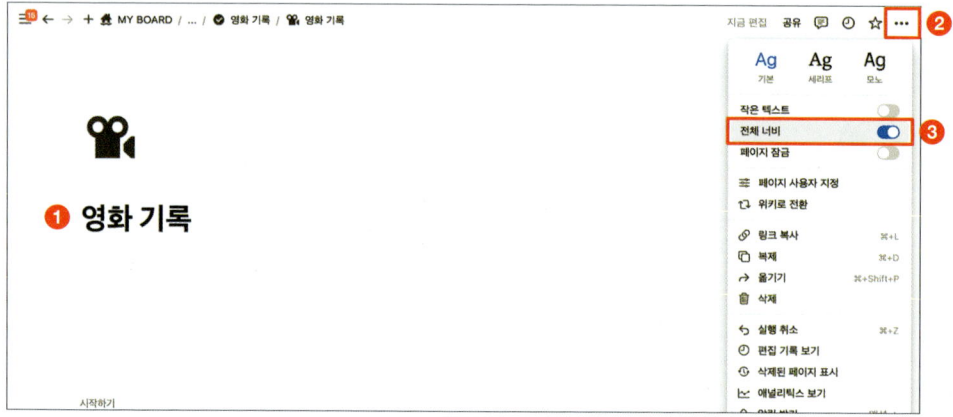

02 데이터베이스를 생성하기 위해 빈 공간을 클릭하여 첫 번째 블록을 추가하고 **/인라인** 입력 후 Enter 를 눌러 '데이터베이스-인라인' 블록을 생성합니다.

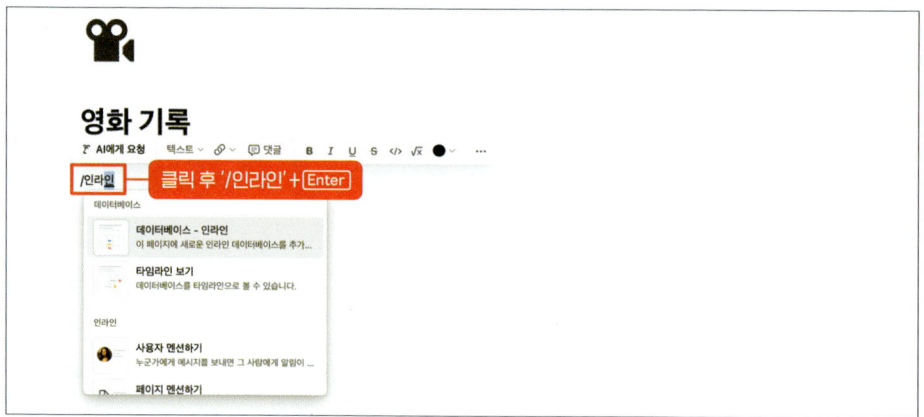

TIP 인라인 형식의 데이터베이스는 현재 페이지에 데이터베이스 이외에 다양한 블록을 추가해서 사용할 수 있지만, 전체 페이지 형식의 데이터베이스는 하나의 페이지에 오직 데이터베이스 하나만 포함되어 있어 다른 블록을 추가할 수 없습니다.

03 데이터베이스 제목으로 MOVIE DB를 입력하고, 다음과 같이 영화 기록 관리를 위한 데이터베이스를 구조화합니다.

상세과정 살펴보기

기본으로 표시되는 [제목] 유형은 '영화 제목' 속성으로 활용했고, [다중 선택] 유형의 '태그' 속성은 '장르'나 '국가'로 변경해서 사용하면 됩니다. 계속해서 순서에 맞게 나머지 속성을 추가하여 완성합니다.

- **영화 제목(제목)**: 영화 제목을 입력합니다.
- **시청 날짜(날짜)**: 영화 감상 날짜를 입력합니다.
- **장르(다중 선택)**: 영화의 장르를 입력합니다.
- **국가(다중 선택)**: 영화를 제작한 국가를 입력합니다.
- **개봉 연도(선택)**: 영화 개봉 연도를 입력합니다.
- **포스터(파일과 미디어)**: 영화 포스터를 이미지로 첨부합니다.
- **시놉시스(텍스트)**: 영화 시놉시스를 입력합니다.
- **감독(선택)**: 영화 감독을 입력합니다.
- **출연 배우(다중 선택)**: 영화 출연 배우를 입력합니다.
- **시청 횟수(숫자)**: 영화를 시청한 횟수를 입력합니다.
- **개인 평점(선택)**: 영화를 본 개인 평점을 입력합니다.
- **감상 포인트(텍스트)**: 영화를 볼 때 감상 포인트를 입력합니다.
- **URL(URL)**: 영화 관련 URL을 입력합니다.

TIP 속성 헤드를 클릭한 후 팝업 창의 이름 입력란에 있는 [i] 아이콘을 클릭하면 해당 속성에 대한 설명을 입력할 수 있습니다. 다른 사람과 협업하거나, 비슷한 이름의 속성이 많아서 헷갈릴 때를 대비하여 속성에 대한 설명을 입력해 두면 효과적입니다.

04 데이터베이스의 [새로 만들기] 버튼을 클릭하거나, 데이터베이스 목록의 왼쪽 아래에 있는 [+새로 만들기]를 클릭하면서 예시 데이터(감상했던 영화 데이터)를 채워 봅니다.

TIP 영화에 관련된 정보는 씨네21(http://www.cine21.com/)에서 쉽게 찾을 수 있습니다. 영화 포스터 이미지는 직접 다운로드해도 되지만, 웹에서 찾아 마우스 우클릭 후 [이미지 주소 복사]를 선택하고, [파일과 미디어] 유형의 '포스터' 속성값 입력란을 클릭한 후 [링크 임베드] 탭에 붙여 넣어도 됩니다.

05 2열로 나누기 위해 ❶ 페이지 제목 오른쪽 끝을 클릭한 후 Enter 를 2번 누릅니다. ❷ 2개의 새로운 블록이 추가되면 각각 NAVIGATION과 WATCHLIST를 입력한 후 모두 선택합니다. ❸ Ctrl + / 를 눌러 팝업 메뉴를 열고 ❹ 검색으로 [열]을 찾아 선택합니다.

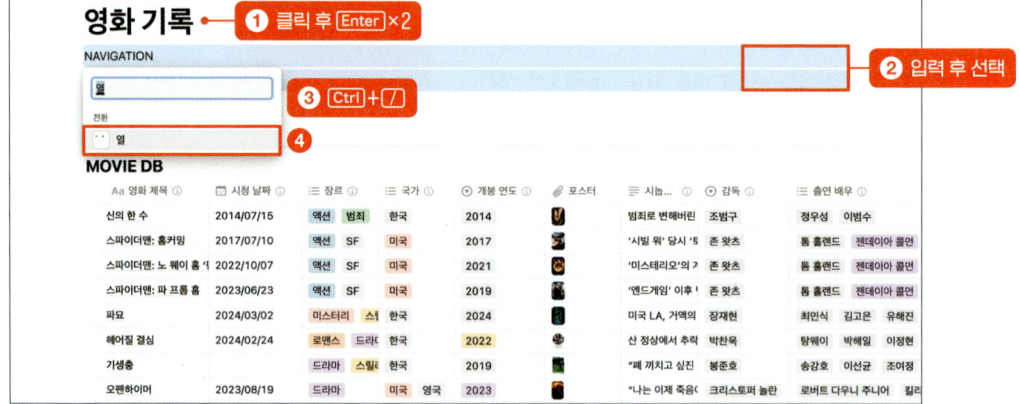

06 ❶ 2열로 나눠진 2개의 텍스트 블록을 선택한 뒤 Ctrl+Shift+2를 눌러 '제목2' 블록으로 전환합니다. ❷ 완성해 둔 원본 데이터베이스로 마우스 커서를 옮긴 후 [: :](블록 핸들)이 표시되면 클릭한 채 WATCHLIST 영역 바로 아래로 드래그합니다. 짧은 세로선이 표시될 때 손을 떼면 됩니다.

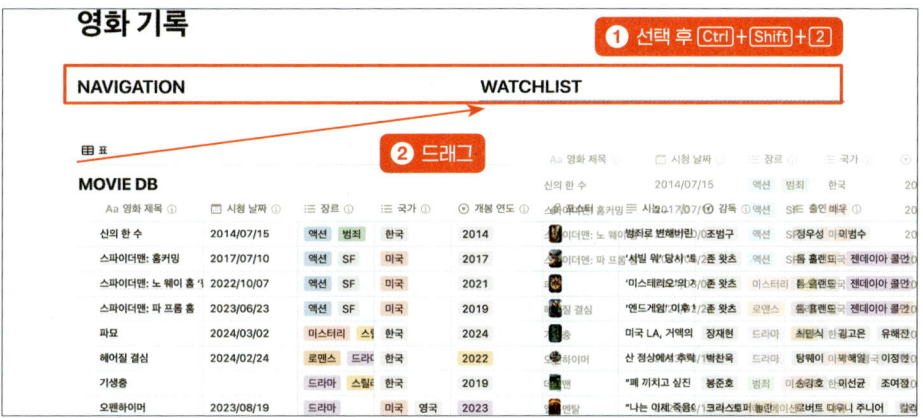

07 NAVIGATION 영역은 페이지 제목만 짧게 표시되므로, 2개의 열 사이로 마우스 커서를 옮긴 후 회색 세로선이 표시되면 클릭한 채 왼쪽으로 드래그하여 WATCHLIST 영역을 넓게 조절합니다.

08 ① 데이터베이스에서 오른쪽 위에 있는 […] 아이콘을 클릭한 후 [레이아웃]을 선택합니다. ② 레이아웃 창이 열리면 [갤러리]를 선택하여 보기 방식을 갤러리 보기로 변경하고, ③ [카드 미리보기: 포스터], [카드 크기: 작게], [이미지 맞추기: 활성화], [페이지 보기 선택: 사이드 보기]로 설정합니다.

TIP 데이터베이스 제목 오른쪽에 있는 […] 아이콘을 클릭한 후 [데이터베이스 제목 숨기기]를 선택하면 위와 같이 데이터베이스 제목을 숨길 수 있습니다.

09 다시 한번 ① 데이터베이스 오른쪽 위에 있는 […] 아이콘을 클릭한 후 [속성]을 선택합니다. ② 속성 창이 열리면 갤러리 보기에서 표시될 속성의 눈 아이콘을 클릭해서 활성화합니다. 여기서는 [장르], [개봉 연도], [개인 평점], [출연 배우]의 눈 아이콘을 클릭해서 활성화했습니다.

TIP [제목] 유형의 '영화 제목' 속성은 기본으로 활성화되어 있습니다.

10 이제 시청한 영화와 시청하지 않은 영화를 구분하기 위해 필터를 설정하겠습니다. ❶ [필터] 아이콘을 클릭한 후 ❷ [시청 날짜]를 선택합니다.

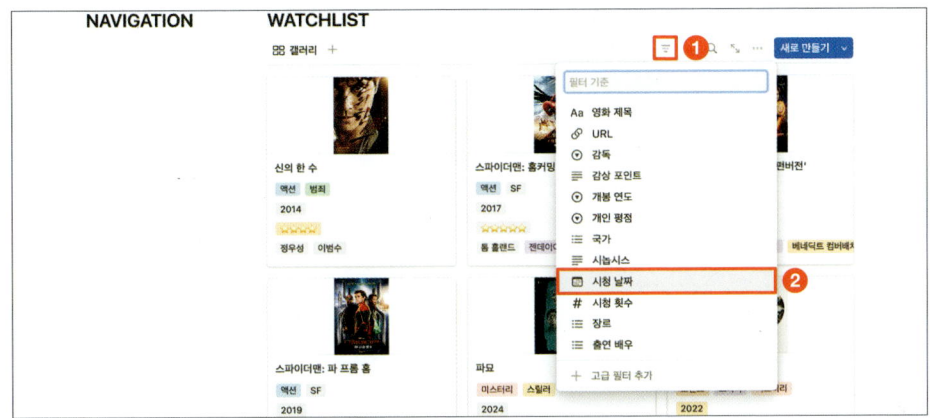

11 '시청 날짜' 필터 버튼이 추가되고 필터 창이 열리면 ❶ [오늘 기준]을 클릭하여 ❷ [비어 있지 않음]을 선택합니다. 이제 '시청 날짜' 속성값이 입력된 데이터, 즉 감상한 날짜가 입력된 영화 목록만 필터링되어 표시됩니다.

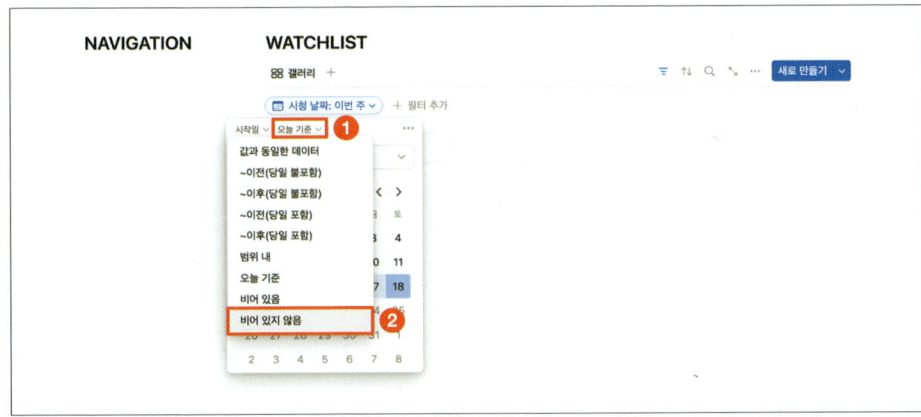

12 ❶ [갤러리] 보기 탭을 클릭한 후 [이름 바꾸기]를 선택하여 보기 탭의 이름을 [감상완료]로 변경합니다. ❷ 시청한 연도별 영화를 파악하기 위해 보기 탭 오른쪽에 있는 [+] 아이콘을 클릭한 후 [보드]를 선택합니다. ❸ 그룹화 기준을 변경하기 위해 […] 아이콘을 클릭하여 보기 설정 창이 열리면 ❹ [그룹화]를 클릭합니다.

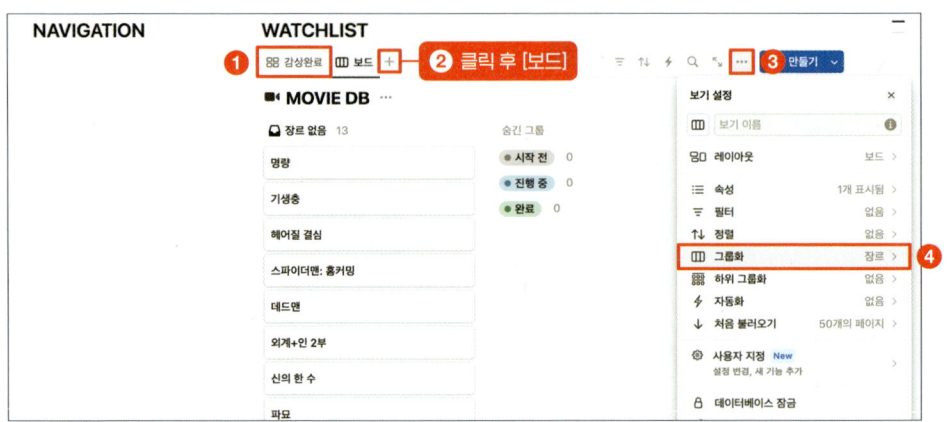

13 시청 날짜를 연도별로 파악할 것이므로, 그룹화 창에서 ❶ [그룹화 기준] 옵션을 [시청 날짜]로 설정하고, ❷ [날짜별] 옵션을 [연도별]로 설정합니다. ❸ 계속해서 시청 날짜가 최근일수록 앞에 배치되도록 [정렬] 옵션을 [최신순]으로 변경합니다.

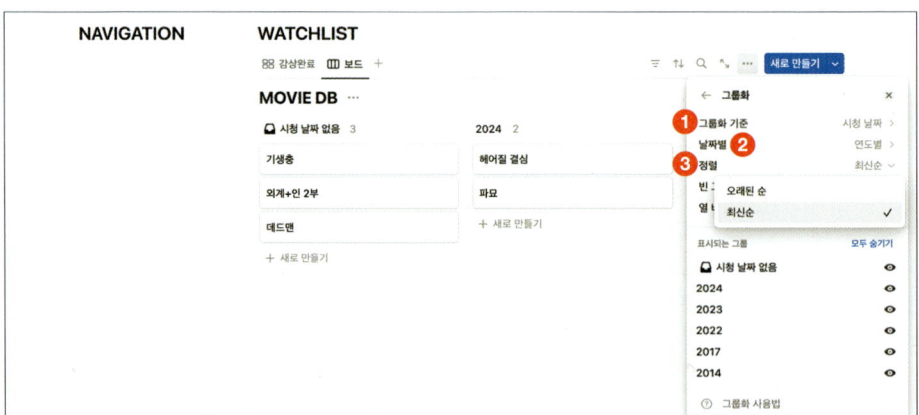

14 다음과 같이 최근부터 과거순으로 연도가 기준이 된 보드 보기가 완성되었습니다. 보드 보기에서도 시청 완료한 목록만 확인하기 위해 ❶ [시청 날짜 없음] 그룹에서 오른쪽에 있는 […] 아이콘을 클릭한 후 ❷ [그룹 숨기기]를 선택하여 숨김 처리합니다.

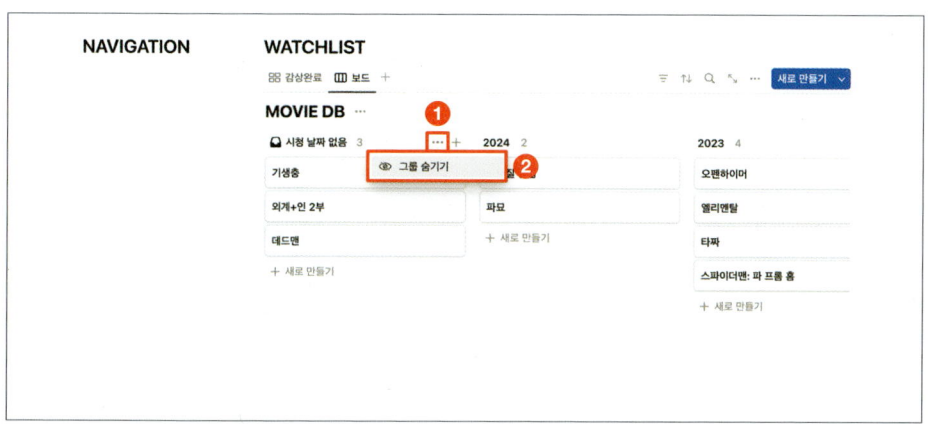

15 영화 포스터도 함께 표시하기 위해 데이터베이스 오른쪽 위에 있는 ❶ […] 아이콘을 클릭한 후 [레이아웃]을 선택합니다. ❷ 레이아웃 창이 열리면 [카드 미리보기] 옵션을 클릭한 후 ❸ [포스터]를 선택합니다.

16 다시 한번 [⋯] 아이콘을 클릭한 후 [속성]을 선택해서 다음과 같은 속성 창이 열리면 카드에 함께 표시할 속성들의 눈 아이콘을 활성화하여 연도별 감상 목록을 완성합니다.

링크된 데이터베이스로 내비게이션 페이지 구성하기

감상한 영화 목록을 정리한 갤러리 보기와 연도별 감상 목록을 정리한 보드 보기가 포함된 원본 데이터베이스가 완성되었습니다. 이제 NAVIGATION 영역에 메뉴처럼 사용될 '페이지' 블록을 추가하고, 각 페이지에 링크된 데이터베이스를 생성하면 완성입니다.

01 전체 레이아웃에서 1열에 내비게이션처럼 사용될 페이지들을 생성해야 합니다. NAVIGATION 영역 바로 아래를 클릭하여 '텍스트' 블록을 추가하고, Enter 를 누르면서 각 페이지 제목으로 사용할 텍스트를 입력합니다.

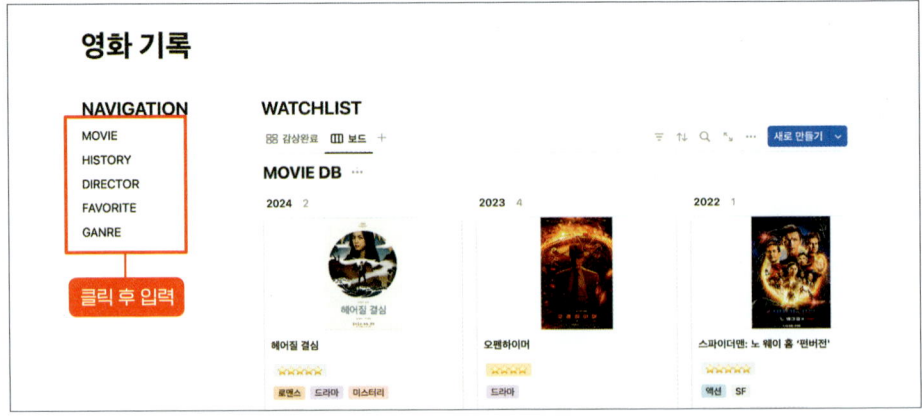

02 입력한 5개의 '텍스트' 블록을 모두 선택한 후 단축키 Ctrl + Shift + 9 를 눌러 '페이지' 블록으로 전환합니다. ❶ 블록을 선택한 상태에서 Ctrl + / 를 누른 후 ❷ [전환]-[페이지]를 선택해도 됩니다.

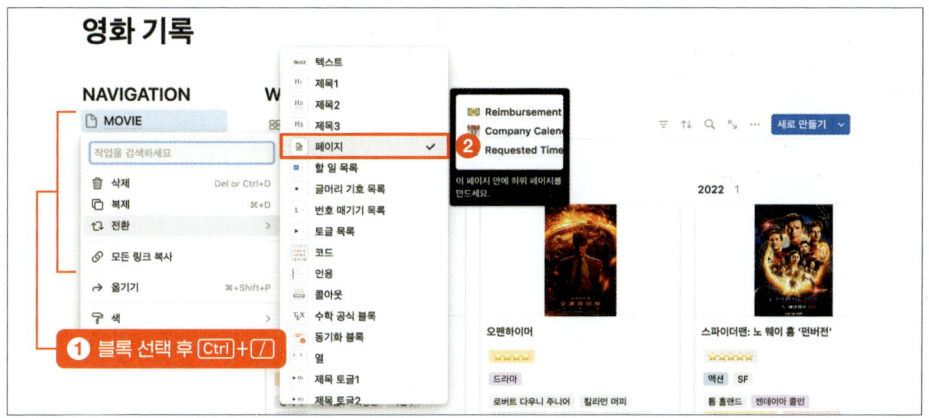

03 내비게이션용 페이지 중에서 대표로 'GANRE' 페이지를 완성해 보겠습니다. ❶ WATCHLIST 영역에서 [보드] 보기 탭을 클릭한 후 ❷ [보기 링크 복사]를 선택하여 원본 데이터베이스의 보기 링크를 복사합니다. ❸ 1열에서 'GANRE' 페이지를 클릭해서 내부로 이동합니다.

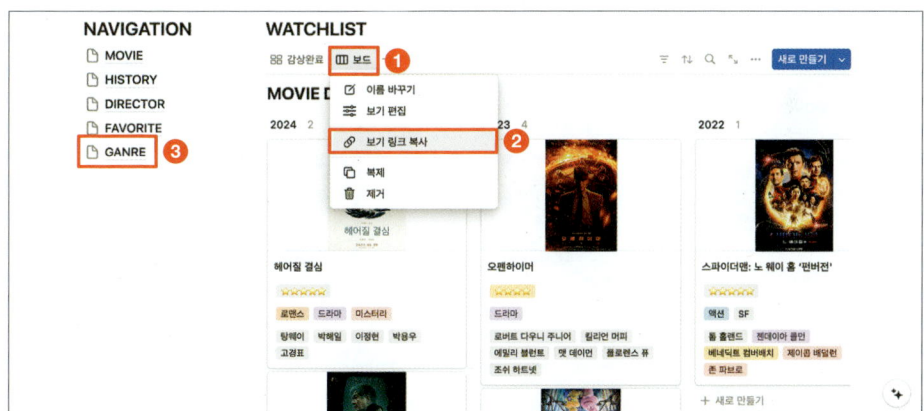

04 ❶ GANRE 페이지가 열리면 넓게 사용하기 위해 오른쪽 위의 [···] 아이콘을 클릭한 후 **[전체 너비]**를 활성화합니다. ❷ 페이지 제목 아래를 클릭해서 새로운 블록을 추가한 후 Ctrl+V를 눌러 보기 링크를 붙여 넣고 ❸ **[연결된 데이터베이스 보기]**를 선택합니다.

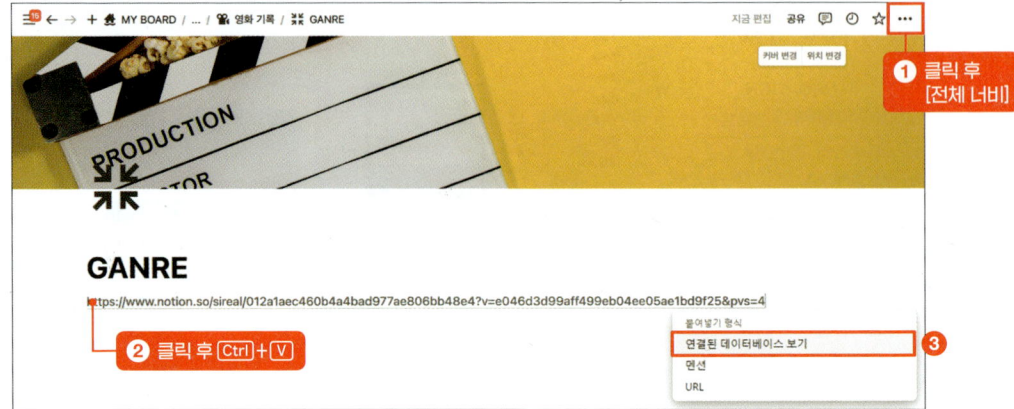

TIP 페이지 속 페이지로 들어오면 앞서 '페이지' 블록에 입력된 텍스트가 제목으로 입력되어 있습니다. 사용자에 따라 아이콘 및 커버를 추가하여 원하는 모습으로 꾸며서 사용하면 됩니다.

05 원본에서 **[보드]** 보기 링크를 복사했으므로, 시청 날짜로 그룹화된 보드 보기가 생성되고, 보기 설정 창이 열립니다. 그룹화 기준 및 장르 정렬 순서를 변경하기 위해 **[그룹화]**를 선택합니다.

TIP 보기 설정 창이 열리지 않았다면 데이터베이스 오른쪽 위에 있는 [···] 아이콘을 클릭합니다.

06 그룹화 창이 열리면 ① [그룹화 기준]을 [장르]로 변경하고, ② [정렬]을 [수동]으로 변경합니다. ③ '표시되는 그룹' 영역에 장르 목록이 표시되면 장르명을 드래그하여 정렬 순서를 변경합니다.

위와 같이 링크된 데이터베이스를 생성한 후 그룹화 기준을 변경하면 GANRE 페이지가 완성됩니다. GANRE 페이지 완성 과정을 참고하여 나머지 페이지에도 보기 링크를 붙여 넣어 링크된 데이터베이스를 생성하고, 페이지에 맞게 그룹화 기준이나 정렬 순서 등을 변경해서 완성해 보세요.

LESSON 04 : 한 페이지에서 모아 보는 팀별 회의록

공통 목표를 더욱 빠르게 달성하자는 취지로 팀별 회의록을 사내에 공유하는 조직이거나, 여러 팀을 관리하는 관리자가 사용하기 좋은 템플릿입니다. 한 페이지에서 회의 안건을 팀별로 구분해서 한눈에 확인할 수 있습니다.

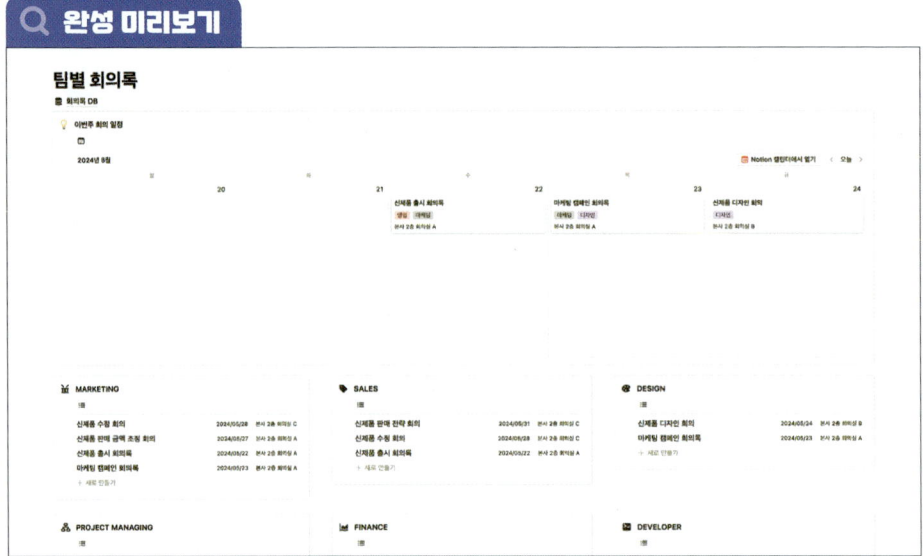

하나의 단일 데이터베이스에서 팀별로 회의록을 작성하고, 팀별로 필터링된 여러 개의 링크된 데이터베이스를 사용합니다.

- **회의록 DB:** '데이터베이스-전체 페이지' 블록으로 회의록 데이터베이스를 구성합니다. 전체 페이지로 만든 데이터베이스이므로, 메인 페이지에서는 '페이지' 블록으로 표시됩니다.
- **이번 주 회의 일정:** 링크된 데이터베이스를 캘린더 보기로 배치합니다. 팀 구분 없이 이번 주에 있는 모든 회의 일정을 확인할 수 있습니다.
- **팀별:** 링크된 데이터베이스를 이용해 팀별/부서별로 구분해서 배치합니다.

＋⋮ 전체 페이지 형태로 회의록 DB 완성하기

링크된 데이터베이스로 팀별 회의록을 만들기 위해서는 원본 데이터베이스에 모든 팀의 회의록이 작성되어야 합니다. 완성 미리보기에서 알 수 있듯이 '데이터베이스-전체 페이지' 블록으로 원본 회의록 데이터베이스를 구성합니다.

01 ❶ 새로운 페이지를 만든 후 페이지 제목에 **팀별 회의록**을 입력합니다. ❷ 빈 공간을 클릭한 후 '데이터베이스-전체 페이지' 블록을 생성하기 위해 **/전체** 입력 후 Enter 를 누릅니다.

02 전체 페이지 형태의 데이터베이스가 포함된 페이지가 열립니다. 전체 페이지 데이베이스에서는 페이지 제목이 데이터베이스 제목이고, 페이지 아이콘과 커버는 데이터베이스 아이콘과 커버가 됩니다. 데이터베이스 제목으로 MEETING DB를 입력합니다.

TIP 전체 페이지 형태의 데이터베이스는 데이터베이스 자체가 하나의 페이지이므로, 전체 너비로만 표시됩니다.

03 새로운 속성을 추가하면서 다음과 같이 구조화합니다.

> **상세과정 살펴보기**
>
> 순서대로 속성 이름과 유형은 다음과 같습니다. **Link** 각 속성에 대한 상세 설명은 [CHAPTER 03] **140쪽** 에서 만든 회의록 DB를 참고하세요.
>
> - 회의 주제(제목)
> - 팀(다중 선택)
> - KEYWORD(다중 선택)
> - 회의일시(날짜)
> - 회의장소(텍스트)
> - 주최자(사람)
> - 참석자(사람)
> - 참조자(사람)
> - 참고자료(파일과 미디어)

04 데이터베이스 구조화가 끝났습니다. 이제 회의 내용을 하나씩 채우면 됩니다. 이후 템플릿 구성 시 필터, 정렬, 보기를 추가했을 때 그 변화를 파악하기 위해 임의로 회의 데이터를 채워 주세요.

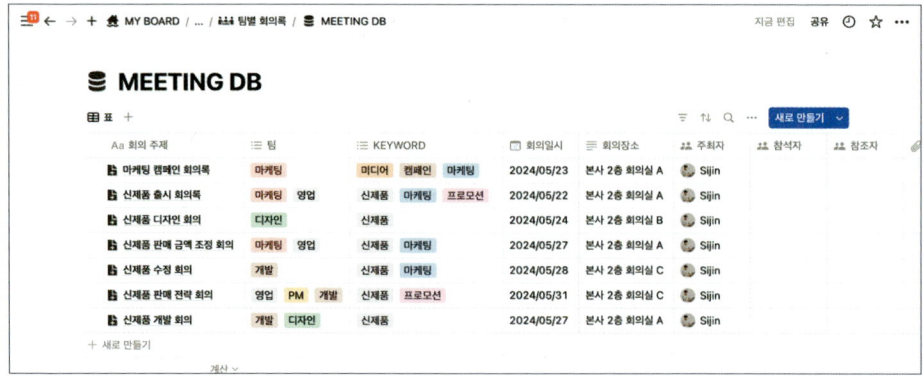

TIP 부록으로 제공하는 완성 템플릿에서 예시 데이터를 복사한 후 붙여 넣으면 편리합니다.

05 끝으로 회의록을 작성할 수 있는 데이터베이스용 템플릿을 구성합니다. ❶ [새로 만들기] 버튼 오른쪽에 있는 [펼침] 버튼을 클릭한 후 [새 템플릿]을 선택하면 됩니다. ❷ 템플릿 제작용 페이지가 열리면 다음과 같이 회의록 작성용 서식을 완성합니다. Link 데이터베이스용 템플릿 제작 및 아래의 템플릿 구성은 앞서 실습한 141쪽 과 동일합니다.

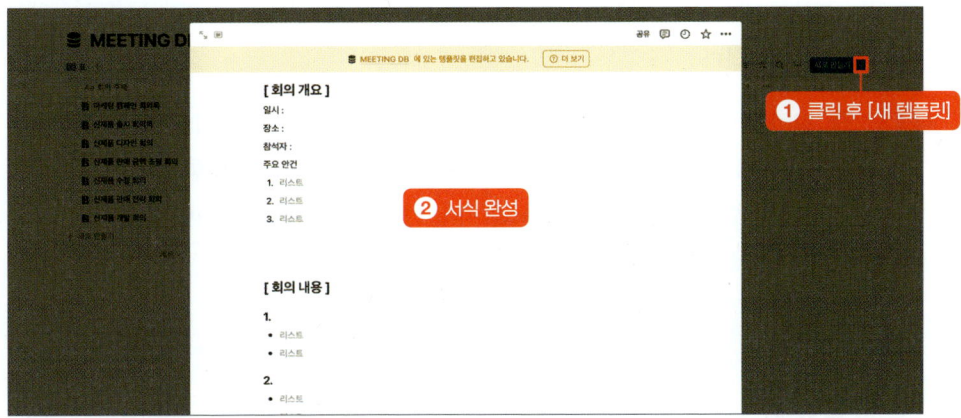

06 전체 페이지 구성의 데이터베이스가 완성되었습니다. 다시 메인 페이지(팀별 회의록)를 구성하기 위해 페이지 왼쪽 위에 있는 페이지 경로에서 [팀별 회의록]을 클릭하여 이동합니다.

콜아웃에 캘린더 보기로 주간 회의 일정 표시하기

원본 데이터베이스를 만들었으니 이제 링크된 데이터베이스를 생성하고 쓰임에 따라 필터와 정렬, 보기 방법 등을 변경합니다. 우선은 팀 구분 없이 이번 주에 진행되는 모든 회의 일정을 확인할 수 있는 캘린더 보기를 배치합니다. 이때 '콜아웃' 블록을 사용하여 영역을 구분해 보겠습니다.

01 ① '팀별 회의록' 페이지로 돌아온 후 전체 페이지 구성의 데이터베이스가 포함되어 있는 'MEETING DB' 페이지 블록에서 마우스 오른쪽 버튼을 클릭한 후 ② [링크 복사]를 선택합니다. 인라인 형태의 데이터베이스에서 [: :](블록 핸들)을 클릭한 후 [링크 복사]를 선택하는 것과 같습니다.

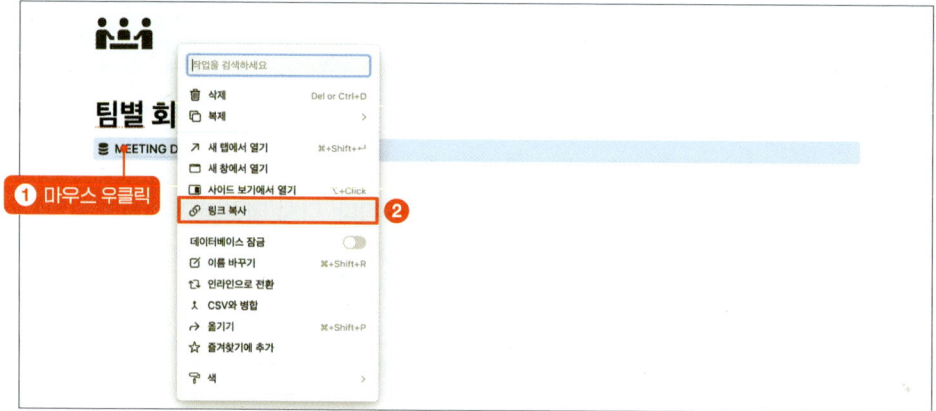

02 영역 구분에 사용할 '콜아웃' 블록을 생성하겠습니다. 'MEETING DB' 페이지 블록 아래를 클릭하여 새로운 블록을 추가하고 /콜아웃 입력 후 Enter 를 눌러 '콜아웃' 블록을 생성합니다.

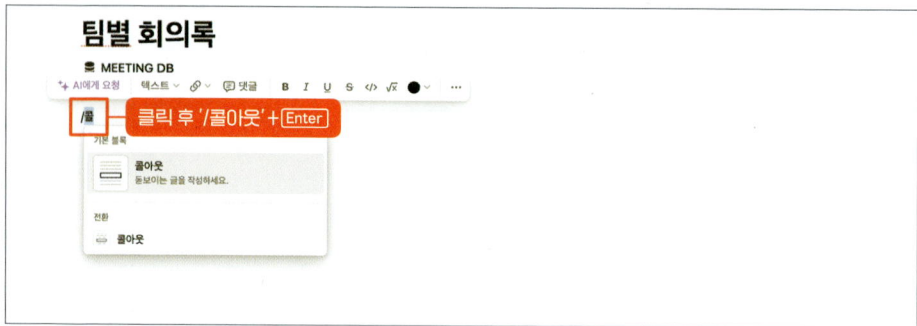

03
❶ 콜아웃에 이번주 회의를 입력한 후 드래그해서 선택하고 Ctrl + B 를 눌러 굵게 표현합니다. ❷ '콜아웃' 블록 아래쪽을 클릭하여 새로운 블록을 추가한 후 ❸ [⁚⁚]을 클릭한 채 콜아웃 안쪽으로 드래그합니다. 이렇게 하면 콜아웃 안에 빈 블록이 추가됩니다.

04
콜아웃 내의 빈 블록에서 ❶ Ctrl + V 를 눌러 데이터베이스 링크를 붙여 넣고, ❷ [연결된 데이터베이스 보기]를 선택합니다.

TIP 콜아웃의 아이콘과 색이 위와 다르거나 다른 색으로 변경하고 싶다면 아이콘을 클릭하여 변경하고, '콜아웃' 블록의 [⁚⁚]을 클릭한 후 [색]을 선택하여 배경색을 변경하면 됩니다.

05 표 보기의 링크된 데이터베이스가 생성되면서 보기 설정 창이 열리면 [레이아웃]을 선택하고 레이아웃 창이 열리면 다음과 같이 설정하여 주 단위로 표시되는 캘린더 보기를 완성합니다.

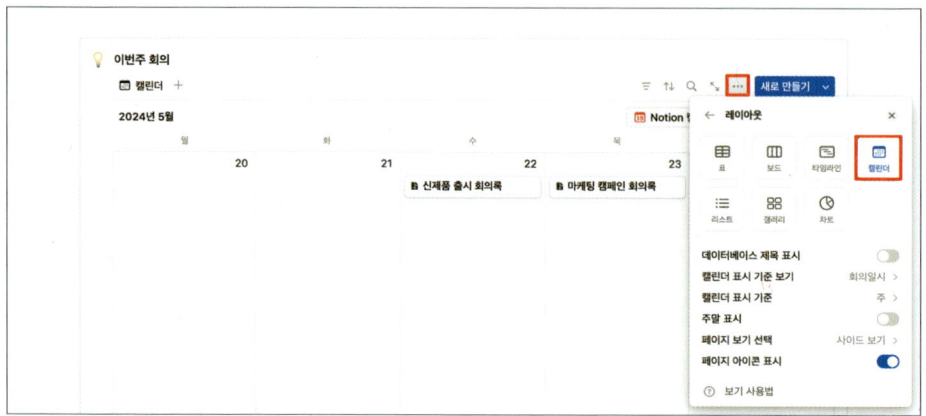

TIP 보기 설정 창이 열리지 않으면 데이터베이스 오른쪽 위에 있는 […] 아이콘을 클릭합니다.

> **상세과정 살펴보기**
>
> 레이아웃 창에서 [캘린더]를 선택한 후 다음과 같이 세부 옵션을 설정합니다.
>
> - **데이터베이스 제목 표시(비활성화):** 데이터베이스 제목을 숨깁니다. 데이터베이스 제목 오른쪽에 있는 […] 아이콘을 클릭한 후 [데이터베이스 제목 숨기기]를 선택해도 됩니다.
> - **캘린더 표시 기준 보기(회의일시):** 캘린더 표시 기준은 [날짜] 유형의 속성 중에서 선택할 수 있습니다.
> - **캘린더 표시 기준(주):** 캘린더를 일주일 단위로 표시합니다.
> - **주말 표시(비활성화):** 주말 표시를 비활성화하면 토요일과 일요일이 제외됩니다.
> - **페이지 보기 선택(사이드 보기):** 사용자 편의에 따라 자유롭게 선택해도 좋습니다.
> - **페이지 아이콘 표시(활성화):** 페이지 아이콘을 추가했을 때 캘린더에 함께 표시됩니다.

06 계속해서 캘린더에 표시할 속성을 변경하기 위해 데이터베이스 오른쪽 위에 있는 ❶ [⋯] 아이콘을 클릭한 후 [속성]을 선택합니다. ❷ 속성 창이 열리면 캘린더에 추가로 표시할 속성의 눈 아이콘을 활성화합니다.

07 ❶ 주 단위 보기 탭을 클릭한 후 [이름 바꾸기]를 선택해서 'Weekly'로 변경합니다. [Weekly] 탭을 클릭한 후 [복제]를 선택해서 ❷ 새로운 보기 탭이 추가되면 이름을 'Monthly'로 변경합니다. ❸ [Monthly] 탭에서 [⋯] 아이콘을 클릭한 후 [레이아웃]을 선택하고 ❹ 레이아웃 창이 열리면 [캘린더 표시 기준]을 [월]로 변경합니다.

리스트 보기로 팀 회의록 구성하기

이번에는 팀별 회의록을 구성해 보겠습니다. 팀별 회의록은 원본 회의록보다는, 앞서 구성한 주간 회의 일정과 좀 더 유사합니다. 그러므로 주간 회의 일정의 링크를 복사해서 링크된 데이터베이스를 생성합니다.

01 링크된 데이터베이스가 포함된 ❶ '콜아웃' 블록에서 [∷]을 클릭한 후 ❷ [복제]를 선택합니다. 이렇게 하면 콜아웃과 함께 콜아웃 내에 있는 링크된 데이터베이스까지 복제됩니다.

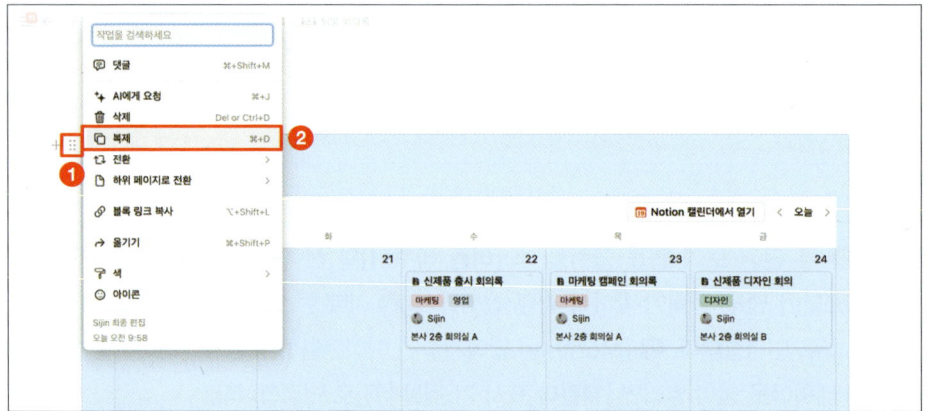

> ### 📝 한 걸음 더 원본 데이터베이스 복제 vs. 링크된 데이터베이스 복제
>
> 원본 데이터베이스를 복제하는 것과 링크된 데이터베이스를 복제하는 것은 서로 다릅니다. 원본 데이터베이스를 복제하면 같은 구조의 새로운 데이터베이스가 생성됩니다. 즉, 원본과 복제된 데이터베이스는 서로 연동되지 않습니다.
>
> 반면, 링크된 데이터베이스를 복제하면 같은 원본 데이터의 또 다른 링크된 데이터베이스가 되는 것입니다. 즉, 링크된 데이터베이스를 복제하면 하나의 원본 데이터베이스와 연동된 여러 개의 링크된 데이터베이스를 빠르게 생성할 수 있습니다. 그러므로 임의의 링크된 데이터베이스와 비슷한 보기 설정, 필터, 정렬을 사용하는 또 다른 링크된 데이터베이스를 추가하고 싶다면 원본의 링크를 복사해서 붙여 넣는 것보다는 링크된 데이터베이스를 복제하여 사용하는 것이 효과적입니다.

02 앞서와 동일한 구성의 콜아웃이 추가되었습니다. ❶ 복제된 콜아웃의 제목인 '이번주 회의'를 첫 번째 팀명인 'MARKETING'으로 변경합니다. ❷ 계속해서 보기 방식을 변경하기 위해 복제된 링크된 데이터베이스에서 [Weekly]를 클릭하고 ❸ [보기 편집]을 선택합니다.

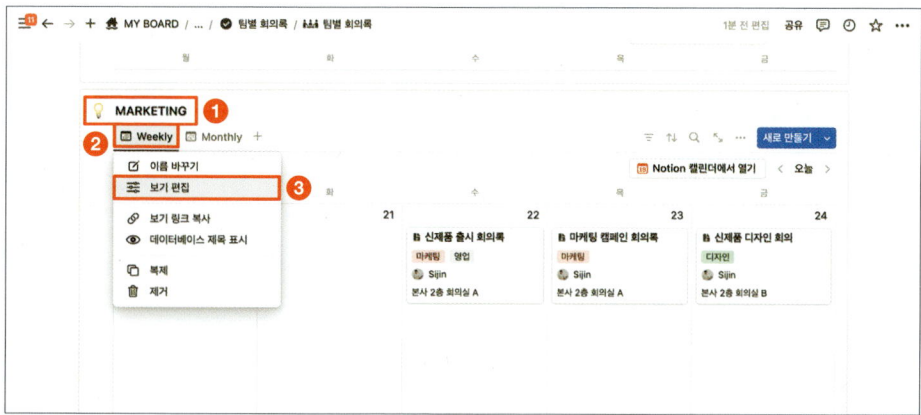

03 보기 설정 창이 열리면 ❶ 보기 이름 입력란을 클릭한 후 [Spacebar]를 눌러 빈 칸으로 변경하고, ❷ [레이아웃]을 [리스트]로 변경합니다. ❸ 보기 탭에 아이콘만 표시되며, ❹ 회의 리스트가 나타됩니다.

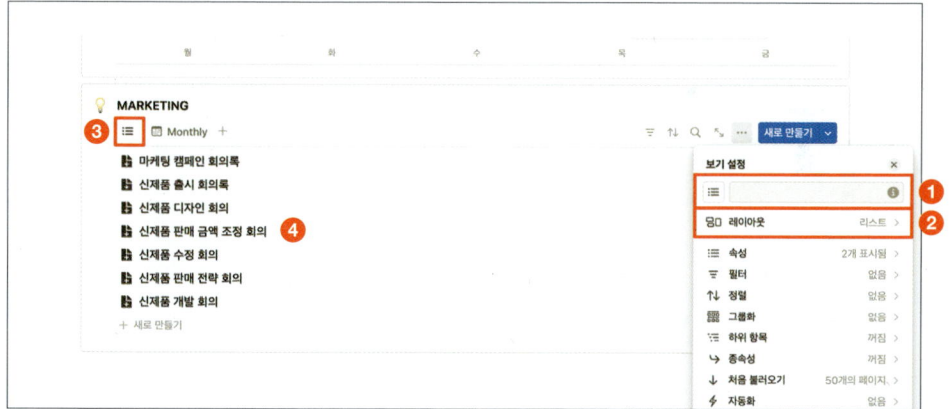

04 이어서 마케팅팀 회의록만 표시되도록 필터를 설정합니다. ❶ [필터] 아이콘을 클릭한 후 ❷ [팀]을 선택합니다.

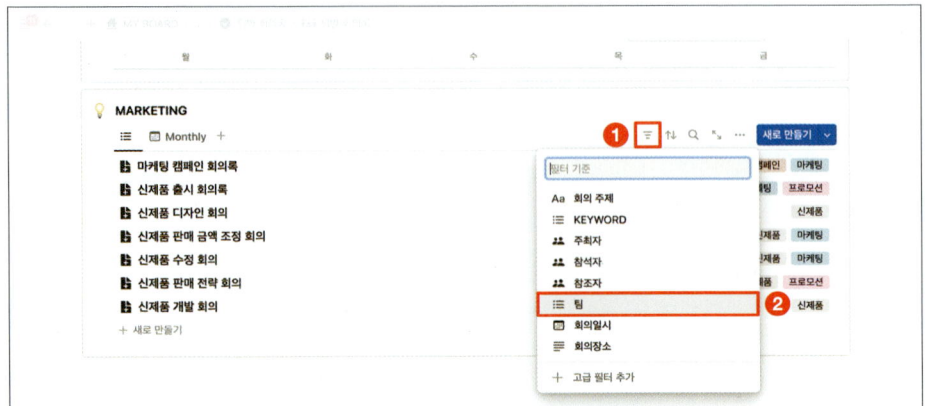

05 '팀' 필터 버튼이 추가되고 필터 설정 창이 열리면 필터링할 팀에 체크합니다. 여기서는 [마케팅]에 체크했습니다.

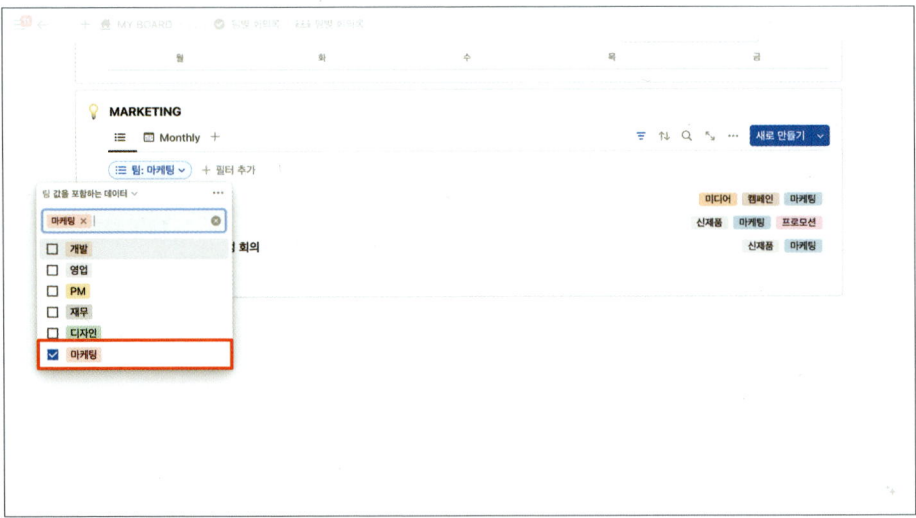

06 이번에는 ① [Monthly] 보기 탭을 클릭합니다. ② [필터] 아이콘을 클릭한 후 [팀]을 선택하여 '팀' 필터 버튼을 추가하고, ③ 마찬가지로 필터 설정 창에서 [마케팅]만 체크하여 월별 마케팅팀 회의 캘린더를 완성합니다.

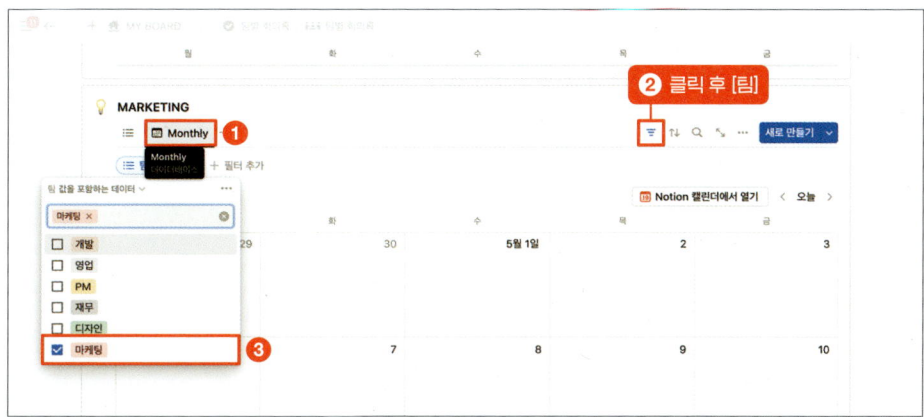

복제 배치하여 각 팀의 회의록 완성하기

하나의 팀 회의록 영역을 완성했으므로, 계속해서 '콜아웃' 블록을 복제하고 링크된 데이터베이스의 필터 조건을 변경하여 나머지 팀 회의록 영역도 완성합니다.

01 팀별 회의록 영역은 3열로 구성할 것입니다. 우선 열을 나누기 위해 페이지 아래쪽 빈 공간을 클릭하여 ① 3개의 블록을 추가한 후 임의의 숫자를 입력하고, 3개의 블록을 모두 선택합니다. ② Ctrl + / 를 누른 후 ③ 검색으로 [열]을 찾아 선택합니다.

LESSON 04 한 페이지에서 모아 보는 팀별 회의록 **217**

02 3개의 열로 나눠지면 ❶ 앞서 만든 첫 번째 팀(MARKETING)의 '콜아웃' 블록에서 [⋮⋮]을 클릭한 채 3열 중 첫 번째 열로 드래그하여 배치합니다. ❷ 첫 번째 열에 임의로 입력했던 숫자는 선택한 후 Delete 를 눌러 삭제합니다.

03 ❶ 1열에 배치한 '콜아웃' 블록에서 [⋮⋮]을 클릭한 후 ❷ [복제]를 선택합니다.

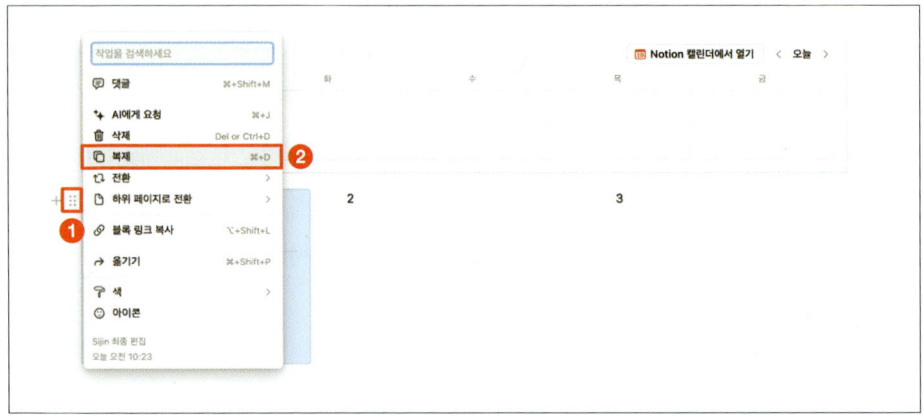

04 ❶ 복제된 '콜아웃' 블록에서 [⁚⁚]을 클릭한 후 2열로 드래그해서 배치하고, 2열에 있는 임의의 숫자는 삭제합니다. ❷ 같은 방법으로 3열에도 '콜아웃' 블록을 배치합니다.

05 ❶ 2열과 3열에서 각각 팀명을 'DEVELOPER'와 'DESIGN'으로 변경합니다. ❷ 2열에서 […] 아이콘을 클릭한 후 [필터]를 선택합니다. ❸ 필터 버튼이 표시되면 클릭한 후 ❹ 해당 팀만 선택합니다. 같은 방법으로 3열도 필터 조건을 변경합니다.

06 계속해서 나머지 팀도 추가하기 위해 범위를 드래그하여 3개의 '콜아웃' 블록을 모두 선택하고 Ctrl+C를 눌러 복사합니다.

07 기존 3열 ① 아래쪽 빈 공간을 클릭한 후 전체 1열로 된 블록을 추가하고 Ctrl+V를 눌러 3열로 된 3개의 '콜아웃' 블록을 붙여 넣습니다. 이어서 ② 각 '콜아웃' 블록의 팀명을 변경하고, 필터 조건을 변경하여 완성합니다.

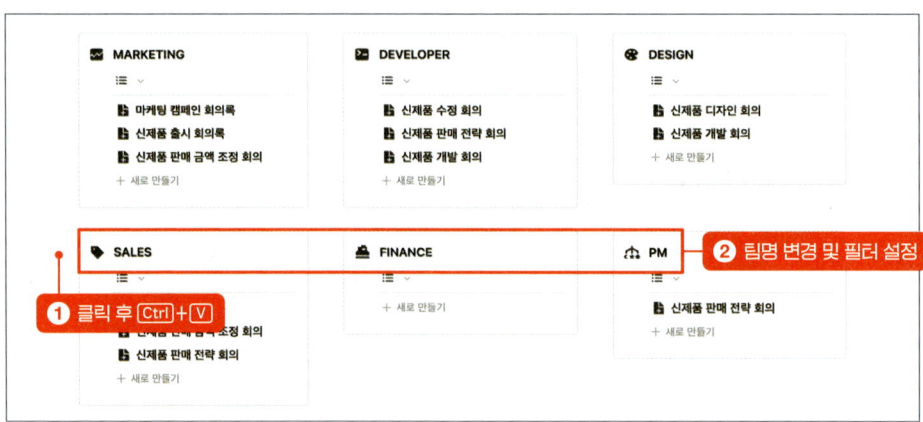

LESSON 05 수집한 정보를 관리하는 오늘 읽은 콘텐츠

인터넷에는 방대한 자료가 있지만, 상대적으로 나에게 적합한 정보를 찾기는 쉽지 않습니다. 그러므로 힘들게 찾은 정보는 제대로 된 관리가 필요하겠죠? 웹에서 수집한 자료를 보관하고, 카테고리로 분류해서 확인할 수 있는 템플릿을 만들어 보겠습니다.

🔍 완성 미리보기

데이터를 수집하기 위해 데이터베이스를 생성하고, 링크된 데이터베이스를 이용하여 수집한 데이터들을 종류별로 구분해서 확인할 수 있는 페이지입니다.

- **수집한 자료 DB:** '데이터베이스–전체 페이지' 블록으로 원본 데이터베이스를 구성합니다.
- **이번 주에 수집한 자료:** 링크된 데이터베이스를 생성하여 전체 자료와 영역별 자료 중 이번 주에 수집한 자료들만 리스트 보기로 구성합니다.
- **갤러리 보기:** 자료 카테고리별 갤러리 보기로 구성하여, 클릭하면 해당 카테고리별 전체 자료를 확인할 수 있습니다.

➕⋮ 자료 수집을 위한 데이터베이스 구조화하기

인터넷에서 수집한 자료들을 정리할 데이터베이스를 만듭니다. 실습에서는 임의로 자료를 입력하겠지만, 실제로 사용할 때는 웹 클리퍼 등을 이용하면 편리합니다. `Link` 웹 클리퍼에 대한 자세한 사용 방법은 `235쪽` [한 걸음 더]를 참고하세요.

01 ❶ 새로운 페이지를 만든 후 페이지 제목에 **오늘 내가 읽은 콘텐츠**를 입력합니다. ❷ 빈 공간을 클릭한 후 '데이터베이스-전체 페이지' 블록을 생성하기 위해 **/전체** 입력 후 `Enter`를 누릅니다.

02 전체 페이지 형태의 데이터베이스가 포함된 페이지가 열립니다. 원하는 아이콘을 추가하고, ❶ 데이터베이스 제목을 입력합니다. 여기서는 CONTENTS DB로 입력했습니다. ❷ 이후 자료 수집에 필요한 속성을 추가하여 구조화합니다.

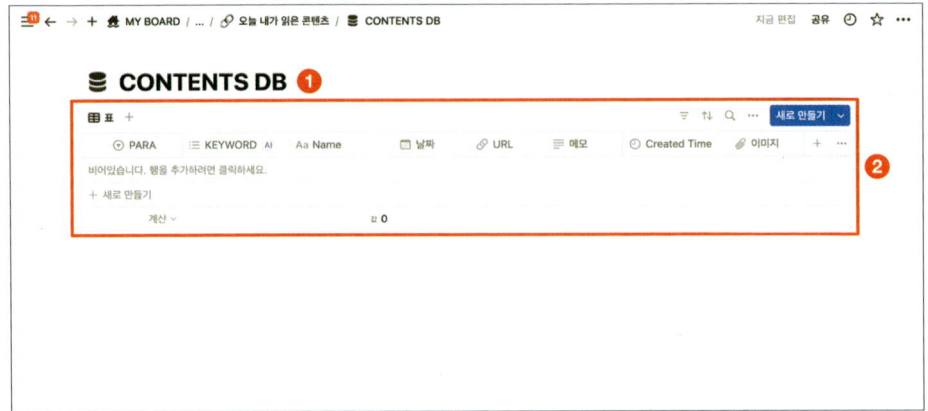

상세과정 살펴보기

기본으로 표시되는 [제목] 유형은 'Name' 속성으로, [다중 선택] 유형의 '태그' 속성은 'KEYWORD' 속성으로 이름을 변경하고, 속성 헤드를 드래그하여 순서를 변경하였습니다.

- **PARA(선택)**: 수집한 정보에 PARA 중 관련 태그를 입력합니다.
- **KEYWORD(다중 선택)**: 수집한 정보와 관련된 키워드를 입력합니다.
- **Name(제목)**: 수집한 정보의 제목을 입력합니다.
- **날짜(날짜)**: 자동 수집 일시 이외의 관련 날짜를 입력합니다.
- **URL(URL)**: 수집한 정보의 URL을 입력합니다.
- **메모(텍스트)**: 수집한 정보를 요약, 정리하거나 필요한 추가 내용을 작성합니다.
- **Created Time(생성 일시)**: 수집한 정보의 수집 일시가 자동으로 입력됩니다.
- **이미지(파일과 미디어)**: 갤러리 보기로 변경했을 때 표시될 이미지를 입력합니다.

한 걸음 더 PARA 정보 관리 방법

우리는 일반적으로 '주식', '부동산', '스포츠' 등과 같이 폴더에 주제를 부여하는 방식으로 자료나 정보를 관리합니다. 그런데 이런 방식의 분류는 이후 나에게 꼭 필요한 정보를 찾기 위해 한 번 더 분류 작업을 해야 합니다. 예를 들어 주식 관련 자료라면 현재 투자하고 있는 종목에 대한 정보, 관심을 가지고 보는 종목에 대한 정보, 한동안 살펴보지 않을 정보처럼 말이죠. 또한, 정보를 수집할 때도 수집한 정보가 애매하여 어느 폴더에 보관해야 할지 쉽게 판단하기 어려울 수도 있습니다. 이처럼 주제별 정보 수집의 문제를 보완하기 위해 해외의 생산성 전문가 Tiago Forte는 다음과 같은 PARA라는 새로운 정보 분류 방식을 제시했습니다.

- **Project**: 현재 진행 중인 단기 프로젝트에 관한 정보입니다. 핵심은 목표, 기한이죠. 특정 기한 내에 끝내야 하며, 반드시 결과가 나오는 것을 구분합니다.
- **Area**: 장기적, 지속적으로 관리해야 하는 정보입니다. 핵심은 꾸준함입니다. 예를 들어 평생 관리해야 하는 건강, 재테크, 육아 정보 등이 해당합니다.
- **Resource**: 단순하게 알아 두면 좋을 정보입니다. 핵심은 간단함입니다. 엄밀히 말하면 몰라도 사는 데 전혀 문제가 없지만 언젠가 도움될 것 같은 정보입니다.
- **Archive**: 이제는 사용하지 않는 정보들입니다. 핵심은 비활성입니다. 다른 카테고리에 보관한 정보들 중 더는 쓸모가 없어진 정보들입니다.

노션에서 [선택] 유형을 이용하면 PARA 정보 관리가 더욱 편리합니다.

- PARA 관련 좀 더 자세한 설명은 아래 링크를 참고하세요.
https://fortelabs.com/blog/para/

03 데이터베이스 구조화가 끝나면 위쪽 4개 행에 다음과 같이 갤러리 보기에서 사용할 데이터를 입력합니다. 'KEYWORKD' 속성에는 모두 thumbnail을 입력하고, 'Name' 속성에는 순서대로 PROJECT, AREA, RESOURCE, ARCHIVE를 입력합니다. 끝으로 '이미지' 속성에는 각 영역을 대표할 만한 적절한 이미지를 삽입합니다. 5행부터는 수집한 정보들을 채웁니다.

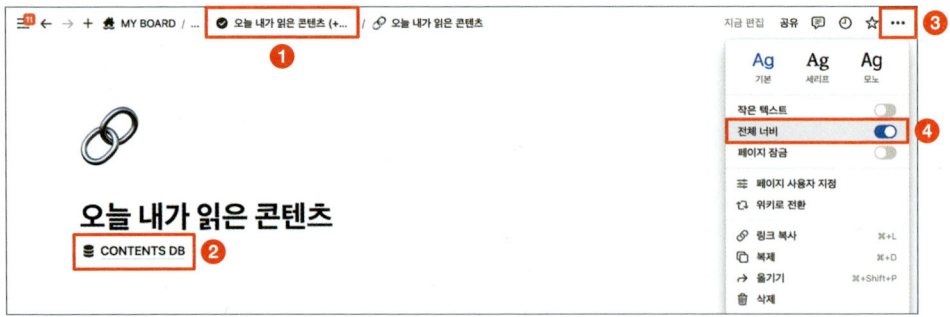

TIP 수집한 정보 예시 데이터는 제공하는 완성 템플릿의 데이터를 활용하세요.

이번 주 수집 자료 리스트와 카테고리 섬네일 만들기

템플릿의 메인 페이지로 이동한 후 링크된 데이터베이스를 이용해 전체 자료 중 이번 주에 수집한 자료 리스트와 PARA로 구분된 섬네일을 만들어 보겠습니다.

01 ❶ 페이지 왼쪽 위에 있는 경로에서 메인 페이지 제목을 클릭해서 이동하면 ❷ 앞서 만든 데이터베이스가 포함된 '페이지' 블록이 보입니다. ❸ 페이지를 넓게 사용하기 위해 페이지 오른쪽 위에 있는 [⋯] 아이콘을 클릭한 후 ❹ [전체 너비]를 활성화합니다.

02 링크된 데이터베이스를 생성하기 위해 ① 데이터베이스 페이지를 마우스 오른쪽 버튼으로 클릭한 후 ② [링크 복사]를 선택합니다.

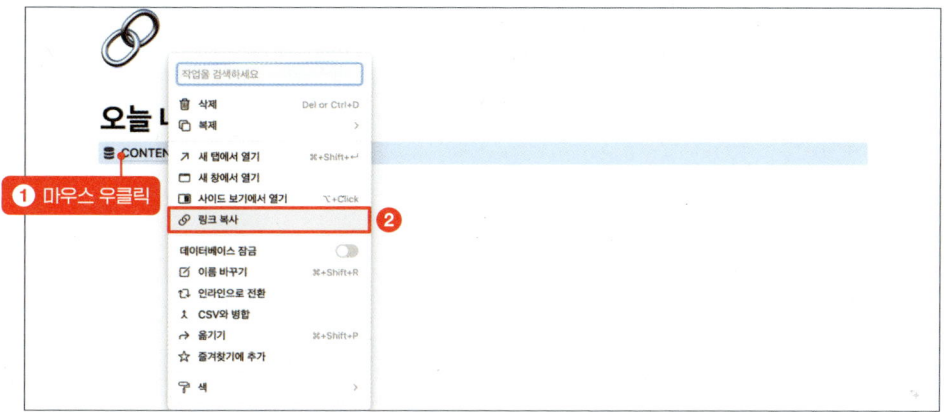

03 리스트와 섬네일을 2열을 배치하기 위해 ① '페이지' 블록 아래쪽 빈 공간을 클릭하여 다음과 같이 2개의 블록을 추가한 후 임의의 숫자를 입력하고, 모두 선택합니다. ② Ctrl +/를 누른 후 ③ 검색으로 [열]을 찾아 선택합니다.

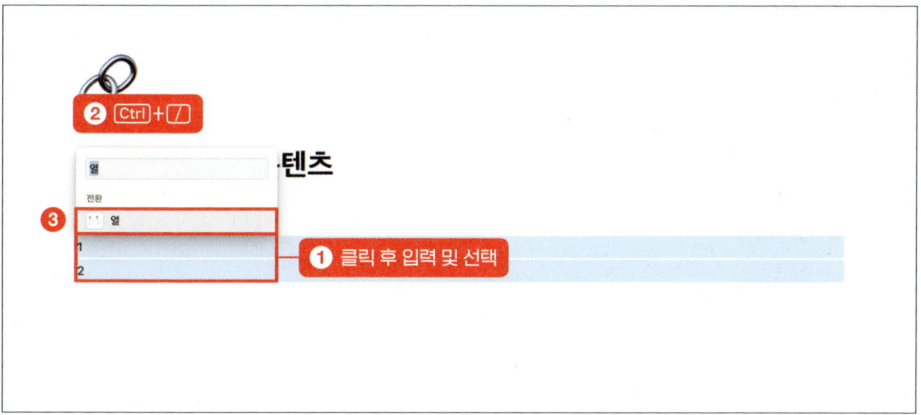

04 2개의 열로 나눠지면 ❶ 숫자 1 바로 아래를 클릭하여 새로운 블록을 추가하고 Ctrl + V 를 눌러 데이터베이스 링크를 붙여 넣은 후 ❷ [연결된 데이터베이스 보기]를 선택합니다.

05 1열에 링크된 데이터베이스가 생성되면 ❶ [⋯] 아이콘을 클릭한 후 [레이아웃]을 선택합니다. ❷ 레이아웃 창이 열리면 [리스트]를 선택한 후 ❸ [데이터베이스 제목 표시]는 비활성화합니다. ❹ 임의로 입력한 숫자 1은 선택한 후 Delete 를 눌러 삭제합니다.

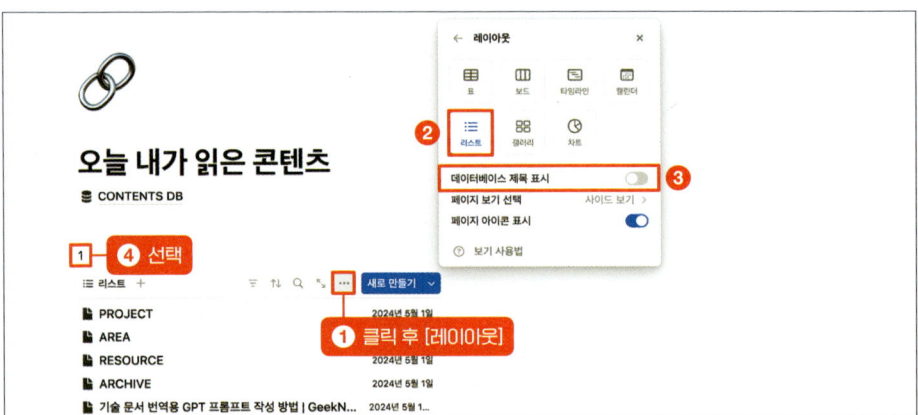

06 이번 주에 수집한 정보만 필터링하기 위해 ❶ [필터] 아이콘을 클릭한 후 ❷ [Created Time]을 선택합니다.

07 [생성 일시] 유형의 필터 설정 창이 열리면 다음과 같이 [오늘 기준], [이번], [주]로 설정합니다. 이렇게 필터 조건을 설정하면 오늘 날짜 기준으로 이번 주에 생성된 정보만 표시됩니다.

TIP […] 아이콘을 클릭한 후 [속성]을 선택하면 리스트 보기에서 표시될 속성을 변경할 수 있습니다. [날짜]를 숨기고, [링크]를 표시하면 빠르게 해당 자료를 확인할 수 있습니다.

08
❶ 리스트 보기의 탭을 클릭한 후 [이름 바꾸기]를 선택해서 'Week'로 변경합니다.
❷ 2열에서도 같은 방법으로 Ctrl + V 를 눌러 데이터베이스 링크를 붙여 넣고 ❸ [연결된 데이터베이스 보기]를 선택합니다. ❹ 임의로 입력한 숫자는 삭제합니다.

09
링크된 데이터베이스가 생성되면 ❶ […] 아이콘을 클릭한 후 [레이아웃]을 선택합니다. ❷ 레이아웃 창이 열리면 [갤러리]를 선택한 후 ❸ 다음과 같이 설정을 변경합니다.

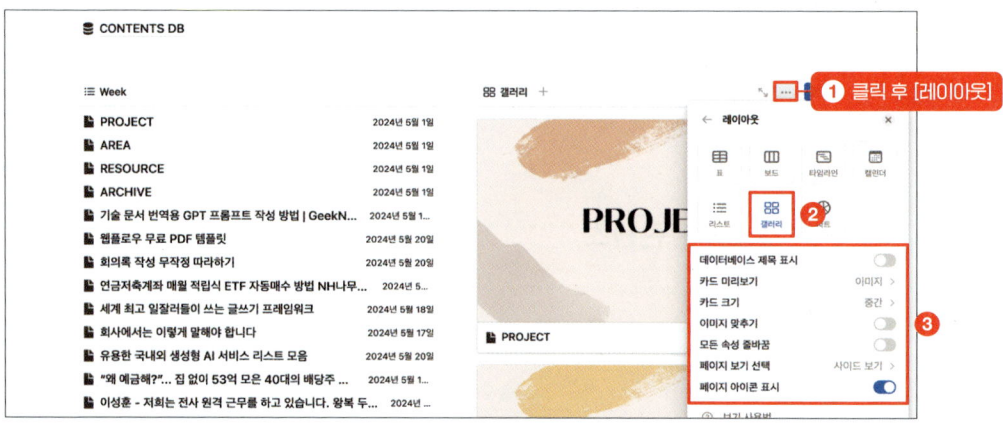

상세과정 살펴보기

앞서 224쪽에서 4개 행에 삽입한 이미지가 여기서 사용됩니다.

- **데이터베이스 제목 표시**: 비활성
- **카드 미리보기**: 이미지
- **카드 크기**: 중간
- **이미지 맞추기**: 비활성
- **모든 속성 줄바꿈**: 비활성
- **페이지 보기 선택**: 사이드 보기(자유롭게 선택)
- **페이지 아이콘 표시**: 활성

10 ❶ 갤러리 보기의 탭을 클릭한 후 [이름 바꾸기]를 선택해서 'PARA'로 변경합니다.
❷ 2개의 열 경계로 마우스 커서를 옮긴 후 회색 세로선을 클릭한 채 드래그하여 2열의 너비를 넓게 조정합니다.

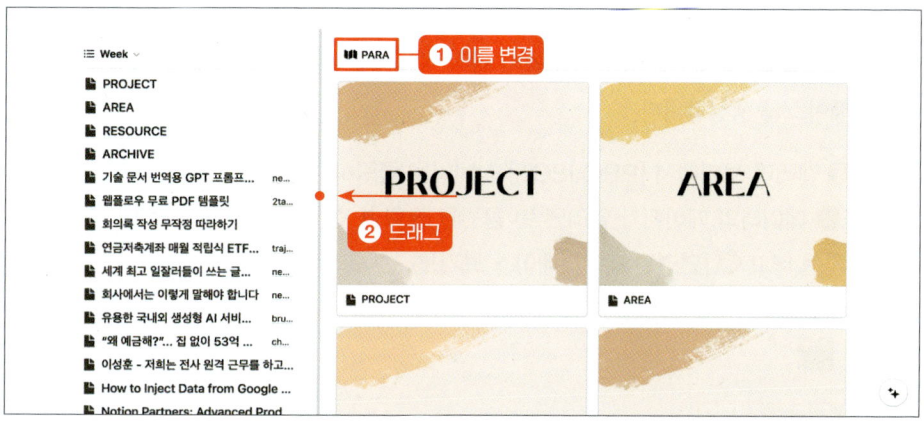

TIP 탭을 클릭한 후 [이름 바꾸기]를 선택해서 보기 설정 창이 열리면 보기 이름을 변경하고, 이름 입력란 왼쪽에 있는 아이콘을 클릭해서 보기 탭에 표시될 아이콘도 변경할 수도 있습니다.

11 갤러리 보기는 해당 카테고리로 이동하는 용도로 사용할 것입니다. 그러므로 섬네일용으로 입력한 4개의 데이터만 표시해야 합니다. ❶ [필터] 아이콘을 클릭한 후 [KEYWORD]를 선택하고, ❷ KEYWORD 필터 설정 창이 열리면 4개 행에만 입력했던 [thumbnail]을 선택합니다.

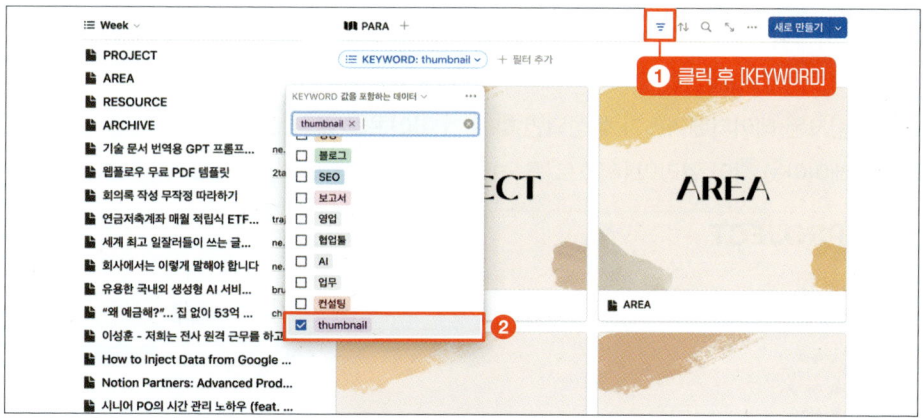

✚ 4개의 데이터 페이지에서 링크된 데이터베이스 생성하기

원본 데이터베이스에서 가장 위에 입력했던 4개의 데이터는 링크된 데이터베이스를 배치할 페이지로 사용할 것이므로, 'thumbnail'을 입력해서 구분하고 갤러리 보기로 배치한 것입니다. 이제 4개의 데이터 페이지에서 각각 해당하는 데이터(정보)만 필터링한 링크된 데이터베이스를 생성합니다.

01 ❶ 갤러리 보기에서 [PROJECT] 섬네일을 클릭하여 해당 데이터의 페이지로 이동합니다. ❷ 데이터의 페이지가 열리면 빈 공간을 클릭한 후 Ctrl + V 를 눌러 데이터베이스 링크를 붙여 넣고 ❸ [연결된 데이터베이스 보기]를 선택합니다.

TIP 원본 데이터베이스 링크는 앞서 메인 페이지에서 전체 페이지 형태의 데이터베이스가 포함된 '페이지' 블록의 링크를 복사한 것입니다.

02 링크된 데이터베이스가 생성되면 ❶ […] 아이콘을 클릭한 후 [레이아웃]을 선택합니다. ❷ 레이아웃 창이 열리면 [리스트]를 선택한 후 ❸ 다음과 같이 옵션을 설정합니다.

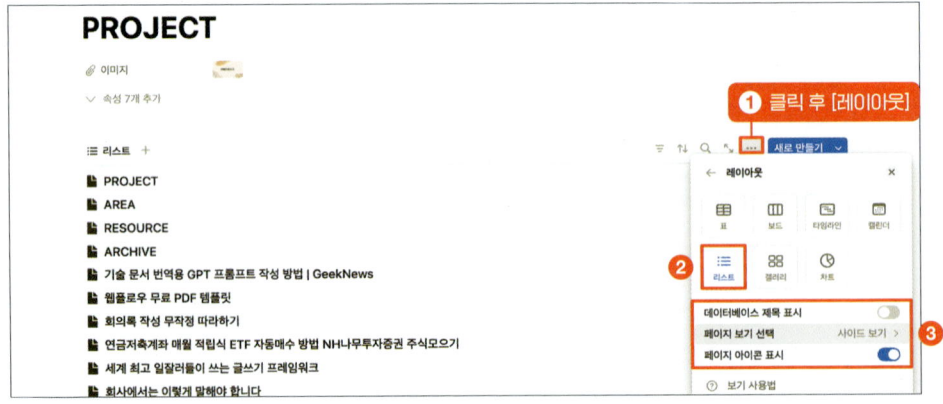

03 계속해서 현재 페이지 제목인 PROJECT에 해당하는 데이터만 필터링하기 위해
❶ [필터] 아이콘을 클릭한 후 ❷ [PARA] 속성을 선택합니다.

04 필터 버튼이 추가되고, ❶ 필터 설정 창이 열리면 [PROJECT]를 선택합니다. ❷ 보기 탭을 클릭한 후 [이름 바꾸기]를 선택하여 'PROJECT'로 변경하면 완성입니다.

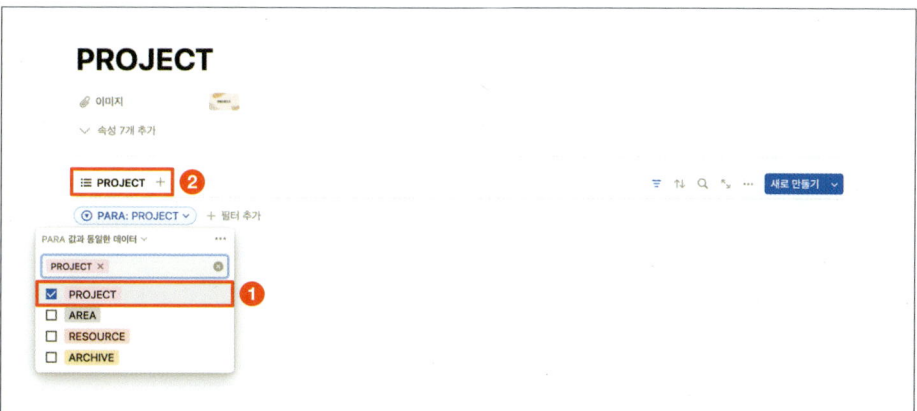

05 나머지 페이지에서도 같은 레이아웃의 링크된 데이터베이스를 생성하기 위해 ❶ [PROJECT] 보기 탭을 클릭한 후 ❷ [보기 링크 복사]를 선택합니다.

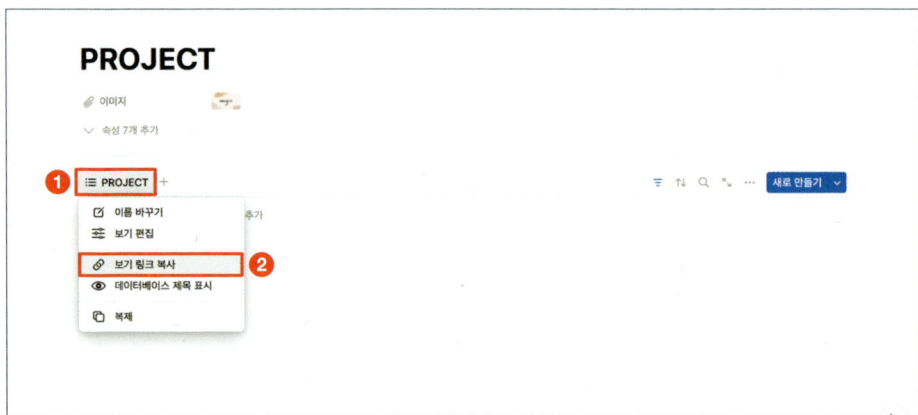

06 ❶ 페이지 경로에서 메인 페이지로 이동한 후 또 다른 데이터 페이지로 이동합니다. ❷ 데이터 페이지에서 빈 공간을 클릭하여 복사한 링크를 붙여 넣고 ❸ [연결된 데이터베이스 보기]를 선택합니다. 링크된 데이터베이스가 생성되면 필터 조건과 보기 이름을 변경합니다. 계속해서 나머지 페이지에서도 링크된 데이터베이스를 생성하고, 필터와 보기 이름을 변경하면 됩니다.

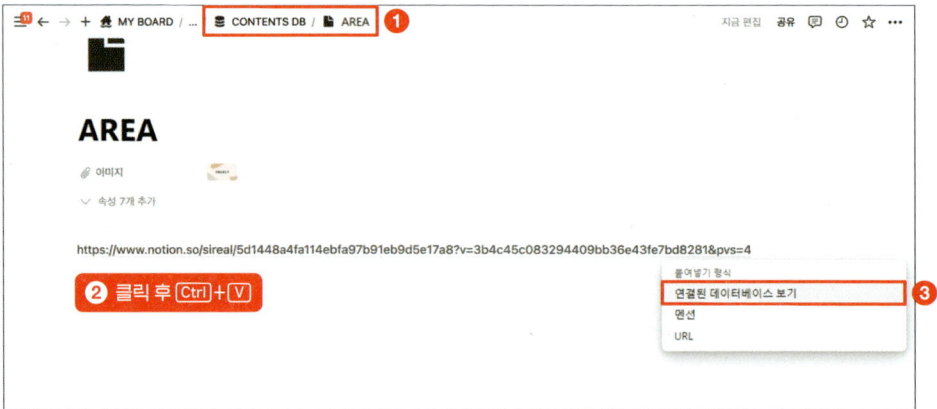

카테고리별 이번 주 수집 자료 배치하기

메인 페이지로 이동한 후 PARA 구분별 이번 주 수집 자료를 리스트 보기의 링크된 데이터베이스로 생성해 보겠습니다. 각 데이터 페이지에서 생성한 리스트 보기와 같은 형태이므로 데이터 페이지에서 복사했던 링크를 그대로 사용하면 됩니다.

01 메인 페이지에서 ❶ 페이지 아래쪽 빈 공간을 클릭하여 전체 1열로 된 블록을 2개 추가하고 임의의 숫자를 입력한 후 모두 선택합니다. ❷ Ctrl + / 를 누른 후 ❸ 검색으로 [열]을 찾아 선택합니다.

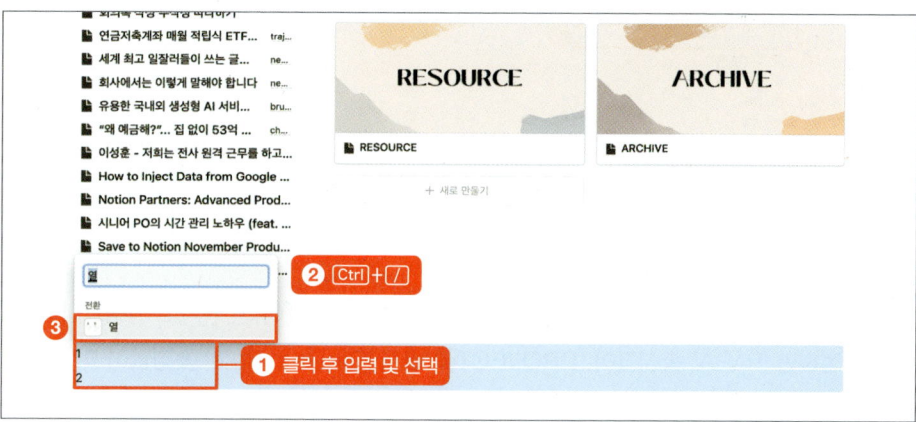

02 2열로 나눠지면 ❶ 1열의 숫자 아래를 클릭한 후 Ctrl + V 를 눌러 복사한 보기 링크를 붙여 넣고, ❷ [연결된 데이터베이스 보기]를 선택합니다.

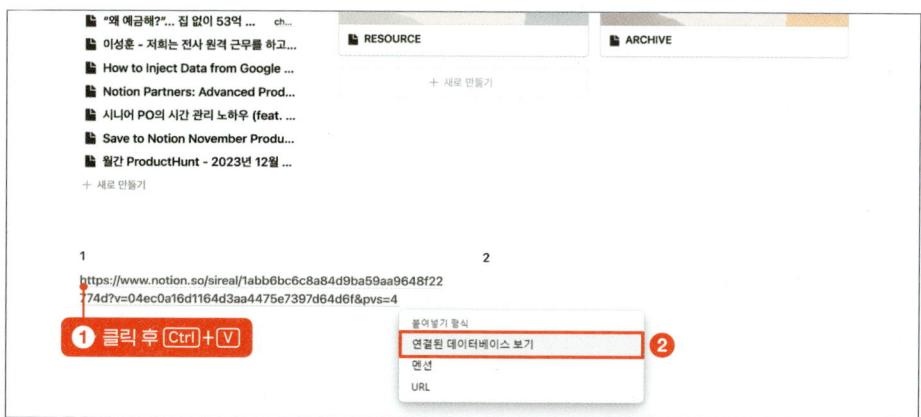

03 [PROJECT] 탭에서 복사한 링크의 데이터베이스가 생성되면 ① 임의로 입력한 숫자는 삭제합니다. 현재 설정되어 있는 'PARA' 속성의 필터 버튼에 더해 생성 일자를 기준으로 필터를 추가하기 위해 ② [필터] 아이콘을 클릭합니다. ③ 설정된 필터 버튼이 표시되면 오른쪽의 [필터 추가] 버튼을 클릭한 후 ④ [Created Time]을 선택합니다.

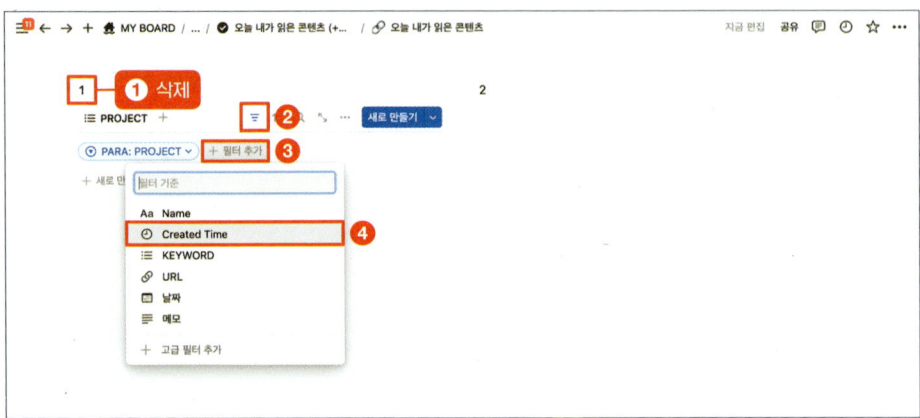

04 [생성 일자] 유형의 필터 설정 창이 열리면 [오늘 기준], [이번], [주]로 설정합니다. 이렇게 설정하면 'PARA' 속성값이 [PROJECT]이면서 'Created Time' 속성값이 이번 주에 해당하는 데이터만 필터링됩니다.

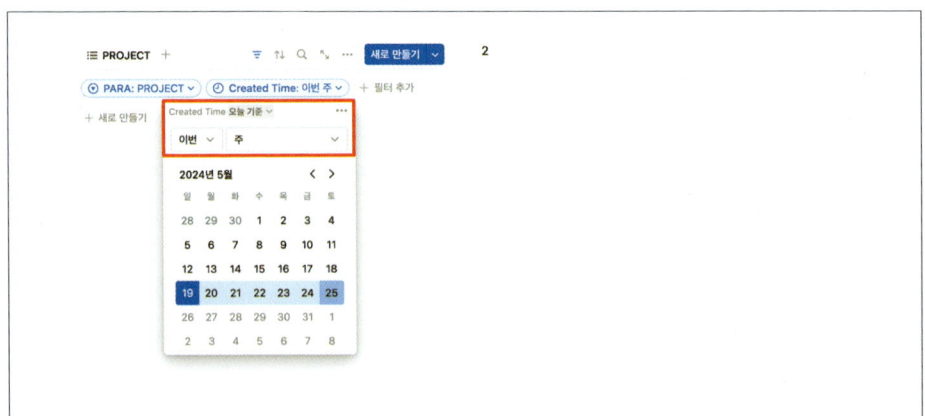

05 ❶ 완성한 [PROJECT] 보기 탭을 클릭한 후 [보기 링크 복사]를 선택합니다. ❷ 2열에서 붙여넣기로 링크된 데이터베이스를 생성한 후 'PARA' 필터 버튼의 조건을 [AREA]로 변경합니다. ❸ 보기 탭의 이름도 'AREA'로 변경합니다. ❹ 같은 방법으로 새로운 2열을 만들고 RESOURCE, ARCHIVE의 링크된 데이터베이스를 생성하면 완성합니다.

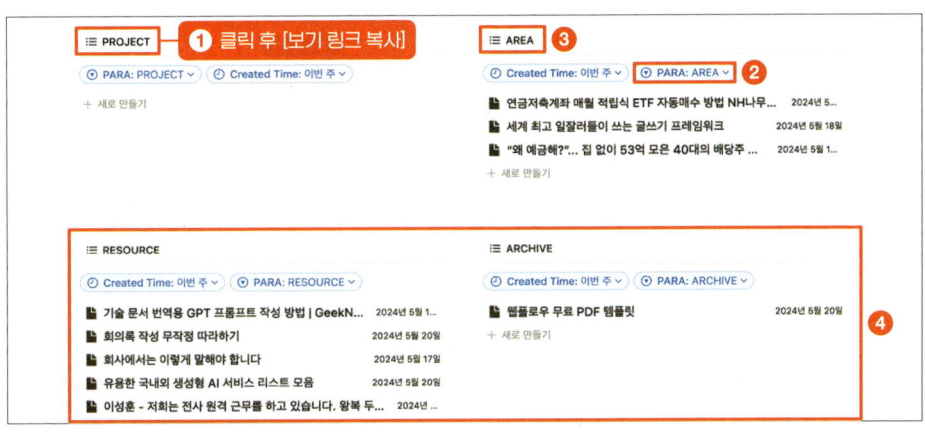

📝 한 걸음 더 웹 클리퍼를 이용하여 웹 데이터 수집하기

웹 클리퍼는 클릭 한 번으로 웹페이지의 제목과 링크를 수집할 수 있는 유용한 확장 프로그램입니다. 노션에서 제공하는 공식 웹 클리퍼가 있으나, 기능이 단순하여 자료를 수집할 때 다소 불편합니다.

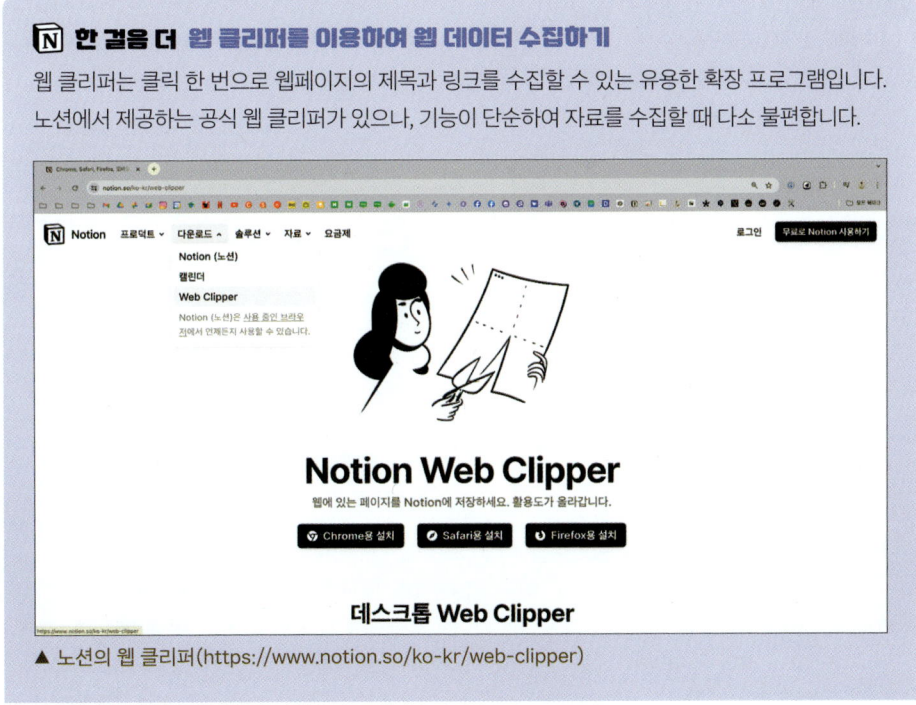

▲ 노션의 웹 클리퍼(https://www.notion.so/ko-kr/web-clipper)

만약, 크롬 브라우저(https://www.google.com/chrome/)를 사용한다면 크롬 브라우저의 확장 프로그램인 Save to Notion을 추천합니다. 크롬 브라우저에서 'Save to Notion'으로 검색하면 다음과 같은 확장 프로그램 페이지를 쉽게 찾을 수 있습니다. 여기서 [Chrome에 추가/삭제] 버튼을 클릭하면 됩니다.

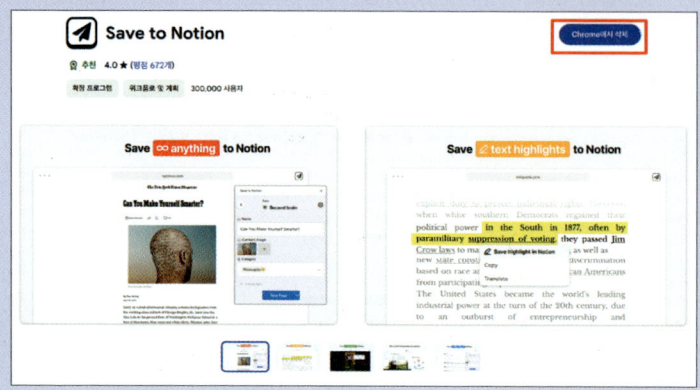

설치가 끝나면 크롬 브라우저의 오른쪽 위에 표시되는 종이 비행기 모양의 아이콘을 클릭합니다. 아이콘이 보이지 않으면 [확장 프로그램] 아이콘을 클릭해서 선택합니다. 이어서 Save to Notion 창이 열리면 [Log in] 버튼을 클릭하여 사용 중인 노션 계정으로 로그인합니다. 다시 크롬 브라우저에서 종이 비행기 모양의 아이콘을 클릭하면 웹페이지의 데이터를 수집할 준비가 끝났습니다.

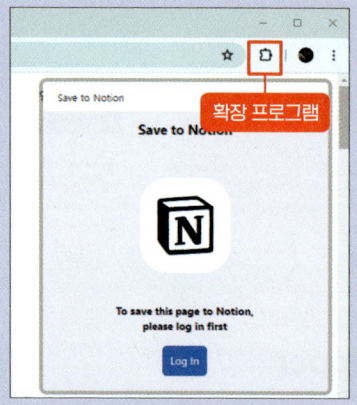 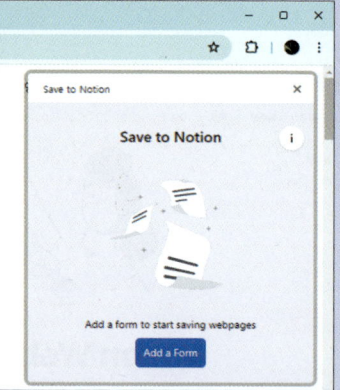

[Add New Form] 버튼을 클릭하여 수집한 데이터를 노션의 어느 데이터베이스에 저장할지 어느 속성에 어떤 자료를 저장할지 선택하고 [Save & Go Back] 버튼을 클릭합니다. 이제 정보가 있는 웹페이지를 찾아 이동한 후 종이 비행기 모양의 아이콘을 클릭하고 [Save Page] 버튼을 클릭합니다. 이후 연결한 노션의 데이터베이스를 확인하면 웹페이지 자료가 수집된 것을 확인할 수 있습니다.

좀 더 자세한 설명은 아래 링크에서 확인할 수 있습니다.
https://bit.ly/savenotion

CHAPTER 05

관계형 & 롤업을 이용해 만들기

LESSON 01 관계형 & 롤업 기능 파악하기

LESSON 02 목표 및 성과 평가를 위한 OKR 페이지

LESSON 03 진행 상황이 표시되는 프로젝트 및 할 일 관리

LESSON 04 보기 탭으로 구분해서 관리하는 고객 및 상담 일지

LESSON 05 성과 평가표

LESSON 01 관계형 & 롤업 기능 파악하기

노션에서 본격적으로 난이도가 높아지는 시점이 관계형(Relation)과 롤업(Rollup)을 배운 후부터입니다. 그만큼 관계형과 롤업 기능을 제대로 파악한다면 다양한 템플릿을 만드는 데 도움이 됩니다.

관계형 데이터베이스 이해하기

[관계형]은 노션 데이터베이스에서 속성을 추가할 때 선택할 수 있는 유형 중 하나로, 서로 다른 두 데이터베이스에 있는 데이터를 연결해 주는 역할을 합니다. 예를 들어, 고객 DB와 제품 DB가 있을 때, 고객 DB에서 구매자별 구매한 제품을 정리한다면 [관계형] 유형의 속성을 추가한 후 제품 DB의 데이터를 선택해서 표시할 수 있습니다.

고객 DB와 제품 DB가 서로 관계형으로 연결되면 화살표 아이콘으로 표시된 [관계형] 유형의 속성이 추가됩니다. 관계형으로 연결한 후 고객 DB에서 고객별 구매한 제품을 선택하면 연결된 제품 DB에서는 제품별 구매한 고객이 [관계형] 유형의 속성값으로 표시됩니다. 반대로 제품 DB에서 제품별 고객을 선택하면 고객 DB에서 고객별 구매한 제품이 표시됩니다. 즉, 연결된 데이터베이스에서는 [관계형] 유형의 속성값으로 연결된 데이터베이스의 [제목] 유형 속성값을 선택할 수 있으며, 서로 연동되어 표시됩니다.

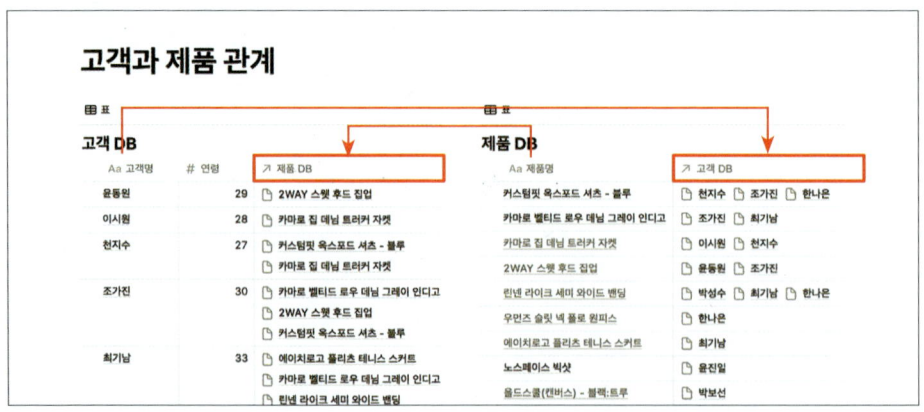

▲ 서로 연결된 관계형 데이터베이스

➕ 롤업 유형 이해하기

[관계형] 유형을 이용한 관계형 데이터베이스는 왜 사용하는 것일까요? 필요에 따라 다른 데이터베이스에 있는 데이터, 그것도 [제목] 유형 속성만 선택해서 불러오는 [관계형] 유형의 속성은 [다중 선택]이나 [텍스트] 유형을 이용해 직접 입력하는 것이 더 편리할 수도 있습니다. 그럼에도 [관계형] 유형을 이용하는 이유는 무엇일까요?

[롤업] 유형의 속성에서는 [관계형] 유형에서 선택한 데이터의 다른 속성값을 불러올 수 있습니다. 아래에 있는 관계형 데이터베이스를 보면 고객 DB에서 [관계형] 유형으로 고객이 어떤 제품들을 구매했는지 확인하고, [롤업] 유형으로 구매한 제품의 총액을 확인할 수 있습니다. 즉, [관계형] 유형에서 제품 DB에 있는 [제목] 유형의 속성값(제품명)을 불러왔고, [롤업] 유형에서는 [관계형] 유형에서 불러온 제품들의 '가격' 속성값을 불러온 후 그 합계를 계산했습니다.

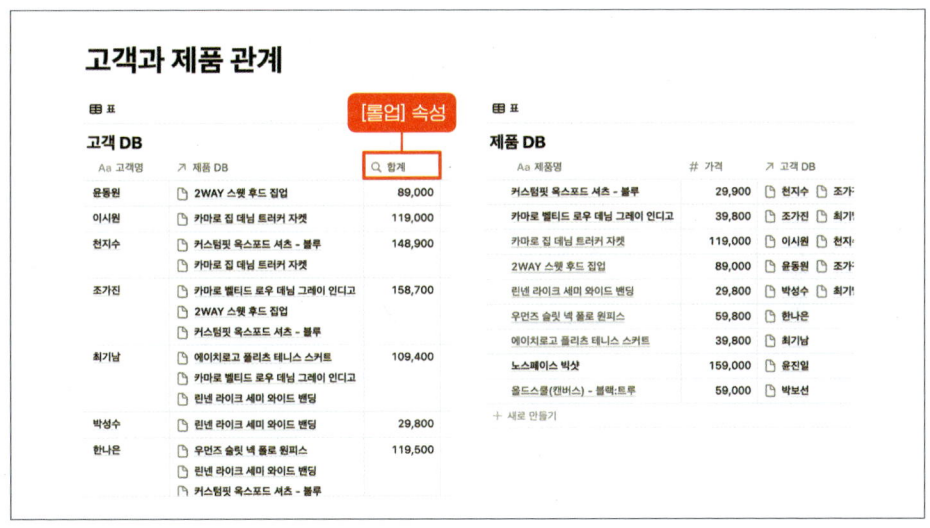

위와 같이 [관계형]과 [롤업] 유형은 함께 사용했을 때 그 진가가 발휘되며, [롤업] 유형에서는 속성값 자체를 가져올 수 있을 뿐만 아니라, 속성값을 이용해 계산한 결과를 표시할 수도 있습니다. 위 사례처럼 속성값의 합계를 구하거나 체크된 비율, 개수, 비율 등을 확인할 수도 있습니다.

관계형과 롤업 유형의 기본 사용 방법 익히기

관계형 데이터베이스를 만드는 방법은 간단합니다. 우선 서로 연결할 데이터베이스가 있어야 하며, 하나의 데이터베이스에서 [관계형] 유형으로 속성을 추가한 후 연결할 데이터베이스를 선택하면 됩니다. 그런 다음 [롤업] 유형의 속성을 추가하고, 연결된 데이터베이스에서 어떤 속성값을 가져올지 선택하면 됩니다. 이때 [롤업] 유형에서 사용할 계산 방법도 선택합니다.

[제목] 유형의 '고객명' 속성만 있는 고객 DB와 [제목] 유형의 '제품명' 속성과 [숫자] 유형의 '가격' 속성이 있는 제품 DB가 있을 때 두 데이터베이스를 관계형 데이터베이스로 연결해 보겠습니다.

01 고객 DB에서 ❶ [+](속성 추가) 아이콘을 클릭한 후 ❷ [관계형] 유형을 선택합니다.

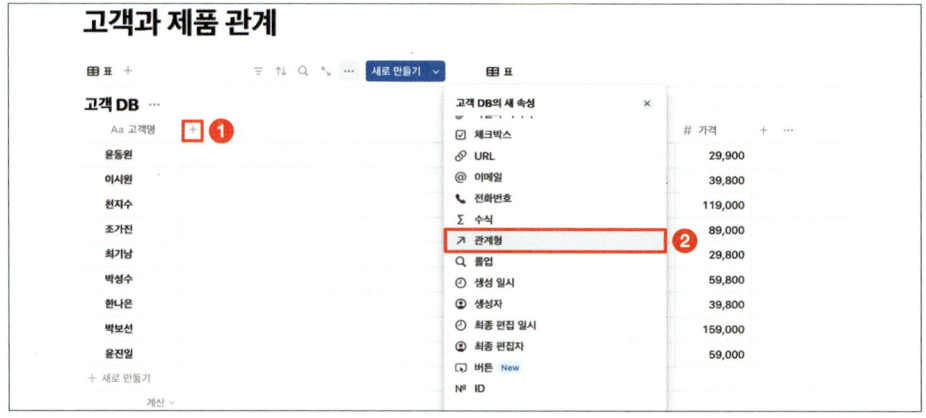

02 관계형 대상 창이 열리면 연결할 데이터베이스를 선택합니다. 여기서는 [제품 DB]를 선택했습니다.

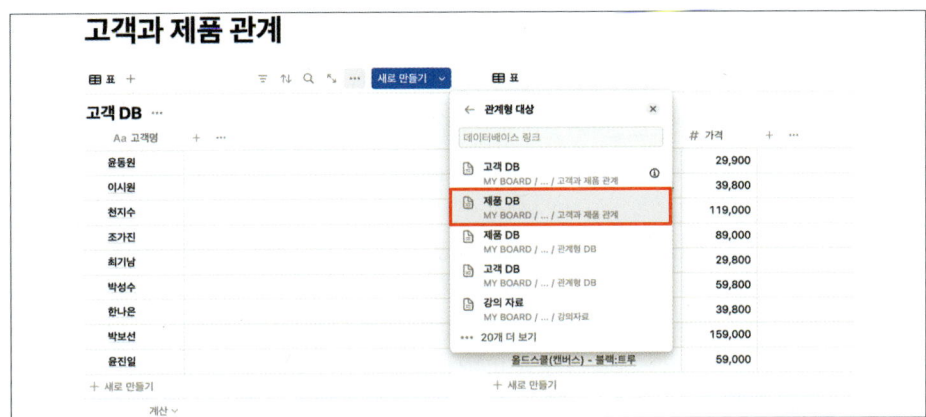

TIP 연결할 데이터베이스를 선택하는 관계형 대상 창에서는 맨 위에 현재의 데이터베이스가 표시되며, 그 다음으로는 가장 최근에 수정한 데이터베이스가 표시됩니다. 만약 유사한 이름의 데이터베이스가 여러 개 있다면 데이터베이스 제목 아래에 회색으로 표시된 경로를 확인해 봅니다.

03 새 관계형 창이 열리며 ❶ [관계형 대상] 옵션에 직전에 선택한 데이터베이스 제목이 표시됩니다. ❷ 다음과 같이 설정한 후 ❸ [관계형 추가] 버튼을 클릭하여 관계형 데이터베이스를 만들고 ❹ 빈 영역을 클릭하여 팝업 창을 닫습니다.

LESSON 01 관계형 & 롤업 기능 파악하기 **241**

상세과정 살펴보기

새 관계형 창의 각 옵션은 다음과 같습니다.

- **속성 이름 입력란:** [관계형] 유형의 속성 이름을 입력합니다. 기본값으로 연결할 데이터베이스 제목이 표시됩니다.
- **관계형 대상:** 연결 대상으로 선택한 데이터베이스가 표시됩니다.
- **제한:** [관계형] 유형의 속성에서는 연결된 데이터베이스에서 여러 개의 데이터를 선택할 수 있습니다. 예를 들어 천지수라는 고객이 2개의 제품을 구매했다면 [관계형] 유형의 속성에서 해당 제품 2개를 모두 선택할 수 있는 것입니다. 만약, 1개의 데이터만 선택할 수 있게 하려면 [제한] 옵션을 [1개 페이지]로 설정하면 됩니다. 보통은 기본값인 [제한 없음]으로 설정하면 됩니다.
- **제품 DB에 표시:** 관계형 데이터베이스의 종류를 단방향과 양방향 중에서 선택할 수 있습니다. 옵션이 활성화 상태(파란색)이면 양방향, 비활성 상태이면 단방향입니다. 예를 들어 고객이 어떤 제품을 구매했는지는 알고 싶은데, 제품을 어떤 고객들이 구매했는지는 파악할 필요가 없다면 단방향으로 설정하면 됩니다. 보통은 양방향으로 사용합니다.

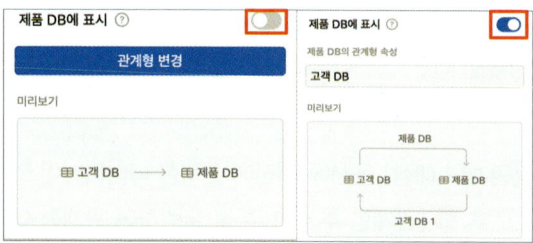

▲ 일방향(좌)과 양방향(우)

양방향으로 설정하면 연결 대상인 데이터베이스에 자동으로 추가될 [관계형] 유형의 속성 이름을 변경할 수 있으며, 기본값으로 현재 데이터베이스 제목이 표시됩니다.

04
[관계형] 유형의 속성이 추가되었습니다. ❶ 고객 DB에서 [관계형] 유형의 속성 입력란을 클릭해 보면 제품 DB의 [제목] 유형인 제품명 목록이 나타납니다. ❷ 고객별 구매한 제품 데이터를 모두 클릭하여 추가합니다.

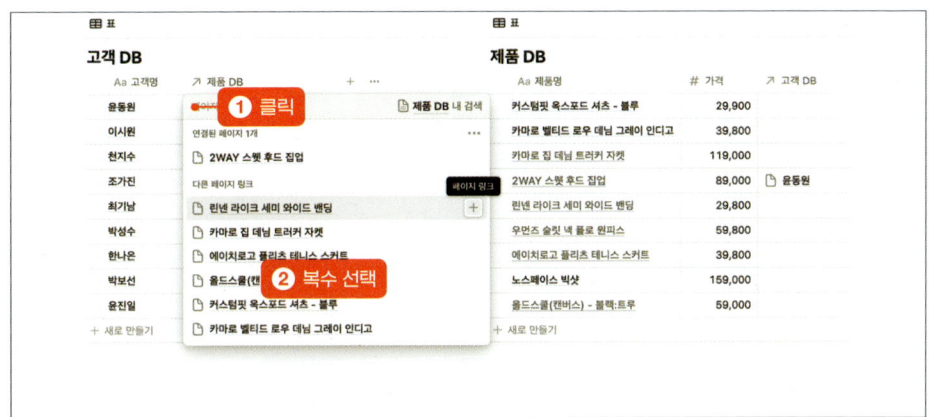

05
[롤업] 유형은 반드시 [관계형] 유형과 함께 사용됩니다. 롤업 기능은 관계형 데이터베이스에서만 작동하기 때문입니다. ❶ 속성 헤드 오른쪽 끝에 있는 [+] 버튼을 클릭한 후 ❷ [롤업]을 선택합니다.

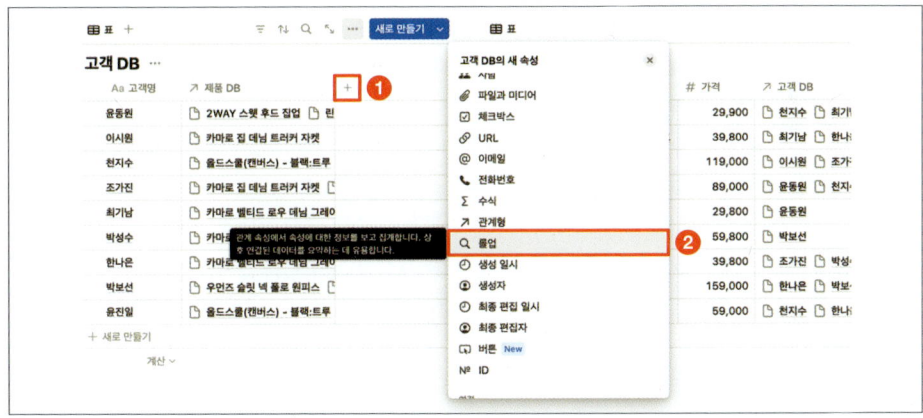

06 속성 편집 창이 열리면 다음과 같이 ❶ [속성 이름], [관계형], [속성], [계산] 등의 옵션을 설정한 후 ❷ 빈 영역을 클릭하여 팝업 창을 닫습니다.

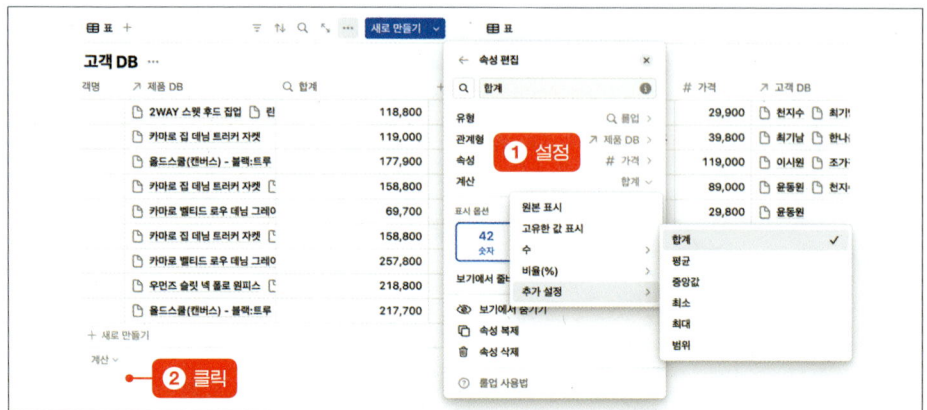

상세과정 살펴보기

[롤업] 유형의 속성 편집 창에서는 가져올 속성값을 선택하는 [속성] 옵션과 가져온 값을 어떤 방식으로 확인할지 선택하는 [계산] 옵션이 중요합니다. 전체 옵션은 다음과 같이 설정했습니다.

- **속성 이름**: 기본값으로 '롤업'이라고 표시되며, 원하는 속성 이름을 입력합니다. 여기서는 속성 값들의 합계를 계산할 것이므로, **합계**라고 입력했습니다.
- **유형**: 현재 설정 중인 속성의 유형이 [롤업] 유형임을 확인할 수 있습니다.
- **관계형**: 클릭하여 현재 데이터베이스와 연결된 데이터베이스 제목을 선택합니다. 여기서는 앞서 연결한 [제품 DB]를 선택하면 됩니다.
- **속성**: [관계형] 옵션을 설정하면 자동으로 연결된 데이터베이스의 [제목] 유형 속성이 선택되어 있습니다. 클릭한 후 실제 가져올 값이 있는 속성을 선택합니다. 여기서는 구매한 제품들의 가격 합계를 확인할 것이므로, '가격' 속성을 선택했습니다.
- **계산**: 구매한 모든 제품의 합계를 구할 것이므로 [추가 설정]-[합계]를 선택했습니다.
- **표시 옵션**: [속성] 옵션값에 추가로 표시되는 항목입니다. 여기서는 기본값인 [숫자]를 선택했습니다.

한 걸음 더 │ 롤업 기능에서 사용할 수 있는 계산

- **원본 표시**: 연결된 모든 데이터(모든 페이지)의 속성값을 그대로 표시합니다.
- **고유한 값 표시**: 연결된 모든 데이터의 속성값을 표시하되, 중복된 값은 한 번만 표시합니다.
- **모두 세기**: 연결된 모든 데이터에서 속성값의 개수를 셉니다.
- **중복 제외 모두 세기**: 연결된 모든 데이터에서 속성값의 개수를 셉니다. 이때 중복된 값은 1개로 처리합니다.
- **빈 값 세기**: 연결된 모든 데이터에서 속성값이 비어 있는 데이터의 개수를 셉니다. 예를 들어, 앞의 실습처럼 롤업 기능으로 고객의 구매 품목 중 가격 속성을 확인했을 때 3개 품목을 구매했으나 1개 품목의 가격이 비어 있다면 [롤업] 유형의 속성값에는 1이 표시됩니다.
- **비어 있지 않은 값 세기**: 빈 값 세기와 반대로 속성값이 제대로 입력된 데이터의 개수를 셉니다.
- **빈 값 세기(%)**: 연결된 모든 데이터에서 속성값이 빈 데이터의 개수를 백분율로 표시합니다.
- **비어 있지 않은 값 세기(%)**: 연결된 모든 데이터에서 속성값이 비어 있지 않은 데이터의 개수를 백분율로 표시합니다.

선택한 속성이 [숫자] 유형일 때는 [합계], [평균], [중앙값], [최소], [최대], [범위] 계산 방법이 추가로 표시됩니다.

끝으로 선택한 속성이 [날짜] 유형일 때는 [가장 이른 날짜], [최근 날짜], [날짜 범위] 계산 방법이 추가로 표시됩니다.

07 고객별 구매한 제품 목록(관계형)과 구매한 제품 가격 합계(롤업)를 고객 DB에서 일괄 파악할 수 있습니다.

고객 DB				
Aa 고객명	↗ 제품 DB	Q 합계	# 연령	+
윤동원	2WAY 스웻 후드	118,800	29	
이시원	카마로 집 데님 트	119,000	28	
천지수	올드스쿨(캔버스)	177,900	27	
조가진	카마로 집 데님 트	158,800	30	
최기남	카마로 벨티드 로	69,700	33	
박성수	카마로 집 데님 트	158,800	31	
한나은	카마로 벨티드 로	257,800	20	
박보선	우먼즈 슬릿 넥 롱	218,800	22	
윤진일	올드스쿨(캔버스)	217,700	24	
+ 새로 만들기				
		평균 27.11111		

제품 DB			
Aa 제품명	# 가격	↗ 고객 DB	
커스텀핏 옥스포드 셔츠 - 블루	29,900	천지수 최기	
카마로 벨티드 로우 데님 그레이 인디고	39,800	최기남 한나	
카마로 집 데님 트러커 자켓	119,000	이시원 조가	
2WAY 스웻 후드 집업	89,000	윤동원 천지	
린넨 라이크 세미 와이드 밴딩	29,800	윤동원	
우먼즈 슬릿 넥 플로 원피스	59,800	박보선	
에이치로고 플리츠 테니스 스커트	39,800	조가진 박성	
노스페이스 빅샷	159,000	한나은 박보	
올드스쿨(캔버스) - 블랙:트루	59,000	천지수 한나	
+ 새로 만들기			

LESSON 02 - 목표 및 성과 평가를 위한 OKR

OKR(Objectives and Key Results)은 목표를 설정하고 그 목표가 달성되었음을 알 수 있는 핵심 결과를 정의하는 프레임워크입니다. 주로 목표 관리와 성과 평가를 위해 사용하죠. 데이터베이스의 관계형과 롤업 기능을 활용하여 템플릿을 완성해 보겠습니다.

완성 미리보기

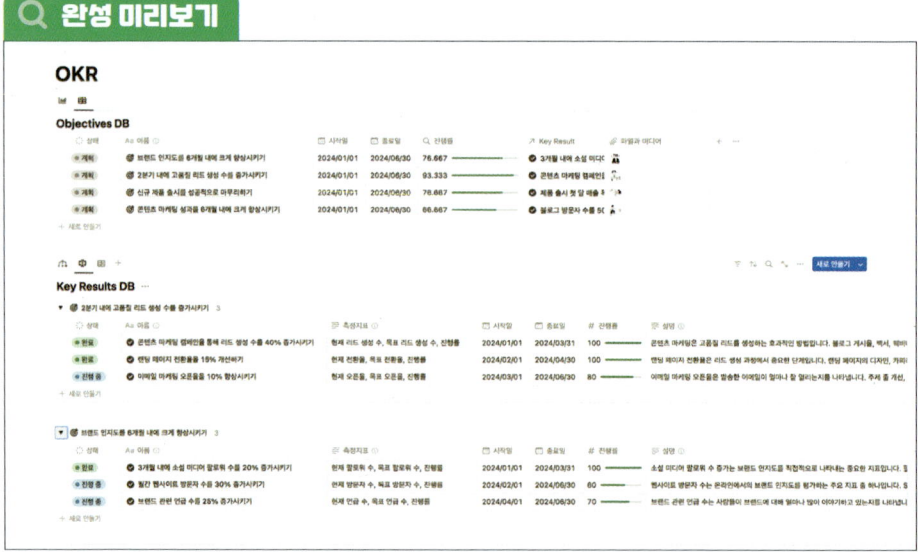

OKR 템플릿 구성은 단순합니다. 목표 데이터베이스와 목표 달성을 위한 활동 결과 데이터베이스를 서로 연결하여 목표를 달성하기 위한 핵심 결과들을 살펴볼 수 있습니다.

- **목표(Objectives):** 방향성을 의미합니다. 이 목표는 명확하고 도전적이며 영감을 주는 것이어야 하죠.
- **핵심 결과(Key Results):** 다소 추상적일 수 있는 목표가 달성되었는지 판단할 수 있는 결과입니다. 다시 말해 목표가 달성된다면 구체적으로 나타날 수 있는 결과에 해당합니다.

TIP OKR에서 중요한 것은 목표를 이루기 위해 핵심 결과가 뒷받침되어야 한다는 것입니다. 핵심 결과가 모두 달성되었다면 반드시 목표가 달성된 것이죠. 또한, 핵심 결과는 측정할 수 있는 지표를 사용해야 합니다. 예를 들어 목표가 '유튜브 구독자 10만 만들기'인데, 핵심 결과가 '유튜브 영상 멋지게 촬영하기'라면 아무리 멋진 영상이라고 해도 구독자가 10만이 되지 않을 수 있으므로 적절한 핵심 결과라고 볼 수 없습니다.

2개의 데이터베이스 구조화하기

관계형으로 연결할 2개의 원본 데이터베이스를 구조화합니다. 하나는 목표를, 다른 하나는 목표의 달성 여부를 파악할 수 있는 핵심 결과를 정리한 데이터베이스입니다.

01 ❶ 새로운 페이지를 만든 후 페이지 제목에 OKR을 입력합니다. ❷ 페이지를 넓게 사용하기 위해 오른쪽 위의 [⋯] 아이콘을 클릭한 후 ❸ [전체 너비] 옵션을 활성화합니다.

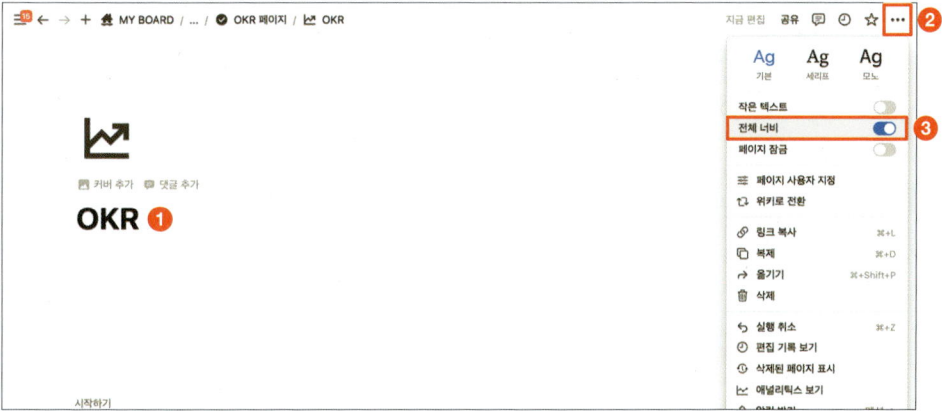

02 관계형으로 연결할 2개의 데이터베이스부터 만들겠습니다. ❶ 빈 공간을 클릭한 다음 /인라인 입력 후 [Enter]를 눌러 '데이터베이스-인라인' 블록을 생성합니다. ❷ 데이터베이스 제목으로 Objectives DB를 입력하고, ❸ 다음과 같이 구조화합니다.

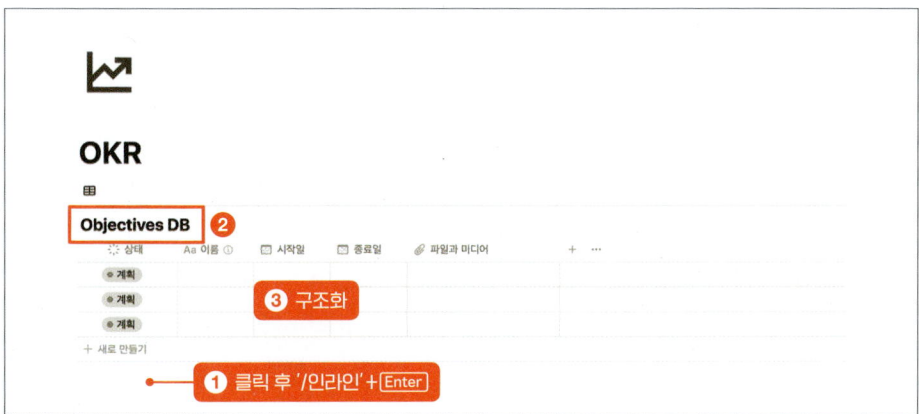

상세과정 살펴보기

[제목] 유형은 '이름' 속성으로, [다중 선택] 유형의 '태그' 속성은 속성 헤드를 클릭한 후 [속성 삭제]를 선택하여 삭제하거나, [속성 편집]을 선택하여 다른 유형으로 변경해서 활용합니다.

- **상태(상태):** 목표의 진행 상태를 입력합니다. 속성 헤드를 클릭한 채 드래그하여 순서를 '이름' 속성 앞으로 옮깁니다.
- **이름(제목):** 목표를 입력합니다.
- **시작일(날짜):** 목표 시작일을 설정합니다.
- **종료일(날짜):** 목표의 예상 종료일을 설정합니다.
- **파일과 미디어(파일과 미디어):** 목표를 직관적으로 파악할 수 있는 이미지를 첨부합니다.

03

❶ Objectives DB 아래쪽 빈 공간을 클릭한 다음 **/인라인** 입력 후 Enter 를 눌러 2번째 '데이터베이스-인라인' 블록을 생성합니다. ❷ 데이터베이스 제목으로 Key Results DB를 입력하고, ❸ 다음과 같이 구조화합니다.

상세과정 살펴보기

기본으로 표시되는 [제목] 유형은 '이름' 속성으로, [다중 선택] 유형의 '태그' 속성은 삭제하거나 다른 유형으로 변경해서 활용합니다.

- **상태(상태):** 핵심 결과의 상태를 설정합니다. 순서를 '이름' 속성 앞으로 옮깁니다.
- **이름(제목):** 핵심 결과를 입력합니다.
- **설명(텍스트):** 핵심 결과에 대한 구체적인 설명을 입력합니다.
- **측정지표(텍스트):** 핵심 결과의 측정 지표를 입력합니다.
- **시작일(날짜):** 핵심 결과가 시작된 날을 입력합니다.
- **종료일(날짜):** 핵심 결과의 달성 예정일을 입력합니다.
- **진행률(숫자):** 진행 정도를 숫자로 입력합니다.

04 이후 관계형 데이터베이스로 연결하여 원활한 실습을 진행하기 위해 다음과 같이 임의로 데이터를 추가합니다. 제공하는 완성 템플릿의 데이터를 복사한 후 붙여 넣어서 활용하세요.

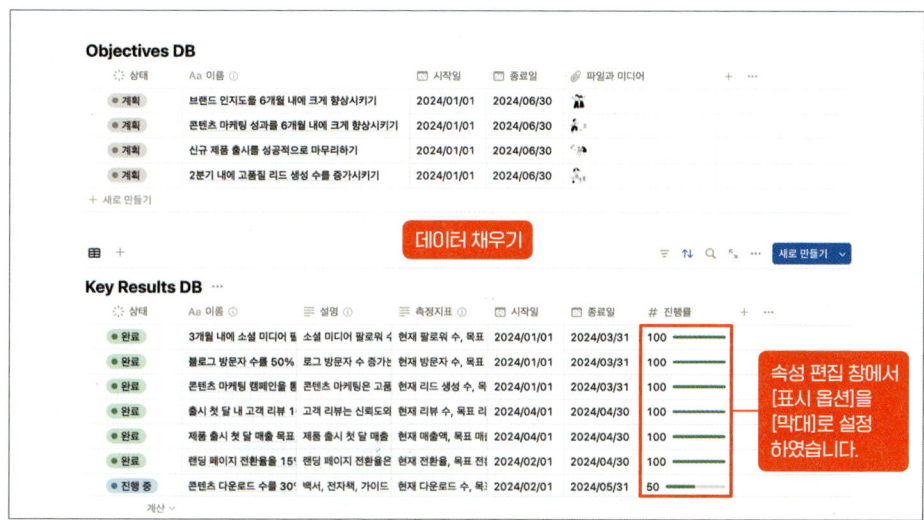

📝 한 걸음 더 GPT를 이용한 예시 데이터 마련하기

적당한 데이터가 없을 때는 위의 예시를 참고하여 대략 입력하거나, ChatGPT와 같은 인공지능을 활용해 보세요. 간단하게 '(직업)이 OKR을 관리했을 때 예시 2개를 알려줘'와 같이 입력하면 OKR 예시를 얻을 수 있습니다. 결과가 마음에 들지 않는다면 '핵심 결과를 측정 가능한 지표로 변경해줘'와 같이 명령어를 변경해 봐도 좋습니다.

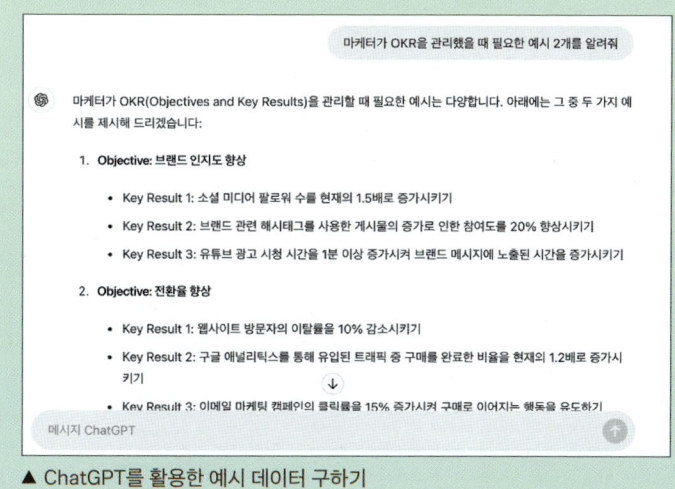

▲ ChatGPT를 활용한 예시 데이터 구하기

관계형과 롤업으로 데이터베이스 연결하기

이제 Objectives DB와 Key Results DB를 관계형으로 연결할 차례입니다. [관계형] 유형으로 연결한 후 핵심 결과가 달성될 때마다 자동으로 진행률이 변경되도록 [롤업] 유형의 속성을 추가해 보겠습니다.

01 Key Results DB에서 [관계형] 요소의 속성을 추가하겠습니다. Key Results DB에서 속성 헤드 오른쪽 끝에 있는 ❶ [+](속성 추가) 아이콘을 클릭한 후 ❷ [관계형]을 선택합니다.

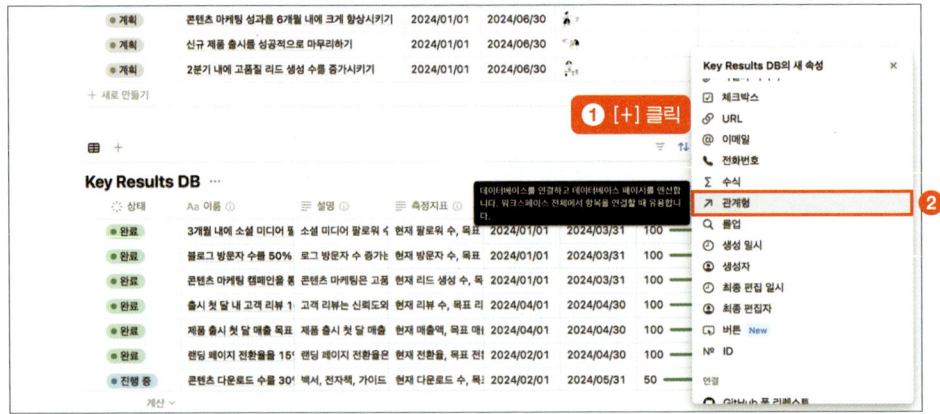

TIP [관계형] 유형의 속성 편집 중 단방향으로 연결한다면, 연결하는 쪽에서 [관계형] 유형의 속성을 추가해야 합니다. 하지만, 양방향으로 연결할 때는 어느 쪽에서 추가해도 괜찮습니다.

02 관계형 대상 창이 열리면 앞서 만든 2개의 데이터베이스 중 하나인 [Objectives DB]를 선택합니다.

03 핵심 결과(Key Result)는 반드시 1개의 목표(Objective)와 이어집니다. 따라서 ❶ [제한] 옵션을 클릭한 후 ❷ [1개 페이지]를 선택합니다.

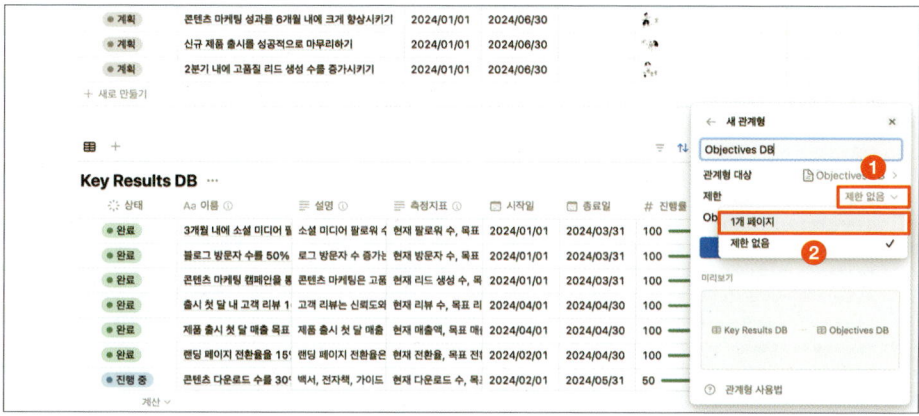

04 Objectives DB에서도 목표별 핵심 결과를 확인하기 위해 ❶ [Objectives DB에 표시] 옵션을 활성화 상태로 변경하고, ❷ Objectives DB에 표시될 [관계형] 유형의 속성 이름을 Key Result로 입력합니다. ❸ [관계형 추가] 버튼을 클릭하고 ❹ 빈 공간을 클릭하여 팝업 창을 닫습니다.

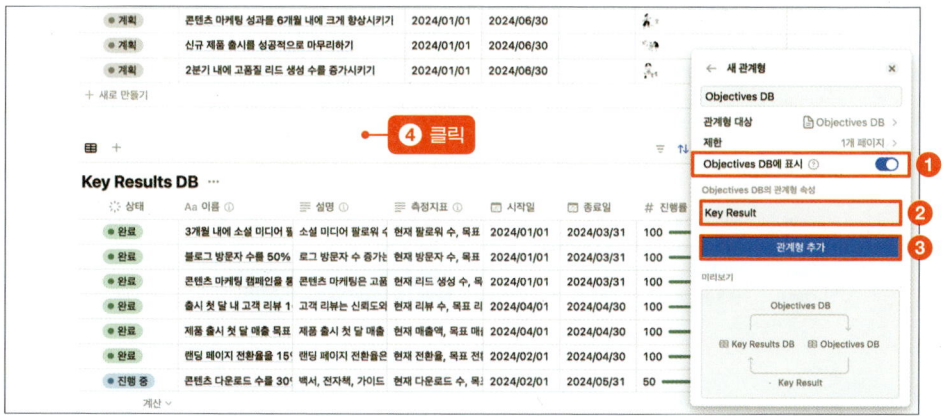

05 추가한 [관계형] 유형에서 속성값 입력란을 각각 클릭하여 Objectives DB에 있는 목표를 선택해서 채웁니다. 반대로, Objectives DB에 자동으로 추가된 [관계형] 유형의 속성에서 핵심 결과를 선택해서 채울 수도 있습니다.

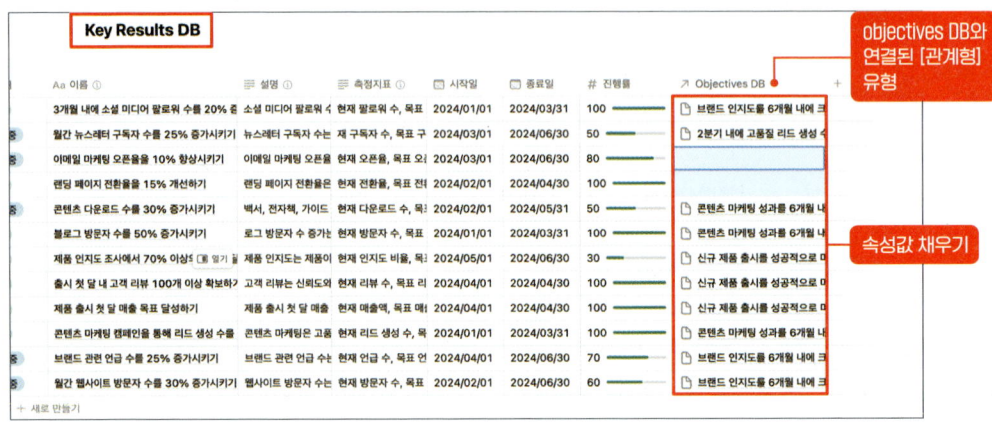

TIP Key Results DB에서는 [1개 페이지]로 제한되어 있으므로, 핵심 결과별 하나의 목표만 선택할 수 있으나, Objectives DB에서는 [제한 없음]으로 설정되므로 목표별 여러 개의 핵심 결과를 선택할 수 있습니다.

06 이어서 Objectives DB에서 [롤업] 유형의 속성을 추가하겠습니다. ❶ Objectives DB의 속성 헤드 오른쪽 끝에 있는 [+] 아이콘을 클릭한 후 ❷ [롤업]을 선택합니다.

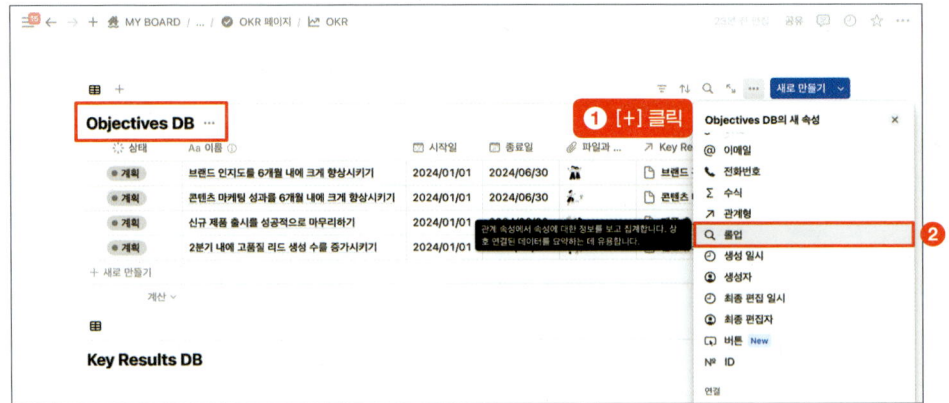

07 속성 편집 창이 열리면 ❶ 이름은 진행률을 입력하고, ❷ [관계형: Key Result], ❸ [속성: 진행률], ❹ [계산: 추가 설정-평균], ❺ [표시 옵션: 막대]로 설정합니다. ❻ 빈 공간을 클릭하여 팝업 창을 닫습니다.

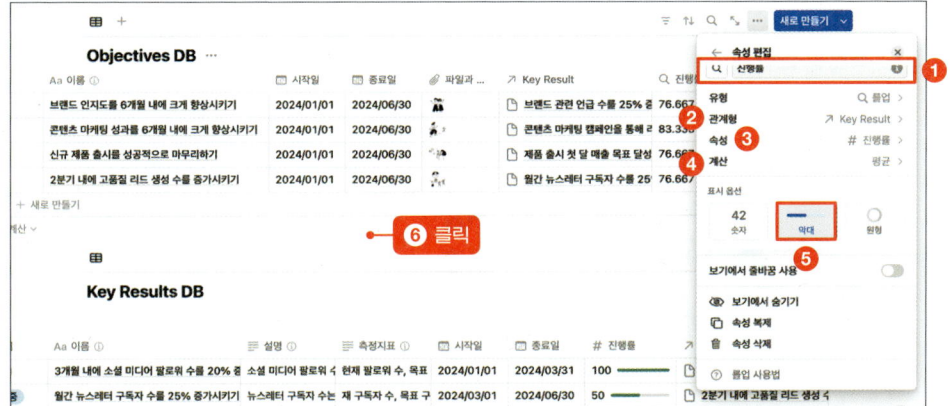

TIP 하나의 목표에는 여러 개의 핵심 결과가 연결되어 있습니다. 위와 같이 설정하면 목표별 연결된 핵심 결과의 '진행률' 속성값(숫자) 평균이 [롤업] 유형의 속성값으로 표시합니다. 이때 막대 그래프도 함께 표시됩니다.

➕ 다양한 보기 방식 추가하기

각 데이터베이스에서 보기 방식을 탭 형태로 추가해 보겠습니다. 실습에서 소개한 방식은 필자의 선택이므로, 각자 원하는 방식으로 꾸며도 좋습니다.

01 우선 Objectives DB에서 보기 탭 오른쪽에 있는 ❶ [+] 아이콘을 클릭한 후 [빈 보기]를 선택합니다. ❷ 새 보기 창에서 다음과 같이 설정한 후 ❸ [완료] 버튼을 클릭하여 새로운 보기 탭을 추가합니다.

LESSON 02 목표 및 성과 평가를 위한 OKR **253**

TIP 새 보기 창에서 이름 입력란을 클릭한 후 Spacebar 를 눌러 공백을 추가하면 보기 탭에 아이콘만 표시할 수 있으며, 보기 이름 입력란 왼쪽의 아이콘을 클릭하여 아이콘을 변경할 수 있습니다.

02 ① 추가한 갤러리 보기 탭에서 오른쪽 위에 있는 [⋯] 아이콘을 클릭하여 보기 설정 창이 열리면 [속성]을 클릭합니다. ② 다음과 같은 속성 창이 열리면 갤러리 보기에서 표시될 속성의 눈 아이콘을 클릭하여 활성화합니다.

03 Key Results DB에도 보기를 추가합니다. ① 보기 탭에서 [+] 아이콘을 클릭한 후 [빈 보기]를 선택합니다. ② 새 보기 창이 열리면 이름 입력란에서 Spacebar 를 눌러 빈 칸을 입력합니다. ③ 보기 방식은 [보드]를 선택하고, ④ 다음과 같이 일부 옵션을 변경한 후 그룹화 방식을 변경하기 위해 [그룹화 기준] 옵션을 클릭합니다.

상세과정 살펴보기

다음과 같이 옵션을 설정합니다.

- **데이터베이스 제목 표시:** 비활성
- **카드 크기:** 크게
- **열 배경색:** 활성
- **페이지 아이콘 표시:** 활성(기본값)
- **카드 미리보기:** 카드 사용 안함(기본값)
- **모든 속성 줄바꿈:** 비활성
- **페이지 보기 선택:** 사이드 보기(기본값)

04 그룹화 창이 열리면 ❶ [그룹화 기준: 상태], [정렬: 오름차순], [빈 그룹 숨기기: 비활성]으로 설정하여 보드 보기의 그룹화 방식까지 설정합니다. ❷ 빈 공간을 클릭하여 새로운 보기 추가를 완료합니다.

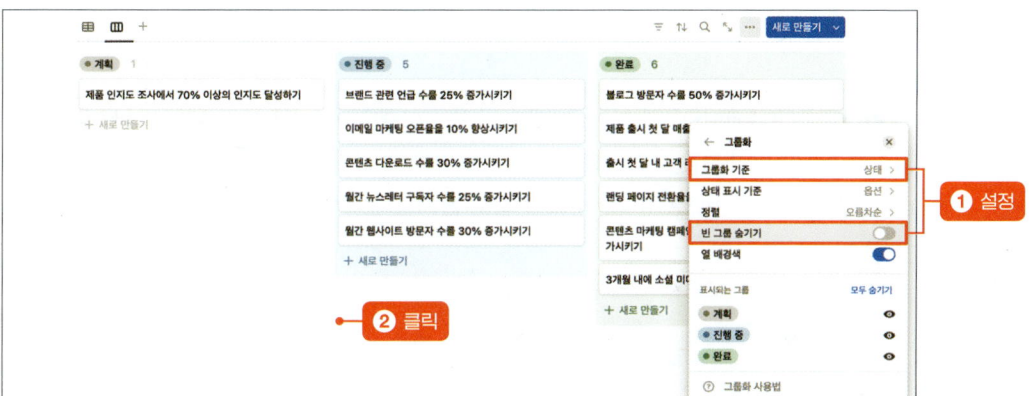

TIP [빈 그룹 숨기기: 활성] 상태로 설정하면 그룹에 포함되는 데이터가 없을 때 해당 그룹이 숨김 처리되어 위의 레이아웃이 변형될 수 있습니다. 항상 위의 레이아웃을 유지하기 위해 숨김 처리를 비활성화했습니다.

05 보드 보기에서 오른쪽 위에 있는 ❶ […] 아이콘을 클릭한 후 [속성]을 선택합니다. ❷ 속성 창이 열리면 각 보드에 표시하고 싶은 속성의 눈 아이콘을 활성화한 후 ❸ 빈 공간을 클릭하여 창을 닫습니다.

06 Key Results DB에 보기를 하나 더 추가하겠습니다. ❶ 보기 탭에서 [+] 아이콘을 클릭한 후 [빈 보기]를 선택합니다. ❷ 이름 입력란에서 [Spacebar]를 눌러 빈 칸을 입력합니다. ❸ [표] 보기를 선택하고, ❹ 다음과 같이 옵션을 설정합니다. ❺ 빈 공간을 클릭하여 창을 닫습니다.

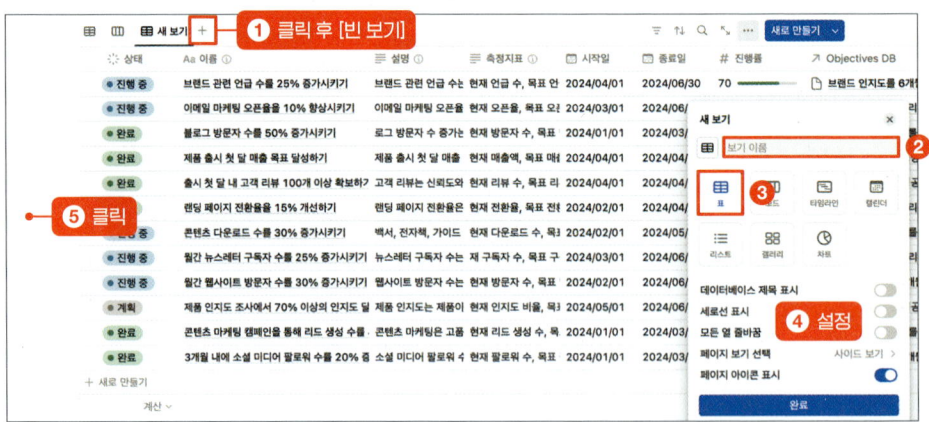

07 새 보기에서 오른쪽 위에 있는 ❶ […] 아이콘을 클릭한 후 보기 설정 창에서 [그룹화]를 클릭합니다. ❷ 그룹화 기준 창이 열리면 [Objectives DB]를 선택하고 이어서 정렬 방법 등을 설정하여 목표별 핵심 결과를 그룹화합니다.

08 끝으로 템플릿을 전체적으로 살펴보면서 데이터베이스 제목, 보기, 속성, 페이지 등 아이콘과 커버를 추가해 원하는 대로 꾸미면 완성입니다.

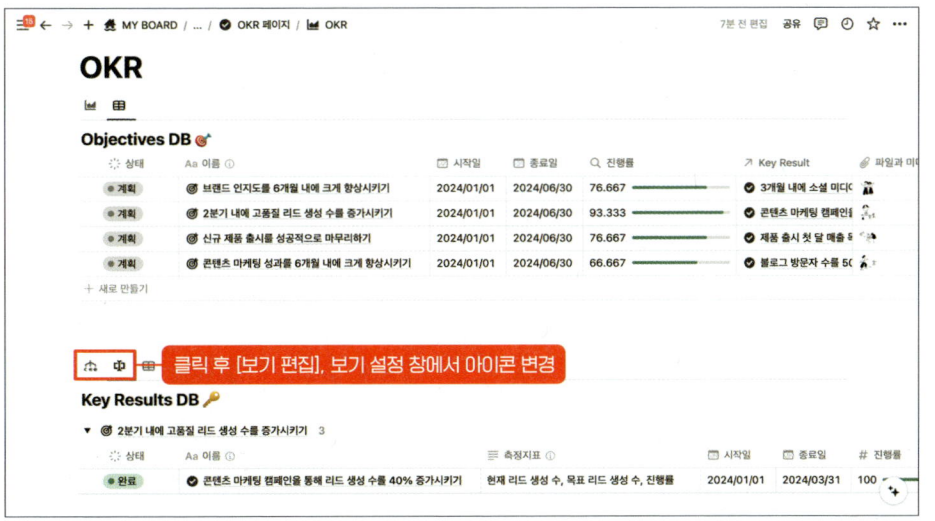

LESSON 03 진행 상황이 표시되는 프로젝트 & 할 일 관리

프로젝트를 완료하기 위해 필요한 업무들이 있을 것입니다. 이번 실습은 프로젝트와 프로젝트를 완료하기 위한 할 일 데이터베이스를 연결하여 할 일의 진행 상황에 따라 프로젝트 진행 상황이 시각적으로 표시되는 템플릿입니다.

완성 미리보기

프로젝트 DB와 할 일 DB부터 완성합니다. 2개의 데이터베이스를 관계형 데이터베이스로 연결하여 할 일이 완료될 때마다 프로젝트의 진행률 그래프가 변경되는 템플릿입니다. 할 일을 추가하거나 삭제해도 자동으로 반영됩니다.

- **NEW:** 새로운 프로젝트나 태스크를 생성할 때 데이터베이스로 직접 이동하여 입력하지 않고, 클릭만 하면 저장해 놓은 일련의 과정이 자동으로 실행되는 '버튼' 블록을 사용합니다.
- **DATABASE:** 원본 데이터베이스를 별도의 페이지에 만든 후 링크된 데이터베이스를 배치하여 활용합니다.

- **PROJECT:** 프로젝트 DB에서 상황에 맞는 보기를 추가했습니다. 진행 중인 프로젝트 목록, 진행 상황별 프로젝트, 표로 보는 프로젝트 등이 있습니다.
- **TASK:** 프로젝트를 달성하기 위한 할 일을 상황에 맞는 보기로 만들었습니다. 프로젝트별 할 일 목록, 우선순위가 높은 할 일 목록, 캘린더에서 보는 할 일 목록, 우선 순위와 마감 일정별 전체 목록 등을 볼 수 있습니다.

> **TIP** 기업 컨설팅으로 가장 의뢰가 많은 분야가 프로젝트와 할 일 관리입니다. 회사별 상황과 업무 방식, 순서, 체계 등이 다르지만, 기본적으로 관리하는 방식은 비슷할 겁니다. 그러므로 이번 실습을 잘 따라 해 보면 각자의 상황에 맞게 변형해서 사용할 수 있을 것입니다.

원본 데이터베이스 구성하기

원본 데이터베이스를 그대로 활용하면 자칫 노션에 익숙하지 않은 협업 사용자가 원본 데이터베이스를 삭제하거나 잘못된 위치로 옮기는 등의 실수로 문제가 발생할 수 있습니다. 그러므로, 협업 중에는 원본 데이터베이스를 별도의 페이지에 관리하고, 협업용 페이지에서 링크된 데이터베이스를 활용하는 것이 좋습니다.

01 ❶ 새로운 페이지를 만들고 페이지 제목에 **PROJECT MANAGEMENT**를 입력합니다. ❷ 페이지를 넓게 사용하기 위해 오른쪽 위의 […] 아이콘을 클릭한 후 ❸ [전체 너비] 옵션을 활성화합니다.

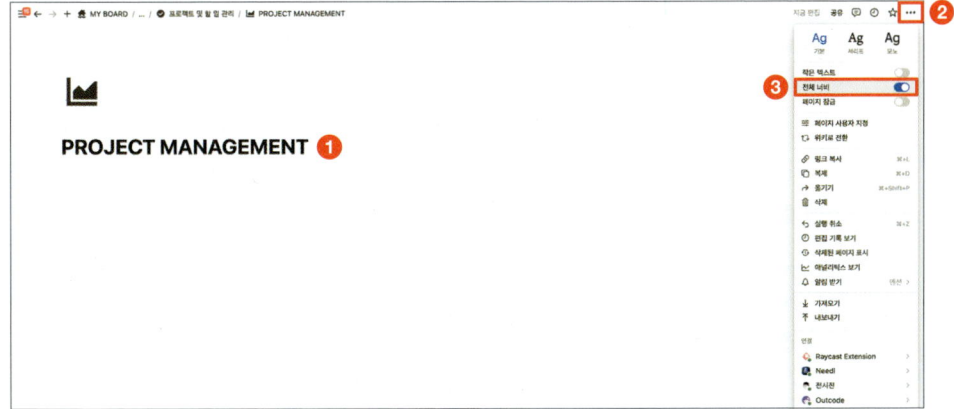

02 빈 공간을 클릭한 후 /전체 입력 후 [Enter]를 눌러 '데이터베이스-전체 페이지' 블록을 생성합니다.

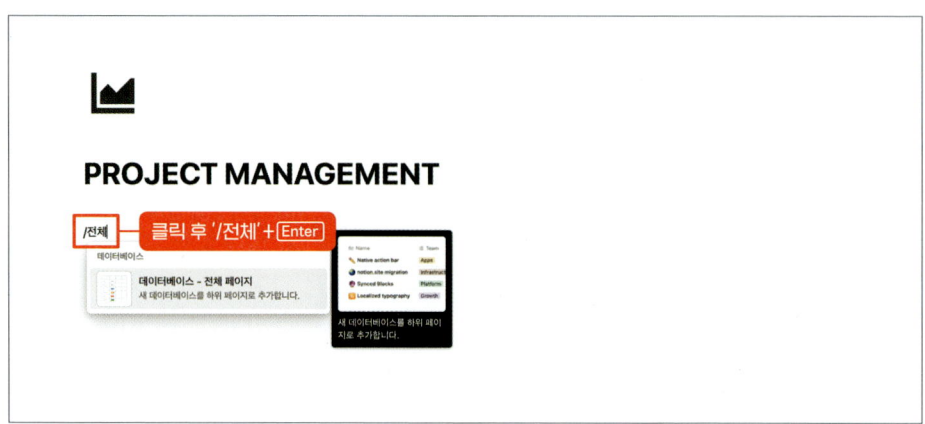

03 전체 페이지 형태의 데이터베이스 페이지가 열리면 ❶ 데이터베이스 제목이자 페이지 제목에 프로젝트 DB를 입력하고, ❷ 다음과 같이 구조합니다. ❸ 구조화가 끝나면 페이지 경로에서 [PROJECT MANAGEMENT]를 클릭하여 상위 페이지로 이동합니다.

> **상세과정 살펴보기**
>
> 기본으로 표시되는 [제목] 유형은 '프로젝트 이름' 속성으로 사용하고, [다중 선택] 유형의 '태그' 속성은 속성 헤드를 클릭한 후 [속성 삭제]를 선택하여 삭제하거나, [속성 편집]을 선택하여 다른 유형으로 변경해서 활용합니다.
>
> - **프로젝트 상태(상태):** 프로젝트의 진행 상태를 입력합니다. 속성 헤드를 클릭한 다음 [속성 편집]을 선택하고, 속성 편집 창이 열리면 [표시 옵션]을 [체크박스]로 변경합니다. 이어서 속성 헤드를 클릭한 채 드래그하여 가장 앞으로 옮깁니다.
> - **프로젝트 이름(제목):** 프로젝트명을 입력합니다.
> - **담당자(선택):** 프로젝트를 진행할 담당자를 선택합니다. 노션을 협업 도구로 활용 중이며, 협업 사용자가 공유된 페이지라면 [선택] 유형이 아닌 [사람] 유형을 추천합니다.

- **시작 날짜(날짜):** 프로젝트 시작일을 입력합니다.
- **마감 날짜(날짜):** 프로젝트 종료 예정일을 입력합니다.
- **프로젝트 목표(텍스트):** 프로젝트의 목표를 설명합니다.
- **프로젝트 지표(텍스트):** 프로젝트의 성과를 측정할 지표를 입력합니다.
- **파일과 미디어(파일과 미디어):** 프로젝트를 대표하는 이미지를 입력합니다.

이후 실습을 진행하면서 관계형으로 연결하고 다음과 같은 속성을 추가합니다.

- **진행수(롤업):** 프로젝트에 관계된 할 일의 총 개수와 완료된 개수를 불러옵니다.
- **진행률(롤업):** 프로젝트에 관계된 총 할 일과 완료된 할 일을 나누어 그래프로 표현합니다.
- **할 일(관계형):** 프로젝트와 관계된 할 일을 할 일 DB와 관계형으로 연결합니다.

04 상위 페이지에는 프로젝트 DB가 담긴 'PROJECT MANAGEMENT' 페이지 블록이 생성되어 있습니다. 추가로 할 일 DB를 생성하기 위해 '페이지' 블록 아래 빈 공간을 클릭하여 **/전체** 입력 후 [Enter]를 누릅니다. ❶ 페이지 제목은 **할 일 DB**을 입력하고, ❷ 구조화합니다.

상세과정 살펴보기

[제목] 유형은 '할 일' 속성으로, [다중 선택] 유형은 삭제하거나, 다른 유형으로 변경해서 활용합니다.

- **상태(상태):** 할 일의 진행 상태를 입력합니다. 프로젝트 DB와 마찬가지로 [상태] 유형의 [표시 옵션]을 [체크박스]로 변경하고, 속성 헤드를 드래그하여 가장 앞으로 옮깁니다.
- **할 일(제목):** 할 일의 내용을 입력합니다.
- **우선 순위(선택):** 할 일의 우선순위를 높음, 중간, 낮음으로 입력합니다.
- **마감 날짜(날짜):** 할 일의 마감 날짜를 입력합니다.
- **담당자(선택):** 할 일을 진행할 담당자를 입력합니다. 동료를 초대해서 사용한다면 [사람] 유형을 추천합니다.

➕ 관계형과 롤업으로 데이터베이스 연결하기

두 개의 데이터베이스 구조화가 끝났으면 관계형으로 연결하기 전에 원활한 실습 진행을 위해 각 데이터베이스에 예시 데이터들을 채웁니다. 제공되는 완성 템플릿에 있는 데이터를 복사해서 사용해도 좋습니다. 그런 다음 할 일 DB에서 [관계형] 유형 속성을 추가하여 연결합니다.

01 두 개의 데이터베이스 모두 전체 페이지 구성입니다. 그러므로 ❶ [관계형] 유형 속성을 추가할 '할 일 DB' 페이지로 이동한 다음 ❷ 속성 헤드의 오른쪽 끝에 있는 [+] 아이콘을 클릭한 후 ❸ [관계형]을 선택합니다.

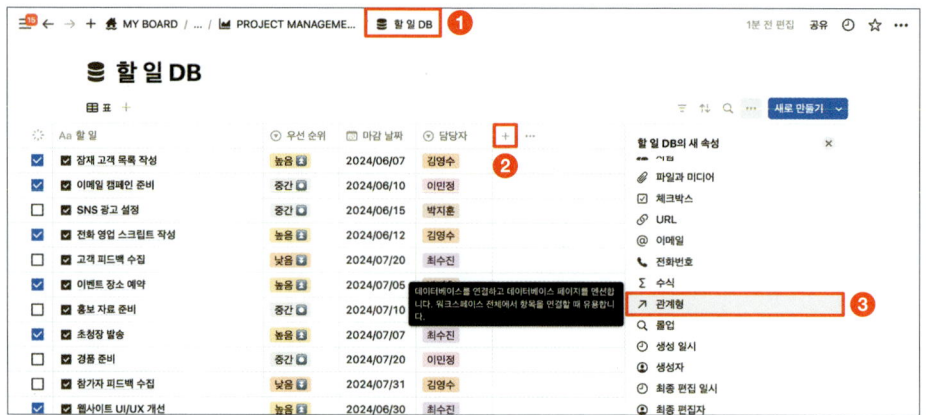

02 관계형 대상 창이 열리면 연결할 데이터베이스로 [프로젝트 DB]를 선택합니다.

03 새 관계형 창이 열리면 ❶ [제한: 1개 페이지], ❷ [프로젝트 DB에 표시: 활성]으로 설정하고, ❸ [프로젝트 DB의 관계형 속성]에 할 일을 입력합니다. ❹ [관계형 추가] 버튼을 클릭하여 [관계형] 유형을 추가합니다. 이어서 속성 편집 창이 열리면 빈 공간을 클릭해서 창을 닫습니다.

TIP 할 일은 하나의 프로젝트에만 연결되므로 [제한: 1개 페이지]로 설정했으며, 연결되는 프로젝트 DB에도 [관계형] 유형 속성을 자동으로 추가하기 위해 [프로젝트 DB에 표시: 활성]으로 설정했습니다.

04 추가한 ❶ '프로젝트 DB' 속성 헤드를 클릭한 채 드래그하여 '상태' 속성 오른쪽으로 옮기고, ❷ '프로젝트 DB' 속성값에 할 일별 프로젝트를 선택해서 채웁니다.

TIP '상태' 속성이 위와 같은 체크박스 형태가 아니라면 속성 헤드를 클릭한 후 [속성 편집]을 선택하고 속성 편집 창에서 [표시 옵션]을 [체크박스]로 변경합니다.

05 '프로젝트 DB' 페이지로 이동하면 ❶ [관계형] 유형인 '할 일' 속성이 추가되어 있습니다. 속성 헤드를 드래그하여 '담당자' 속성 오른쪽으로 옮깁니다. ❷ 이어서 [롤업] 유형을 추가하기 위해 속성 헤드 오른쪽 끝에 있는 [+] 아이콘을 클릭한 후 ❸ [롤업]을 선택합니다.

06 속성 편집 창이 열리면 ❶ 속성 이름은 진행수로, 아이콘은 'chart line'으로 검색해서 변경합니다. ❷ [관계형: 할 일], [속성: 상태], [계산: 수-그룹별 개수-Complete]로 설정합니다. ❸ 빈 공간을 클릭해서 창을 닫습니다.

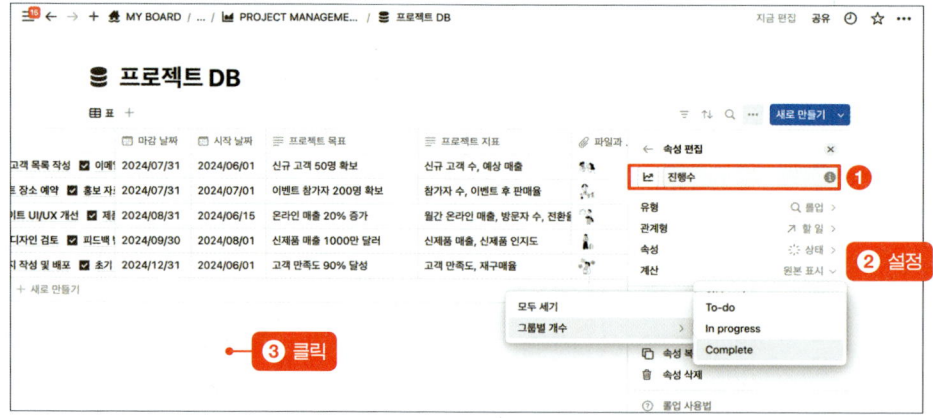

TIP 위와 같이 [롤업] 유형을 설정하면 프로젝트별 '상태' 속성의 체크박스로 계산하여 '완료한 할 일 수/전체 할 일 수' 형태로 속성값이 표시됩니다.

07 계속해서 [롤업] 유형 속성을 하나 더 추가하겠습니다. 앞서의 방법으로 추가해도 되지만, 같은 데이터베이스와 연결하는 것이므로, ❶ '진행수' 속성 헤드를 클릭한 후 ❷ [속성 복제]를 선택합니다.

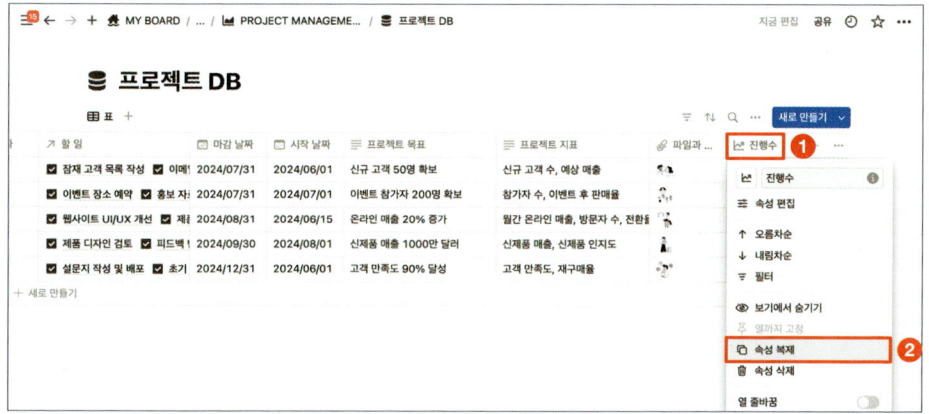

08 복제된 [롤업] 유형의 속성 헤드를 클릭한 후 [속성 편집]을 선택하여 속성 편집 창을 엽니다. ❶ 속성 이름은 **진행률**로 입력하고, ❷ 아이콘(chart area)을 변경합니다. ❸ [계산: 비율(%)-그룹별 퍼센트-Complete], [표시 옵션: 막대]만 변경한 후 ❹ 빈 공간을 클릭하여 창을 닫습니다.

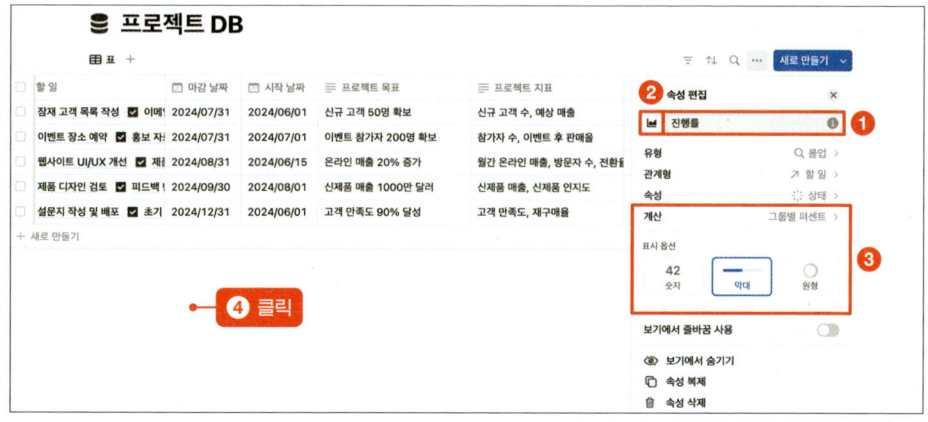

TIP 위와 같이 복제된 [롤업] 유형을 설정하면 프로젝트별 '상태' 속성의 체크박스로 계산하여 진행률과 함께 막대 그래프가 표시됩니다.

09 끝으로 '진행률' 속성의 가장 아래쪽으로 마우스 커서를 옮기면 표시되는 ❶ 계산 표시줄을 클릭한 후 ❷ [추가 설정-평균]을 선택합니다. 전체 프로젝트의 진행률 평균을 파악할 수 있습니다.

노션의 버튼 블록으로 자동화하기

'버튼' 블록은 사용자가 버튼을 클릭했을 때 미리 지정한 작업을 자동으로 실행해 주는 노션의 자동화 기능입니다. 새로운 블록이나 데이터베이스 내에 페이지(데이터) 추가 및 편집, 확인 표시(팝업), 페이지 열기 등의 작업을 실행할 수 있습니다.

01 PROJECT MANAGEMENT 페이지로 이동한 후 2개의 데이터베이스 '페이지' 블록 아래쪽을 클릭한 후 ❶ '콜아웃' 블록 4개를 만듭니다. ❷ 각각 NEW, DATABASE, PROJECT, TASK를 입력한 후 Ctrl + B 를 눌러 굵게 처리합니다. Link '콜아웃' 블록 생성 및 아이콘 변경 방법은 104쪽 을 참고합니다.

TIP /콜아웃 입력 후 Enter 를 누르면 '콜아웃' 블록이 생성됩니다.

02 콜아웃 블록을 2열로 배치하고, 2개의 데이터베이스 '페이지' 블록을 DATABASE 콜아웃 안으로 드래그해서 옮깁니다. DATABASE 콜아웃 안에서는 영역명과 데이터베이스 페이지 사이에 구분선을 추가합니다.

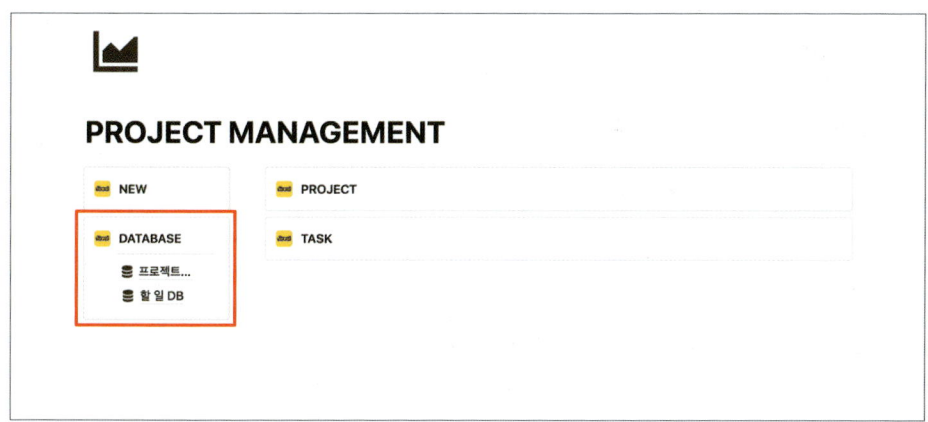

> **상세과정 살펴보기**
>
> - **열 구분**: 2열로 구분할 것이므로 우선 2개의 '콜아웃' 블록을 선택한 후 Ctrl + / 를 누르거나 블록에 마우스 커서를 옮기면 표시되는 [:::](블록 핸들)을 클릭한 후 [전환]-[열]을 선택합니다.
> - **구분선 추가**: '페이지' 블록을 배치했다면 '콜아웃' 블록에서 영역 이름 끝을 클릭한 후 Enter 를 눌러 새로운 블록을 추가한 다음 /구분선 입력 후 Enter 를 누르거나 단축어 --- 을 입력합니다. **Link** 좀 더 자세한 방법은 104쪽 실습 과정을 참고하세요.

03 임의의 ❶ 빈 위치를 클릭한 후 --- 을 입력하여 구분선을 생성한 후 ❷ 구분선의 [:::]을 클릭한 채 NEW 콜아웃으로 드래그해서 옮깁니다. 같은 방법으로 나머지 콜아웃에도 구분선을 배치합니다.

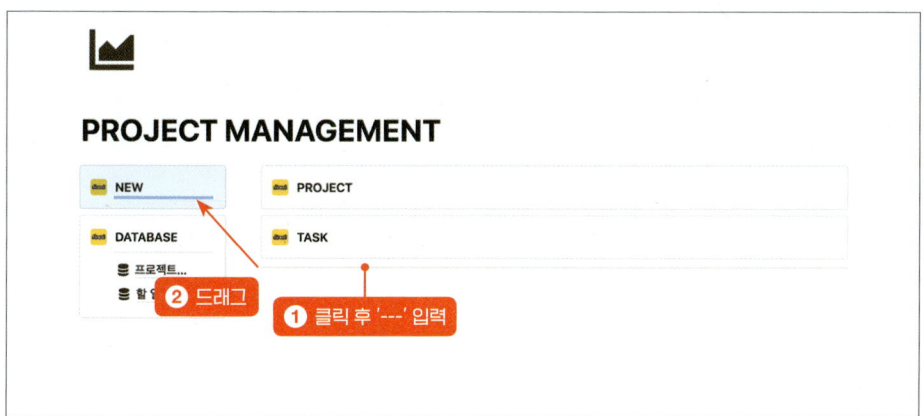

LESSON 03 진행 상황이 표시되는 프로젝트 & 할 일 관리

04 이제 자동화 버튼을 만들겠습니다. NEW 콜아웃에서 구분선을 클릭한 후 Enter 를 눌러 새로운 블록을 추가하고, /버튼 입력 후 Enter 를 눌러 '버튼' 블록을 생성합니다. 이 버튼을 클릭하면 프로젝트 DB에 새로운 데이터(페이지)가 추가되도록 설정해 보겠습니다.

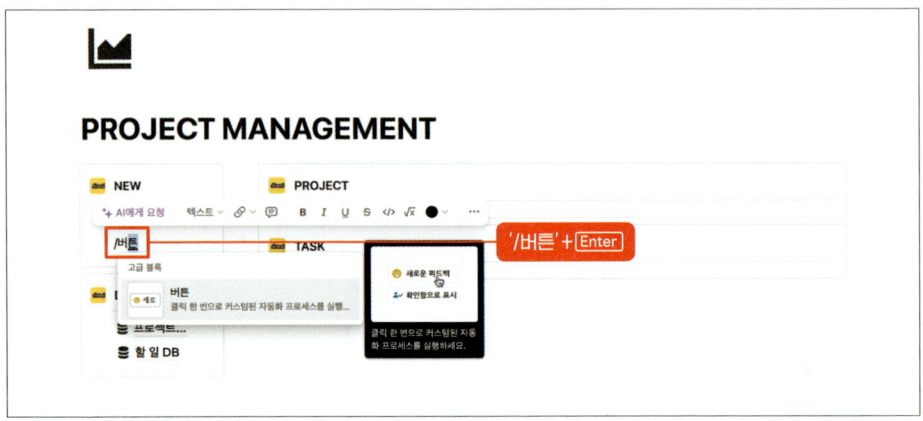

05 버튼 설정 창이 열리면 맨 위에 있는 ❶ 버튼 이름 입력란과 아이콘을 적당하게 변경합니다. 여기서는 'chart line'으로 검색하여 아이콘을 변경했고, 버튼 이름은 NEW PROJECT 로 입력했습니다. ❷ [작업 추가] 버튼을 클릭한 후 ❸ [페이지 추가 위치]를 선택합니다.

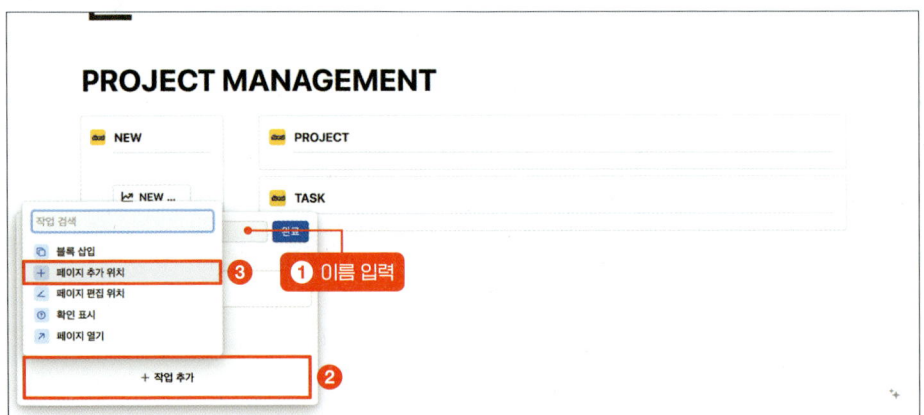

06 ❶ [데이터베이스 선택] 링크가 표시되면 클릭한 후 ❷ 페이지를 추가할 DB인 [프로젝트 DB]를 선택합니다.

07 '수행할 작업' 영역에서는 페이지가 추가될 때 자동으로 입력될 속성값들을 설정할 수 있습니다. 프로젝트는 매번 다른 내용이 입력되므로, 빈 페이지만 추가되도록 기본 설정을 유지합니다. 계속해서 자동으로 추가한 페이지가 열리도록 ❶ [다른 단계 추가]를 클릭한 후 ❷ [페이지 열기]를 선택합니다.

TIP 06번 과정까지만 설정하고, [완료] 버튼을 클릭하면 버튼을 클릭했을 때 자동으로 페이지가 추가되는 자동화가 완성됩니다. 07번 과정부터는 추가한 페이지에 새로운 프로젝트 내용을 입력하기 위한 자동화 설정입니다.

08 ❶ [페이지 선택] 링크가 표시되면 클릭한 후 [새로 추가된 페이지]를 선택하여 다음과 같이 설정하고, ❷ 보기 방식은 [사이드 보기]로 변경합니다. ❸ 끝으로 [완료] 버튼을 클릭하여 자동화 설정을 마칩니다.

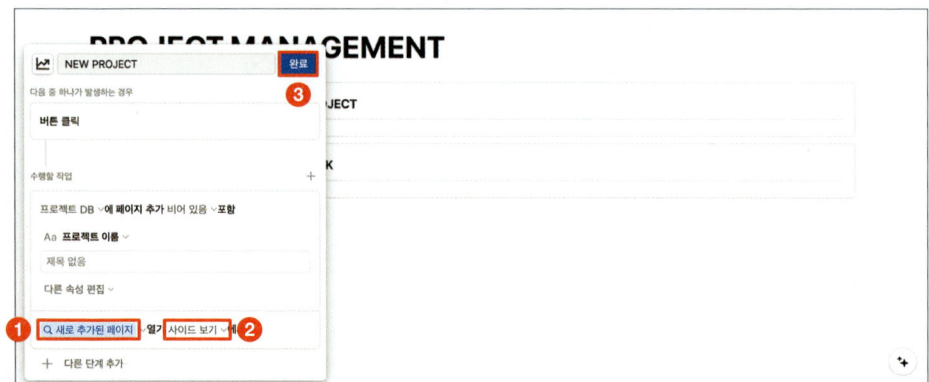

TIP '버튼' 블록에 기록된 자동화 과정을 변경하고 싶다면 해당 버튼으로 마우스 커서를 옮긴 후 버튼 오른쪽에 표시되는 기어 모양 아이콘을 클릭하면 됩니다.

09 지금까지의 과정을 참고하여 NEW TASK 콜아웃에서도 '버튼' 블록을 생성한 후 할 일 DB에 새로운 페이지가 생성되도록 자동화 과정을 설정하고, [완료] 버튼을 클릭합니다.

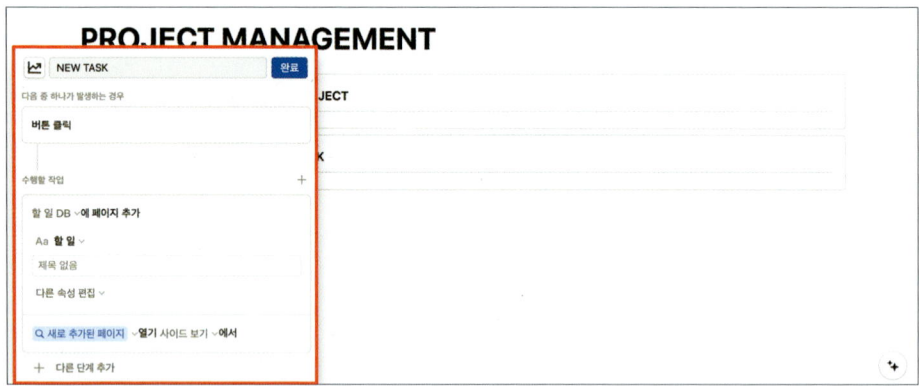

상세과정 살펴보기

❶ 버튼 아이콘은 'chart line'으로 검색하여 변경했고, 버튼 이름은 NEW TASK로 입력했습니다.

❷ [작업 추가]를 클릭하여 [페이지 추가 위치]를 [할 일 DB]로 선택합니다.

❸ [다른 단계 추가]를 클릭하여 [페이지 열기]를 [새로 추가된 페이지]로 선택하고, 보기 방식을 [사이드 보기]로 설정합니다.

➕ 링크된 데이터베이스로 배치하기

마지막 작업으로 원본 데이터베이스를 보호하면서 데이터베이스를 활용하기 위해 메인 페이지에 링크된 데이터베이스를 배치한 후 보기 방식을 변경하고 필터를 설정합니다.

01 우선 ① 프로젝트 DB의 '페이지' 블록에서 마우스 오른쪽 버튼을 클릭한 후 ② [링크 복사]를 선택하여 원본 데이터베이스 링크를 복사합니다.

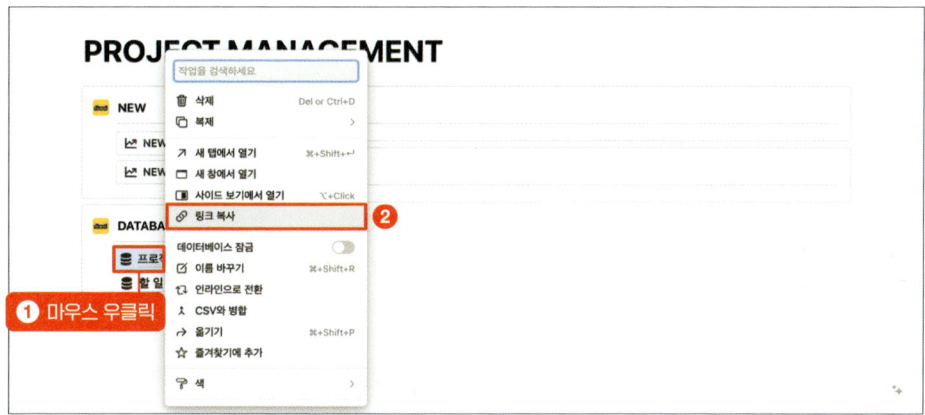

TIP 삭제하면 문제가 발생할 수 있는 원본 DB는 실수로 지워지는 것을 방지하기 위해 별도로 보관한 후 삭제 금지 등의 경고 문구를 입력해 두고, 실제 사용은 링크된 데이터베이스를 이용하도록 합니다.

02 PROJECT 콜아웃에서 구분선 아래에 새로운 블록을 추가한 후 ① Ctrl+V를 눌러 복사한 링크를 붙여 넣고 ② [연결된 데이터베이스 보기]를 선택합니다.

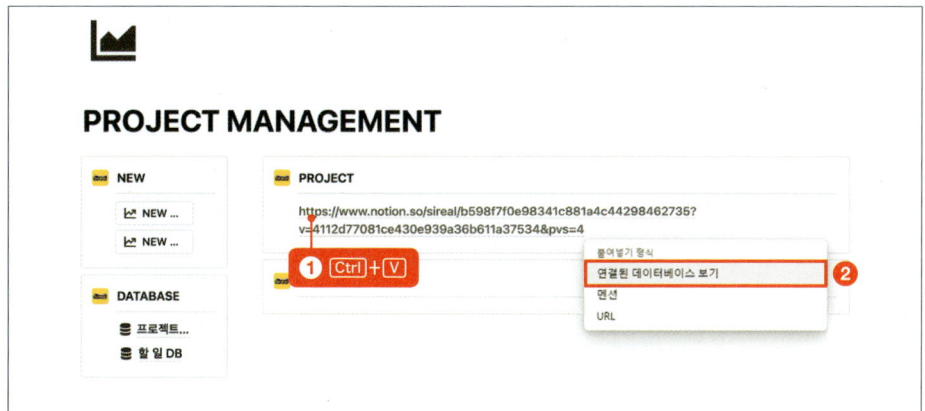

TIP 구분선을 클릭한 후 Enter를 눌러 구분선 아래에 블록을 추가할 수 있습니다.

LESSON 03 진행 상황이 표시되는 프로젝트 & 할 일 관리 **271**

03 기본 설정으로 표 보기의 링크된 데이터베이스가 생성되면 우선 제목을 숨깁니다. 이어서 ❶ [필터] 아이콘을 클릭한 후 [프로젝트 상태]를 선택합니다. ❷ 프로젝트 상태 필터 설정 창이 열리면 진행 중인 프로젝트 목록만 보기 위해 [진행 중]에 체크합니다.

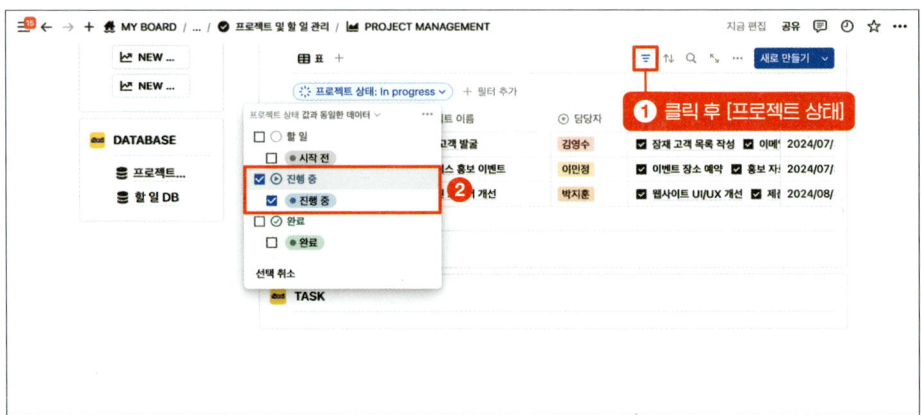

TIP 데이터베이스 제목 오른쪽에 있는 […] 아이콘을 클릭한 후 [데이터베이스 제목 숨기기]를 선택하여 제목을 숨길 수 있습니다.

04 같은 필터가 적용된 보기 방식을 추가하기 위해 ❶ [표] 보기 탭을 클릭한 후 ❷ [복제]를 선택합니다.

TIP 원본 데이터베이스와 달리 링크된 데이터베이스에서 [+] 아이콘을 클릭하면 매번 링크할 데이터베이스 원본 선택부터 옵션 설정까지 다시 해야 합니다. 그러므로, 완성된 보기 탭을 복제한 후 일부 옵션을 변경해서 사용하는 것이 편리합니다.

05 보기 탭이 복제되고 보기 설정 창이 열리면 [레이아웃]을 클릭하여 레이아웃 창을 엽니다. ① 레이아웃 창에서 다음과 같이 설정하고 ② 설정이 끝나면 [←] 아이콘을 클릭하여 다시 보기 설정 창으로 이동합니다.

> **상세과정 살펴보기**
>
> - 보기: 갤러리
> - 카드 미리보기: 파일과 미디어
> - 이미지 맞추기: 활성
> - 페이지 보기 선택: 사이드 보기
> - 데이터베이스 제목 표시: 비활성
> - 카드 크기: 작게
> - 모든 속성 줄바꿈: 비활성
> - 페이지 아이콘 표시: 활성

06 보기 설정 창에서 이번에는 [속성]을 클릭하여 속성 창으로 이동한 후 갤러리 카드에 표시할 속성의 눈 아이콘을 클릭하여 활성화합니다. 여기서는 [담당자], [진행수], [진행률], [마감 날짜]를 활성화했습니다.

지금까지의 과정과 프로젝트 실습들을 떠올려서 이번에는 TASK 콜아웃에 할 일 DB의 링크된 데이터베이스를 표 보기로 배치하고, 표 보기를 복제해서 다양한 보기로 변경해 보세요. 아래의 보드 보기는 [상태] 유형 속성으로 그룹화했으며, [정렬] 아이콘을 클릭하여 [우선 순위]와 [마감 날짜] 기준 오름차순 정렬했습니다. 또한 [필터] 아이콘을 클릭하여 '마감 날짜' 속성을 이용해 이번 달에 마감할 할 일만 표시했습니다.

◀ 필터 설정

N 한 걸음 더 데이터베이스 자동화 기능과 버튼

'버튼' 블록과 유사한 기능으로 데이터베이스의 자체 자동화 기능이 추가되었습니다. '버튼' 블록은 새로운 블록 삽입이나 페이지 열기 등의 작업을 추가할 수 있지만, 데이터베이스의 자동화에서는 데이터베이스 관련 작업만 자동화할 수 있으며, 유료 요금제에서 온전한 기능을 사용할 수 있습니다. 데이터베이스 자동화 기능은 오른쪽 위에 있는 번개 모양 아이콘을 클릭해서 실행할 수 있습니다.

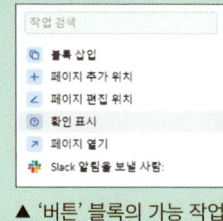

▲ '버튼' 블록의 가능 작업

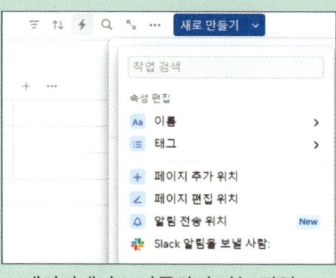

▲ 데이터베이스 자동화의 가능 작업

LESSON 04 보기 탭으로 구분해서 관리하는 고객 상담 일지

고객 명단과 고객이 진행한 상담 내역까지 관리할 수 관계형 데이터베이스입니다. 고객 관리에 적합한 템플릿으로 PT, 필라테스 등 1:1 레슨이나 자동차 판매, 공인 중개, 학원 등에서 활용할 수 있습니다.

완성 미리보기

직전에 실습한 프로젝트 및 할 일 관리와 유사하게 고객 관리 DB와 상담 관리 DB로 구성되어 있습니다. 2개의 데이터베이스를 관계형 데이터베이스로 연결한 후 고객별로 상담 내역을 확인할 수 있도록 구성합니다. 이때 필터 기능을 이용하지 않고, 고객 페이지가 생성될 때마다 자동으로 상담 내역을 불러올 수 있도록 자동화합니다.

- **QUICK REGISTER:** '버튼' 블록을 생성하여 새로운 고객이나 상담이 발생했을 때 자동화 버튼을 클릭하여 데이터를 추가합니다.
- **DATABASE:** 고객과 상담 내역을 관리하는 원본 데이터베이스 페이지를 배치합니다.
- **링크된 데이터베이스:** 하나의 링크된 데이터베이스를 배치한 후 보기 탭을 추가하여 고객 관리 DB와 상담 관리 DB를 링크된 데이터베이스로 배치합니다. 왼쪽 탭부터 이번 주 상담 일정, 이번 달 상담 일정, 활성화된 고객 명단, 상담 예정 목록을 살펴볼 수 있습니다.

➕⋮ 원본 데이터베이스 구조화하기

원본 데이터베이스를 안전하게 관리하기 위해 전체 페이지 형태의 데이터베이스로 구성하고, 이후 링크된 데이터베이스를 배치하여 활용합니다.

01 ❶ 새로운 페이지를 만든 후 페이지 제목에 **고객 및 상담 관리**를 입력합니다. ❷ 페이지를 넓게 사용하기 위해 오른쪽 위의 […] 아이콘을 클릭한 후 ❸ [**전체 너비**] 옵션을 활성화합니다.

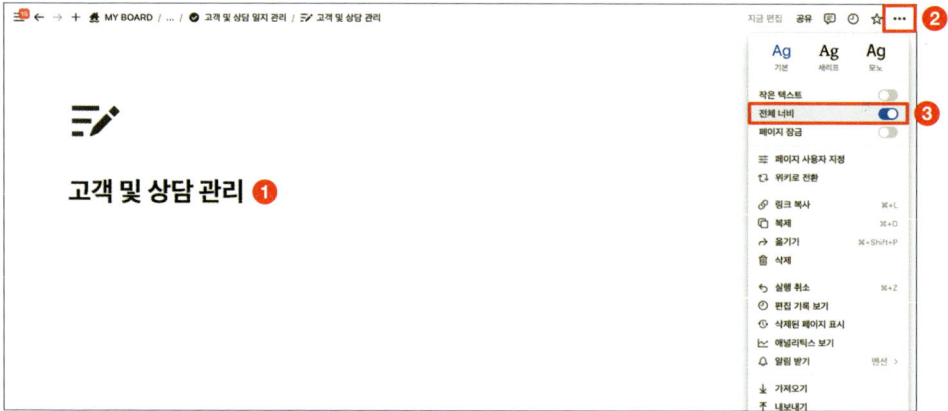

02 빈 공간을 클릭하여 새로운 블록을 추가하고, /전체 입력 후 Enter 를 눌러 '데이터베이스-전체 페이지' 블록을 생성합니다.

03 전체 페이지 형태의 데이터베이스 페이지가 열리면 ❶ 데이터베이스 제목이자 페이지 제목에 **고객 DB**를 입력하고, ❷ 다음과 같이 구조화합니다. ❸ 구조화가 끝나면 페이지 경로에서 [고객 및 상담 관리]를 클릭하여 상위 페이지로 이동합니다.

상세과정 살펴보기

기본으로 표시되는 [제목] 유형은 '고객명' 속성으로 사용하고, [다중 선택] 유형의 '태그' 속성은 삭제하거나, 다른 유형으로 변경해서 활용합니다. '상태' 속성은 고객의 계약 상태를 입력하는 항목으로, 속성 헤드를 드래그하여 가장 앞에 배치했습니다. 나머지 속성에는 속성 이름에 맞게 고객 정보를 입력해서 사용합니다.

- 1. 상태(상태)
- 3. 직함(선택)
- 5. 주소(텍스트)
- 7. 등록일(날짜)
- 9. 고객 유형(선택)
- 11. 구매내역(텍스트)

- 2. 고객명(제목)
- 4. 연락처(전화번호)
- 6. 회사(텍스트)
- 8. 메모(텍스트)
- 10. 이메일(이메일)

데이터베이스로 정보를 관리할 때 속성이 많으면 관리가 어려울 뿐만 아니라 새로운 보기를 추가하거나 보기 편집 등으로 속성 순서가 임의로 변경될 수도 있습니다. 데이터베이스 속성 순서가 자동으로 변경될 때는 기본적으로 속성 이름을 기준으로 정렬되므로, 위와 같이 중요도나 순서에 따라 속성 이름에 숫자를 입력해 놓으면 자동 정렬되더라도 원하는 순서로 배치됩니다.

04 메인 페이지로 이동하면 앞서 만든 고객 DB의 '페이지' 블록이 배치되어 있습니다. 아래쪽 빈 공간을 클릭하여 새로운 블록을 추가하고 **/전체** 입력 후 Enter 를 눌러 두 번째 전체 페이지 데이터베이스를 생성합니다. ❶ 페이지 제목은 **상담 DB**를 입력하고, ❷ 다음과 같이 구조화합니다.

> ### 상세과정 살펴보기
>
> 기본으로 표시되는 [제목] 유형은 '상담 내용' 속성으로 사용하고, [다중 선택] 유형의 '태그' 속성은 삭제하거나, 다른 유형으로 변경해서 활용합니다. 참고로, 이후 과정에서 '관계형' 속성을 추가하여 2번 위치로 옮길 것이므로, '상담 일자' 속성은 3번으로 입력했습니다.
>
> - 1. 상담 상태(상태)
> - 4. 상담 담당자(선택)
> - 6. 상담 내용(제목)
> - 8. 후속 조치(텍스트)
> - 10. 메모(텍스트)
> - 3. 상담 일자(날짜)
> - 5. 상담 방법(선택)
> - 7. 상담 결과(텍스트)
> - 9. 다음 상담 일정(날짜)
>
> 위와 같이 구조한 후 각 항목에 적절한 데이터를 채워 보세요.
>
> '상담 내용' 속성은 [제목] 유형이므로 상담 내용을 간략하게 입력하고, 자세한 상담 내용 등은 데이터 페이지로 이동하여 입력하는 것이 좋습니다. 데이터베이스 템플릿을 활용해 상담록을 미리 만들어 두어도 좋습니다. **Link** 데이터베이스 템플릿 생성 방법은 **141쪽** 실습을 참고하세요.
>
> '다음 상담 일정' 속성에서는 예약 날짜를 입력합니다. 별도로 '다음 상담 일정' 속성을 사용하지 않고, 새로운 데이터를 추가한 후 '상담 일자' 속성에 입력하는 방법도 있습니다.

➕ 관계형으로 데이터베이스 연결하기

두 개의 데이터베이스 구조화가 끝났으면 관계형으로 연결하기 전에 원활한 실습 진행을 위해 각 데이터베이스에 예시 데이터들을 채웁니다. 제공하는 완성 템플릿에서 데이터를 복사한 후 붙여 넣고 실습해도 좋습니다.

01 상담 DB에서 [관계형] 유형의 속성을 추가하겠습니다. ❶ 속성 헤드 오른쪽 끝에 있는 [+] 아이콘을 클릭한 후 ❷ [관계형]을 선택합니다.

02 관계형 대상 창이 열리면 연결할 데이터베이스인 [고객 DB]를 선택합니다.

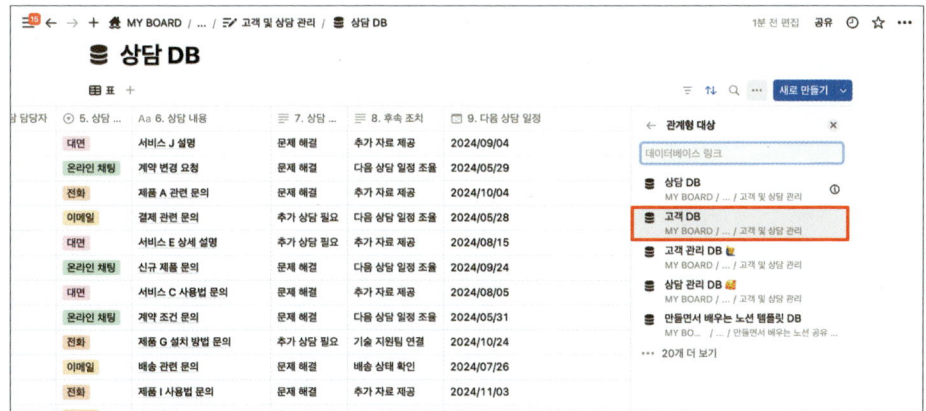

LESSON 04 보기 탭으로 구분해서 관리하는 고객 상담 일지

03 새 관계형 창이 열리면 ❶ [제한: 1개 페이지], ❷ [고객 DB에 표시: 비활성]으로 설정하고, ❸ [관계형 추가] 버튼을 클릭합니다.

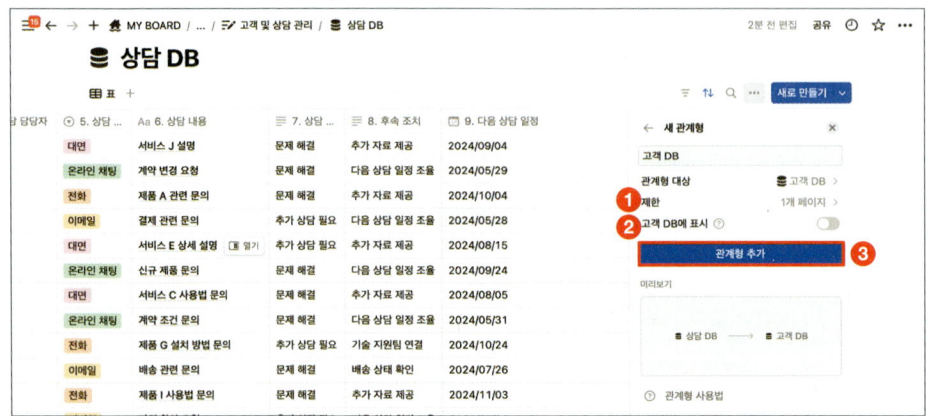

TIP [고객 DB에 표시: 비활성]으로 설정하여 단방향으로 관계형을 추가하면, 고객 DB에는 [관계형] 유형이 추가되지 않습니다. 연결할 DB에서 [관계형]이나 [롤업] 유형을 사용하지 않을 때는 단방향으로 연결하는 것도 무방합니다.

04 [관계형] 유형이 추가되면서 바로 속성 편집 창이 열리면 ❶ 속성 이름을 2. 고객명으로 변경합니다. ❷ 빈 공간을 클릭하여 창을 닫고, ❸ '2. 고객명' 속성 헤드를 드래그하여 2번 위치로 옮깁니다.

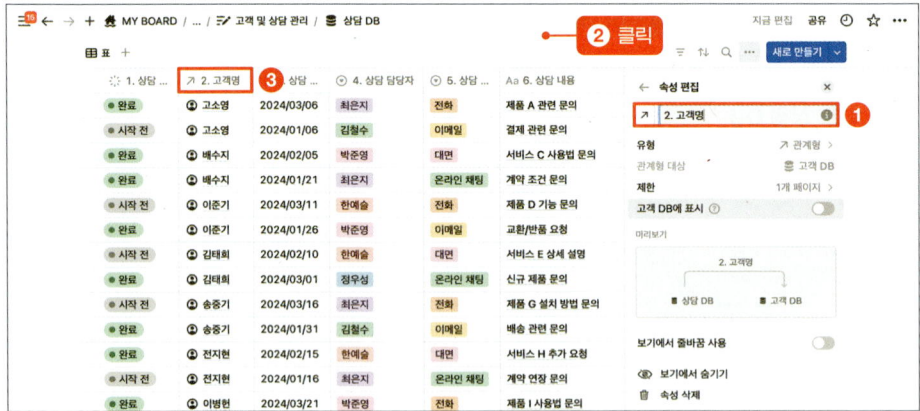

05 ❶ '1. 상담 상태' 속성 헤드를 클릭한 후 [속성 편집]을 선택합니다. ❷ 속성 편집 창이 열리면 [표시 옵션: 체크박스]로 변경하고, ❸ 속성 헤드의 오른쪽 경계를 더블 클릭하여 너비를 최소로 줄입니다.

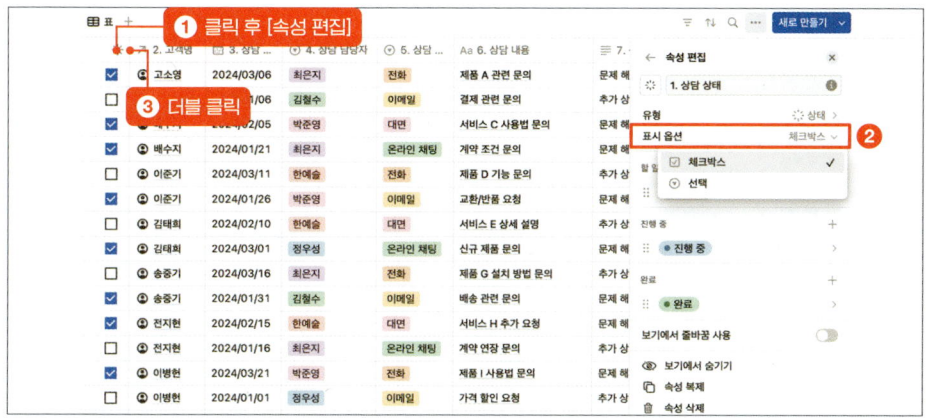

➕ ⋮ 메인 페이지 구성 및 링크된 데이터베이스 배치하기

'콜아웃' 블록을 이용하여 메인 페이지의 기본 레이아웃을 구성한 후 원본 데이터베이스의 링크를 복사하여 링크된 데이터베이스를 배치합니다.

01 '고객 및 상담 관리' 페이지로 이동합니다. ❶ '페이지' 블록 아래쪽을 클릭한 다음 /콜아웃 입력 후 Enter 를 눌러 '콜아웃' 블록을 생성하고, Ctrl + D 를 눌러 복제합니다. ❷ 2개의 콜아웃에 각각 QUICK REGISTER, DATABASE를 입력하고 Ctrl + B 를 눌러 굵게 처리합니다. Link '콜아웃' 블록 생성 및 아이콘 변경 방법은 104쪽 을 참고하세요.

02
❶ 원본 DB가 담긴 2개의 '페이지' 블록을 선택한 후 DATABASE 콜아웃으로 드래그해서 옮깁니다. ❷ 콜아웃에서 영역명과 데이터베이스 페이지 사이에 구분선을 추가합니다. ❸ '상담 DB' 페이지에서 마우스 오른쪽 버튼을 클릭한 후 ❹ [링크 복사]를 선택합니다.

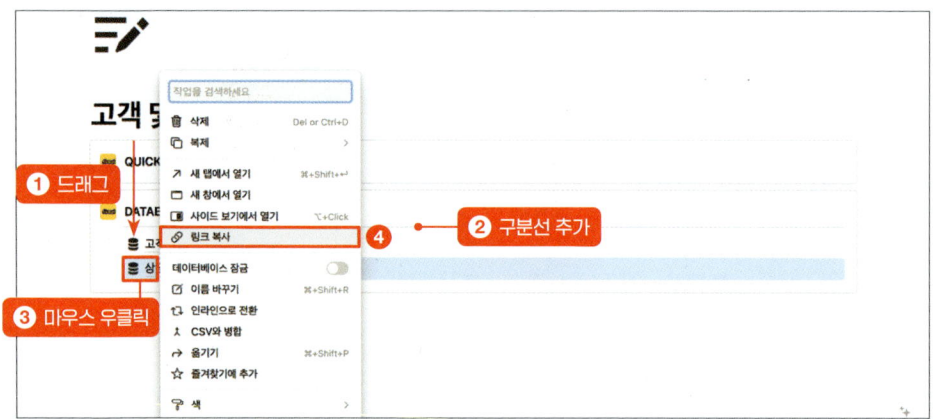

TIP '콜아웃' 블록에서 영역 이름 끝을 클릭한 후 Enter를 누르면 새로운 블록이 추가됩니다. 여기서 /구분선 입력 후 Enter를 누르거나 단축어 ---을 입력하면 구분선이 생성됩니다.

03
2열로 링크된 데이터베이스를 배치하기 위해 ❶ '콜아웃' 블록 아래쪽 빈 공간을 클릭하여 새로운 블록을 추가합니다. ❷ 추가한 블록에서 [⋮⋮](블록 핸들)을 클릭한 채 QUICK REGISTER 콜아웃의 오른쪽 끝으로 드래그하여 세로선이 표시되면 손을 뗍니다.

04 ❶ DATABASE 콜아웃에서 [⋮⋮]을 클릭한 채 QUICK REGISTER 콜아웃 바로 아래로 드래그하여 1열 위치에 배치합니다. ❷ 2열에 있는 블록에서 Ctrl+V를 눌러 원본 데이터베이스 링크를 붙여 넣고 ❸ [연결된 데이터베이스 보기]를 선택합니다.

05 표 보기로 링크된 데이터베이스가 생성되면 보기 방식을 변경하기 위해 ❶ [표] 보기 탭을 클릭한 후 ❷ [보기 편집]을 선택합니다.

TIP 링크된 데이터베이스 제목 오른쪽에 있는 [⋯] 아이콘을 클릭한 후 [데이터베이스 제목 숨기기]를 선택하여 제목을 숨기면 깔끔하게 사용할 수 있습니다. 제목을 숨긴 후에는 해당 보기 탭을 클릭한 후 [데이터베이스 제목 표시]를 선택해서 다시 표시할 수 있습니다.

06 ❶ 보기 설정 창이 열리면 [레이아웃]을 클릭하여 레이아웃 창을 열고 ❷ [캘린더] 보기 선택 후 ❸ [데이터베이스 제목 표시: 비활성], [캘린더 표시 기준 보기: 3. 상담 일자], [캘린더 표시 기준: 주], [주말 표시: 비활성], [페이지 보기 선택: 사이드 보기], [페이지 아이콘 표시: 활성]으로 설정합니다.

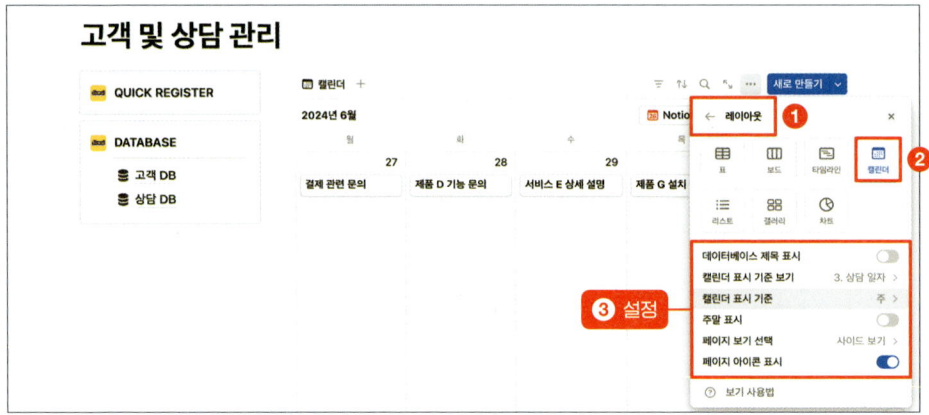

TIP 위와 같이 설정하면 '3. 상담 일자' 속성의 날짜를 이용하여 일주일 단위로 상담 목록이 캘린더에 표시됩니다.

07 ❶ 레이아웃 창에서 [←]을 클릭하여 보기 설정 창으로 돌아간 후 [속성]을 클릭하여 속성 창을 엽니다. ❷ 속성 목록 중 캘린더에 표시할 속성의 눈 아이콘을 활성화합니다. ❸ 끝으로 보기 탭을 클릭한 후 [이름 바꾸기]를 선택하여 'Week'로 변경합니다.

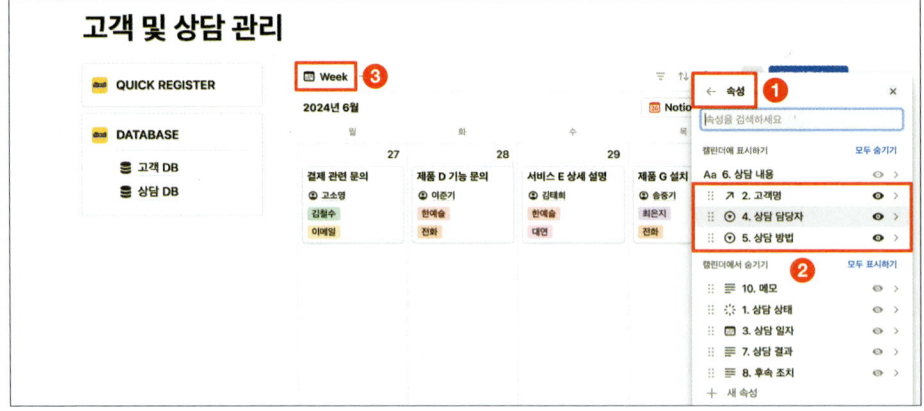

08 월 단위 캘린더 보기를 추가하기 위해 ① [Week] 탭을 클릭한 후 [복제]를 선택합니다. ② 보기 설정 창이 열리면 [레이아웃]을 클릭하여 레이아웃 창을 열고 ③ [캘린더 표시 기준] 옵션만 [월]로 변경합니다. ④ 보기 탭의 이름은 'Month'로 변경합니다.

➕ 링크된 데이터베이스에 다른 데이터베이스 추가하기

링크된 데이터베이스를 생성한 후에는 보기 탭을 추가하여 처음 복사했던 원본 데이터베이스가 아닌 또 다른 데이터베이스를 불러올 수도 있습니다. 즉, 하나의 링크된 데이터베이스를 생성했다면 여기에서 보기 탭을 이용해 서로 다른 여러 데이터베이스를 확인할 수 있습니다.

01 고객 DB를 추가해 보겠습니다. ① 보기 탭 오른쪽에 있는 [+] 아이콘을 클릭한 후 [빈 보기]를 선택합니다. ② 새 보기 창이 열리면 링크할 [고객 DB]를 선택합니다. 이어서 새로운 팝업 창이 열리면 [표]를 선택하여 표 보기로 추가합니다.

02 고객 DB의 표 보기가 추가되면서 보기 설정 창이 열리면 ❶ [그룹화]를 선택하고, ❷ 그룹화 창이 열리면 그룹화 기준으로 [1. 상태]를 선택하고 ❸ 정렬 기준 등을 변경해도 됩니다.

TIP 위 화면에서는 데이터베이스 제목을 숨김 처리했습니다.

03 추가한 고객 DB의 보기 탭을 클릭한 후 [이름 바꾸기]를 선택하여 '고객'으로 변경합니다.

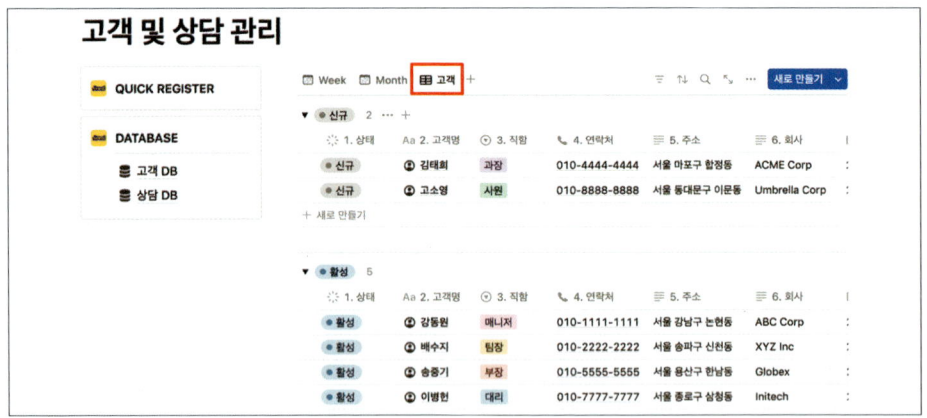

TIP 보기 설정 창이 닫혔다면 데이터베이스 오른쪽 위에 있는 [⋯] 아이콘을 클릭해서 다시 열면 됩니다. 참고로

╋ ∷ 상담 정보가 자동으로 표시되는 데이터용 템플릿 만들기

상담 일정이 잡히면 상담 DB에서 **[관계형]** 유형 속성값에 고객 정보를 연결합니다. 이어서 상담이 끝나면 고객 DB의 고객별 페이지를 열고 상담의 상세 내용을 확인하고 추가 정보 등을 입력합니다. 이때 상담 내용을 체계적으로 입력할 수 있도록 페이지용 템플릿을 제작하고, 고객별 페이지에서 템플릿을 추가하면 자동으로 해당 고객의 상담 내역이 표시되도록 자동화해 보겠습니다.

01 고객 DB에 만들 데이터용 템플릿에 상담 내용이 자동으로 표시되도록 상담 DB의 링크된 데이터베이스를 활용합니다. ❶ 상담 DB가 포함된 '페이지' 블록에서 마우스 오른쪽 버튼을 클릭한 후 ❷ **[링크 복사]**를 선택합니다.

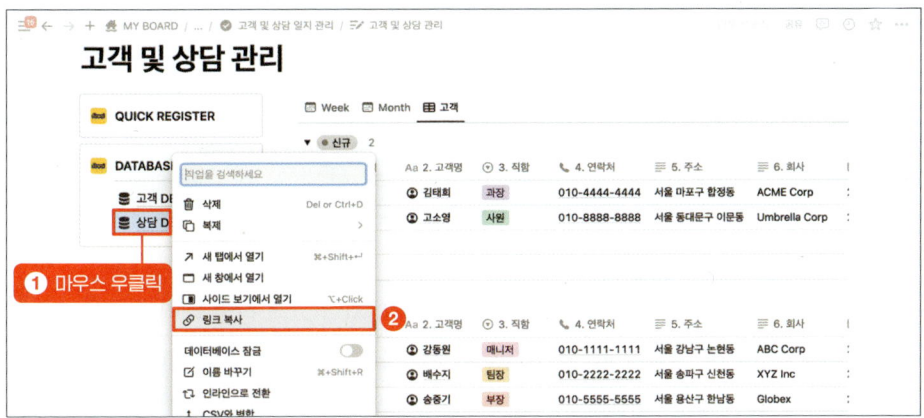

02 2열에 있는 ❶ **[고객]** 탭에서 **[새로 만들기]**의 펼침 버튼을 클릭한 후 ❷ **[새 템플릿]**을 선택합니다.

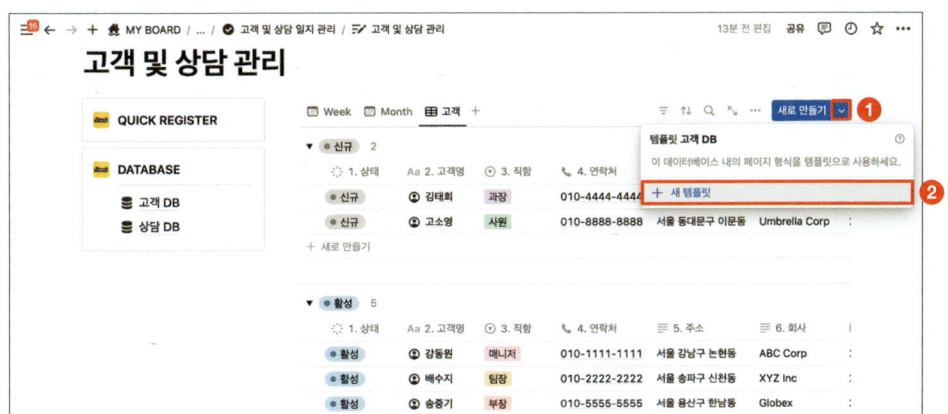

03 템플릿 제작 페이지가 열리면 ❶ 원하는 아이콘을 추가하고, ❷ 템플릿 제목에는 **고객 등록**을 입력합니다. ❸ 페이지의 빈 공간을 클릭한 후 Ctrl + V 를 눌러 상담 DB의 링크를 붙여 넣고 ❹ [**연결된 데이터베이스 보기**]를 선택합니다.

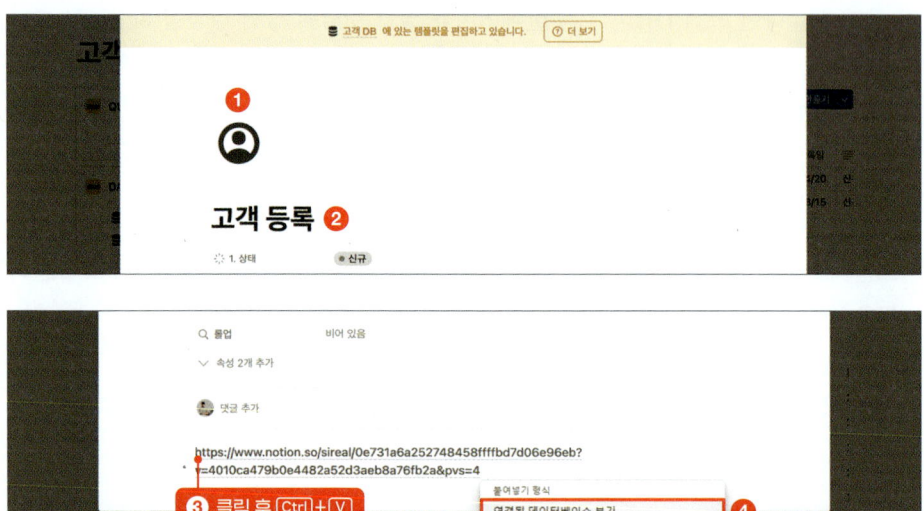

04 상담 DB의 링크된 데이터베이스에서 현재 페이지의 고객 상담 내역만 표시하기 위해 ❶ [**필터**] 아이콘을 클릭한 후 [**2. 고객명**]을 선택하고, 필터 설정 창이 열리면 [**고객 등록**]을 선택합니다. ❷ [**정렬**] 아이콘을 클릭하여 상담 일자 기준 오름차순으로 정렬한 후 ❸ [**고객 DB**]를 클릭하여 템플릿을 완성합니다.

TIP [고객 등록]은 현재 페이지의 제목이며 실제 템플릿을 사용할 고객 DB의 페이지에는 고객의 이름이 제목으로 입력됩니다. 그러므로, 해당 페이지에서 템플릿을 추가하면 페이지 제목인 고객명으로 필터링된 데이터가 표시됩니다.

05 이제 [고객] 보기에서 ① 임의의 '2. 고객명' 속성값에 있는 [열기] 버튼을 클릭하여 페이지를 엽니다. ② 해당 고객의 페이지가 열리면 앞서 만든 [고객 등록] 템플릿을 클릭합니다. 김태희 고객의 페이지를 열었습니다.

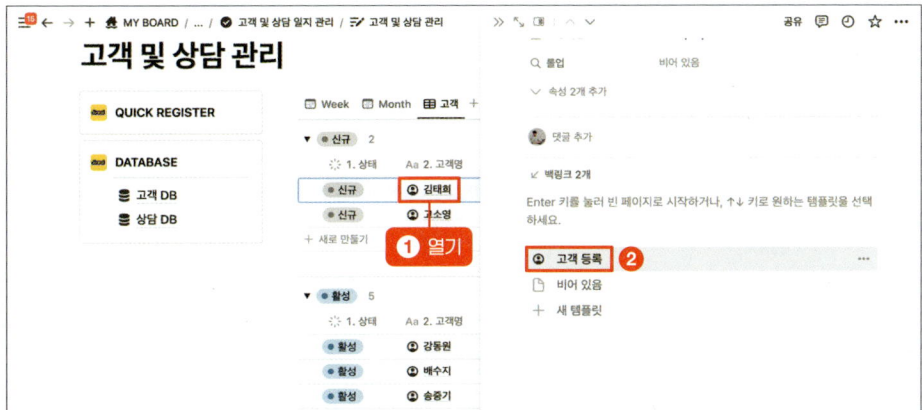

TIP [제목] 유형의 속성값으로 마우스 커서를 옮기면 표시되는 [열기] 아이콘을 클릭하면 해당 데이터의 페이지를 열 수 있습니다.

06 템플릿을 클릭하면 곧바로 상담 DB의 링크된 데이터베이스가 추가되고, 해당 고객으로 필터링된 상담 목록이 나타납니다.

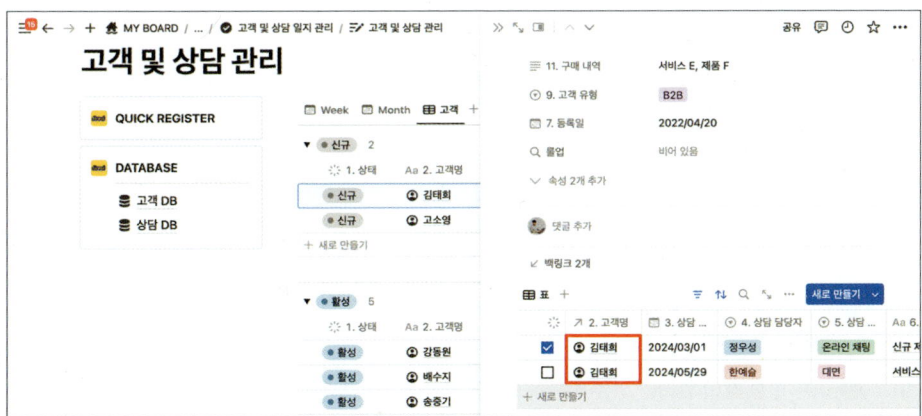

LESSON 04 보기 탭으로 구분해서 관리하는 고객 상담 일지 **289**

버튼 블록으로 자동화하기

이제 지금까지의 과정을 참고하여 [상담] 보기 탭을 추가하고, 끝으로 QUICK REGISTER 콜아웃에 노션의 자동화 버튼을 생성합니다. 이 버튼을 클릭하면 각각 고객 DB와 상담 DB에 새로운 데이터가 추가되고, 추가된 페이지가 열리는 작업이 실행됩니다.

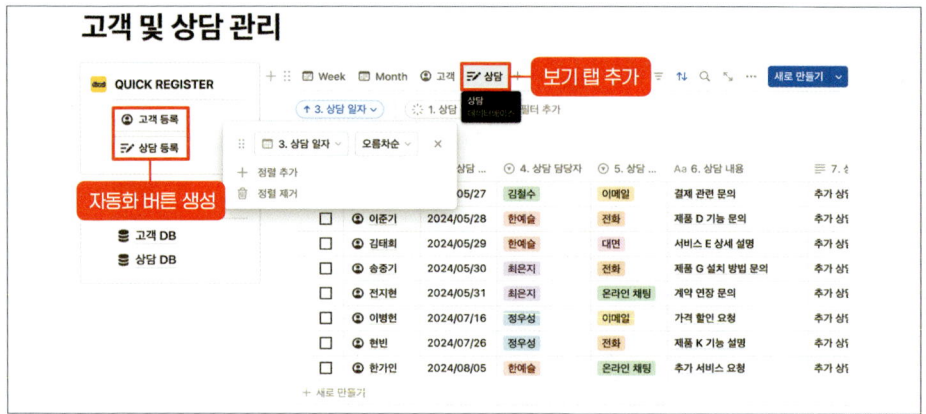

상세과정 살펴보기

- **[상담] 보기 탭 추가:** 앞서 [고객] 탭을 추가하는 과정과 유사합니다.
  1. 링크된 데이터베이스 블록에서 [+] 아이콘을 클릭하고 링크될 데이터베이스로 [상담 DB]를 선택합니다.
  2. […] 아이콘을 클릭한 후 [그룹화]를 클릭하고, 그룹화 기준으로 [1. 상담 상태]를 선택합니다.
  3. 보기 탭의 이름을 '상담'으로 변경합니다.
  4. [정렬] 아이콘을 클릭한 후 고객명이나 상담 일자 등으로 정렬합니다.

- **자동화 버튼 추가:** '버튼' 블록을 추가하는 방법은 266쪽 실습과 거의 동일합니다. 간단하게 다음 과정을 참고하세요.
  1. QUICK REGISTER 콜아웃에서 새로운 블록을 추가하고 /버튼 입력 후 Enter 를 눌러 '버튼' 블록을 생성합니다.
  2. 버튼 설정 창이 열리면 버튼 이름과 아이콘을 변경하고, [작업 추가] 버튼을 클릭한 후 [페이지 추가 위치]를 선택합니다.
  3. [데이터베이스 선택] 링크를 클릭한 후 해당 버튼을 클릭했을 때 페이지가 추가될 데이터베이스를 선택합니다.
  4. [다음 단계 추가] 버튼을 클릭한 후 [페이지 열기]를 선택합니다.

❺ [페이지 선택] 링크를 클릭한 후 [새로 추가된 페이지]를 선택하고 [완료] 버튼을 클릭하면 완성입니다.

▲ 자동화 설정이 완료된 각 버튼의 설정 창

LESSON 05 ― 3개의 데이터베이스가 연결된 성과 평가표

이번 실습은 직원들의 근태, 업무 성과, 동료 피드백 등의 점수를 합산하여 성과를 표시하는 템플릿입니다. 전문 프로그램 등을 활용한 성과 평가 시스템이 잘 갖춰져 있는 기업도 있겠지만, 그렇지 않다면 노션으로 만든 성과 평가표를 활용해 볼 수 있을 것입니다.

완성 미리보기

최은지

- № ID : SMN-13
- 연락처 : 010-4567-8901
- 이메일 주소 : tart@sireal.co
- 부서 : 디자인
- 직급 : 팀장
- 동료 평가 점수 : 4
- 성과 평가 점수 : 3
- 속성 5개 추가

결과 | 팀장평가 | **동료평가**

Aa 피평가자	⊙ 평가 항목	# 항목 점수	≡ 동료 피드백
이영희	정확성	4	이영희님은 소셜 미디어 관리에서 매우 높은 정확성을 보여줍니다. 그녀의 데이터 분석과 보고서는 항상 정확하며, 신뢰할 수 있는 결과를 제
한예슬	창의성	4	한예슬님은 시장 분석에서 창의적인 접근 방식을 사용합니다. 그녀의 분석 방법은 항상 새로운 인사이트를 제공하며, 팀의 전략 수립에 큰 도

+ 새로 만들기

이번 템플릿은 관계형의 복잡성 때문에 메인 페이지를 단순하게 구성했습니다. 총 3개의 데이터베이스를 포함하고 있으며, 각 직원 페이지(데이터)를 열면 성과 평가 결과나 팀장 평가, 동료 평가를 일괄 확인할 수 있습니다.

2개의 데이터베이스를 이용하면 단방향이든 양방향이든 한 번만 연결하면 됩니다. 하지만 연결할 데이터베이스가 3개 이상이라면 각각 어떻게 연결할지 미리 구상해야 합니다. 여기서는 다음과 같이 양방향으로 연결해 보겠습니다.

- 동료 평가 DB ↔ 직원 목록 DB
- 성과 평가 DB ↔ 직원 목록 DB

직원 목록 DB, 동료 평가 DB, 성과 평가 DB 총 3개의 데이터베이스를 구성한 후 동료 평가 DB와 성과 평가 DB는 서로 연결하지 않고, 직원 목록 DB를 각각의 데이터베이스와 연결하는 방식입니다. 즉, 직원 목록 DB에서 동료 평가와 성과 평가의 데이터를 취합하는 형태가 됩니다.

➕ 데이터베이스 구성하기

우선은 한 페이지에서 인라인 형태로 직원 목록 DB, 동료 평가 DB, 성과 평가 DB를 각각 구성합니다.

01 ❶ 새로운 페이지를 만든 후 페이지 제목에 **성과 평가**를 입력합니다. ❷ 페이지를 넓게 사용하기 위해 오른쪽 위의 […] 아이콘을 클릭한 후 ❸ **[전체 너비]** 옵션을 활성화합니다.

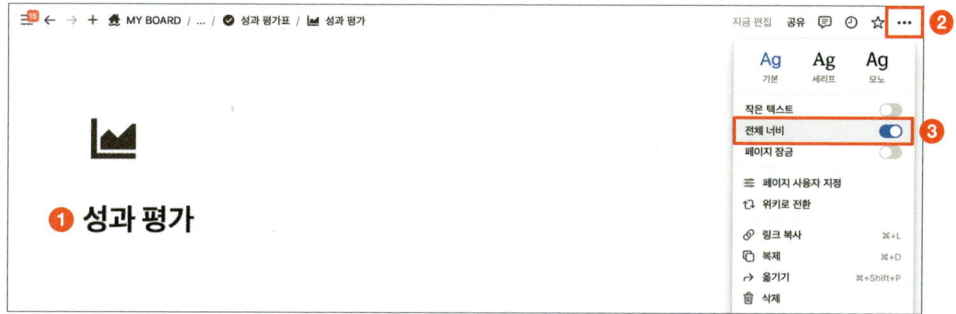

02 빈 공간을 클릭한 후 **/인라인** 입력 후 Enter 를 눌러 '데이터베이스-인라인' 블록을 생성합니다.

03 데이터베이스 제목에 **직원 목록 DB**를 입력하고, 다음과 같이 구조화합니다.

상세과정 살펴보기

기본으로 표시되는 [제목] 유형은 '이름' 속성으로 사용하고, [다중 선택] 유형의 '태그' 속성은 속성 헤드를 클릭한 후 [속성 삭제]를 선택하여 삭제하거나, [속성 편집]을 선택하여 다른 유형으로 변경해서 활용합니다.

- 이름(제목)
- 부서(선택)
- 직급(선택)
- 연락처(전화번호)
- 이메일(이메일)
- 거주지(텍스트)
- 입사일(날짜)
- 생일(날짜)

04 계속해서 직원 목록 DB 아래쪽 ❶ 빈 공간을 클릭하고 **/인라인** 입력 후 Enter 를 눌러 두 번째 '데이터베이스-인라인' 블록을 생성합니다. ❷ 데이터베이스 제목에는 **동료 평가 DB**라고 입력하고, 다음과 같이 구조화합니다.

상세과정 살펴보기

기본으로 표시되는 [제목] 유형은 '피평가자' 속성으로 사용하고, [다중 선택] 유형의 '태그' 속성은 삭제하거나, 다른 유형으로 변경해서 활용합니다

- **피평가자(제목)**: 평가를 받는 사람의 이름을 입력합니다.

- **평가 항목(선택)**: 회사의 인재상을 입력합니다.
- **항목 점수(숫자)**: 해당 평가 내용의 점수를 입력합니다.
- **동료 피드백(텍스트)**: 해당 항목에 대해 피드백을 입력합니다.

05 마지막으로 동료 평가 DB 아래쪽 ❶ 빈 공간을 클릭하여 세 번째 '데이터베이스-인라인' 블록을 생성합니다. ❷ 데이터베이스 제목에는 성과 평가 DB라고 입력하고, 다음과 같이 구조화합니다.

상세과정 살펴보기

기본으로 표시되는 [제목] 유형은 '직원 이름' 속성으로 사용하고, [다중 선택] 유형의 '태그' 속성은 삭제하거나, 다른 유형으로 변경해서 활용합니다

- **직원 이름(제목)**: 직원의 이름을 입력합니다.
- **평가 주기(선택)**: 평가를 진행하는 주기를 입력합니다. 분기, 반기 등이 있습니다.
- **성과 목표(텍스트)**: 이번 성과 평가에서 해당 직원의 목표가 무엇이었는지 입력합니다.
- **평가 기준 및 지표(KPI)(텍스트)**: 이번 성과 평가에서 해당 직원의 평가 지표는 무엇이었는지 입력합니다.
- **목표 수치(숫자)**: 달성해야 할 목표 수치를 입력합니다.
- **달성 수치(숫자)**: 실제로 달성한 수치를 입력합니다.
- **평가 점수(숫자)**: 팀장이 평가한 점수를 입력합니다.
- **평가 결과(선택)**: 목표 수치, 달성 수치, 평가 점수를 반영하여 평가 결과를 입력합니다.
- **팀장 피드백(텍스트)**: 팀장의 피드백을 입력합니다.

관계형과 롤업으로 데이터베이스로 연결하기

3개의 데이터베이스 구조화가 끝났으면 관계형으로 연결하기 전에 원활한 실습 진행을 위해 각 데이터베이스에 예시 데이터들을 채웁니다. 제공되는 완성 템플릿에 있는 데이터를 복사해서 사용하면 됩니다.

01 이번 템플릿은 동료 평가 DB ↔ 직원 목록 DB, 성과 평가 DB ↔ 직원 목록 DB 순서로 연결합니다. 두 번째로 만든 ❶ 동료 평가 DB에서 속성 헤드 오른쪽 끝에 있는 [+] 아이콘을 클릭한 후 ❷ [관계형]을 선택합니다.

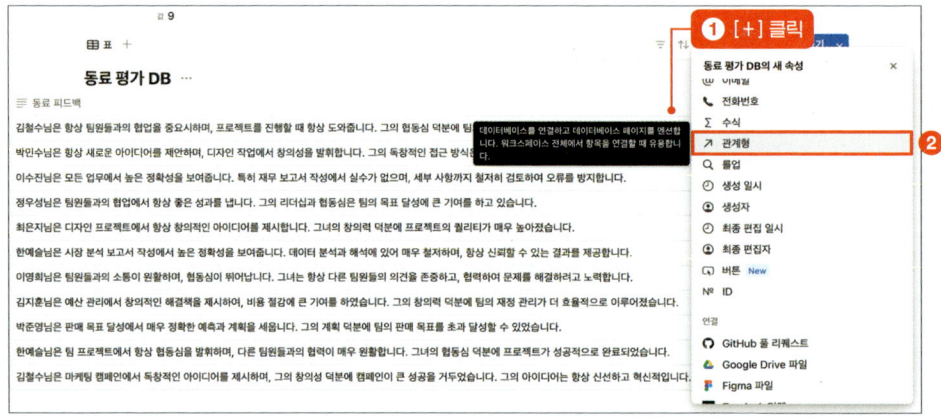

02 관계형 대상 창이 열리면 관계형으로 연결할 [직원 목록 DB]를 선택합니다.

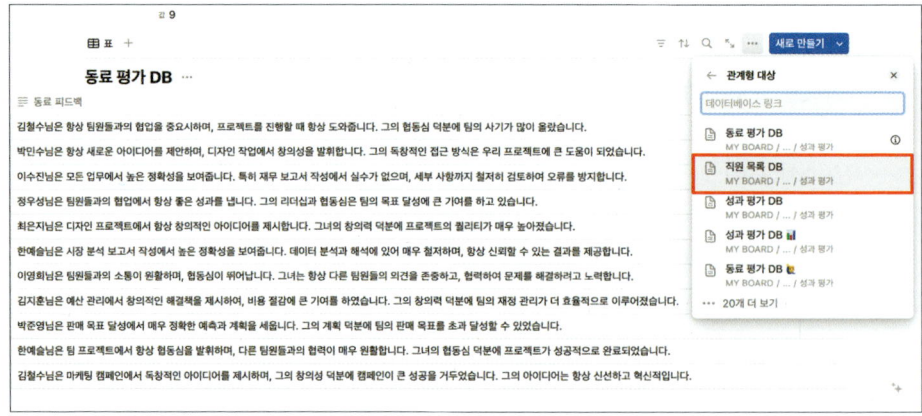

03 새 관계형 창이 열리면 ❶ 속성 이름을 직원 목록으로 입력하고, ❷ 반드시 한 명의 직원만 연결되도록 [제한: 1개 페이지]로 설정합니다. ❸ [직원 목록 DB에 표시: 활성]으로 양방향 설정하고, ❹ [직원 목록 DB의 관계형 속성] 이름을 동료 평가로 입력한 후 ❺ [관계형 추가] 버튼을 클릭합니다.

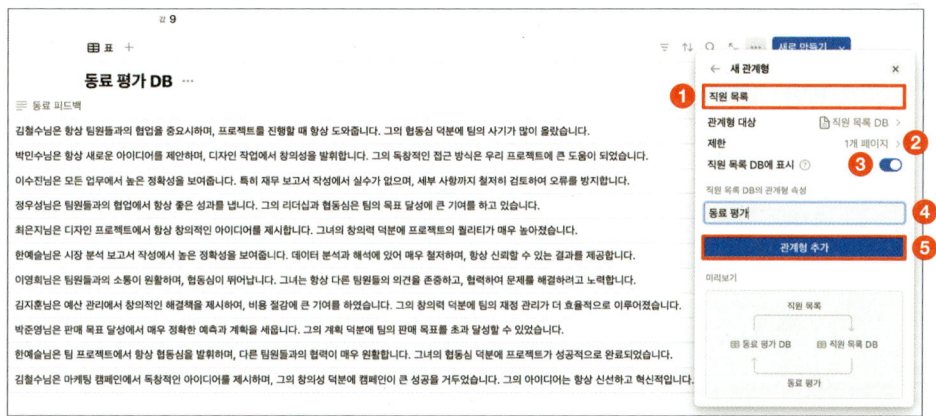

04 추가된 ❶ [관계형] 유형의 '직원 목록' 속성 헤드를 '피평가자' 속성 오른쪽으로 드래그해서 옮깁니다. ❷ 이어서 '피평가자' 속성값과 동일한 값으로 '직원 목록' 속성값을 채웁니다.

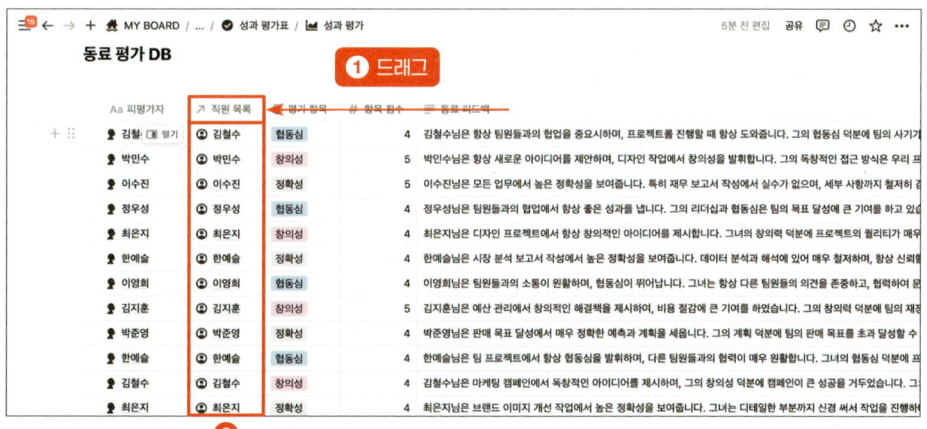

LESSON 05 3개의 데이터베이스가 연결된 성과 평가표 **297**

05 이번에는 성과 평가 DB에서 **[관계형]** 유형의 속성을 추가하여 직원 목록 DB와 양방향으로 연결하고 다음과 같이 완성합니다.

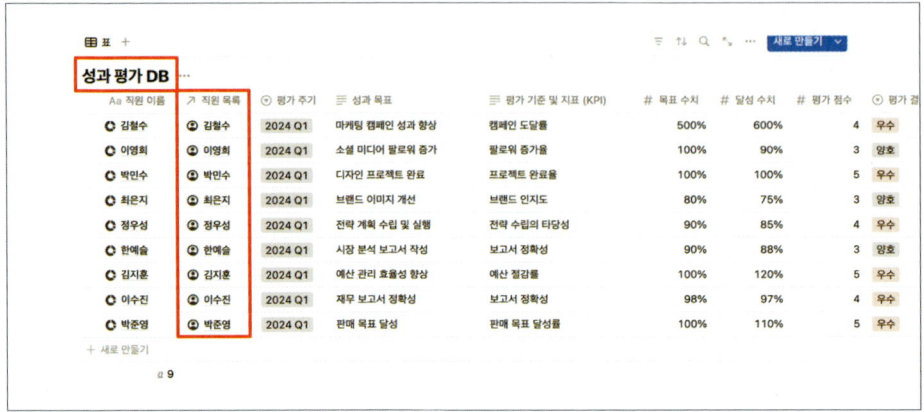

상세과정 살펴보기

❶ 속성 헤드 오른쪽 끝에 있는 [+] 아이콘을 클릭한 후 [관계형]을 선택합니다.

❷ 관계형 대상으로 [직원 목록 DB]를 선택합니다.

❸ 새 관계형 창에서 [속성 이름: 직원 목록], [제한: 1개 페이지], [직원 목록 DB에 표시: 활성], [직원 목록 DB의 관계형 속성: 성과 평가]로 설정하여 [관계형] 유형을 추가합니다.

❹ 추가한 [관계형] 유형 속성인 '직원 이름' 속성 헤드를 드래그하여 2순위로 위치를 옮기고, '직원 이름' 속성값과 같은 값으로 '직원 목록' 속성값을 채웁니다.

06 2개의 데이터베이스와 연결된 직원 목록 DB에는 2개의 [관계형] 유형 속성이 추가되어 있습니다. 직원 목록 DB에서 ❶ […] 아이콘을 클릭한 후 [속성]을 클릭합니다. ❷ 속성 창이 열리면 [관계형] 유형인 [동료 평가]와 [성과 평가]의 눈 아이콘을 비활성화합니다.

TIP 앞서 동료 평가 DB와 성과 평가 DB에서 양방향으로 연결한 이유는 직원 목록 DB에서 [롤업] 유형을 활용하기 위함입니다. 그러므로 직원 목록 DB에서 '이름' 속성값과 값이 같은 [관계형] 유형의 '동료 평가' 속성과 '성과 평가' 속성은 굳이 표시할 필요가 없으므로 숨김 처리하였습니다. 속성을 숨김 처리할 때는 해당 속성 헤드를 클릭한 후 [보기에서 숨기기]를 선택해도 됩니다.

07 직원 목록 DB에 동료 평가 점수와 성과 평가 점수를 [롤업] 유형으로 가져오겠습니다. 속성 헤드 오른쪽 끝에 있는 [+] 아이콘을 클릭한 후 [롤업]을 선택합니다.

08 속성 편집 창이 열리면 ❶ [속성 이름]을 동료 평가 점수로 입력하고, ❷ [관계형: 동료 평가], [속성: 항목 점수], [계산: 추가 설정-평균]으로 설정합니다. ❸ 빈 공간을 클릭하여 창을 닫습니다.

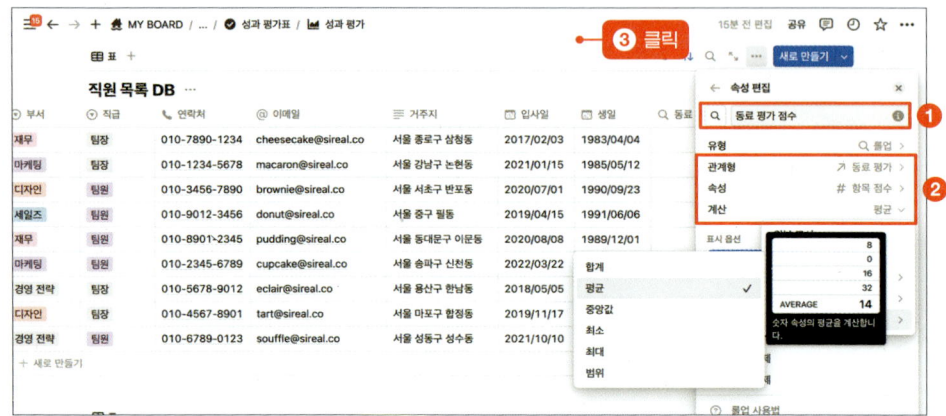

TIP 평가는 분기별로 진행되므로, 분기별 점수 평균을 계산하여 [롤업] 유형의 속성에 표시됩니다.

09 계속해서 성과 평가 DB에서 평가 점수를 가져오기 위해 앞서 추가한 ❶ [롤업] 유형의 '동료 평가 점수' 속성 헤드를 클릭한 후 ❷ [속성 복제]를 선택합니다.

10 ❶ 복제된 속성의 속성 헤드를 클릭한 후 [속성 편집]을 선택하여 속성 편집 창을 엽니다. ❷ [속성 이름]을 성과 평가 점수로 변경하고, ❸ [관계형: 성과 평가], [속성: 평가 점수] 옵션만 변경하면 완성입니다.

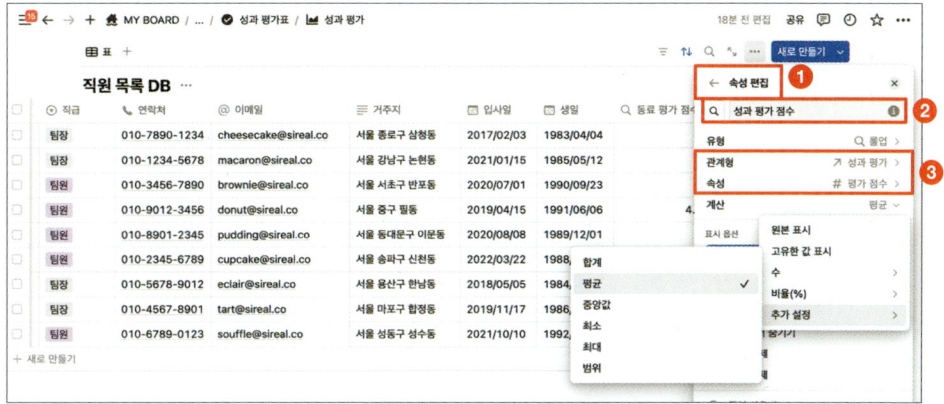

직원별 평가 결과 데이터용 템플릿 만들기

직원 목록 DB에서 각 직원의 페이지를 열면 해당 직원의 동료 평가 점수와 성과 평과 점수를 확인할 수 있도록 해당 직원의 평가 점수가 자동으로 표시되는 페이지용 템플릿을 만들어 보겠습니다.

01 직원별 평가 결과 페이지용 템플릿에는 성과 평가 DB의 링크된 데이터베이스를 배치합니다. ❶ 성과 평가 DB에서 [⋮⋮](블록 핸들)을 클릭한 후 ❷ [링크 복사]를 선택합니다.

02 ❶ 직원 목록 DB에서 ❷ [새로 만들기] 버튼의 펼침 아이콘을 클릭한 후 ❸ [새 템플릿]을 선택합니다.

03 페이지용 템플릿 제작 페이지가 열리면 ❶ 템플릿 제목을 **직원 등록**이라고 입력하고 ❷ 페이지의 빈 공간을 클릭한 후 Ctrl+V를 눌러 성과 평가 DB의 링크를 붙여 넣은 후 ❸ [연결된 데이터베이스 보기]를 선택합니다.

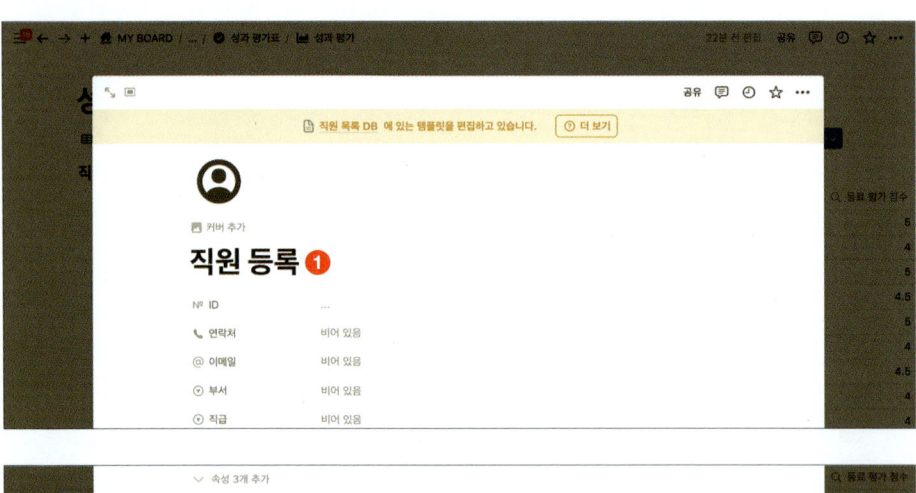

04 링크된 데이터베이스가 생성되면 ❶ [필터] 아이콘을 클릭한 후 [직원 목록]을 선택합니다. ❷ 필터 설정 창이 열리면 템플릿 제목으로 입력한 [직원 등록]을 선택합니다.

TIP [직원 등록]은 현재 페이지의 제목입니다. 실제 템플릿을 사용할 직원 목록 DB의 페이지에는 고객의 이름이 제목으로 입력되어 있습니다. 그러므로, 해당 페이지에서 템플릿을 추가하면 페이지 제목인 고객명으로 필터링된 데이터가 표시됩니다.

05 ❶ 보기 탭을 클릭한 후 [이름 바꾸기]를 선택하여 아이콘(chart area)과 이름을 변경합니다. ❷ 끝으로 현재 템플릿에서 필요 없는 속성들과 데이터베이스 제목을 숨깁니다.

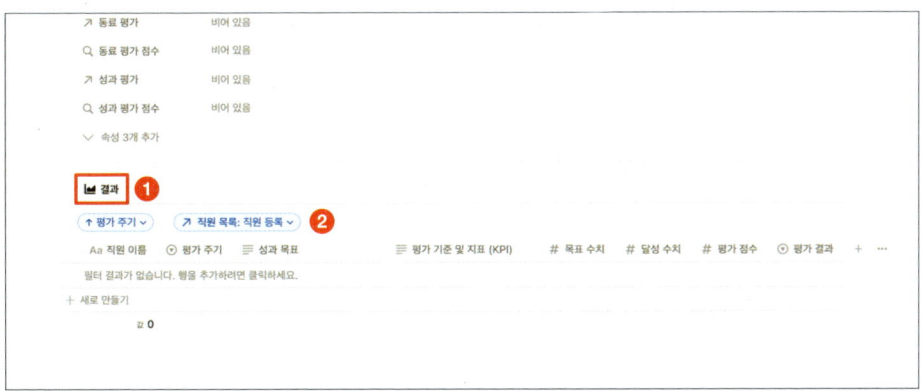

TIP 속성 헤드를 클릭한 후 [보기에서 숨기기]를 선택하여 속성을 숨길 수 있으며, 다시 표시할 때는 [⋯] 아이콘을 클릭한 후 [속성]을 선택한 다음 표시할 속성의 눈 아이콘을 활성화하면 됩니다.

06 ❶ 앞서 완성한 보기 탭을 클릭한 후 ❷ [복제]를 선택합니다.

07 복제된 보기 탭의 ❶ 보기 설정 창이 열리면 [속성]을 클릭하여 속성 창을 엽니다. ❷ 속성 창에서 팀장 평가 관련 필요한 속성만 활성화합니다. ❸ 복제된 탭을 클릭한 후 [이름 바꾸기]를 선택하여 아이콘(human profile)과 이름을 변경합니다.

08 계속해서 새로운 보기 탭을 추가하여 동료 평가 DB도 가져오겠습니다. ❶ 보기 탭 오른쪽 끝에 있는 [+] 아이콘을 클릭한 후 [빈 보기]를 선택합니다. ❷ 새 보기 창이 열리면 링크될 데이터베이스로 [동료 평가 DB]를 선택합니다.

09 ❶ 추가한 보기 탭을 클릭한 후 [이름 바꾸기]를 선택하여 아이콘(user)과 이름(동료 평가)을 변경합니다. ❷ [필터] 아이콘을 클릭한 후 [직원 목록]을 선택하고, ❸ 필터 설정 창이 열리면 [직원 등록]을 선택합니다. 데이터베이스 제목도 숨김 처리합니다.

10 [관계형] 유형의 ❶ '직원 목록' 속성 헤드를 클릭한 후 ❷ [보기에서 숨기기]를 선택하여 숨김 처리하면 완성됩니다. ❸ [직원 목록 DB]를 클릭하여 템플릿 생성을 마칩니다.

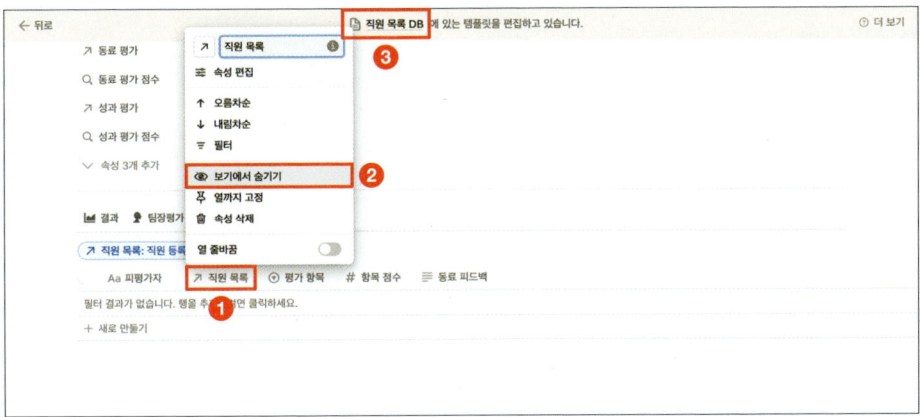

11 ❶ 직원 목록 DB에서 '이름' 속성값에 있는 임의의 직원 이름으로 마우스 커서를 옮긴 후 [열기] 버튼을 클릭합니다. ❷ 해당 데이터의 페이지가 열리면 앞서 생성한 [직원 등록] 템플릿을 클릭합니다.

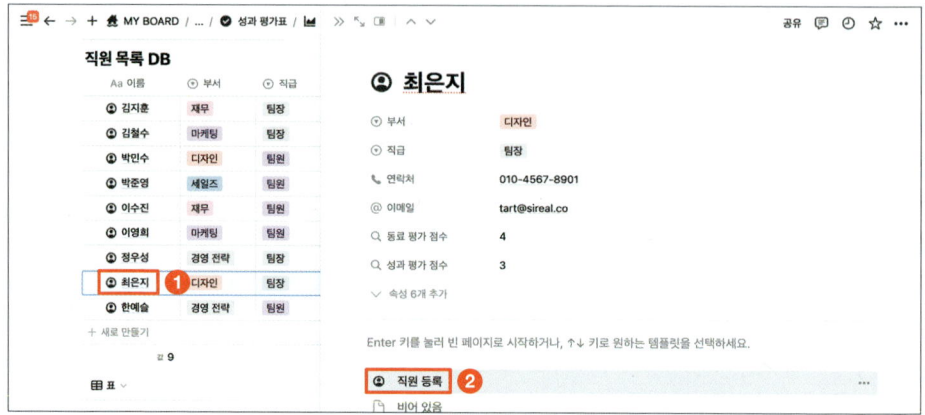

12 링크된 데이터베이스가 표시되며, 현재 데이터(페이지)의 제목(직원 이름)으로 필터링된 목록이 표시됩니다. 각 보기에서 직원별 결과, 팀장 평가, 동료 평가를 빠르게 확인할 수 있습니다.

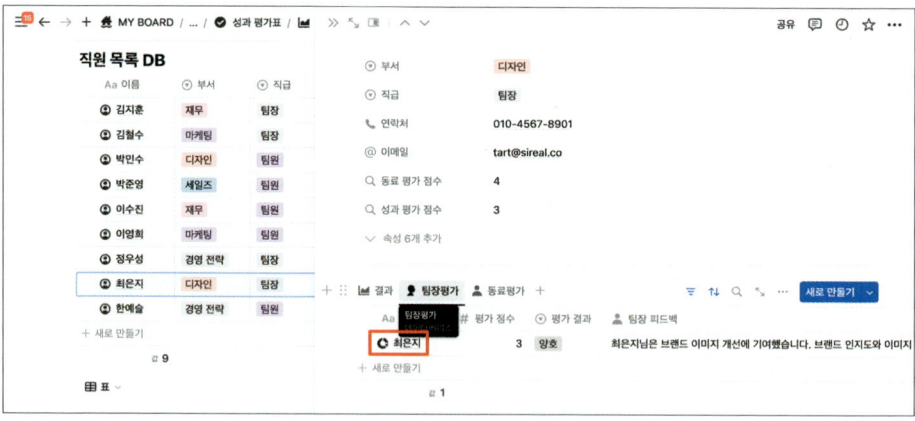

CHAPTER 06

노션 수식으로
데이터베이스 활용성 높이기

LESSON 01 노션 수식 간단히 알고 가기
LESSON 02 체크하여 달성률을 파악하는 습관 관리
LESSON 03 프로젝트 및 할 일 관리
LESSON 04 디지털 도서관 만들기(독서 기록)
LESSON 05 나만의 디지털 가계부 만들기

LESSON 01 : 노션 수식 간단히 알고 가기

노션에서 가장 어려워 하는 내용이자, 배워 놓으면 노션 활용 범위가 넓어지는 수식에 대해 소개합니다. 엑셀의 함수와 유사하지만, 조금은 다른 방식으로 작성합니다. 그러나 엑셀의 함수나 수식을 어느 정도 이해하고 있다면 노션 수식도 빠르게 익힐 수 있습니다.

엑셀에서 함수를 사용할 때 함수명과 인수를 입력하듯 노션에서도 수식을 사용하기 위해 함수나 인수를 입력합니다. 다만, 노션에서 수식을 사용하려면 데이터베이스 블록을 생성한 후 [수식] 유형의 속성을 추가해야 합니다.

[수식] 유형의 속성을 추가하고 속성 입력란을 클릭하여 수식 창이 열리면 '사용자의 수식'이라고 표시된 수식 입력줄에 수식을 입력하면 됩니다. 이때 엑셀처럼 부등호(=)는 입력하지 않아도 되며, 수식 창 왼쪽에 있는 3가지 카테고리 중에서 인수를 선택하여 수식을 작성할 수도 있습니다.

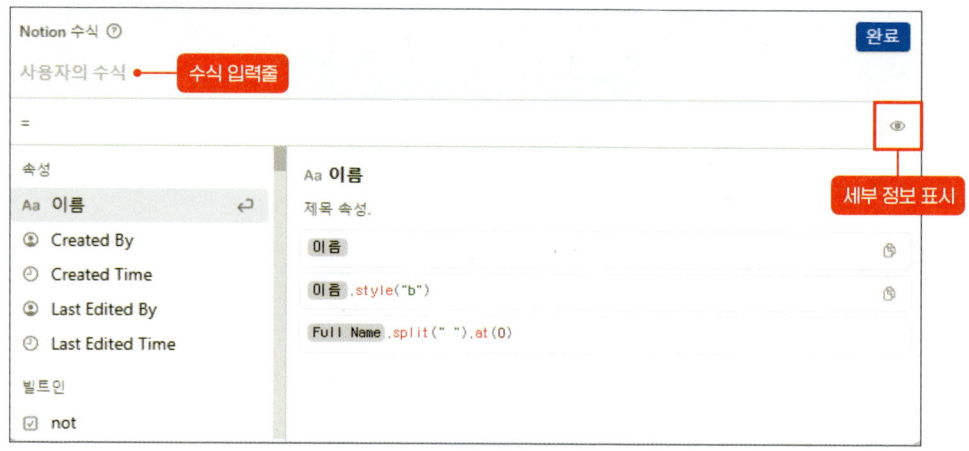

▲ 노션의 수식 창

TIP '데이터베이스' 블록과 유사한 '표' 블록은 그 모양만 엑셀과 유사할 뿐 수식 기능을 사용할 수 없습니다.

- **속성:** 현재 데이터베이스에 있는 속성 목록이 표시되며, 수식 작성 시 클릭하면 수식 입력 줄에 표시됩니다. 수식 입력줄에서 속성 이름을 직접 입력한 후 Enter 를 눌러도 속성으로 인식됩니다.
- **빌트인:** not, true, false로 3종류가 있으며, 조건의 반댓값, 참, 거짓을 반환하는 인수로 사용합니다.
- **함수:** 엑셀의 함수만큼은 아니지만 다양한 함수 목록이 표시되며, 크게 다음과 같이 구분할 수 있습니다.

구분	함수 종류
조건	if, ifs, let, lets, find, filter 등으로 조건을 반영할 때 사용합니다.
논리	and, or, not, empty 등으로 TRUE, FALSE를 반영할 때 사용합니다.
텍스트	format, substring, replace 등으로 데이터베이스의 속성이 텍스트 유형일 때 사용합니다.
숫자	add, multiply, sum, round 등으로 데이터베이스의 속성이 숫자 유형일 때 사용합니다.
날짜	dateAdd, dateRange, parseDate 등으로 데이터베이스 속성이 날짜 유형일 때 사용합니다.
목록	map, sort, unique 등으로 목록(배열)을 가져올 때 사용합니다.

노션의 함수는 위에서 소개한 것을 포함하여 약 100가지 정도입니다. 하지만, 모든 수식을 다 사용할 일은 거의 없으므로, 여기서 소개하는 함수 위주로만 알고 있어도 충분합니다. 여기에서 소개하지 않은 함수는 노션의 수식 창에서 각 함수를 선택하여 자세한 설명을 확인할 수 있으며, 이외에도 아래 URL에서 자세히 확인할 수 있습니다.

https://www.notion.so/ko-kr/help/formula-syntax

TIP 엑셀과 노션 수식의 가장 큰 차이는 적용 범위입니다. 엑셀에서는 어느 행, 어느 열이든 원하는 수식을 입력해서 사용할 수 있습니다. 하지만, 노션에서는 [수식] 유형이 적용된 열(속성)에서만 수식을 사용할 수 있으며, 어느 행(데이터)에서든 수식을 작성하거나 수정하면 해당 데이터베이스의 모든 데이터(행)에 동일한 수식이 적용됩니다. 다시 말해 하나의 데이터베이스에서 [수식] 유형의 속성이 1개면 1가지 수식만 사용할 수 있다는 의미입니다.

➕ 텍스트 관련 수식 사용하기

텍스트 더하기 텍스트가 입력된 속성들의 내용을 더할 때는 **속성 + 속성** 형태로 입력하면 되고, 특정 속성에 임의의 텍스트를 더할 때는 더할 텍스트를 큰따옴표(" ")로 묶어서 **속성+"텍스트"** 형태로 입력합니다. 다음과 같이 **속성+"텍스트"+속성**처럼도 사용할 수 있으며, 결과 미리보기에서 수식의 결과도 바로 확인할 수 있습니다.

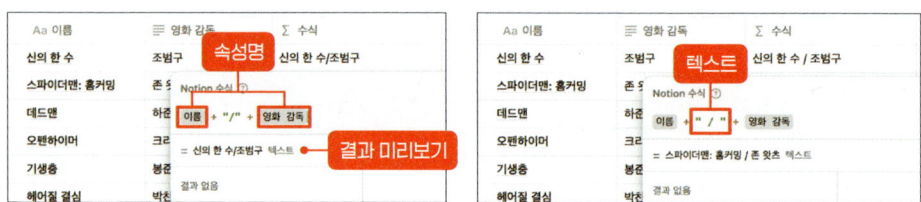

▲ " " 안에 빈 칸을 추가하면 수식 결과에서도 빈 칸이 적용됩니다.

format 함수 텍스트 이외의 값을 텍스트로 강제 변형할 때 format 함수를 사용합니다. 다음과 같이 오늘 날짜를 반환하는 수식인 now( )을 입력했을 때 결과는 날짜(숫자 형식)이지만, format(now( ))를 입력했더니 결과가 텍스트로 표시되는 것을 확인할 수 있습니다. 값은 같으나 그 형식이 날짜에서 텍스트로 변경되는 것입니다.

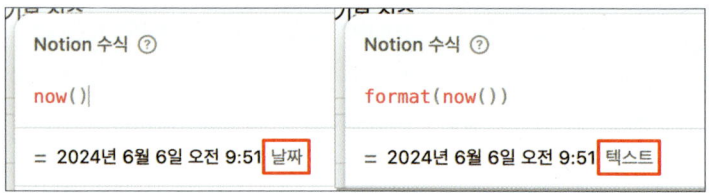

style 함수 결괏값에 서식을 지정할 수 있습니다. **값.style("적용할 서식")** 또는 **style(값, "서식")** 형태로 작성하며, 적용할 수 있는 서식은 다음과 같습니다.

- **b:** 값을 굵게 표시합니다.
- **c:** 값을 인라인 형식으로 표시합니다.
- **i:** 값을 이탤릭체로 표시합니다.
- **s:** 값에 취소선을 표시합니다.
- **u:** 값에 밑줄을 표시합니다.
- **gray, brown, orange, green, blue, yellow, red, purple, pink:** 값의 색상을 변경합니다.
- **red_background, gray_background 등:** 값의 배경색을 변경합니다.

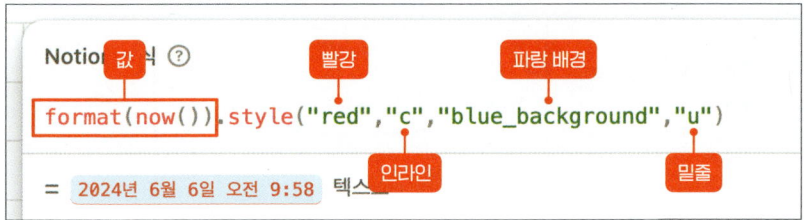

▲ format(now()) 결괏값에 빨강 텍스트, 인라인 스타일, 파랑 배경을 적용하는 수식

숫자 관련 수식 사용하기

+, -, *, /를 이용한 사칙연산을 포함하여, 다양한 숫자 관련 함수를 이용합니다.

▲ 속성값을 사칙연산으로 계산한 결괏값이 반환됩니다.

TIP 문자열끼리 더하면 해당 문자열들이 나열되지만, 숫자를 더하거나 사칙연산으로 계산하면 실제 값이 계산됩니다.

toNumber format 함수와 반대로 속성의 값을 숫자 형식으로 변경해 주는 함수입니다. 다음과 같이 [체크박스] 유형의 속성을 인수로 사용했을 때는 속성값 그대로 체크박스가 반환되지만, toNumber 함수의 인수로 같은 속성을 사용했더니 체크 여부에 따라 결괏값이 숫자로 표현된 것을 확인할 수 있습니다.

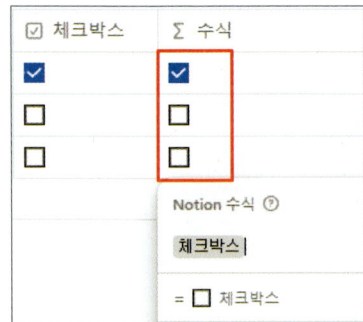 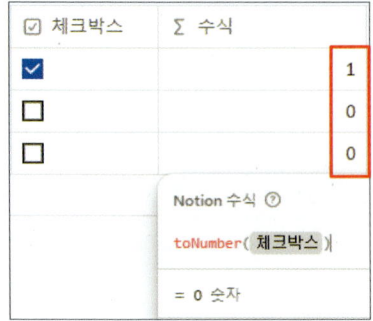

round, ceil, floor 숫자를 계산할 때 소수점 처리 방법을 결정할 수 있습니다. 각각 반올림(round), 올림(ceil), 내림(floor) 함수입니다.

▲ 결괏값을 반올림 처리하는 수식

➕ 날짜 관련 수식 사용하기

now, today now( )를 입력하면 현재 날짜와 시간을, today( )를 입력하면 현재 날짜를 반환해 줍니다.

∑ now	∑ today
2024년 6월 6일 오전 10:33	2024년 6월 6일
2024년 6월 6일 오전 10:33	2024년 6월 6일
2024년 6월 6일 오전 10:33	2024년 6월 6일

year, month, week, date, day, hour, minute 각각 함수(날짜) 형태로 사용하며 값은 모두 숫자입니다.

- **year:** 선택한 날짜의 연도를 반환합니다.
- **month:** 선택한 날짜의 월(1~12)을 반환합니다.
- **week:** 선택한 날짜의 주(1~53)를 반환합니다.

- **date:** 선택한 날짜의 일(1~31)을 반환합니다.
- **days:** 선택한 날짜의 요일을 숫자(1~7)로 반환합니다.
- **hour:** 선택한 시간의 시를 숫자(0~23)로 반환합니다.
- **minute:** 선택한 시간의 분을 숫자(0~59)로 반환합니다.

dateBetween dateBetween(날짜1, 날짜2, "단위") 형태로 사용하여 2개의 날짜 사이의 기간을 반환합니다. 단위는 "years", "quarters", "months", "weeks", "days", "hours", "minutes" 중 하나를 사용할 수 있습니다.

▲ 오늘과 마감일 사이의 간격을 일 단위로 계산하여 반환하는 수식입니다.

dateRange dateRange(시작 날짜, 종료 날짜) 형태로 사용하여 두 날짜를 기간 형식으로 반환합니다. 아래 예시와 같이 [날짜] 유형의 '시작일' 속성과 '종료일' 속성이 있을 때 dateRange 함수를 이용하여 기간으로 표시하면 캘린더 보기 등에서 기간으로 일정을 확인할 수 있습니다.

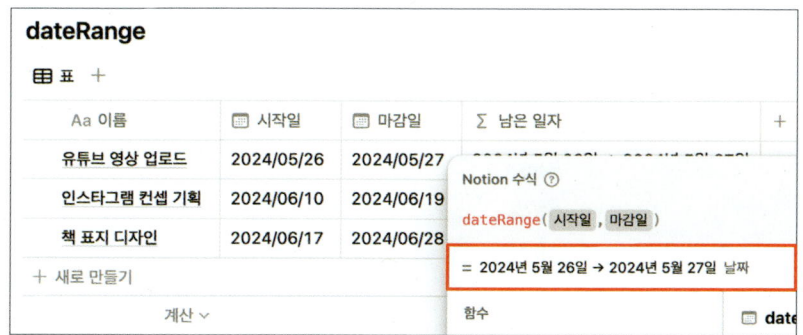

▲ 서로 다른 날짜를 기간 형태로 반환해 줍니다.

조건을 지정한 수식 사용하기

if if(조건, 참일 때 값, 거짓일 때 값) 형태로 사용하는 대표적인 조건 함수입니다. 조건을 입력할 때 사용하는 기호는 다음과 같으며, 엑셀과 차이점은 같음을 의미하는 기호가 =이 아닌 ==라는 점입니다.

기호	의미	기호	의미
==	같음	!=	서로 다름
>	초과	<	미만
>=	이상	<=	이하

▲ 역사 점수가 60점 이상이면 합격을, 그렇지 않으면 불합격을 반환하는 수식입니다.

ifs ifs(조건1, 참일 때 값, 조건2, 참일 때 값, 거짓일 때 값) 형태로, 거짓일 때 값 대신 계속해서 조건을 지정할 수 있는 다중 조건 함수입니다.

▲ 역사 점수가 90점 이상이면, A, 80점 이상이면 B, 70점 이상이면 C, 60점 이상이면 D, 60점 보다 낮으면 불합격을 반환하는 수식입니다.

TIP ifs 함수를 사용하기 시작하면 수식이 길어지고 복잡해질 수 있습니다. 이럴 때는 수식을 입력하면서 조건이 바뀌는 시점에 Shift + Enter 를 눌러 줄바꿈하면 수식을 좀 더 파악하기 수월합니다.

let, lets let(변수명, 변숫값, 표현식), lets(변수명1, 변숫값1, 변수명2, 변숫값2, …, 표현식) 형태로 사용합니다. 변수를 설정하여 여러 수식을 조합할 때 편리합니다. 예를 들어, 성적 평균 점수로 등급을 구분할 때 let 함수를 사용했을 때와 사용하지 않을 때를 비교해 보세요.

let 함수를 사용하지 않았을 때	let 함수를 사용할 때
ifs(　(영어+수학+과학)/3 >= 90, "A", 　(영어+수학+과학)/3 >= 80, "B", 　(영어+수학+과학)/3 >= 70, "C", "불합격")	let(평균, (영어+수학+과학)/3, ← 변숫값 / 변수명 　ifs(　　평균 >= 90, "A", 　　평균 >= 80, "B", 　　평균 >= 70, "C", 　　"불합격"))

목록과 관련된 수식 사용하기

map과 filter 함수는 이후 템플릿 제작에서 빈번하게 사용하는 함수입니다. 여기서 그 사용 방법을 확실하게 파악해야 이후 실습이 수월합니다.

map map(목록, 표현식) 형태로 사용하며, 목록에 표현식을 반영하여 다시 목록 형태로 결과를 반환하는 함수입니다. 이러한 특성을 map(관계형 속성, current.속성) 또는 관계형 속성.map(current.속성) 형태로 사용하면 [관계형] 유형의 속성값으로 연결된 데이터에서 지정한 속성값을 목록으로 가져올 수 있습니다. 즉, 롤업 기능과 비슷한 역할을 한다고 이해하면 됩니다.

다음 예시를 확인해 보세요.

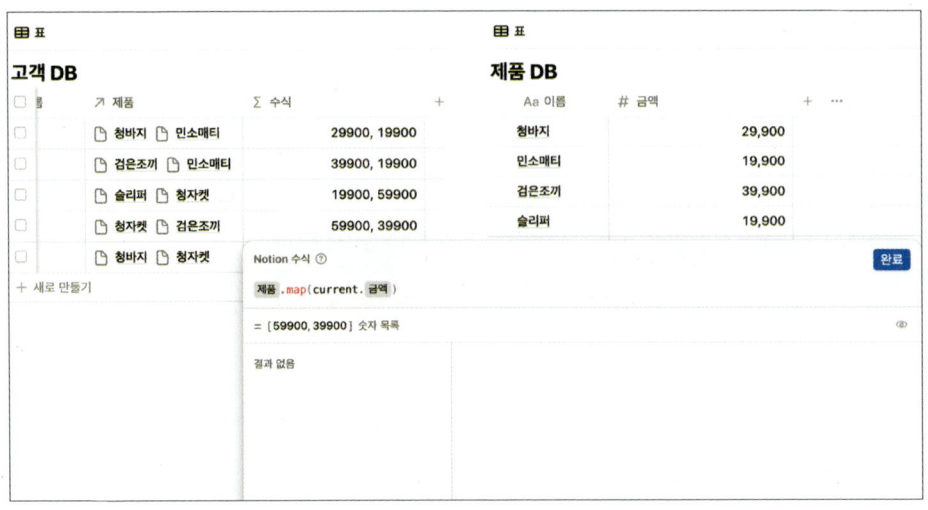

위 사례는 고객 DB에서 [관계형] 유형의 '제품' 속성을 추가하여 제품 DB와 연결했습니다. 그런 다음 고객 DB에서 [수식] 유형을 추가한 후 다음과 같이 수식을 작성했습니다. 즉, 고객 DB의 [관계형] 유형 속성인 '제품' 속성값에 연결된 데이터에서 '금액' 속성값을 목록으로 반환합니다.

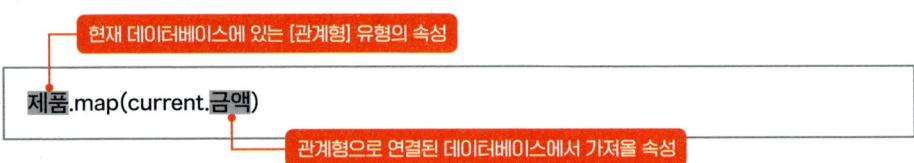

TIP 롤업 기능을 사용하지 않고 map 함수로 속성값을 불러오면 추가 함수를 사용하여 좀 더 쉽게 원하는 방식으로 가공할 수 있습니다. 이후 템플릿 제작 시 직접 실습해 볼 수 있습니다.

filter 데이터베이스의 필터 기능을 함수로 실행합니다. filter(관계형 속성, 조건) 또는 관계형 속성.filter(조건) 형태로 사용합니다. 예를 들어 map 함수와 함께 사용해서 고객이 구매한 제품 목록 중에서 '선택' 속성값이 [상의]인 제품의 구매 금액만 파악하고 싶다면 아래와 같이 작성합니다.

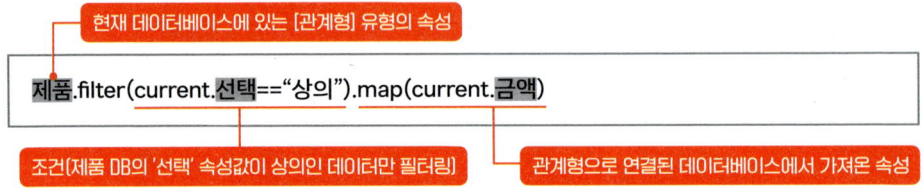

LESSON 02 - 체크하여 달성률을 파악하는 습관 관리

습관을 관리하기에 효과적인 템플릿을 제작해 봅니다. 행동 여부를 체크하는 형태의 단순한 템플릿이지만, 일상에서 유용하게 활용할 수 있을뿐만 아니라 수식을 활용한 첫 템플릿이라는 점에서도 유의미한 템플릿입니다.

완성 미리보기

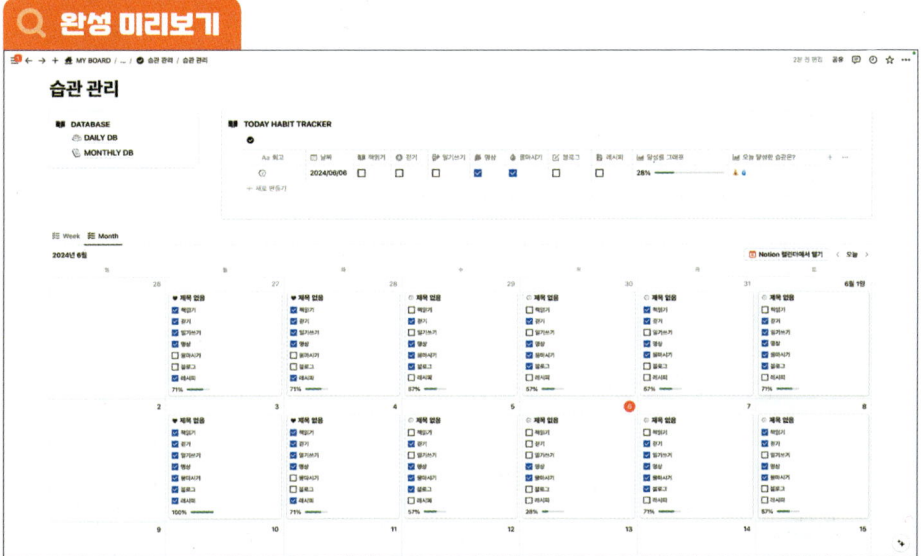

매일 날짜와 일상을 기록하는 DAILY DB와 월별 통계를 확인할 수 있는 MONTHLY DB를 사용합니다. 2개의 데이터베이스는 서로 관계형으로 연결되어 있으며, DAILY DB의 날짜에 따라 월별 페이지를 관계형으로 연결하여 월별 현황을 파악합니다.

- **DATABASE:** 원본 데이터베이스를 관리합니다.
- **TODAY HABIT TRACKER:** 습관을 기록하는 영역입니다. 필요에 따라 필터를 [이번 일] 또는 [이번 주]로 설정하여 사용할 수 있습니다.
- **캘린더 보기:** 주별, 월별 현황을 파악하기 위한 보기입니다.

주요 사용 함수

- **toNumber:** 다른 유형을 숫자 유형으로 변경해 줍니다.
- **if:** 조건 결과에 따라 값을 반환합니다.
- **floor:** 숫자를 내림 처리합니다.
- **map:** 관계형으로 연결한 데이터베이스에서 지정한 속성값을 불러옵니다.
- **sum:** 목록의 숫자를 모두 더합니다.
- **length:** 문자열 또는 목록의 개수를 반환합니다.

수식을 사용한 습관 관리 데이터베이스 구조화

원본 데이터베이스를 안전하게 관리하기 위해 전체 페이지 형태의 데이터베이스로 구성하고, 이후 링크된 데이터베이스를 배치하여 활용합니다.

01 ❶ 새로운 페이지를 만든 후 제목은 습관 관리로 입력하고, ❷ 페이지를 넓게 사용하기 위해 오른쪽 위에 있는 […] 아이콘을 클릭한 후 **[전체 너비]** 옵션을 활성화합니다. ❸ 빈 공간을 클릭하고 /전체 입력 후 Enter 를 눌러 '데이터베이스-전체 페이지' 블록을 생성합니다.

02 새로운 페이지가 열리고 전체 페이지 형태의 데이터베이스가 생성되면 ❶ 페이지 제목을 입력한 후 ❷ 데이터베이스를 구조화하고, 임의의 데이터를 채웁니다.

> ### 상세과정 살펴보기
>
> 기본으로 표시되는 [제목] 유형은 '회고' 속성으로 사용하고, [다중 선택] 유형의 '태그' 속성은 삭제하거나, 다른 유형으로 변경해서 활용합니다. 구조화가 끝나면 수식 작성을 위해 1개 정도 임의의 데이터를 추가하되, [수식] 유형의 속성값은 비워 둡니다.
>
> - **회고(제목)**: 습관 형성을 위한 행동에 따라 느낀 점, 반성할 점 등 생각을 입력합니다.
> - **날짜(날짜)**: 진행한 날짜를 입력합니다.
> - **책읽기 / 걷기 / 일기쓰기 / 명상 / 물마시기 / 블로그 / 레시피(체크박스)**: 총 7가지 행동을 [체크박스] 유형의 속성으로 추가했습니다. 각 행동을 실행했을 때 체크합니다.
> - **달성률(수식)**: 행동들의 실행률을 수식으로 계산합니다. 이후 04번 과정에서 수식을 작성합니다.
> - **오늘 달성한 습관은?(수식)**: 06번 과정에서 달성한 행동을 이모지 형태로 표시하는 수식을 작성합니다.

03 ❶ [달성률] 속성의 입력란을 클릭하여 수식 창을 엽니다. ❷ 수식 입력줄에 다음과 같이 입력하여 ❸ 결과 미리보기에 값이 정상적으로 표시되는지 확인하고 ❹ [완료] 버튼을 클릭합니다. 결과 미리보기에 오류가 표시된다면 수식에 문제가 있다는 의미입니다.

((책읽기.toNumber() + 걷기.toNumber() + 일기쓰기.toNumber() +
명상.toNumber() + 물마시기.toNumber() + 레시피.toNumber() +
블로그.toNumber()) * 100 / 7).floor() / 100

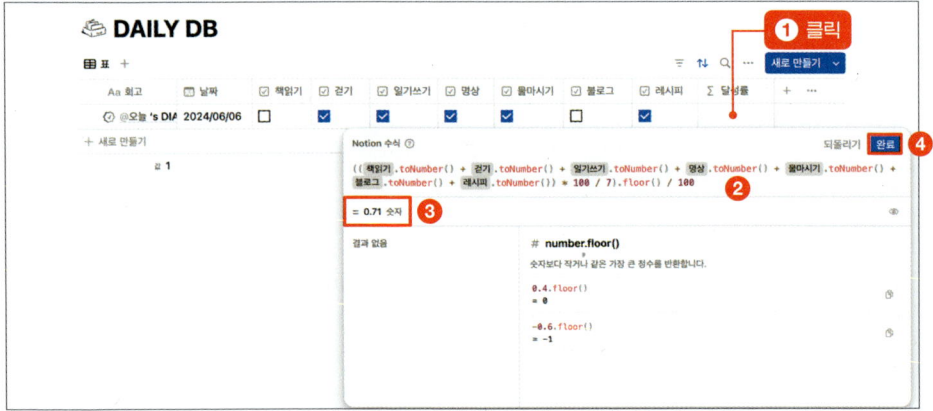

TIP 속성을 인수로 사용할 때는 속성명을 입력한 후 [Enter]를 누르거나 수식 창 왼쪽의 목록에서 선택하여 적용해야 합니다. 위와 같이 회색 음영으로 표시되어야 속성으로 인식된 것입니다.

상세과정 살펴보기

작성한 수식은 7가지 행동 중 실행한 행동의 개수를 파악하여 백분율로 달성율을 반환합니다. 세부 내용은 다음과 같습니다.

❶ 각 활동(체크박스)을 숫자로 변경하기 위해 toNumber 함수를 사용합니다. 책읽기.toNumber() 을 입력하면 '책읽기' 속성에 체크되어 있을 때 1, 그렇지 않을 때 0이 반환됩니다. 그러므로 아래와 같이 각 활동 속성을 숫자로 변경하여 더하면 7가지 활동 중 몇 가지 활동을 실행했는지 확인할 수 있습니다.

책읽기.toNumber() + 걷기.toNumber() + 일기쓰기.toNumber() + 명상.toNumber() + 물마시기.toNumber() + 블로그.toNumber() + 레시피.toNumber()

❷ 각 활동을 100점으로 계산하기 위해 위 결과에 100을 곱하고, 평균을 구하기 위해 7로 나눕니다. 이때 활동의 실행 개수부터 계산되도록 1번에서 작성한 수식을 괄호로 묶어서 다음과 같이 작성합니다. 만약 활동 속성의 개수가 7개가 아니면 7을 해당 숫자로 변경하면 됩니다.

(1번 수식) * 100 / 7

❸ 2번 수식의 결과가 정확하게 정수가 아닐 수 있으므로 내림 처리하기 위해 floor 함수를 추가합니다. floor 함수는 값.floor( ) 또는 floor(값) 형태로 사용합니다. 2번의 수식이 하나의 값으로 인식되도록 괄호로 묶어서 다음과 같이 작성합니다.

(2번 수식).floor()

❹ 위의 결과를 백분율로 표시하기 100으로 나눕니다.

3번 수식 / 100

04 '달성률' 속성값을 % 형식과 막대 그래프로 표시하기 위해 ❶ '달성률' 속성 헤드를 클릭한 후 [속성 편집]을 선택하여 속성 편집 창을 엽니다. ❷ [숫자 형식] 옵션을 [%]로 변경하고, ❸ [막대]를 선택합니다.

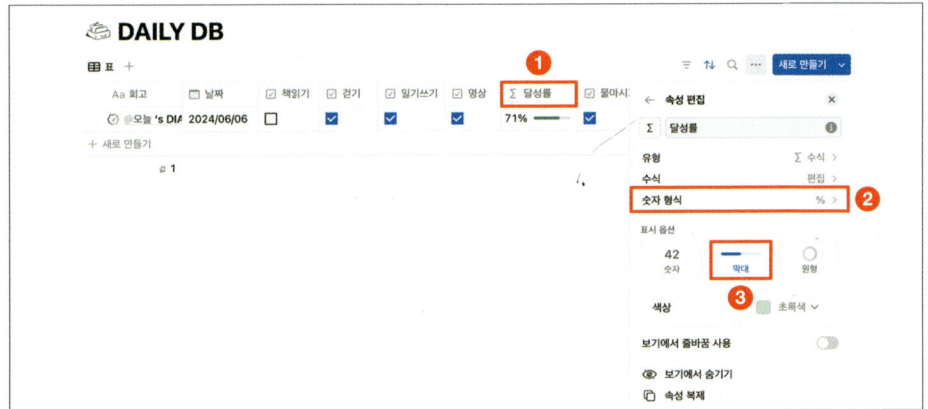

한 걸음 더 — 줄바꿈으로 수식 정리하기

이번 실습에서는 수식을 작성할 때 한 줄로 길게 입력했습니다. 수식을 보기에 어렵지 않았나요? 이번 수식은 비교적 짧은 편이라서 이해가 수월했을 수 있습니다. 하지만 더 길고 복잡한 수식을 작성한다면 유지 관리를 위해서 줄바꿈([Shift]+[Enter]), 들여쓰기/내어쓰기([Tab]) 등의 규칙을 적용해서 작성하는 것이 좋습니다.

필자는 의미 단위로 줄바꿈하면서 수식을 작성하며, 다음과 같은 규칙을 적용합니다.

- ()가 발생하면 줄바꿈
- +가 발생하면 줄바꿈
- 변수, 변숫값, 표현식이 발생하면 줄바꿈

예를 들어 위의 기준으로 앞서 입력한 수식을 줄바꿈하면 다음과 같습니다.

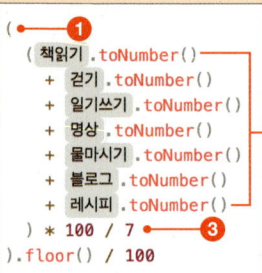

❶ 첫 번째 괄호는 마지막 줄에 있는 floor 함수의 인수를 의미하므로 같은 들여쓰기를 유지하고자 줄바꿈했습니다.

❷ 두 번째 괄호부터는 활동 실행 여부를 파악하기 위한 수식이며, 추후 활동이 추가, 변경, 삭제될 것을 고려하여 활동별로 줄바꿈했습니다.

❸ * 100 / 7에서 floor 함수의 인수가 끝나므로 줄바꿈했습니다.

줄바꿈이나 들여쓰기 규칙은 필자의 방법이 정답은 아닙니다. 어떤 규칙을 적용하든 누가 보더라도 수식을 빠르게 이해하고, 유지 관리할 수 있도록 작성하는 것이 중요합니다.

05 두 번째 [수식] 유형인 '오늘 달성한 습관은?' 속성은 각 행동에 체크할 때마다 행동별 이모지가 표시되어 직관적으로 확인하는 용도입니다. ❶ 속성값 입력란을 클릭한 후 ❷ 수식 입력줄에 다음과 같은 수식을 줄바꿈하면서 입력하고 ❸ [완료] 버튼을 클릭합니다.

---

if(책읽기 == true, "📖","") + if(명상 == true,"🧘","") + if(물마시기 == true,"💧","") +
if(블로그 == true, "🖊","") + if(걷기 == true, "🏃","") + if(일기쓰기 == true, "📓","") +
if(레시피 == true,"🔍","")

TIP 이모지 아이콘 등은 노션 빈 페이지에서 콜론(:) 입력 후 관련 키워드를 입력하면 선택할 수 있습니다. 그렇게 추가한 이모지를 복사한 후 수식 입력 창에 붙여 넣으면 됩니다.

🔍 상세과정 살펴보기

체크되어 있을 때와 체크되어 있지 않을 때 서로 다른 값이 반환되는 if 함수를 사용합니다. if(조건, 참일 때 값, 거짓일 때 값) 형태로 사용하므로 '책읽기' 속성에 체크되어 있을 때(true) 책 모양 이모지가 표시되고, 체크되어 있지 않을 때(false) 빈칸("")이 표시되도록 수식을 작성하면 다음과 같습니다.

if(책읽기 == true, "📖","")

텍스트 형식의 값들을 + 기호로 더하면 값들이 나열됩니다. 그러므로 각 행동들의 체크 여부에 따라 표시되는 결과(이모지 또는 빈칸)를 + 기호로 연결하면 수식이 완성됩니다.

월별 통계 관리 데이터베이스 구성하기

DAILY DB를 완성했으면 페이지 왼쪽 위에 있는 경로에서 [습관 관리]를 클릭해서 메인 페이지로 이동한 후 월별 통계 관리용 MONTHLY DB를 구조화하고, DAILY DB와 관계형으로 연결합니다.

01 습관 관리 페이지로 이동합니다. DAILY DB가 포함된 '페이지' 블록 아래쪽을 클릭하여 /전체 입력 후 Enter를 눌러 두 번째 '데이터베이스-전체 페이지' 블록을 생성합니다.

02 데이터베이스 페이지가 열리면 ❶ 이름에 MONTHLY DB를 입력하고, ❷ '이름' 속성에 2024년 6월부터 2024년 12월까지 값을 입력합니다. ❸ 속성을 추가하기 위해 속성 헤드 오른쪽 끝에 있는 [+] 아이콘을 클릭한 후 ❹ [관계형]을 선택합니다.

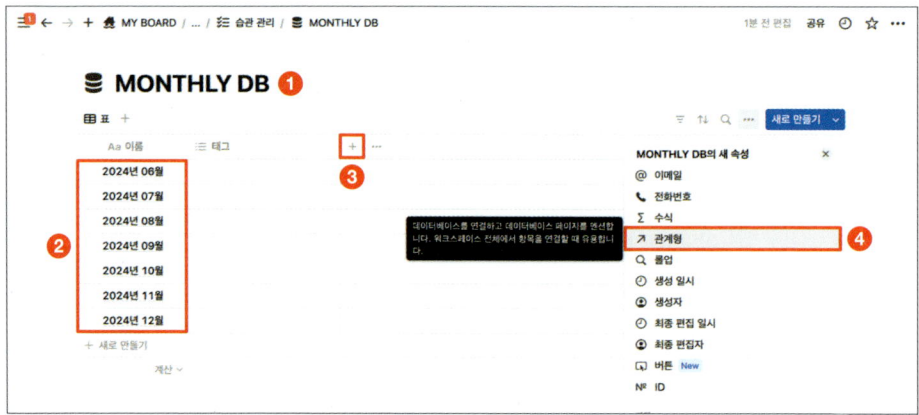

03 관계형 대상 창이 열리면 연결할 데이터베이스로 [DAILY DB]를 선택합니다.

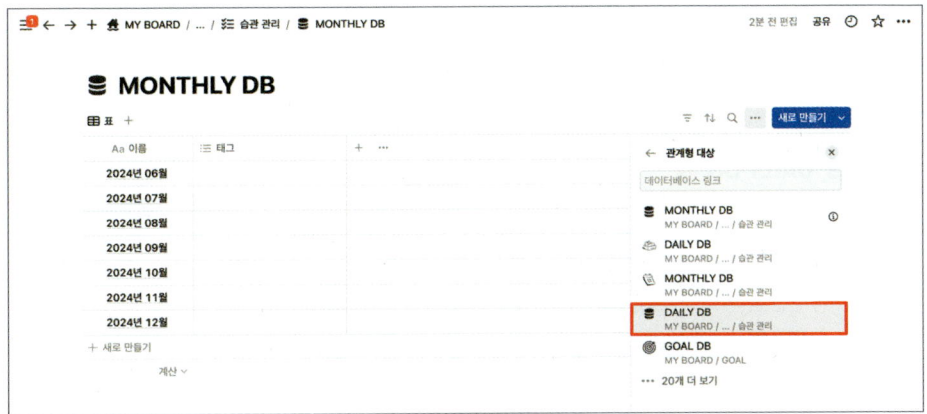

04 새 관계형 창이 열리면 ❶ [DAILY DB에 표시] 옵션을 활성화하고, ❷ DAILY DB에 추가될 [관계형] 유형 속성의 이름은 MONTH로 입력합니다. ❸ [관계형 추가] 버튼을 클릭하여 관계형으로 연결합니다.

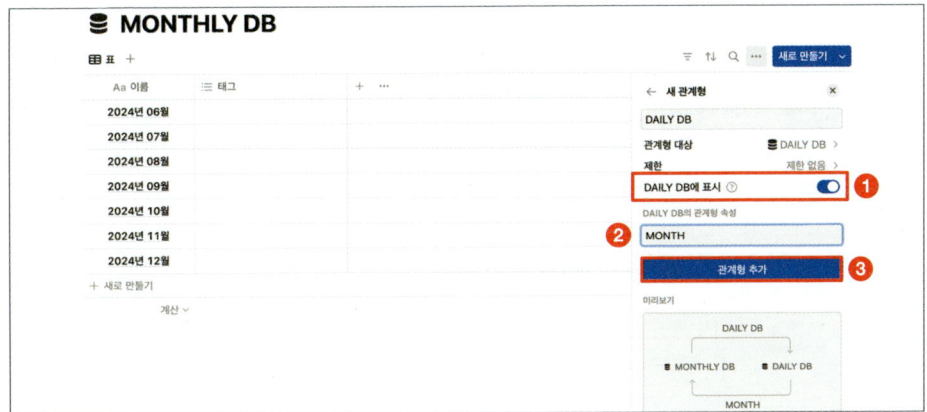

05 ❶ 페이지 경로에서 [습관 관리]를 클릭하여 메인 페이지로 이동한 후 다시 DAILY DB 데이터베이스 페이지로 이동합니다. ❷ 추가된 'MONTH' 속성 헤드를 드래그하여 가장 앞으로 옮기고, ❸ 예시 데이터를 좀 더 추가한 후 '날짜' 속성에 맞춰 'MONTH' 속성값을 선택합니다.

TIP MONTHLY DB에서 수식을 사용하기 위해 데이터를 추가로 작성했습니다. 데이터는 제공하는 완성 템플릿의 내용을 복사해서 추가하거나 임의로 입력하면 됩니다.

06 다시 ❶ MONTHLY DB 페이지로 돌아옵니다. ❷ [관계형] 유형인 'DAILY DB' 속성 헤드를 클릭한 후 ❸ [보기에서 숨기기]를 선택하여 숨깁니다. '태그' 속성도 숨기거나 삭제합니다. ❹ [+] 아이콘을 클릭한 후 [수식]을 선택하여 속성을 추가합니다.

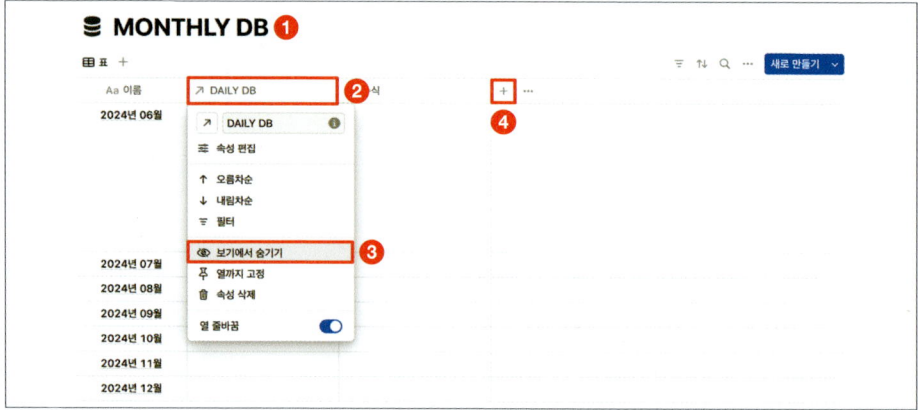

07 ❶ '수식' 속성값 입력란을 클릭한 후 ❷ 수식 입력줄에 다음과 같은 수식을 줄바꿈하면서 입력하고 ❸ [완료] 버튼을 클릭합니다.

(DAILY DB.map(current.달성률).sum() * 100 / DAILY DB.map(current).length()).floor() + "%"

상세과정 살펴보기

습관 관리 데이터베이스에 있는 '달성률' 속성의 값을 불러와서 월별 달성률 평균을 계산하는 내용입니다. 여기서 사용하는 map 함수는 롤업의 기능을 대신 수행하는 함수라고 이해하면 됩니다. 구체적인 과정은 다음과 같습니다. **Link** map 함수의 자세한 설명은 315쪽 을 참고하세요.

❶ 'DAILY DB' 속성을 숨김 처리했으나 'DAILY DB' 속성값에는 DAILY DB에서 연결한 각 월의 일자별 데이터가 모두 포함되어 있습니다. 그러므로 아래와 같이 작성하면 해당 월에 있는 날짜들의 DAILY DB의 '달성률' 속성값이 목록으로 표시됩니다.
DAILY DB.map(current.달성률)

❷ 1번 수식에서 가져온 달성률 값들의 평균을 구하려면 우선 달성률의 합을 구해야 합니다. 그러므로 1번 수식을 sum 함수의 인수로 사용합니다. '달성률' 속성값은 백분율로 표시되어 있으므로, 100을 곱합니다.
1번 수식.sum() * 100

❸ 이제 2번 수식에서 구한 합을 개수로 나누면 됩니다. 월별 포함된 데이터의 개수가 모두 다를 수 있으므로, 월별 포함된 날짜의 개수를 파악해야 합니다. DAILY DB.map(current)는 관계형 속성인 'DAILY DB'에 포함된 목록을 구합니다. 그러므로 문자열 및 목록의 개수를 파악하는 length 함수의 인수로 사용하여 DAILY DB 속성값에 입력된 목록의 개수를 파악합니다.
DAILY DB.map(current).length()

❹ 이제 달성률 합계를 월별 포함된 데이터의 개수로 나누면 다음과 같습니다.
2번 수식 / 3번 수식

❺ 마지막으로 위의 결과에서 소수점을 모두 내림 처리하기 위해 floor 함수를 사용하였고, 결과 값에 % 기호를 표시하기 위해 + 기호로 문자열을 연결하였습니다.
(2번 수식 / 3번 수식).floor() + "%"

링크된 데이터베이스로 메인 페이지 완성하기

데이터베이스 구조화 및 수식 작성이 끝났으면 다음과 같은 메인 페이지를 완성합니다. 페이지 구성이 어렵다면 258쪽의 실습부터 진행해 보는 것을 추천합니다.

상세과정 살펴보기

① 2열 구성으로 '콜아웃' 블록을 배치한 후 각각 DATABASE 영역과 TODAY HABIT TRACKER 영역을 구성합니다.

② 원본 데이터베이스 페이지를 DATABASE 콜아웃으로 옮깁니다.

③ TODAY HABIT TRACKER 콜아웃 내에 표 보기로 DAILY DB의 링크된 데이터베이스 블록을 생성합니다.

④ '날짜' 속성으로 필터를 추가하여 [시작일], [오늘 기준], [이번], [일]로 설정합니다.

⑤ 전체 1열에서 DAILY DB의 링크된 데이터베이스 블록을 생성한 후 레이아웃 창을 열어 다음과 같이 설정하고, 속성 창을 열어 캘린더에 표시될 속성으로 각 활동과 달성율을 선택합니다.

⑥ 보기 탭을 복제한 후 레이아웃 창에서 [캘린더 표시 기준]만 [월]로 변경합니다.

LESSON 03 수식이 더해진 프로젝트 및 할 일 관리

어떠한 산업군에 종사하든지 프로젝트 및 할 일 관리는 대부분의 업무 관리에 근간이 됩니다. 이번 템플릿을 완성한 후 프로젝트를 고객으로 바꾸면 고객 관리 템플릿이 되고, 캠페인을 넣으면 캠페인 관리 템플릿으로 활용할 수 있습니다.

완성 미리보기

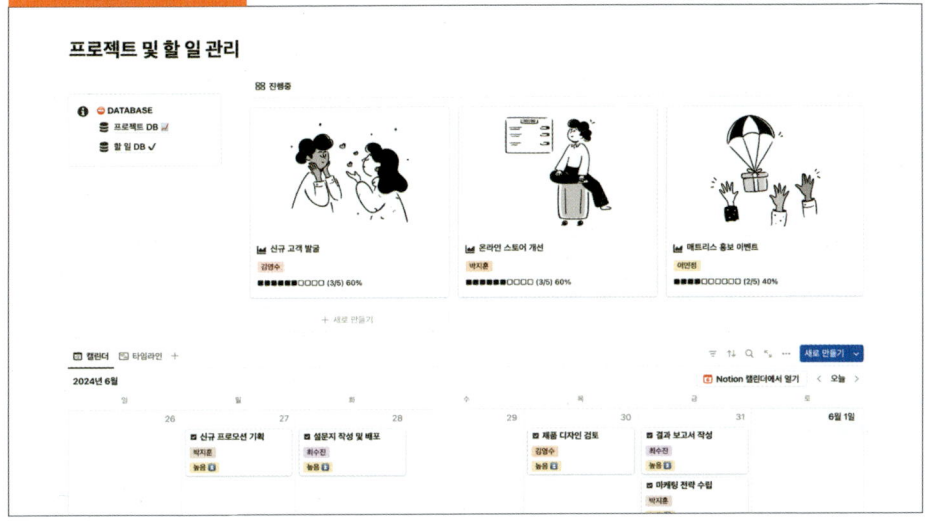

완성한 템플릿의 상단에는 진행 중인 프로젝트 목록이 있고, 목록별 프로젝트 완료를 위한 진행률이 표시됩니다. 이 진행률은 수식을 이용하며, 그래프와 함께 완료한 할 일과 전체 할 일 개수, 그리고 전체 진행률이 표시됩니다.

주요 사용 함수

- **lets**: 여러 변수를 생성합니다.
- **map**: 관계형으로 연결한 데이터베이스에서 지정한 속성값을 불러옵니다.
- **filter**: 목록에서 조건에 맞는 값을 가져옵니다.
- **length**: 문자열 또는 목록의 개수를 반환합니다.

- **substring:** 문자열에서 지정한 숫자만큼을 반환합니다.
- **floor:** 숫자를 내림 처리합니다.

실습 과정 파악하기

이번 템플릿은 [CHAPTER 5-LESSON 3]에서 완성한 템플릿을 업그레이드하는 실습입니다. 그러므로 지난 실습에서 완성한 템플릿을 이용한다는 가정 하에 진행합니다. [CHAPTER 5-LESSON 3]의 완성 템플릿에는 프로젝트 DB와 할 일 DB가 관계형으로 연결되어 있으며, 프로젝트 DB에는 [롤업] 유형의 속성이 2개 추가되어 있습니다. 이 2개의 [롤업] 유형 속성을 삭제한 후 다음과 같이 [수식] 유형의 '진행률' 속성을 추가하고 수식을 입력해서 완성합니다.

이번 템플릿의 핵심인 진행률 파악 수식에서 가장 자주 사용하는 값은 프로젝트별 '전체 할 일의 개수'와 '완료한 할 일의 개수'입니다. 그러므로 각 개수를 변수로 등록하면 수식을 쉽게 작성할 수 있습니다. Link 변수를 지정하는 let, lets 함수는 315쪽 에서 자세히 설명합니다.

다양한 함수를 사용하므로 다음과 같은 과정으로 자세히 설명하겠습니다.

❶ lets 함수를 이용한 변수 설정(완료한 할 일 개수, 전체 할 일 개수)
❷ if, substring, floor 함수를 이용한 그래프 표현
❸ '완료한 할 일 개수 / 전체 할 일 개수' 계산
❹ '완료한 할 일 개수 / 전체 할 일 개수'의 비율(%) 계산

➕ lets 함수의 변수명과 변숫값 작성 과정

[CHAPTER 5-LESSON 3]에서 완성한 템플릿을 준비한 후 프로젝트 DB에서 [롤업] 유형인 '진행수'와 '진행률' 속성을 삭제합니다. 그런 다음 [수식] 유형의 '진행률' 속성을 추가한 후 다음과 같은 순서로 수식을 작성합니다.

```
Notion 수식 ⓘ                                            되돌리기  완료
lets(
  complete, 할 일.map(current.상태).filter(current=="완료").length(),
  all, 할 일.map(current).length(),

  표현식
)
```

01 lets 함수는 lets(변수명1, 변숫값1, 변수명2, 변숫값2,…, 표현식) 형태로 사용합니다. 여기서는 완료된 할 일 개수를 complete라는 변수명으로, 전체 할 일 개수를, all이라는 변수명으로 지정합니다. 즉, lets 함수를 사용하여 최종 완성된 수식의 형태는 다음과 같습니다.

> lets(complete, 완료된 할 일 개수, all, 전체 할 일 개수, 표현식)

02 프로젝트 DB에는 할 일 DB와 연결된 [관계형] 유형의 '할 일' 속성이 있으며, '할 일' 속성에는 프로젝트별 할 일의 목록이 표시됩니다. 또한, 할 일 DB의 '상태' 속성에는 각 할 일의 완료 여부가 체크박스로 표시됩니다. 그러므로 롤업과 유사한 기능을 하는 map 함수를 사용하여 다음과 같이 입력하면 각 프로젝트에서 할 일 목록별 완료 여부를 목록 형태로 가져올 수 있습니다. **Link** map 함수의 자세한 소개는 315쪽을 참고하세요.

> 할 일.map(current.상태)

03 계속해서 02번 수식으로 가져온 목록의 개수를 파악하면 전체 할 일 개수가 됩니다. 그러므로 length 함수를 사용하여 다음과 같이 작성하면 전체 할 일의 개수를 파악할 수 있습니다.

```
할 일.map(current.상태).length()    [전체 할 일의 개수]
         [02번 수식]
```

04 이제 완료된 할 일의 개수를 파악해야 합니다. 완료된 할 일의 개수는 '상태' 속성값이 "완료"인 목록의 개수를 구하면 됩니다. 그러므로 03번 수식에 filter 함수를 추가하여 다음과 같이 작성하면 됩니다. **Link** filter 함수의 자세한 소개는 316쪽을 참고하세요.

```
할 일.map(current.상태).filter(current=="완료").length()    [완료한 할 일의 개수]
```

05 이제 01번 과정에서 작성한 lets(complete, 완료된 할 일 개수, all, 전체 할 일 개수, 표현식) 형태에 03번과 04번 수식을 대입하면 다음과 같습니다.

```
lets(
    complete, 할 일.map(current.상태).filter(current=="완료").length(),    [04번 수식]
    all, 할 일.map(current), length()
    표현식                        [03번 수식]
)
```
[변수명]

TIP 전체 할 일의 개수는 '할 일' 속성값에 있는 목록의 개수만 파악해도 되므로, '.속성'은 생략하고 작성했습니다.

✚ lets 함수의 표현식 작성 과정

계속해서 변수명 complete와 all을 이용한 표현식을 작성합니다. 이번 수식의 표현식은 달성률 그래프와 '완료된 할 일 / 전체 할 일' 표시, 그리고 달성률입니다. 그래프부터 순서대로 표현식을 작성해 보겠습니다.

01 그래프는 if 함수와 substring 함수를 활용합니다. 우선 if 함수를 사용하여 모든 할 일을 완료했을 때 즉, '완료한 할 일(complete) / 전체 할 일(all)'을 계산한 값이 1 이상이면 텍스트로 '완료'가 표시되거나 이모지 ✅이 나타나게 합니다. 여기서는 이모지를 활용하였습니다. **Link** if 함수의 자세한 소개는 314쪽을 참고하세요.

> if((complete / all) >= 1, "✅", 거짓일 때 값)

02 이제 거짓, 즉 달성률이 100%(1)가 아닐 때 반환할 값을 작성해야 합니다. 여기서는 substring 함수를 사용하여 그래프로 표현되도록 다음과 같이 작성했습니다.

> substring("■■■■■■■■■■", 0, (complete / all * 10).floor()) +
> substring("□□□□□□□□□□", 0, 10-(complete / all * 10).floor())

상세과정 살펴보기

substring 함수는 substring(문자열, 시작할 위치, 출력할 글자 수) 형태로 사용하여 문자열에서 지정한 수만큼 잘라서 반환합니다. 위 수식은 2개의 수식을 +로 연결한 것으로 각 수식은 '완료된 할 일/전체 할 일'을 계산하여 값에 따라 ■와 □를 여러 개 반환하는 수식입니다. 이때 시작할 위치가 0이면 첫 번째 문자부터 시작하여 자릅니다.

- **문자열:** 그래프가 될 ■를 10개 넣습니다.
- **시작할 위치:** 처음이기 때문에 숫자 0을 입력합니다.
- **출력할 글자 수:** 변수명 complete와 all을 사용하여 '완료된 할 일 / 전체 할 일'을 계산해 넣습니다.

    substring("■■■■■■■■■■", 0, (complete / all * 10).floor())

    문자열(■ 10개)의 첫 번째 문자부터 완료된 비율을 10의 배수로 계산한 값만큼 잘라냅니다. 즉, 완료 비율이 50%라면 5개를 반환하고, 80%라면 8개를 반환합니다. 비율을 계산한 값이 정수가 아닐 때를 대비하여 floor 함수를 사용하여 내림 처리하였습니다.

    substring("□□□□□□□□□□", 0, 10 - (complete / all * 10).floor())

    10개에서 '완료된 비율을 10의 배수로 계산한 값'을 뺀 개수만큼 문자열(□)을 반환합니다. 즉, 완료 비율이 80%라면 2개를 반환하고, 20%라면 8개를 반환합니다.

위 2개의 수식을 더하면 완료 비율에 따라 ■가 표시되고, 나머지는 □이 표시되어 항상 10개의 문자열이 반환됩니다.

03 완료 비율이 100%가 아닐 때 값(거짓일 때 값)에 해당하는 02번 과정의 수식을 포함하면 다음과 같습니다.

```
if(
    (complete / all) >= 1,    ← 조건
    "✅",    ← 참일 때의 값
    substring( "■■■■■■■■■■", 0, (complete / all * 10).floor() )
    + substring( "□□□□□□□□□□", 0, 10-(complete / all * 10).floor() )
)
```
거짓일 때의 값

```
Notion 수식 ⓘ                                                    되돌리기  저장
lets(
    /* 변수 정의 */
    complete, 🗓 할 일 .map(current. ☀ 상태 ).filter(current=="완료").length(),
    all, 🗓 할 일 .map(current).length(),
    
    /* 그래프 */
    if(
        (complete / all) >= 1,
        "✅",
        substring("■■■■■■■■■■",0, (complete/all*10).floor())
        + substring("□□□□□□□□□□",0, 10-(complete/all*10).floor())
    )
)
```
▲ lets 함수부터 현재까지 작성한 수식

04 03번 과정에서 완성한 if 함수를 이용한 수식은 lets 함수의 표현식 중 일부입니다. 계속해서 그래프 뒤에 [완료된 할 일 개수 / 전체 할 일 개수]를 추가합니다. 여기부터는 간단합니다. + 기호를 이용하여 문자열을 더하면 됩니다. 위 수식에 이어서 작성할 수식은 다음과 같습니다. (,/,)는 각각 문자열로 사용할 것이므로 " "로 묶은 후 더해 줍니다.

```
+" (" + complete + "/" + all + ") "
```
변수명 / 문자열

05 마지막으로 달성률을 추가합니다. (완료된 할 일 개수 / 전체 할 일 개수 * 100)을 계산하고, floor 함수로 내림 처리한 후 문자열 %를 더하는 수식입니다.

```
+ (complete * 100 / all).floor() + "%"
```

06 지금까지 작성한 모든 수식을 입력하면 다음과 같은 수식이 완성되며, 템플릿도 완성입니다.

```
lets(
    complete, 할 일.map(current.상태).filter(current=="완료").length(),
    all, 할 일.map(current).length(),
    if(
        (complete / all) >= 1,
        "✅",
        substring("■■■■■■■■■■", 0, (complete / all * 10).floor() )
        + substring("□□□□□□□□□□", 0, 10-(complete / all * 10).floor() )
    )
    + " (" + complete + "/" + all + ") "
    +(complete * 100 / all).floor() + "%"
)
```

변수 지정
표현식

```
lets(
    /* 변수 정의 */
    complete, ↗ 할 일.map(current. ◎ 상태).filter(current=="완료").length(),
    all, ↗ 할 일.map(current).length(),
    
    /* 그래프 */
    if(
        (complete / all) >= 1,
        "✅",
        substring("■■■■■■■■■■",0, (complete/all*10).floor())
        + substring("□□□□□□□□□□",0, 10-(complete/all*10).floor())
    )
    + " (" + complete + "/" + all + ") "
    + (complete * 100 / all).floor() + "%"
)
```

LESSON 03 수식이 더해진 프로젝트 및 할 일 관리 **335**

📝 한 걸음 더 수식에 주석 달기

수식이 길어지면 아무리 줄바꿈을 해도 내용을 파악하기 어려울 때가 있습니다. 이럴 때 수식에 주석을 입력해서 어떤 용도인지 표현해 줄 수 있습니다. 주석은 수식 결과에 영향을 미치지 않고 사용자에게 정보를 전달하는 용도로 사용하는 것으로, 내용을 입력하고 양 옆으로 /*와 */를 입력하면 됩니다. 아래의 수식 입력줄은 주석을 사용하여 수식을 작성한 내용입니다.

```
Notion 수식 ⓘ                                            되돌리기   저장
lets(
    /* 변수 정의 */
    complete, ↗할 일.map(current. ☀ 상태 ).filter(current=="완료").length(),
    all, ↗할 일.map(current).length(),
    /* 그래프 */
    if(
        (complete / all) >= 1,
        "✅",
        substring("■■■■■■■■■■",0, (complete/all*10).floor())
        + substring("□□□□□□□□□□",0, 10-(complete/all*10).floor())
    )
    + " (" + complete + "/" + all + ") "     /* 완료된 할 일 / 전체 할 일 */
    + (complete * 100 / all).floor() + "%"   /* 비율 */
)
```

LESSON 04 · 독서 정도를 파악할 수 있는 디지털 도서관

노션의 수식 기능을 활용하여 나만의 디지털 도서관을 만들어 보겠습니다. 아날로그나 다른 도구에서 사용하기 어려운 통계 기능까지 이용할 수 있습니다. 어떤 책을 읽었는지, 언제 읽었는지 등을 기록하며 정보, 아이디어, 생각 등을 정리해 보세요.

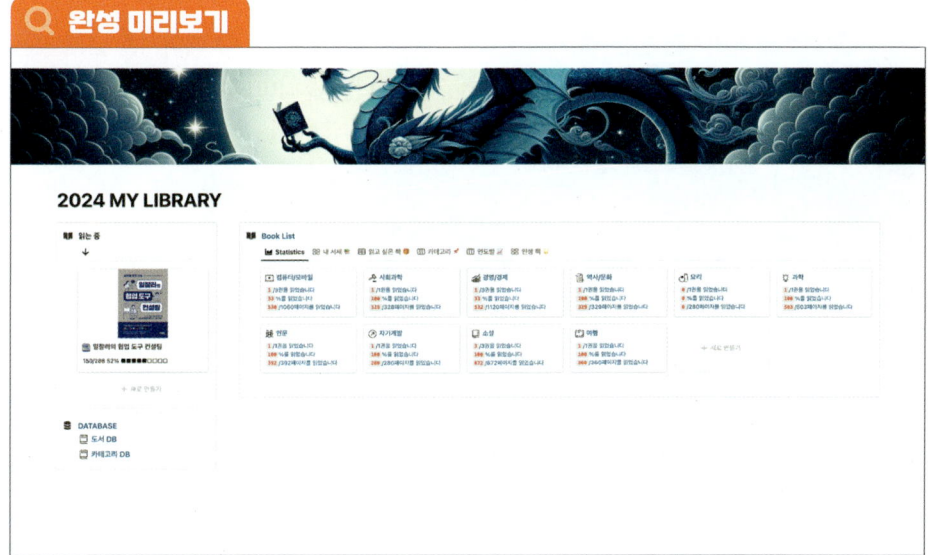

도서 정보를 입력할 수 있는 도서 DB와 카테고리를 구분할 수 있는 카테고리 DB로 구분되어 있습니다. 메인 페이지에서는 2열로 구분하여 1열에는 현재 읽고 있는 책 목록과 원본 데이터베이스 페이지를, 2열에는 링크된 데이터베이스를 생성하여 통계, 읽은 책, 읽고 싶은 책, 연도별, 카테고리별 등으로 정리했습니다.

주요 사용 함수

- **if, ifs, lets**
- **dateBetween:** 2개의 날짜 사이의 기간을 반환합니다.
- **year:** 날짜의 연도를 불러옵니다.

- **substring:** 문자열에서 지정한 숫자만큼을 반환합니다.
- floor, map, filter, length, style

TIP 이번 템플릿은 독서 기록용이지만 속성 이름 등만 변경하면 영화, 뮤지컬, 공연, 논문, 기사, 블로그, 보고서 등 다양한 기록 관리용으로 사용할 수 있습니다.

원본 데이터베이스 구조화

원본 데이터베이스를 안전하게 관리하기 위해 전체 페이지 형태의 데이터베이스로 구성하고, 이후 링크된 데이터베이스를 배치하여 활용합니다.

01 ❶ 새로운 페이지를 만든 후 제목은 MY LIBRARY로 입력하고, ❷ 페이지를 넓게 사용하기 위해 오른쪽 위의 상단 […] 아이콘을 클릭한 후 ❸ [전체 너비]를 활성화합니다.

TIP 위 커버는 ChatGPT에서 '청룡의 해를 맞이하여 용이 책을 들고 있는 이미지를 일러스트로 만들어 줘. 이미지 사이즈는 가로 3000px 세로 800px로 해 줘'라고 입력한 결과입니다.

02 페이지에서 빈 공간을 클릭하고 /전체 입력 후 Enter 를 눌러 '데이터베이스-전체 페이지' 블록을 생성합니다. 여기서는 다음과 같이 도서 DB와 카테고리 DB를 '데이터베이스-전체 페이지' 블록으로 생성했습니다.

03 먼저 도서 DB 페이지로 이동한 후 다음과 같이 구조화합니다. 그런 다음 원활한 수식 작성을 위해 일부 데이터를 추가합니다. [수식] 유형을 제외하고 제공되는 완성 템플릿의 내용을 복사해서 사용하면 됩니다.

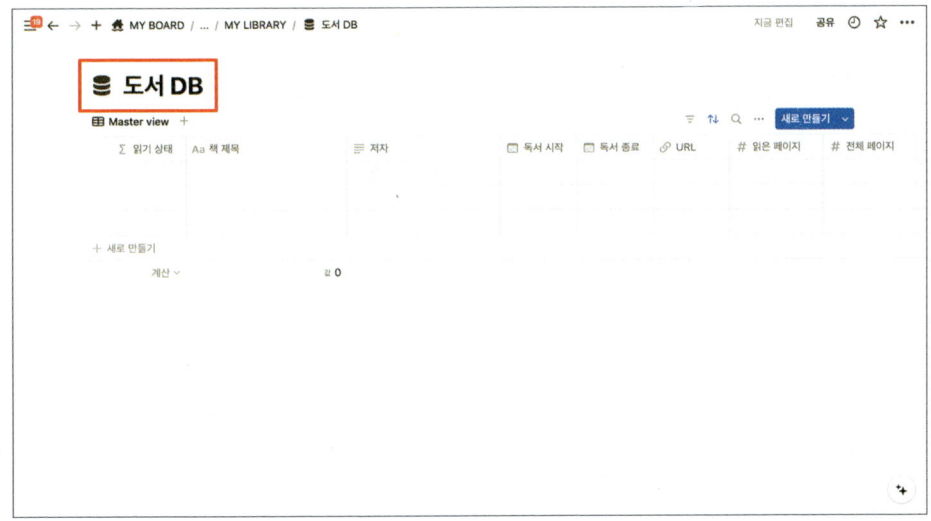

> **상세과정 살펴보기**
>
> 기본으로 표시되는 [제목] 유형은 '책 제목' 속성으로 활용했고, [다중 선택] 유형의 '태그' 속성은 삭제하거나 변경해서 사용합니다. 또한 각 유형의 속성을 추가한 후 속성 헤드를 드래그하여 순서를 변경합니다.
>
> - **읽기 상태(수식):** '읽은 페이지 / 전체 페이지'를 계산하여 책의 독서 상태가 자동으로 입력되는 수식을 작성할 예정입니다.
> - **책 제목(제목):** 책 제목을 입력합니다.
> - **저자(텍스트):** 책의 저자를 입력합니다.
> - **독서 시작(날짜):** 책을 읽기 시작한 날짜를 입력합니다. 아직 읽지 않은 책은 공백으로 둡니다.
> - **독서 종료(날짜):** 다 읽은 날짜를 입력합니다.
> - **URL(URL):** 책의 인터넷 서점 링크를 입력합니다.
> - **읽은 페이지(숫자):** 현재 읽고 있는 페이지를 입력합니다.
> - **전체 페이지(숫자):** 해당 책의 전체 페이지를 입력합니다.
> - **읽은 기간(수식):** '독서 시작'과 '독서 종료' 속성값을 이용해 수식으로 읽은 기간을 파악할 예정입니다.
> - **독서률(수식):** 전체 분량에서 현재 어느 정도까지 읽었는지 수식으로 표현합니다.
> - **책 표지(파일과 미디어):** 책의 표지 이미지를 입력합니다.

04 메인 페이지로 이동한 후 이번에는 카테고리 DB 페이지로 이동합니다. 그런 다음 다음과 같이 구조화하고, '이름' 속성에 책의 카테고리로 데이터를 채웁니다.

> **상세과정 살펴보기**
>
> 기본으로 표시되는 [제목] 유형은 그래도 두고, [다중 선택] 유형의 '태그' 속성 헤드를 클릭한 후 [속성 편집]을 선택합니다. 속성 편집 창이 열리면 속성 이름은 **통계**로 입력하고, 유형은 [수식]으로 변경합니다.
>
> - **이름(제목)**: 책의 종류를 구분할 카테고리를 입력합니다.
> - **통계(수식)**: 카테고리별 독서 DB에 입력된 책의 권 수와 읽은 책의 수, 전체 독서율 등을 수식으로 작성합니다.

05 카테고리 DB의 구조화가 끝나면 ❶ 속성 헤드 오른쪽 끝에 있는 [+] 아이콘을 클릭한 후 [관계형]을 선택하고, ❷ 관계형 대상 창에서 연결할 [도서 DB]를 선택합니다. ❸ 새 관계형 창이 열리면 다음과 같이 설정한 후 ❹ [관계형 추가] 버튼을 클릭합니다.

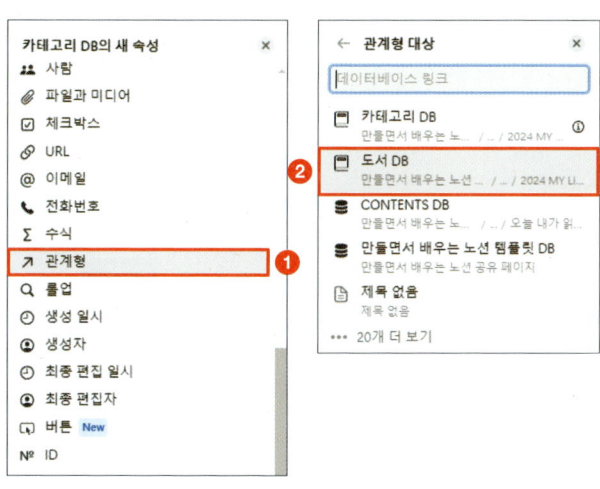
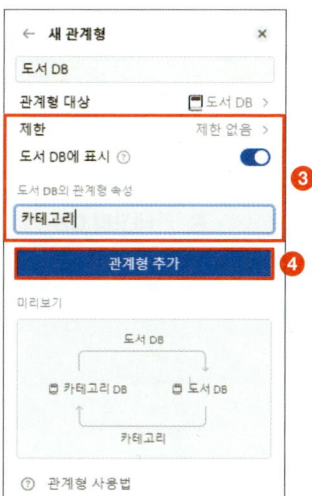

06 도서 DB 페이지로 이동해 보면 [관계형] 유형의 '카테고리' 속성이 추가되어 있습니다. ❶ 속성 헤드를 클릭한 채 드래그하여 다음과 같이 두 번째 위치로 옮기고, ❷ 책별 '카테고리' 속성값을 채웁니다.

07 다시 카테고리 DB 페이지로 이동합니다. '도서 DB' 속성에 카테고리별 책 목록이 표시된 것을 확인할 수 있습니다.

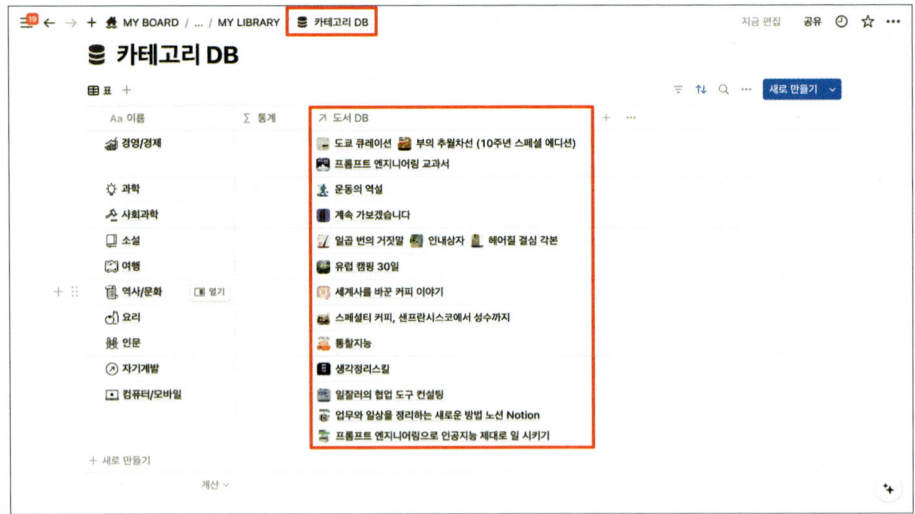

TIP 카테고리 DB는 통계를 확인하기 위한 용도이므로 '도서 DB' 속성 헤드를 클릭한 후 [보기에서 숨기기]를 선택하여 깔끔하게 정리해도 좋습니다.

도서 DB에서 수식 작성하기

도서 DB 페이지로 이동합니다. 도서 DB에서 '읽은 상태', '읽은 기간', '독서률' 속성의 수식을 작성하여 완성해 보겠습니다.

01 먼저 '읽기 상태' 속성의 수식을 작성해 보겠습니다. ❶ 속성값 입력란을 클릭한 후 수식 창이 열리면 ❷ 다음과 같이 입력한 후 ❸ [완료] 버튼을 클릭합니다.

```
ifs(
    읽은 페이지 / 전체 페이지 == 1,"다 읽었어".style("b","blue_background"),
    읽은 페이지 / 전체 페이지 == 0,"읽고 싶은 책".style("b","gray_background"),
    "읽는 중".style("b","yellow_background")
)
```

상세과정 살펴보기

현재 책의 독서 상태는 '읽은 페이지' 속성값과 '전체 페이지' 속성값을 알면 파악할 수 있습니다. 즉, '읽은 페이지 / 전체 페이지'로 계산한 값이 1이면 책을 다 읽었다는 의미이며, 0이면 아직 읽지 않은 책, 소숫점으로 0.xxxx의 값이 나온다면 현재 읽고 있는 책이라는 의미입니다. 그러므로 ifs(조건1, 참1, 조건2, 참2, 조건3, 참3, … , 거짓) 형태로 사용하는 ifs 함수를 사용하여 수식을 작성합니다. 총 3가지 경우의 수가 있으므로, 조건은 2번만 사용하면 됩니다.

우선 조건1로 '읽은 페이지 / 전체 페이지'의 값이 1인지 확인하여, 맞다면 "다 읽었어"라는 문자열이 표시되도록 수식을 작성하면 다음과 같습니다. 노션에서 같다는 ==로 표시합니다.

ifs(읽은 페이지 / 전체 페이지 == 1, "다 읽었어", 조건2, 참2, 거짓)

계속해서 계산한 값이 1이 아닐 때, 조건2는 값이 0인지 확인하고, 0이면 "읽고 싶은 책"을 표시합니다.

ifs(　　읽은 페이지 / 전체 페이지 == 1, "다 읽었어",
　　　　읽은 페이지 / 전체 페이지 == 0, "읽고 싶은 책", 거짓)

끝으로 1도 아니고, 0도 아닐 때, 즉 0.xxx로 소숫점이 나온다면 "읽는 중"이 표시되도록 작성하면 완성됩니다.

ifs(
　　　　읽은 페이지 / 전체 페이지 == 1, "다 읽었어",
　　　　읽은 페이지 / 전체 페이지 == 0, "읽고 싶은 책",
　　　　"읽는 중"
)

```
ifs(
    읽은 페이지 / 전체 페이지 == 1, "다 읽었어",
    읽은 페이지 / 전체 페이지 == 0, "읽고 싶은 책",
    "읽는 중"
)
= 다 읽었어 텍스트
```

위와 같은 상태에서 수식 작성을 완료해도 됩니다. 하지만 좀 더 명확하게 구분하기 위해 style 함수를 사용하여 각 텍스트에 서로 다른 서식을 적용하였습니다. Link style 함수의 사용 방법은 310쪽 에서 자세히 소개합니다.

ifs(
　　　　읽은 페이지 / 전체 페이지 == 1, "다 읽었어".style("b", "blue_background"),
　　　　읽은 페이지 / 전체 페이지 == 0, "읽고 싶은 책".style("b", "gray_background"),
　　　　"읽는 중".style("b", "yellow_background")
)

02 다음으로 '읽은 기간' 속성에서 속성값 입력란을 클릭한 후 수식 창이 열리면 ❶ 다음과 같이 입력한 후 ❷ [완료] 버튼을 클릭합니다.

```
if(
    독서 시작 != "",
    dateBetween(독서 종료, 독서 시작, "days") + 1 + "일",
    ""
)
```

상세과정 살펴보기

독서 기간은 '독서 시작일' 속성값과 '독서 종료일' 속성값의 기간을 계산하면 끝입니다. 그러므로 '독서 시작'(날짜) 속성이 비어 있지 않으면(공백이 아니면) 독서 종료일과 독서 시작일 사이의 간격을 계산하여 반환하고, 비어 있으면 공백을 반환하도록 if를 사용하여 작성합니다.

❶ 우선 독서 시작일이 비어 있지 않은지 확인해야 합니다. 비어 있지 않다는 말은 '독서 시작' 속성값이 공백(" ")이 아니라는 의미이므로 다음과 같이 작성할 수 있습니다. 노션에서 '같지 않다'는 !=로 표현합니다.
if(독서 시작 != " ", 참일 때 값, " ")

❷ 날짜 사이의 기간은 dateBetween(날짜1, 날짜2, "단위") 형태로 작성하며, 일자를 확인할 것이므로 단위는 "days"를 입력합니다. Link dateBetween은 날짜 사이의 기간을 확인하는 함수로 자세한 사용 방법은 313쪽 을 참고하세요.
dateBetween(독서 종료, 독서 시작, "days"),

❸ 독서를 시작한 날과 독서를 완료한 날이 같다면 dateBetween 함수의 결과로 0이 반환됩니다. 하루 만에 읽었다면 0이 아닌 1이 표시되도록 결괏값에 1을 더합니다. 또한, 결괏값을 '00일'과 같이 반환하기 위해 "일" 문자열을 더합니다.

dateBetween(독서 종료, 독서 시작, "days") + 1 + "일"

❹ 1번 수식에서 '참일 때 값'에 3번 수식을 대입하면 최종 수식이 완성됩니다.

if(
    독서 시작 != " ",　　　　　　　　　　● 조건
    dateBetween(독서 종료, 독서 시작, "days") + 1 + "일",　　● 참일 때의 값
    " "　　　　　　　　　　● 거짓일 때의 값
)

03 마지막으로 '독서률' 속성값 입력란을 클릭한 후 수식을 작성합니다. 독서가 끝난 책이면(조건1) 완료 표시를(참1), 읽지 않았다면(조건2) 문자열로 읽지 않았음을 표시하고(참2), 읽기 시작하였으나 완료하지도 않았다면(거짓) 읽은 정도를 그래프 등으로 표시합니다. 총 3가지 경우이므로 ❶ ifs 함수를 사용하여 다음과 같이 조건이 2가지인 수식을 작성하고 ❷ [완료] 버튼을 클릭합니다.

```
ifs(
    읽은 페이지 / 전체 페이지 == 1, " ",
    읽은 페이지 / 전체 페이지 == 0, "아직 읽지 않았습니다.",
        읽은 페이지 + "/" + 전체 페이지 + " " +
        (읽은 페이지 * 100 / 전체 페이지).floor() + "%" +
        substring("■■■■■■■■■■", 0, (읽은 페이지 / 전체 페이지 *10).floor()) +
        substring("□□□□□□□□□□", 0, 10-(읽은 페이지 / 전체 페이지 *10).floor())
)
```

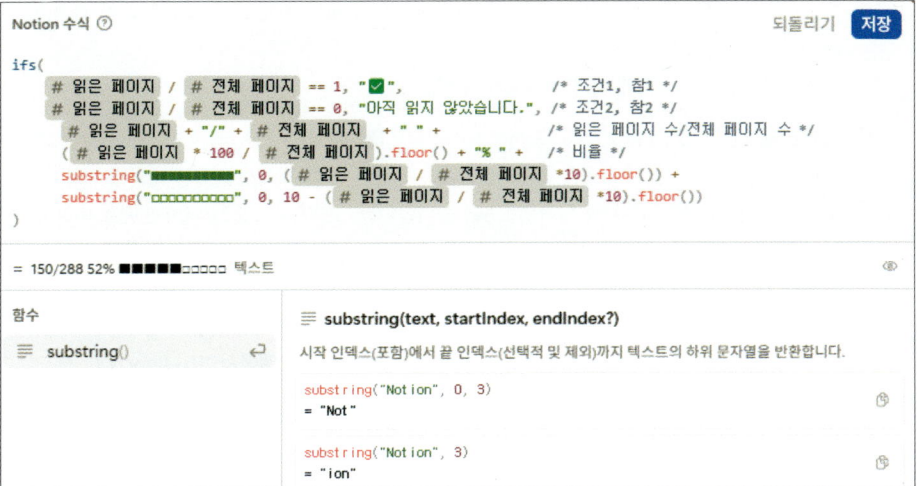

상세과정 살펴보기

다중 조건 함수를 사용하여 ifs(조건1, 참1, 조건2, 참2, 거짓) 형태로 작성했습니다.

'읽기 상태' 속성의 수식을 작성할 때와 마찬가지로 다 읽었는지, 혹은 읽지 않았는지, 읽는 중이라면 얼마나 읽었는지를 파악하려면 '읽은 페이지 / 전체 페이지'를 계산하면 됩니다. 그러므로 참2까지 작성하면 다음과 같습니다.

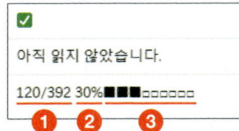

마지막으로 거짓일 때, 즉 책을 읽는 중이라면 '읽은 페이지 수 / 전체 페이지 수'와 비율, 그리고 그래프 표시, 총 3가지 수식을 더해서 표현합니다.

▲ 위에서부터 참1, 참2, 거짓의 반환 결과

① 먼저 '페이지 수 / 전체 페이지 수' 표시는 속성값을 +로 연결하고, 그 사이에 문자열 "/"를 더하면 됩니다. 또한, 뒤에 연결할 독서률과 공간을 유지하기 위해 공백(" ")을 추가했습니다.

읽은 페이지 + "/" + 전체 페이지 + " "

❷ 다음으로 독서률은 '읽은 페이지 * 100 / 전체 페이지'를 계산하고, floor 함수로 내림 처리한 후 문자열 "%"를 더합니다.
(읽은 페이지 * 100 / 전체 페이지).floor() + "%"

❸ 그래프 표시는 substring 함수를 사용합니다. 문자열(■ 10개)의 첫 번째 문자부터 완료된 비율을 10의 배수로 계산한 값만큼 출력하고, 두 번째 줄은 총 10개에서 완료된 비율을 10의 배수로 계산한 값을 뺀 개수만큼 문자열(□)을 출력합니다. 그러므로 2줄을 더하면 완료 비율에 따라 ■가 표시되고, 나머지는 □이 표시되어 항상 10개의 문자열이 반환됩니다. Link 아래 수식은 333쪽 에서 좀 더 구체적으로 설명했습니다.
substring("■■■■■■■■■■", 0, (읽은 페이지 / 전체 페이지 *10).floor()) +
substring("□□□□□□□□□□", 0, 10-(읽은 페이지 / 전체 페이지 *10).floor())

참2까지 작성한 수식에 위 1, 2, 3 수식을 + 기호로 더하면 완성입니다.

```
Notion 수식 ⓘ                                           되돌리기  저장
ifs(
    # 읽은 페이지 / # 전체 페이지 == 1, "✅",                   /* 조건1, 참1 */
    # 읽은 페이지 / # 전체 페이지 == 0, "아직 읽지 않았습니다.",  /* 조건2, 참2 */

    /* 거짓일 때 */
    # 읽은 페이지 + "/" + # 전체 페이지 + " " +              /* 읽은 페이지 수/전체 페이지 수와 빈칸 */
    ( # 읽은 페이지 * 100 / # 전체 페이지 ).floor() + "% " +  /* 비율 */
    substring("■■■■■■■■■■", 0, ( # 읽은 페이지 / # 전체 페이지 *10).floor()) +
    substring("□□□□□□□□□□", 0, 10- ( # 읽은 페이지 / # 전체 페이지 *10).floor()) /* 그래프 */
```

🟧 카테고리 DB에서 수식 작성하기

도서 DB가 완성되었습니다. 이제 카테고리 DB 페이지로 이동한 후 '통계' 속성의 수식을 작성합니다. 카테고리 DB에서 '통계' 속성값 입력란을 클릭한 후 ❶ 수식 입력줄에 다음과 같이 입력하고 ❷ [완료] 버튼을 클릭합니다.

```
lets(
    read, 도서 DB.filter(current.읽기 상태=="다 읽었어").length(),
    all, 도서 DB.map(current).length(),
    percent, (read * 100 / all).floor() + "%",
    readpage, 도서 DB.map(current.읽은 페이지).sum(),
    allpage, 도서 DB.map(current.전체 페이지).sum(),
```

```
            read.style("red","b","c") + "/" + all +"권을 읽었습니다." + "\n"
            + percent.style("red","b","c") + "를 읽었습니다." + "\n"
            + (readpage + "/" + allpage).style("red","b","c") + "페이지를 읽었습니다."
)
```

```
Notion 수식 ?                                                    되돌리기  완료
lets(
  read, 도서 DB .filter(current.읽기 상태 =="다 읽었어").length(),
  all, 도서 DB .map(current).length(),
  percent, (read * 100 / all).floor() + "%",
  readpage, 도서 DB .map(current.읽은 페이지).sum(),
  allpage, 도서 DB .map(current.전체 페이지).sum(),

  read.style("red","b","c") + "/" + all +"권을 읽었습니다." + "\n"
  + percent.style("red","b","c") + "를 읽었습니다." + "\n"
  + (readpage + "/" + allpage).style("red","b","c") + "페이지를 읽었습니다."
)
```

상세과정 살펴보기

이번 수식의 핵심은 도서 DB에 있는 속성값을 이용해 카테고리별 읽은 권 수, 전체 권 수, 독서율, 전체 페이지, 읽은 페이지를 파악하는 것입니다. 그런 다음 각 값을 적절한 문자열과 더하면 됩니다. 그러므로 롤업 기능을 하는 map과 filter 함수를 이용합니다. **Link** map 함수의 자세한 사용 방법은 315쪽 을, filter 함수의 자세한 사용 방법은 316쪽 을 참고합니다.

도서 DB.filter(current.읽기 상태=="다 읽었어").length() ● ─── ❶ 읽은 책 수
도서 DB.map(current).length() ● ─── ❷ 카테고리별 전체 책 수
도서 DB.map(current.읽은 페이지).sum() ● ─── ❸ 읽은 페이지 수
도서 DB.map(current.전체 페이지).sum() ● ─── ❹ 전체 페이지 수

위 4개의 식은 모두 [관계형] 유형인 '도서 DB' 속성을 사용하여 작성하였으며 위에서부터 순서대로 해석하면 다음과 같습니다.

❶ filter 함수를 이용하여 '도서 DB' 속성값 중 '읽기 상태' 속성값이 "다 읽었어"인 목록만 필터링하고, length 함수를 이용하여 목록의 개수를 구합니다. 즉, 다 읽은 책의 수를 반환합니다.

❷ map 함수를 이용하여 '도서 DB' 속성값을 그대로 반환하고, length 함수로 목록의 개수를 구합니다. 즉, 카테고리별 모든 책의 수를 반환합니다.

❸ map 함수를 이용하여 '도서 DB' 속성값 중 '읽은 페이지' 속성값을 목록으로 반환하고, sum 함수를 이용하여 속성값을 모두 더합니다. 즉, 카테고리별 읽은 전체 페이지 수를 구합니다.

❹ map 함수를 이용하여 '도서 DB' 속성값 중 '전체 페이지' 속성값을 목록으로 반환하고, sum 함수를 이용하여 속성값을 모두 더합니다. 즉, 카테고리별 전체 페이지 수를 구합니다.

이제 앞의 수식에 + 기호를 이용하여 원하는 문자열을 더하면 됩니다. 하지만, 수식이 복잡해 보이므로, lets 함수를 이용하여 앞의 수식들을 변수로 지정하고, 변수에 문자열을 더합니다. **Link** lets 함수의 자세한 사용 방법은 315쪽 을 참고합니다.

lets 함수는 lets(변수명1, 변숫값1, 변수명2, 변숫값2,⋯, 표현식) 형태로 사용하므로, 다음과 같이 5개의 변수(read, all, percent, readpage, allpage)를 지정하고, 변수를 이용해 수식을 완성합니다.

lets(

변수명 → read, 변숫값1,
all, 변숫값2,
percent, (read * 100 / all).floor() + "%",
readpage, 변숫값3,
allpage, 변숫값4,

    read.style("red","b","c") + "/" + all +"권을 읽었습니다." + "\n" +
    percent.style("red","b","c") + "를 읽었습니다." + "\n"   +
    (readpage + "/" + allpage).style("red","b","c") + "페이지를 읽었습니다."
)

위 식에서 변숫값1에는 읽은 책 수를 구하는 수식을, 변숫값2에는 전체 책 수를 구하는 수식을, 변숫값3에는 읽은 페이지 수를 구하는 수식을, 변숫값4에는 전체 페이지 수를 구하는 수식을 각각 대입합니다. 세 번째 변수인 percent는 비율을 구하는 변수로, '읽은 책 수 / 전체 책 수 * 100'으로 계산합니다. 그러므로 read와 all 변수를 이용하여 수식을 작성했습니다.

lets(
    read, 도서 DB.filter(current.읽기 상태=="다 읽었어").length(),
    all, 도서 DB.map(current).length(),
    percent, (read * 100 / all).floor() + "%",
    readpage,도서 DB.map(current.읽은 페이지).sum(),
    allpage, 도서 DB.map(current.전체 페이지).sum(),

    read.style("red","b","c") + "/" + all +"권을 읽었습니다." + "\n" +
    percent.style("red","b","c") + "를 읽었습니다." + "\n" +
    (readpage + "/" + allpage).style("red","b","c") + "페이지를 읽었습니다."
)

표현식에 작성한 3줄은 각 변수에 style 함수를 적용하여 서식을 지정하고 + 기호를 사용하여 문자열과 연결한 것입니다. 추가로 "\n"을 더하면 해당 위치에서 결괏값이 줄바꿈되어 다음과 같이 표시됩니다.

> **1** /3권을 읽었습니다.
> **33%** 를 읽었습니다.
> **532/1120** 페이지를 읽었습니다.

링크된 데이터베이스로 메인 페이지 완성하기

원본 데이터베이스 구조화 및 관계형으로 연결, 그리고 수식 작성이 모두 끝났습니다. 이제 그동안 배운 내용들을 참고하여 메인 페이지를 완성해 보세요.

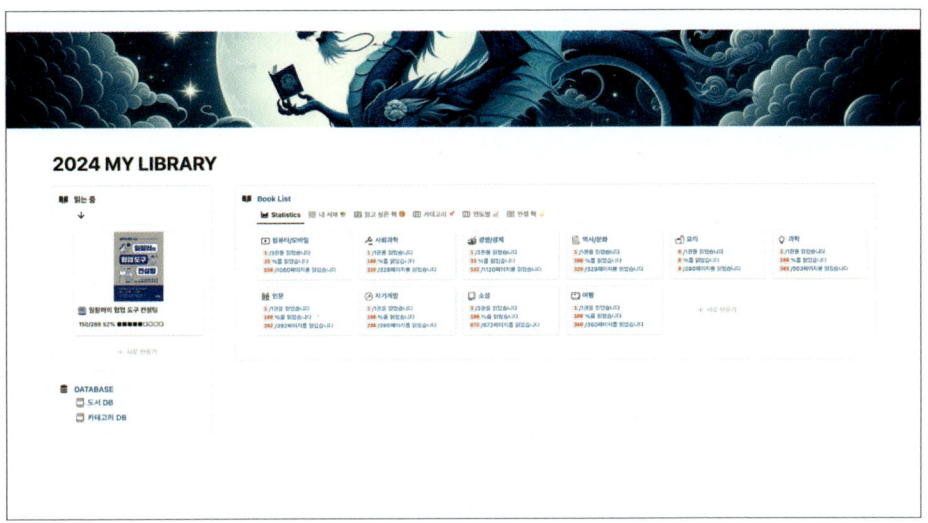

상세과정 살펴보기

① 2열 구성으로 1열에는 2개의 '콜아웃' 블록을 배치하여 각각 읽는 중과 DATABASE 영역을 구성하고, 2열에는 1개의 '콜아웃' 블록으로 Book List 영역을 구성합니다.

② 원본 데이터베이스 페이지는 DATABASE 콜아웃으로 옮깁니다.

③ 읽는 중 영역에서 갤러리 보기로 도서 DB의 링크된 데이터베이스 블록을 생성하고, 레이아웃 창을 열어 다음과 같이 설정합니다.

④ '읽기 상태' 속성으로 필터를 추가한 다음 [값을 포함하는 데이터]로 설정하고, 값으로 [읽는 중]을 입력하면 현재 읽고 있는 책만 확인할 수 있습니다.

⑤ Book List 영역에서는 우선 카테고리 DB의 갤러리 보기로 링크된 데이터베이스 블록을 생성했으며, 나머지 보기 탭에서는 도서 DB를 연결하여 다양한 보기 방식과 필터링을 설정하여 완성했습니다.

LESSON 05 : 나만의 디지털 가계부 만들기

가계부 템플릿을 작성해 보겠습니다. 실제로 필자가 사용 중인 노션 가계부는 더 많은 데이터베이스와 연결되어 있고, 다양한 기능을 포함하고 있으나, 여기서는 핵심 기능과 수식만을 다루어 볼 예정입니다. 지금까지 다뤘던 수식들을 잘 떠올리면서 제작해 보세요.

수입과 지출 내역이 모두 포함된 MONEY DB, 월별 결산용으로 구성한 MONTHLY DB, 카테고리별 금액 파악을 위한 CATEGORY DB로 구성되어 있습니다. 메인 페이지를 MONEY, DATABASE, OVERVIEW 영역으로 구성되어 있으며 링크된 데이터베이스 블록을 활용합니다.

- **MONEY:** 가계부 내역을 추가할 수 있는 영역입니다. 가계부를 오래 사용하고, 데이터가 쌓일수록 속도가 느려질 수 있으므로, 링크된 데이터베이스에서 필요한 필터링하여 내역을 좀 더 빠르게 입력할 수 있습니다.
- **DATABASE:** 원본 데이터베이스 페이지를 모아 두었습니다.

- **OVERVIEW:** 링크된 데이터베이스의 보기 탭을 이용하여 가계부의 여러 데이터를 한곳에서 볼 수 있습니다. 각 보기 탭은 다음과 같습니다. 캘린더 보기 사용 시 상황에 따라 [캘린더 표시 기준]을 [주], [월] 등으로 변경해서 사용해도 좋습니다.
  - **전체:** 수입과 지출의 구분없이 모든 내역을 캘린더 보기로 확인합니다.
  - **수입/지출:** 각각 수입과 지출 내역을 캘린더 보기로 확인합니다.
  - **통계:** 월별 수입, 지출, 합계 금액을 한 번에 볼 수 있습니다.
  - **카테고리:** 카테고리별 지출 금액을 볼 수 있습니다.

+ ⋮ 원본 데이터베이스 구조화 및 연결하기

우선 각 데이터베이스를 구조화하고, 관계형으로 연결하는 작업까지 완료해 봅니다.

01 ❶ 새로운 페이지를 만든 후 제목은 **가계부**로 입력하고, ❷ 페이지를 넓게 사용하기 위해 오른쪽 위의 […] 아이콘을 클릭한 후 ❸ [**전체 너비**]를 활성화합니다.

02 페이지에서 빈 공간을 클릭하고 **/전체** 입력 후 Enter 를 눌러 '데이터베이스-전체 페이지' 블록을 생성합니다. 여기서는 MONEY DB, MONTHLY DB, CATEGORY DB를 '데이터베이스-전체 페이지' 블록을 생성했습니다.

03 먼저 MONEY DB 페이지로 이동한 후 다음과 같이 구조화하고, 제공되는 완성 템플릿 등을 활용하여 예시 데이터를 채웁니다.

상세과정 살펴보기

기본으로 표시되는 [제목] 유형은 '결제내역' 속성으로 활용했고, [다중 선택] 유형의 '태그' 속성은 삭제하거나 변경해서 사용합니다. 속성 헤드를 드래그하여 순서를 조정하고, [표] 보기 탭을 클릭한 후 [이름 바꾸기]를 선택해서 'Master view'로 변경했습니다.

- **결제일(날짜):** 수입 또는 지출이 발생한 날짜를 입력합니다.
- **결제내역(제목):** 결제처를 입력합니다. 정확한 결제처를 입력해야 추후 카드 결제내역 등과 비교해 보기 수월합니다.
- **금액(숫자):** 수입 또는 지출 금액을 입력합니다.
- **메모(텍스트):** '결제내역' 속성의 결제처만으로 내역을 파악하기 어려울 때 메모를 기록합니다.

이후 [관계형] 유형으로 다음과 같은 속성을 추가할 예정입니다.

- **월별(관계형):** MONTHLY DB와 관계형으로 연결합니다. '결제일' 속성에 있는 월에 맞는 'yyyy년 m월'과 해당 연도 전체 데이터를 파악할 수 있는 'yyyy년 전체'를 선택하여, 총 2개의 페이지(데이터)를 속성값으로 입력합니다.
- **카테고리(관계형):** 카테고리별 지출 금액을 파악하기 위해 CATEGORY DB와 관계형으로 연결됩니다.

04 계속해서 MONTHLY DB 페이지로 이동한 후 다음과 같이 구조화하고, '이름' 속성에 예시 데이터를 채웁니다. 이때 'yyyy년 m월' 형태로 각 월을 입력하고, 추가로 'yyyy년 전체'로 해당 연도 전체를 파악할 데이터도 추가합니다.

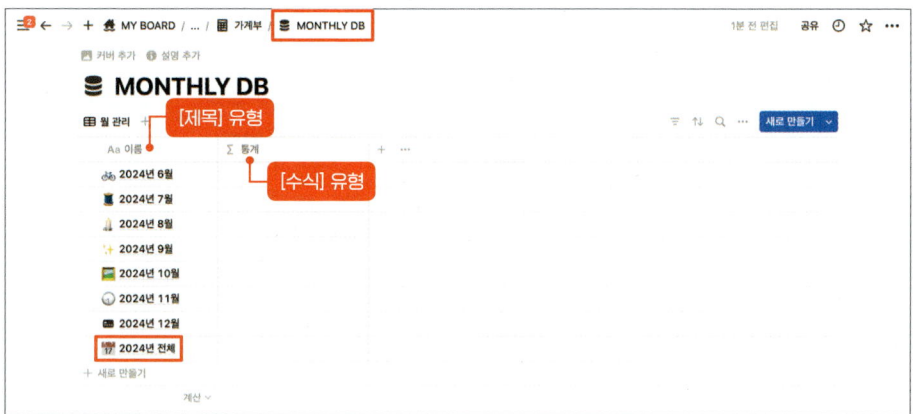

05 세 번째 데이터베이스인 CATEGORY DB 페이지로 이동한 후 구조화하고, 예시 데이터를 입력합니다. '태그' 속성에는 수입과 지출 중 선택해서 입력하고, '이름' 속성에는 가계부의 카테고리를 입력합니다.

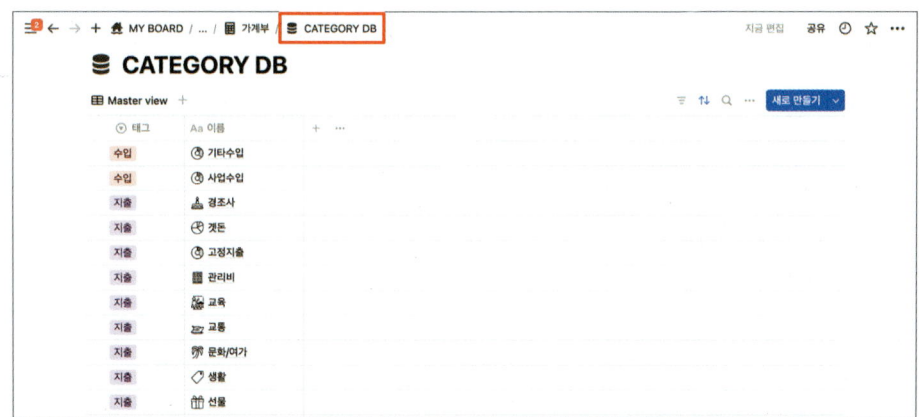

06 ❶ MONEY DB 페이지로 이동합니다. ❷ [관계형] 유형으로 MONTHLY DB와 양방향으로 연결한 '월별' 속성을 추가합니다. 이때 MONTHLY DB에 표시될 속성 이름은 'MONEY'로 설정했습니다. ❸ '월별' 속성값으로 결제일에 해당하는 월과 해당 연도 전체를 선택하여 각 속성값을 2개씩 채웁니다.

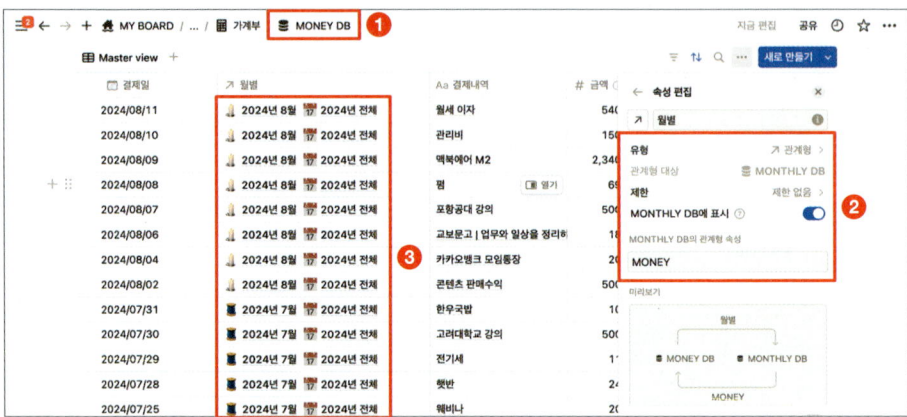

TIP MONTHLY DB에서 월별 통계 수식을 사용할 것이므로 관계형 생성 시 [MONTHLY DB에 표시]는 반드시 활성화해야 합니다.

07 다시 한번 [관계형] 유형으로 CATEGORY DB와 연결하여 '카테고리' 속성을 추가합니다. 마찬가지로 CATEGORY DB에 표시될 속성 이름은 'MONEY'로 설정했습니다. 추가한 '카테고리' 속성에서 결제내역에 맞는 카테고리를 선택하여 속성값을 채웁니다.

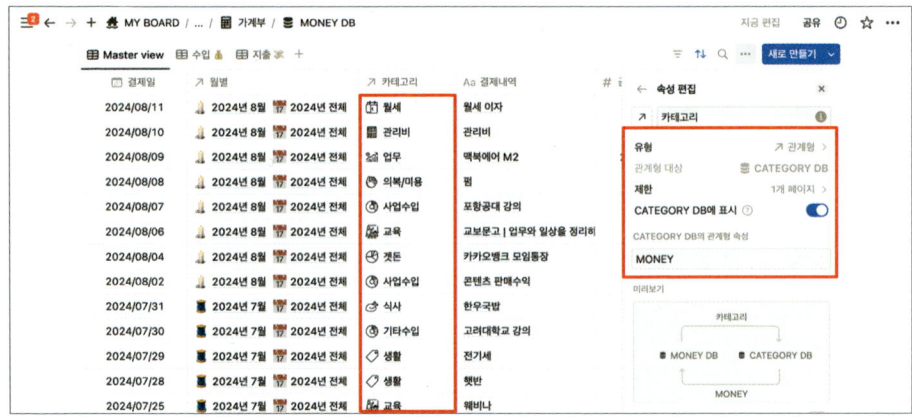

TIP 추가한 '카테고리' 속성에서는 반드시 1개의 카테고리만 선택하도록 [제한] 옵션을 [1개 페이지]로 설정했습니다.

월별 통계 수식 작성하기

데이터베이스를 구조화하고, MONEY DB에서 나머지 2개의 DB로 각각 연결했습니다. 그러므로 MONEY DB에는 [관계형] 유형의 속성이 2개(월별, 카테고리)이고, 나머지 DB에는 1개(MONEY)씩 생성됩니다. 이제 각 DB에서 필요한 수식을 작성합니다. 우선 MONTHLY DB에서 '통계' 속성의 수식을 작성해 보겠습니다.

01 MONTHLY DB 페이지로 이동한 후 [수식] 유형의 '통계' 속성값 입력란을 클릭합니다. 수식 창이 열리면 ❶ 다음과 같이 수식을 입력하고 ❷ [완료] 버튼을 클릭합니다.

```
lets(
    지출, (MONEY.filter(current.카테고리.filter(current.태그=="지출")).
    map(current.금액).sum())*-1,
    수입, MONEY.filter(current.카테고리.filter(current.태그=="수입")).map(current.
    금액).sum(),
    합계, 수입 + 지출,

    "수입 : " + 수입 + "원" + "\n" +
    "지출 : " + 지출 + "원" + "\n" +
    "합계 : " + 합계 + "원"
)
```

LESSON 05 나만의 디지털 가계부 만들기

상세과정 살펴보기

수식의 결괏값으로 월별, 다음과 같이 문자열과 실제 해당하는 금액이 3줄로 표시됩니다. 여기서는 지금까지 배운 filter 함수와 map 함수를 중복해서 사용합니다. 수식이 이해되지 않는다면 앞서의 템플릿들부터 제작해 보거나 동영상 강의를 참고하세요.

수입 : 1000000원
지출 : -1932900원
합계 : -932900원

월별 수입 금액의 합계부터 구해 보겠습니다. 수입 금액을 확인하려면 CATEGORY DB에서 '태그' 속성값이 [수입]인 데이터의 '금액' 속성값을 모두 더해야 합니다. 하지만 현재 위치인 MONTHLY DB에서 CATEGORY DB로 바로 연결된 [관계형] 유형의 속성은 없습니다.

그러므로 현재 위치(MONTHLY DB)에서 MONEY DB로 연결된 'MONEY' 속성을 이용해 MONEY DB로 이동하고, 다시 MONEY DB에서 CATEGORY DB로 연결된 '카테고리' 속성을 이용해 CATEGORY DB로 이동해야 합니다.

```
                 MONEY              카테고리
MONTHLY DB ------------> MONEY DB -----------> CATEGORY DB
```

그런 다음 CATEGORY DB에서 '태그' 속성값이 [수입]인 목록을 필터링하는 수식은 다음과 같습니다. **Link** filter 함수의 자세한 사용 방법은 316쪽을 참고하세요.

MONEY.filter(current.카테고리.filter(current.태그=="수입"))

예를 들어 아래와 같은 MONTHLY DB에서 'MONEY' 속성에 있는 목록 중 CATEGORY DB의 '태그' 속성값이 '수입'인 목록만 필터링합니다.

Aa 이름	Σ 통계	↗ MONEY
🪙 2024년 6월		📄 그랩 유부초밥 -14,300 📄 맘스터치 📄 월세 📄 구글 워크스페이스 📄 업무와 일상을 정리하는 새로운 방법 Notion 📄 맥도날드 - 맥모닝 세트 📄 맥모닝 📄 노션 강의 수입 📄 맥도날드 📄 관리비 + 11

위의 수식으로 수입에 해당하는 목록을 구했으므로, 이제 map 함수를 이용해 해당 목록의 '금액' 속성값에 해당하는 목록을 구하고, sum 함수를 이용해 수입 금액을 모두 더합니다.

MONEY.filter(current.카테고리.filter(current.태그=="수입")).map(current.금액).sum()

> MONEY DB의 '금액' 속성

같은 방식으로 지출에 해당하는 목록만 필터링한 후 지출 목록의 금액을 구해서 더합니다. 끝으로 지출 금액을 마이너스로 표현하기 위해 -1을 곱합니다.

MONEY.filter(current.카테고리.filter(current.태그=="지출")).map(current.금액).sum()*-1

이제 앞의 수식을 문자열과 더하면 됩니다. 이때 수식을 좀 더 간단히 표현하기 위해 lets 함수를 이용하여 변수를 지정하고, 변수에 문자열을 더해서 완성합니다. lets 함수는 lets(변수명1, 변숫값1, 변수명2, 변숫값2,..., 표현식) 형태로 사용하므로, 3개의 변수를 지정한다면 다음과 같이 작성할 수 있습니다. **Link** lets 함수의 자세한 사용 방법은 315쪽을 참고합니다.

```
lets(
        지출, 변숫값1,
        수입, 변숫값2,
        합계, 수입 + 지출,
        표현식
)
```

위 수식에서 변숫값1에는 지출 금액을 구하는 수식을, 변숫값2에는 수입을 구하는 수식을 대입하고, 변숫값3에는 수입과 지출 변수를 사용합니다. 이어서 표현식으로 변수를 이용하여 문자열과 더하면 완성입니다. 참고로 "\n"을 더하면 해당 위치에서 결괏값이 줄바꿈되어 표시됩니다.

```
lets(
        지출, MONEY.filter(current.카테고리.filter(current.태그=="지출")).map(current.금액).sum()*-1,
        수입, MONEY.filter(current.카테고리.filter(current.태그=="수입")).map(current.금액).sum(),
        합계, 수입 + 지출,
        "수입 : " + 수입 + "원" + "\n" +
        "지출 : " + 지출 + "원" + "\n" +
        "합계 : " + 합계 + "원"
)
```

02 수식의 결괏값이 다음과 같이 3줄로 표시됩니다. 만약 3줄로 표시되지 않는다면 ❶ […] 아이콘을 클릭한 후 [레이아웃]을 클릭하고 ❷ 레이아웃 창에서 [모든 열 줄바꿈] 옵션을 활성화합니다.

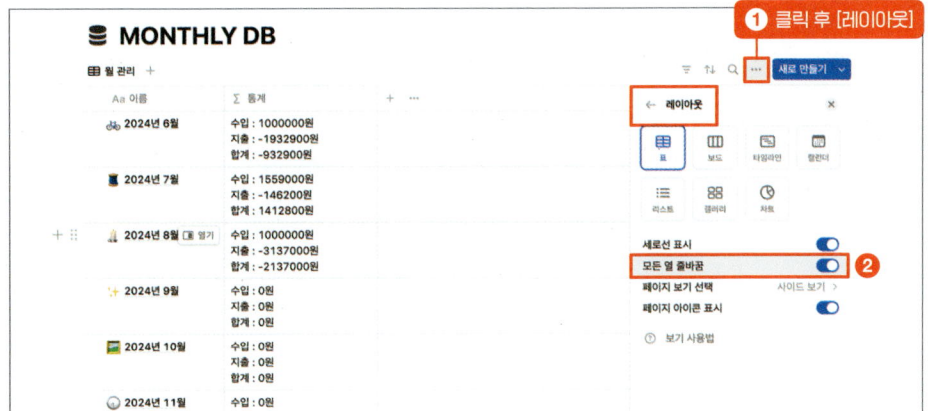

LESSON 05 나만의 디지털 가계부 만들기

03 끝으로 ❶ CATEGORY DB 페이지로 이동합니다. 카테고리별 금액 합계를 추가하기 위해 ❷ [수식] 유형의 '금액' 속성을 추가합니다. ❸ 속성값 입력란을 클릭한 후 ❹ 수식 입력줄에 다음과 같이 작성한 후 ❺ [완료] 버튼을 클릭합니다.

MONEY.map(current.금액).sum()

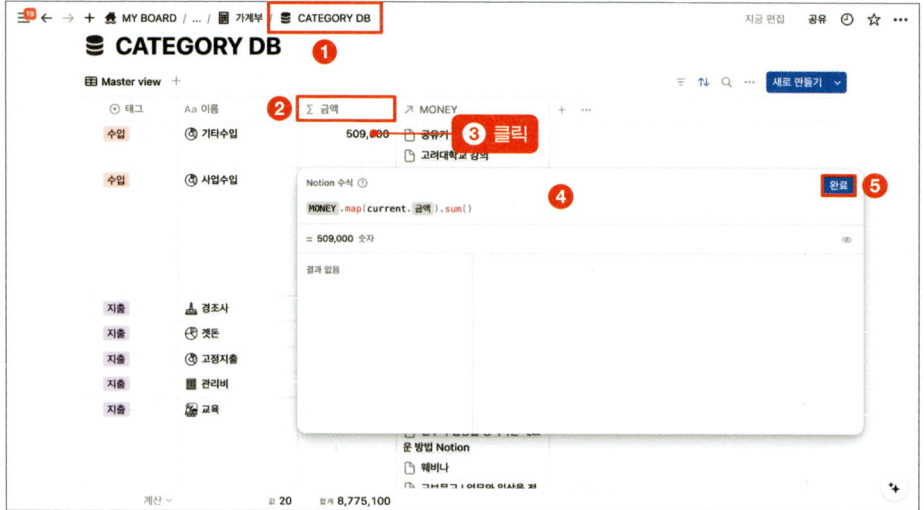

> **상세과정 살펴보기**
>
> 'MONEY' 속성은 MONEY DB와 연결된 [관계형] 유형이며, 카테고리별 거래내역 목록이 입력되어 있습니다. 그러므로, map 함수를 이용하여 위와 같은 수식을 작성하면 MONEY DB에서 현재 카테고리에 포함되는 거래내역들의 '금액' 속성값을 모두 더하여 결괏값으로 반환합니다.

➕ 링크된 데이터베이스로 메인 페이지 완성하기

이제 메인 페이지로 이동하여 레이아웃을 구성하고, 각 영역에서 링크된 데이터베이스를 이용하여 완성합니다.

01 우선 2열로 MONEY 영역과 DATABASE 영역을 구분합니다. 그런 다음 ❶ 1열에는 표 보기로 MONEY DB의 링크된 데이터베이스 블록을 생성하고, ❷ 2열에는 원본 데이터베이스 페이지들을 배치합니다.

02 MONEY 영역에서 ❶ [체크박스] 유형의 속성을 추가하고 속성 헤드 경계선을 더블 클릭하여 너비를 최소화합니다. ❷ 추가한 [체크박스] 유형의 속성 헤드를 클릭한 후 [필터]를 선택하고 [체크박스] 유형의 필터 버튼이 추가되면 [체크 표시되지 않음]으로 설정하여 필터링합니다. ❸ MONEY DB에서 필터링된 모든 데이터를 선택한 후 ❹ 팝업 도구가 표시되면 [체크박스]를 클릭해서 일괄 체크합니다.

TIP 데이터베이스를 선택하면 가장 앞에 표시되는 체크박스는 [체크박스] 유형의 속성과는 별개로, 해당 데이터가 선택되었음을 표시하는 용도입니다.

03

❶ 체크 표시되지 않은 데이터만 필터링한 상태이므로, 체크한 기존 데이터는 모두 사라집니다. 이제 MONEY 영역에서는 새로운 가계부 내역을 작성하고, 작성이 끝나면 체크하여 계속해서 빈 상태로 유지하면 됩니다. ❷ 계속해서 아래쪽에 전체 1열로 OVERVIEW 영역을 구성합니다.

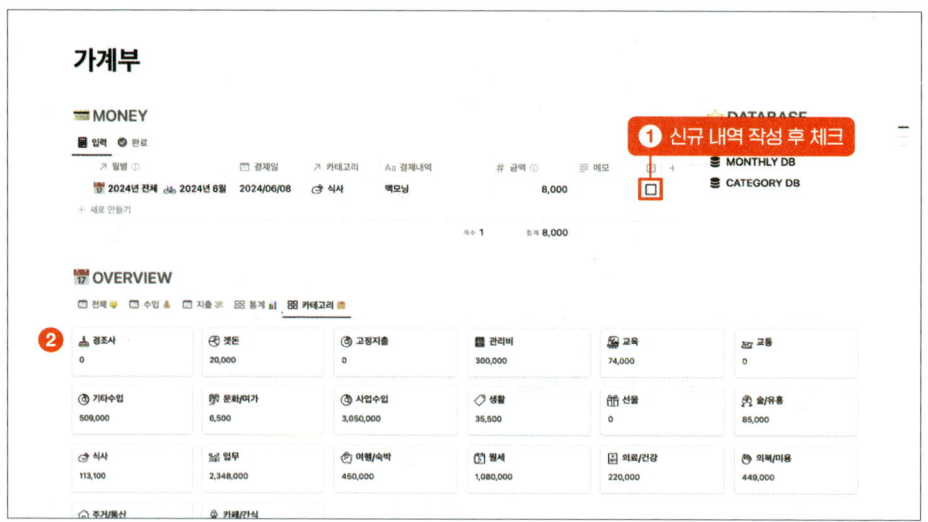

TIP MONEY 영역에서 체크 여부로 필터링함으로써 당일 혹은 필요한 만큼만 체크를 보류하여 해당 내역만 볼 수 있고, 표시된 데이터가 적으므로 좀 더 빠르게 새로운 데이터(가계부 내역)를 입력할 수 있습니다.

상세과정 살펴보기

OVERVIEW 영역에서는 다음과 같이 5개의 보기 탭을 링크된 데이터베이스로 추가하였습니다.

- **전체**: 수입과 지출의 구분없이 모든 내역을 MONEY DB의 캘린더 보기로 확인합니다.
- **수입**: 수입 내역을 MONEY DB의 캘린더 보기로 확인합니다.
- **지출**: 지출 내역을 MONEY DB의 캘린더 보기로 확인합니다.
- **통계**: 월별 수입, 지출, 합계 금액을 MONTHLY DB의 갤러리 보기로 한 번에 볼 수 있습니다.
- **카테고리**: 카테고리별 지출 금액을 CATEGORY DB의 갤러리 보기로 볼 수 있습니다.

찾아보기

C
ceil 312

D
date 312
dateBetween 313
dateRange 313
day 312

F
filter 316
floor 312
format 310

G H
GPT 249
hour 312

I
if 314
ifs 314

L
let 315

M
map 315
minute 312
month 312

N O
now 312
OKR 246

P R
PARA 223
round 312

S
Save to Notion 236
style 310

T
today 312
toNumber 311

W Y
week 312
year 312

ㄱ
가입 17
갤러리 보기 121
게스트 22
게시 41
계산 245
공유 39, 40
관계형 238
구분선 48
글머리 기호 47, 87

ㄷ
데이터 126
데이터베이스 112, 129
데이터베이스 자동화 274
도메인 43
동기화 블록 109

ㄹ
롤업 238
리마인더 49
리스트 보기 119

ㅁ
멘션 49, 89
멤버 22
목차 100

ㅂ

반복 153
버튼 266
번호 매기기 47
보드 보기 119
보안 176
복제 214
블록 16, 25, 37

ㅅ

새로 만들기 141
새 템플릿 141
새 페이지 31
색상 변경 76
설정 32
섹션 27
속성 추가 116
속성 편집 115
수식 308
수식 정리 322
수신함 31
수학 공식 50

ㅇ

아이콘 35
열 나누기 68
요금제 20
워크스페이스 29
웹 클리퍼 235
유형 113

이미지 삽입 136
인라인 116
인용 47

ㅈ

자동 생성 152
자동화 266
정렬 124
주말 제외 154
주말 표시 120
주석 336
줄바꿈 135, 322
즐겨찾기 27

ㅊ

차트 보기 122
체크박스 149

ㅋ

캘린더 보기 120
캘린더 표시 기준 120
커버 36
코드로 표시 73
콜아웃 48

ㅌ

타임라인 보기 121
템플릿 33, 138
토글 목록 47
팀스페이스 28

ㅍ

페이지 26
페이지 제목 34
표 47
표 보기 118
필터 123

ㅎ

할 일 목록 46
홈페이지 44
회의록 206
휴지통 33